# 打官司600问答

# The 600 Questions and Answers on the Lawsuits

张世琦 编著



人民法院出版社

**图书在版编目（CIP）数据**

打官司600问答/张世琦编著.—北京：人民法院出版社，2016.10

ISBN 978-7-5109-1594-9

Ⅰ.①打… Ⅱ.①张… Ⅲ.①诉讼—中国—问题解答 Ⅳ.①D925.05

中国版本图书馆CIP数据核字（2016）第251144号

**打官司600问答**

张世琦 编著

---

**责任编辑** 范春雪 路建华

**出版发行** 人民法院出版社

**地　　址** 北京市东城区东交民巷27号（100745）

**电　　话** （010）67550525（责任编辑） 67550558（发行部查询）
65223677（读者服务部）

**客服QQ** 2092078039

**网　　址** http://www.courtbook.com.cn

**E－mail** courtpress@sohu.com

**印　　刷** 保定彩虹印刷有限公司

**经　　销** 新华书店

---

**开　　本** 787×1092毫米 1/16

**字　　数** 530千字

**印　　张** 29.5

**版　　次** 2016年10月第1版 2016年10月第1次印刷

**书　　号** ISBN 978-7-5109-1594-9

**定　　价** 65.00元

---

# 自 序

我敢肯定地说，没人愿意到法院打官司。打官司是被逼无奈的，这正像没人愿意到医院去住院治病一样。到医院住院治病，是因为生病了，不去不行。

可是我们必须知道，到医院去治病，是由医生给治疗，由护士给予护理，而到法院打官司就不同了，必须自己去，要由自己向法院递交各种诉讼材料和证据材料，由自己去讲清事实、讲清法律依据。所以在打官司的人面前就出现了这样一个问题：不会打官司怎么办？不懂法怎么办？

不少人打输了官司才想出理，感到原先向法院讲事实的时候，没讲到点子上，没讲出法律依据，没有提供足够的证据。打了一场官司才知道打官司得依靠证据、依靠法律，要按照法律规定来说明事实、阐明道理。事实告诉人们，要想打赢官司，必须要学法、懂法，了解打官司所必须知道的法律常识。

我主张，人们应该尽量减少纠纷，避免争讼。但遭受了不法侵害，用别的方法处理不了，我也主张用法律手段来解决，而不能用违法的方法来处理，不能说“他违法了，我也不必守法”。

我看到一些打官司的人十分可怜，他们奔走于上下级法院之间，既耽误了时间，又影响了工作、学习、经营，还花去不少钱财。有的还轻信他人的哄骗，为了疏通关系，被人骗去了钱财。我深深同情他们，理解他们的心理，了解他们的急需。

我从法官的岗位上退休后，曾经应邀到一家律师事务所去帮助搞接待，解答法律问题。我知道打官司的人对哪些问题需要了解，于是我决心下点苦功夫，尽我所能，向打官司的人或者准备打官司的人讲解一些法律知识。

我认为，如果懂得了打官司的基本常识，再根据自己案件的需要，学一些法律、法规，打官司并不难。如果自己确实有理，就一定能把官司打赢。即使一审败诉，甚至二审也败诉了，也不可怕，错案迟早会被纠正的。

我坚信：法律，保护着守法公民；法律，不会使弱者、守法者含冤。

张世琦

2016 年 8 月 9 日于沈阳

# 总 目 录

# 目 录

# 第一章 打官司基本常识

## 一、公安机关

### 1. 什么是公安机关?

公安机关是人民政府的重要组成部分，是国家的行政机关，同时它又担负着刑事案件的侦查任务，因而也是国家的司法机关之一。

公安机关是政府的一个职能部门，依法管理社会治安，行使国家的行政权，同时公安机关又依法侦查刑事案件，行使国家的司法权。公安机关的性质具有双重性，既有行政性又有司法性。

### 2. 公安机关是怎样设置的?

根据我国宪法及相关法律、法规的规定，公安机关是由中央公安机关、地方各级公安机关和专业公安机关组成的。

(1) 中央公安机关。按照《中华人民共和国国务院组织法》的规定，国务院设公安部，是我国最高公安机关。内设司（局）和处两级机构。公安部在国务院领导下，领导和管理全国公安工作。

(2) 地方各级公安机关。按照《中华人民共和国地方各级人民代表大会和地方各级人民政府组织法》的规定，我国各级政府均设有公安机关。

①省级公安机关。各省（自治区、直辖市）设公安厅（局）。公安厅内设总队、处、科，市（地、州、盟）设公安局（处）。省级公安机关是省（自治区、直辖市）人民政府的职能部门，负责本省（自治区、直辖市）行政区域范围内的公安工作。

②市、地区级公安机关。市（地、州、盟）一级设公安局（处），内设处（支队）、科（大队），同时派出若干分局。市、地区级公安机关是市（地、州、盟）人民政府的职能部门，负责本市（地、州、盟）行政区域范围内的公安工作。

③县（市、区、旗）设公安局。县（市、区、旗）一级公安局内设科（股、大队），同时派出若干派出所。县（市、区、旗）公安局是县（市、区、旗）人民政府的职能部门，负责本县（市、区、旗）行政区域范围内的公安工作。

④公安机关的派出机构。公安机关派出机构有公交、水上、经济技术开发区公安分局及按行政区划分而命名的城市公安分局、派出所。公安机关的派出机构负责本辖区范围内的公安工作。

(3) 专业公安机关。专业公安机关是指经国务院批准，在国家有关部门内设的专门从事具有一定专业内容的公安警务活动的公安机关。专业公安机关是中央公安机关的派出机构，依法行使相应的公安职权。我国有民航、铁路、交通和林业等专业公安机关。

### 3. 公安机关有哪些职责？

公安机关的职责很广泛，主要有：

(1) 预防、制止违法犯罪，对刑事案件进行侦查；

(2) 维护社会治安秩序，防范、打击恐怖活动，制止危害社会治安秩序的行为；

(3) 维护交通安全和交通秩序，处理交通事故；

(4) 组织、实施消防工作，实行消防监督；

(5) 管理枪支弹药、管制刀具和易燃易爆、剧毒、放射性等危险物品；

(6) 对法律、法规规定的特种行业进行管理；

(7) 警卫国家规定的特定人员，守卫重要的场所和设施；

(8) 管理集会、游行、示威活动；

(9) 管理户籍、居民身份证、国籍、入境出境事务和外国人在中国境内居留、旅行的有关事务；

(10) 维护国（边）境地区的治安秩序；

(11) 对被判处刑罚而监外执行的罪犯实行监督、考察；

(12) 监督管理计算机信息系统的安全保护工作；

(13) 指导和监督国家机关、社会团体、企业事业组织和重点建设工程的治安保卫工作，指导群众性组织的治安防范工作；

(14) 法律、法规规定的其他职责。

### 4. 公安机关主要警种的职责是什么？

警种，是依据警察职位及工作特征对人民警察作出的类别划分。公安机关各警种的职责表现如下。

（1）治安警察的职责。治安警察是负责维护社会治安秩序，保障公共安全的人民警察。其主要职责是：依照国家法律、法规进行社会治安管理，维护社会治安秩序；处理治安案件；管理特种行业；查禁违禁物品；预防犯罪；了解并掌握社会治安动态；预防和处理治安灾害事故；进行治安巡逻；发动群众参加维护社会治安秩序等工作。

（2）户籍警察的职责。户籍警察是负责管理户籍、掌握户口动态等户政工作的警察。其主要职责是：执行户口管理制度，做好户籍管理和人口统计工作。

（3）刑事警察的职责。刑事警察简称“刑警”，是负责刑事案件侦破工作的警察。刑事警察包括刑事侦查人员和从事刑事科学技术工作的法医、化验员、鉴定员、警犬训练员等。其主要职责是：依法进行公开的或秘密的专门调查和运用刑事科学技术，揭露和打击刑事犯罪；运用公开管理手段、秘密力量和群众联防控制社会上的复杂场所，限制和缩小犯罪分子的活动空间；研究犯罪分子的活动规律，防范刑事犯罪活动。

（4）交通警察的职责。交通警察简称“交警”，是负责维护交通安全和交通秩序，处理交通事故，进行交通安全管理工作的警察。其主要职责是：对道路、行人、车辆和驾驶人员进行管理；防止和处理交通事故；开展交通安全的宣传教育；维护交通秩序，保障交通安全和道路畅通。

（5）外事警察的职责。外事警察是维护国家主权和安全，对进出我国国（边）境的外国人（包括无国籍人）和我国公民进行管理的警察。其主要职责是：对我国公民出入境和外国人入出境、居留、旅行进行管理；对我国公民和外国人违反出入境管理法律、法规的行为进行处理；发现和处理来华外国人的违法犯罪活动；保护外国人在我国的合法权益和人身、财产安全。

（6）巡逻警察的职责。巡逻警察简称“巡警”，是指在一定路线或一定地段用巡逻方式进行勤务活动的警察。其主要职责是：维护辖区内的治安秩序，预防和制止治安案件和突发性事件；预防和制止犯罪行为；参加处置灾害性事故；维护交通秩序；接受公民报警；劝解、制止公共场所发生的民事纠纷；为社会和公民提供救助和服务等。

（7）督察警察的职责。督察警察是对公安机关的警察执行法律、法规及遵守纪律的情况进行监督的警察。

（8）边防警察的职责。边防警察是负责维护我国边境地区的社会治安、处理边境涉外事务的警察。边防警察实行义务兵役制，属中国人民武装警察部队序列。边防警察的主要职责是：在陆地边防线和近海海域进行军事巡逻和警戒；在边防口岸进行武装警卫；依法管理边境地区的社会治安；在边防口岸和民航机场进行边防检查、安全检查；防止非法越境，防范、打击各类刑事犯罪和破坏活动，保障国家安全。

（9）消防警察的职责。消防警察是同火灾作斗争的警察。消防警察实行义务兵役制，属中国人民武装警察部队序列。其主要职责是：依法进行消防监督管理；预防、警戒和扑灭火灾；对企业专职消防队和群众义务消防队进行业务指导；对群众进行防火灭火的宣传教育。

公安机关各警种之间既有分工又有协作。公安机关的警察是个整体，其战斗力取决于各警种协同作战、整体作战的能力。因此，如果遇到重大事件或突发性事件时，各警种要联合作战，在需要履行职责时，不允许警察借口不属其职责范围而拒绝履行。

**5. 公安机关负责侦破哪些刑事案件？**

根据《刑事诉讼法》等有关规定，公安机关负责侦破的刑事案件十分广泛。除贪污贿赂犯罪，国家工作人员的渎职犯罪，国家机关工作人员利用职权实施的非法拘禁、刑讯逼供、报复陷害、非法搜查的侵犯公民人身权利的犯罪以及侵犯公民民主权利的犯罪，监管人员殴打、体罚虐待被监管人的犯罪，军人违反职责的犯罪，经省级以上人民检察院批准的国家机关工作人员利用职权实施的其他重大的犯罪案件，以及法院直接受理的自诉案件以外，其他刑事案件的侦破都由公安机关管辖。

公安机关侦查的刑事案件涉及人民检察院管辖的案件时，应当将属于人民检察院管辖的刑事案件移送人民检察院。涉嫌主罪属于公安机关管辖的，由公安机关为主侦查；涉嫌主罪属于人民检察院管辖的，公安机关予以配合。

公安机关和军队互涉刑事案件的管辖分工如下。

（1）军人在地方作案的，当地公安机关应当及时移交军队保卫部门侦查。

（2）地方人员在军队营区作案的，由军队保卫部门移交公安机关侦查。

（3）军人与地方人员共同在军队营区作案的，以军队保卫部门为主组织侦查，公安机关配合；共同在地方作案的，以公安机关为主组织侦查，军队保卫部门配合。

（4）现役军人入伍前在地方作案，依法应当追究刑事责任的，由公安机关侦查，军队保卫部门配合。

（5）军人退出现役后，发现其在服役期间在军队营区作案，依法应当追究刑事责任的，由军队保卫部门侦查，公安机关配合。

（6）军人退出现役后，在离队途中作案的，以及已经批准入伍尚未与军队办理交接手续的新兵犯罪的，由公安机关侦查。

(7) 属于地方人武部门管理的民兵武器仓库和军队移交或者出租、出借给地方单位使用的军队营房、营院、仓库、机场、码头，以及军队和地方人员混居的军队宿舍区发生的非侵害军事利益和军人权益的案件，由公安机关侦查，军队保卫部门配合。

(8) 军队在工商行政管理部门登记注册，实行企业化经营管理的公司、厂矿、宾馆、饭店、影剧院，以及军队和地方合资经营的企业发生的案件，由公安机关侦查，军队保卫部门配合。

## 二、检察院

### 6. 什么是人民检察院？

人民检察院是国家的法律监督机关，代表国家行使检察权。人民检察院由同级人民代表大会产生，向同级人民代表大会负责并报告工作。人民检察院依照法律规定独立行使检察权，不受行政机关、社会团体和个人的干涉。检察院与法院、政府并列，称为“一府两院”。

### 7. 检察院是怎样设置的？

国家设立最高人民检察院。最高人民检察院领导地方各级人民检察院和军事检察院等专门人民检察院。这种自上而下的排列反映了检察机关上下级是领导和被领导的关系及其集中统一的特点，这与人民法院上下级之间监督与被监督的关系有显著不同。为了维护国家法制的统一，检察机关必须一体化，必须具有很强的集中统一性。

地方各级人民检察院包括省、自治区、直辖市人民检察院；省、自治区、直辖市人民检察院分院，自治州和省辖市人民检察院；县、市、自治县和市辖区人民检察院；专门人民检察院。各级人民检察院都是与各级人民法院相对应而设置的，以便依照《刑事诉讼法》规定的程序办案。

### 8. 检察院有哪些职责？

人民检察院主要职责如下。

(1) 依法对贪污案、贿赂案、侵犯公民民主权利案、渎职案以及认为需要自己依法直接受理的其他刑事案件进行侦查。领导下级人民检察院和专门人民检察院的侦查工作。

(2) 对公安机关侦查的刑事案件进行审查，决定是否批准逮捕、起诉；

对于公安机关的立案活动、侦查活动是否合法实行监督。

（3）对刑事案件提起公诉，支持公诉；对于人民法院刑事审判活动是否合法实行监督。

（4）对刑事案件判决、裁定的执行和监狱、看守所、劳动改造机关的活动是否合法实行监督。

（5）对民事诉讼和行政诉讼是否合法实行监督。

（6）对人民法院已经发生法律效力、确有错误的判决和裁定，依法提起抗诉。

（7）对下级人民检察院和专门人民检察院行使检察权作出的决定进行审查，纠正错误决定。

（8）受理公民控告、申诉和检举。

（9）受理对贪污、贿赂等犯罪的举报，并领导下级检察机关的举报工作。

（10）最高人民检察院对检察工作中具体适用法律的问题进行司法解释。

（11）法律规定的其他职权。

### 9. 检察院直接受理哪些刑事案件？

根据《刑事诉讼法》第18条规定，一般刑事案件的侦查由公安机关进行，但贪污贿赂犯罪，国家工作人员的渎职犯罪，国家机关工作人员利用职权实施的非法拘禁、刑讯逼供、报复陷害、非法搜查的侵犯公民人身权利的犯罪以及侵犯公民民主权利的犯罪，由人民检察院立案侦查。对于国家机关工作人员利用职权实施的其他重大的犯罪案件，需要由人民检察院直接受理的时候，经省级以上人民检察院决定，可以由人民检察院立案侦查。

### 10. 检察院自侦案件的羁押期限是多长？

根据《刑事诉讼法》第162条规定，人民检察院对直接受理的案件的侦查活动和羁押期限，适用《刑事诉讼法》对公安机关侦查活动和羁押期限的规定。

根据《刑事诉讼法》第84条规定，对于被拘留的人，应当在拘留后的24小时以内进行讯问。在发现不应当拘留的时候，必须立即释放，发给释放证明。对需要逮捕而证据还不充足的，可以采取取保候审或者监视居住。根据《刑事诉讼法》第77条规定，取保候审最长不得超过12个月，监视居住最长不得超过6个月。

根据2012年11月22日发布的《人民检察院刑事诉讼规则（试行）》第136条规定，人民检察院拘留犯罪嫌疑人的羁押期限为十四日，特殊情况下可以延长一日至三日。根据《刑事诉讼法》第 89 条规定，对于流窜作案、多次作案、结伙作案的重大嫌疑分子，提请审查批准逮捕的时间可以延长至 30 日。

《刑事诉讼法》第 154 条规定，对犯罪嫌疑人逮捕后的侦查羁押期限不得超过两个月。案情复杂、期限届满不能终结的案件，可以经上一级人民检察院批准延长一个月。

对于交通十分不便的边远地区的重大复杂案件、重大的犯罪集团案件、流窜作案的重大复杂案件还有犯罪涉及面广，取证困难的重大复杂案件，经过省、自治区、直辖市人民检察院批准或者决定，可以延长两个月；对犯罪嫌疑人可能判处 10 年有期徒刑以上刑罚，延长两个月后仍然不能侦查终结的，经过省、自治区、直辖市人民检察院批准或者决定，可以再延长两个月。因为特殊原因，在较长时间内不宜交付审判的特别重大复杂案件，则需要由最高人民检察院报请全国人民代表大会常务委员会批准延期审理。在侦查期间，如果发现犯罪嫌疑人另有重要罪行的，自发现之日起，重新计算侦查羁押期限。

《刑事诉讼法》第 117 条规定，对于采取传唤、拘传措施的，持续的时间最长不得超过 12 小时，不得以连续传唤、拘传的形式变相拘禁犯罪嫌疑人。对于案情特别重大、复杂，需要采取拘留、逮捕措施的，传唤、拘传持续的时间不得超过 24 小时。传唤、拘传犯罪嫌疑人，应当保证犯罪嫌疑人的饮食和必要的休息时间。

根据 2012 年 12 月 13 日修订的《公安机关办理刑事案件程序规定》第 126 条规定，犯罪嫌疑人不讲真实姓名、住址，身份不明的，应当对其身份进行调查。经过县级以上公安机关负责人批准，拘留期限自查清其身份之日起计算，但不得停止对其犯罪行为的侦查取证。对于符合逮捕条件的犯罪嫌疑人也可以按其自报的姓名提请批准逮捕。

人民检察院侦查终结的案件，应当作出提起公诉、不起诉或者撤销案件的决定。

### 11. 什么是不起诉决定？

根据《刑事诉讼法》第 173 条规定，犯罪嫌疑人没有犯罪事实，或者有下列情形之一的，人民检察院应该作出不起诉决定：①情节显著轻微、危害不大，不认为是犯罪的；②犯罪已过追诉时效期限的；③经特赦令免除刑罚的；④依照刑法告诉才处理的犯罪，没有告诉或者撤回告诉的；⑤犯罪嫌疑人、被告人死亡的；⑥其他法律规定免予追究刑事责任的。

人民检察院决定不起诉的案件，应当同时对侦查中查封、扣押、冻结的财物解除查封、扣押、冻结。对被不起诉人需要给予行政处罚、行政处分或者需要没收其违法所得的，人民检察院应当提出检察意见，移送有关主管机关处理。有关主管机关应当将处理结果及时通知人民检察院。

人民检察院不起诉的决定应当公开宣布，并且将不起诉决定书送达被不起诉人和他的所在单位。如果被不起诉人在押，应当立即释放。

对于公安机关移送起诉的案件，人民检察院决定不起诉的，应当将不起诉决定书送达公安机关。公安机关认为不起诉的决定有错误的时候，可以要求复议，如果意见不被接受，可以向上一级人民检察院提请复核。

对于有被害人的案件，决定不起诉的，人民检察院应当将不起诉决定书送达被害人。被害人如果不服，可以自收到决定书后七日以内向上一级人民检察院申诉，请求提起公诉。人民检察院应当将复查决定告知被害人。对人民检察院维持不起诉决定的，被害人可以向人民法院起诉。被害人也可以不经申诉，直接向人民法院起诉。人民法院受理案件后，人民检察院应当将有关案件材料移送人民法院。

对于人民检察院作出的不起诉决定，被不起诉人如果不服，可以自收到决定书后七日以内向人民检察院申诉。人民检察院应当作出复查决定，通知被不起诉的人，同时抄送公安机关。

## 三、法院

### 12. 公、检、法三机关对刑事案件怎样分工？

根据《刑事诉讼法》的规定，总体来说，公安机关负责对刑事案件的侦查、拘留、执行逮捕、预审，人民检察院负责批准逮捕和检察（包括侦查）、对直接受理的案件的侦查、提起公诉，人民法院负责审判。

（1）公安机关是国家治安、保卫机关，它所进行的侦查活动，是依法采取必要的调查和侦查手段，收集证据，揭露犯罪，发现犯罪嫌疑人。对犯罪嫌疑人拘捕后，要进一步核实证据，查清犯罪事实和发现新的犯罪事实或者犯罪嫌疑人。在查清案情的基础上，写出起诉意见书，或者是免予起诉意见书，连同卷宗材料和证据，一并移送给同级人民检察院，由检察院审查决定是否起诉，是否撤销案件。

（2）人民检察院是国家的法律监督机关，它对公安机关在侦查过程中报请批捕犯罪嫌疑人的意见进行审查，并且作出是否逮捕的决定。对于贪污犯罪、渎职犯罪、侵犯公民民主权利的犯罪，以及法律规定由人民检察院直接受理的其他刑事案件，一律由人民检察院审查决定是否逮捕犯罪嫌疑人。如果决定提起公诉，应当出庭支持公诉。

（3）人民法院是国家的审判机关，通过审判，根据法律规定，确定被告人是否犯罪，是否应当判处刑罚，以及判处何种刑罚。人民法院除了审理刑事案件以外，还要审理行政、民事案件。

公、检、法三机关互相制约，具体表现为：公安机关提请的逮捕或者移送起诉、免予起诉的案件，人民检察院如果认为事实不清，证据不足，或者是运用法律不当，可以不批准逮捕，并且退回公安机关补充侦查，或者作出不起诉的决定；公安机关如果认为检察院的决定有错误，可以向同级人民检察院提出要求复议，当意见不被接受时，还有权向上一级人民检察院提出要求复核。检察院与法院之间的互相制约表现为：对检察院起诉的公诉案件，法院如果认为主要犯罪事实不清、证据不足，不能认定被告人有罪的，可以作出无罪的判决；而检察院认为法院的判决、裁定有错误，可以向上一级人民法院提出抗诉。除此之外，各级人民检察院还可以对公安机关的侦查活动和人民法院的审判活动进行法律监督。

### 13. 什么是四级两审制？

所谓“四级”，是说除了香港、澳门等特别行政区以外，在我国大陆法院分四级，即：最高人民法院、高级人民法院、中级人民法院、基层人民法院。

所谓“两审制”，是指除了最高人民法院第一审判决或裁定是终审判决和裁定外，其他的一般案件，可经过两级法院审理然后终审。比如，县级法院审判的第一审案件，当事人如果不服，或者同级人民检察院认为第一审的判决或裁定确有错误，就可以向中级人民法院上诉或抗诉。中级人民法院则对该案进行第二次审理，作出的判决或裁定，就是终审的判决或裁定，对终审的判决和裁定，不准上诉或者按二审程序提出抗诉。

我国法院虽然有四级，但对一般的案件，最多只能审理两次。经过二审，案件能得到正确解决。如果当事人仍然不服，可以通过申请再审或者申诉、申请抗诉等方法解决。

### 14. 什么是基层人民法院？

基层人民法院是我国人民法院组织体系中，最下面一级的法院。一般的案件，均以基层人民法院为一审法院。基层人民法院包括：①县人民法院和县级市人民法院；②自治县人民法院；③市辖区人民法院。

### 15. 什么是人民法庭?

人民法庭是由基层人民法院派出的，并在基层人民法院领导下进行审判活动的机构。它所作出的裁判即该基层人民法院作的裁判，如上诉，应向中级人民法院上诉。

人民法庭根据地区大小、人口多少、案件数量和经济发展状况等情况设置，不受行政区划的限制。人民法庭的任务是：①审理民事案件和刑事自诉案件；②办理本庭审理案件的执行事项；③指导人民调解委员会的工作；④办理基层人民法院交办的其他事项。

### 16. 什么是中级人民法院?

中级人民法院是基层人民法院的上一级人民法院。包括：①在省、自治区内按地区设立的中级人民法院；②在直辖市内设立的中级人民法院；③自治州中级人民法院。

中级人民法院审判下列案件：①法律、法规规定由它管辖的第一审案件；②基层人民法院移送审判的第一审案件；③对基层人民法院判决和裁定的上诉案件和抗诉案件；④人民检察院按照审判监督程序提出的抗诉案件。中级人民法院对它所受理的案件，认为案情重大应当由上一级人民法院审判的时候，可以请求移送上一级人民法院审判。

### 17. 什么是高级人民法院?

高级人民法院是在省、自治区、直辖市设立的审判机关。高级人民法院包括：①省高级人民法院；②自治区高级人民法院；③直辖市高级人民法院。高级人民法院审判下列案件：①法律、法规规定由它管辖的第一审案件；②下级人民法院移送审判的第一审案件；③对下一级人民法院判决和裁定的上诉案件和抗诉案件；④人民检察院按照审判监督程序提出的抗诉案件。

### 18. 什么是最高人民法院?

最高人民法院是国家最高审判机关。它监督地方各级人民法院和专门法院的审判工作。最高人民法院审判下列案件：①法律、法规规定由它管辖的和它认为应当由自己审判的第一审案件；②对高级人民法院、专门法院判决和裁定的上诉案件和抗诉案件；③最高人民检察院按照审判监督程序提出的抗诉案件。此外，最高人民法院对于在审判过程中如何具体适用法律、法令的问题，进行解释。

### 19. 什么是专门法院？

专门法院是我国统一审判体系——人民法院体系中的一个组成部分，它和地方各级人民法院共同行使国家的审判权。

专门法院与地方法院的区别主要在于以下几个方面：①专门法院是按特定的组织或特定范围的案件建立的审判机关，而地方人民法院是按照行政区划建立的审判机关；②专门法院管辖的案件具有专门性，即专门法院所审理的案件的性质不同于地方人民法院，受理案件的范围具有特定的约束；③专门法院的产生及其人员的任免不同于地方人民法院，如军事法院院长并不是经过人大选举产生的，而是由最高人民法院同中央军事委员会任命的。

专门法院包括军事法院、海事法院、森林法院、农垦法院、石油法院等。

（1）军事法院。军事法院是基于军队的体制和作战任务的特殊性而设立的。军事法院分设三级，即：中国人民解放军军事法院；各大军区、军兵种级单位的军事法院；兵团和军级单位的军事法院。军事法院的管辖范围，仅限于受理特定的刑事案件，即：现役军人的刑事案；军队在编职工的刑事案；最高人民法院授权审判的刑事案件。

（2）海事法院。海事法院管辖第一审海事案件和海商案件，不受理刑事案件和其他民事案件。各海事法院判决或裁定的上诉案件，由所在地高级人民法院受理。海事法院院长由所在地的市人大常委会主任提请本级人大常委会任免。

（3）森林法院。森林法院任务是保护森林，审理破坏森林资源案件、严重责任事故案件及涉外案件。基层森林法院一般设置在某些特定林区的一些林业局（包括木材水运局）的所在地，在地区（盟）林业管理局所在地或国有森林集中连片地区设立森林中级法院。

### 20. 什么是合议庭？

合议庭，是指在诉讼中，审理具体案件的临时审判组织之一，即审判庭。合议庭由法定人数的审判员或由审判员和人民陪审员组成。合议庭成员权利平等，合议庭对案件作出处理决定时，实行少数服从多数原则。

### 21. 什么是审判委员会？

审判委员会是人民法院内部设立的，对审判工作实行集体领导和监督的一种组织形式。《人民法院组织法》第 11 条规定：“各级人民法院设立审判委员会，实行民主集中制。审判委员会的任务是总结审判经验，讨论重大或疑难案件和其他有关审判工作的问题。”对案件的处理，审判委员会可以改变合议庭的处理意见。审判委员会作出的决定，合议庭必须执行。

### 22. 人民法院审理案件有什么制度?

根据我国有关法律规定，人民法院审理案件有以下制度。

（1）回避制度。即诉讼当事人及其法定代理人，认为与本案有利害关系或者其他关系，可能影响案件的公正审判的法庭组成人员、书记员、公诉人、鉴定人和翻译人员，有权对他们提出回避申请；上述人员，如果认为自己对本案有利害关系或其他关系，需要回避时，也应自行回避。

（2）诉讼代理制度。在诉讼中，当事人有权委托一至两名诉讼代理人帮助或者替自己进行诉讼活动。

（3）适用本民族语言文字进行诉讼的制度。各民族公民都有用本民族语言文字进行诉讼的权利。

（4）合议制度。即除简单的民事、轻微的刑事案件由审判员一人独任审判以外，其他案件均由审判员组成合议庭或由审判员与人民陪审员组成合议庭进行审理。合议庭一般由三至七人组成，由一人担任审判长。合议庭成员权利平等，决定问题时，少数服从多数。

（5）审判委员会制度。即各级人民法院依法设立由院长、庭长和有经验的审判员参加的审判委员会，作为集体领导审判活动的组织形式。其任务是总结审判经验，讨论决定重大的或者疑难的案件和其他有关审判工作问题。它由院长主持，实行民主集中制。同级人民检察院检察长可以列席。审判委员会对具体案件作出的决定，合议庭必须执行。

（6）两审终审制度。即对地方各级人民法院第一审的判决、裁定，当事人或其法定代理人不服，有权上诉，辩护人和近亲属经被告人同意，也可以上诉。地方各级人民检察院认为本级人民法院第一审刑事判决、裁定有错误，应向上一级人民法院提出抗诉。这些上诉和抗诉案件，由上一级人民法院作为第二审案件进行审理。二审判决和裁定是终审的判决和裁定。

（7）死刑复核制度。即对判处死刑的案件，必须经最高人民法院核准；中级人民法院判处死刑缓期二年执行的案件由高级人民法院核准。

（8）审判监督制度。即各级人民法院院长，对本院已经发生法律效力的判决和裁定，如果发现确有错误，必须提交本院审判委员会处理，经讨论决定后，可进行再审。最高人民法院对各级人民法院已经发生法律效力的判决和裁定，上级人民法院对下级人民法院已经发生法律效力的判决和裁定，如果发现确有错误，有权提审或者指令下级人民法院再审。最高人民检察院对各级人民法院已经发生法律效力的判决、裁定，如果发现确有错误，或者发现审判人员在审理案件时有贪污受贿、徇私舞弊、枉法裁判行为的，有权按照审判监督程序提出抗诉。

**23. 人民法院审理案件有什么原则?**

根据我国宪法、人民法院组织法、法官法以及刑事诉讼法、民事诉讼法和行政诉讼法等法律规定，法院的审判原则主要包括以下几项。

（1）人民法院依法行使审判权，不受行政机关、社会团体和个人的干涉。

（2）人民法院审理案件，以事实为根据，以法律为准绳。

（3）人民法院审理案件，当事人在法律面前地位平等。

（4）人民法院审理案件除法律有特别规定以外，一律公开审理，宣判要公开进行。

（5）辩护原则。被告人有权获得辩护，人民法院对被告人的辩护权不能非法侵犯和剥夺，应当正确对待被告人或辩护人的申辩。

## 四、诉讼

**24. 什么叫诉讼？诉讼有几种?**

所谓诉讼，俗称打官司，是指司法机关和案件当事人，在其他诉讼参与人的配合下，为处理案件所进行的全部活动。

诉讼有三种，即民事诉讼、刑事诉讼和行政诉讼。

所谓刑事诉讼，就是根据刑事诉讼法的规定，通过侦查、起诉（包括自诉）和审判活动，适用刑事法律，解决被告人是否犯罪和处刑的问题。

所谓民事诉讼，是指国家、集体和个人认为各种民事权益受到了侵害或者发生了争议而产生纠纷，依据民事诉讼法的规定起诉到人民法院，人民法院按照民事诉讼法规定的程序，适用民事法律，对当事人争执的问题进行审理和裁判的全部过程。在民事诉讼中，双方当事人的地位平等。人民法院审理民事案件，首先要进行调解，一般是在调解不能达成协议或者当事人不同意调解的情况下才作出裁决。

所谓行政诉讼，是行政管理相对人，不服行政机关所作出的行政处理决定，依据行政诉讼法的规定向人民法院提起行政诉讼，人民法院适用行政法，按照行政诉讼法规定的程序予以审理和裁决的活动。

民事和行政诉讼有三个基本阶段，即起诉、审判、执行。而刑事诉讼一般还多一个侦查阶段。在整个诉讼中，司法机关处于主导地位，当事人则基于诉讼法所确定的权利和义务，在司法机关的组织下进行诉讼活动。

### 25. 什么是诉讼法？

诉讼就是打官司，诉讼法就是规定打官司的程序、步骤方面的法律，打官司应该遵循。诉讼法也叫程序法。

在中国有三大主要诉讼法，分别是《民事诉讼法》《刑事诉讼法》《行政诉讼法》，人民法院审理民事案件、刑事案件、行政案件，就是分别依据这三部诉讼法来进行的。当然，公安机关、国家安全机关和人民检察院处理刑事案件，也必须依据《刑事诉讼法》的规定来进行。因此，诉讼法不止是当事人打官司应该遵循，司法人员也应该遵循。打官司的人要了解诉讼法的规定，一方面是自己应该严格按照法律规定办事，另一方面也应该了解司法人员应该怎样依法来处理案件。司法人员如果违法，有可能影响案件的正确处理，打官司的人如果发现，应该及时依法提出。

### 26. 为什么尽可能不要打官司？

为什么说尽可能不要打官司，这与尽可能不要到医院去住院是一个道理。到医院住院治病，这是因为生病了，不去不行，是被逼无奈的。到法院打官司也是被逼无奈的，有了纠纷，用别的方法解决不了，只能通过打官司来解决。

但是，如果有了小纠纷，比如我们上街，你碰了我一下，或者我踩了你的脚，由此引起了小纠纷，双方对到底是哪一方有过错争论不休，那么，是不是需要到法院打官司呢？我们说，这跟一个人皮肤有了划伤，或者是患了感冒，是不是一定要到医院去住院治疗是一样的。有了小病，尽可能不要到医院去住院治疗，因为去住院，一般要对身体进行全面检查，而且最少得住数日。生活中产生了小纠纷，如果用打官司的方法来解决，一是胜败很难料定，二是有许多其他问题也必须考虑，比如，打官司要花费许多时间和精力，这是不是会影响自己的工作和生活；打官司要交诉讼费，有时还得聘请律师；打完一审还可能打二审，打完二审可能要申请再审。因此，在打官司之前，要想一想打官司的后果。比如邻里之争，俗话说，“一场官司十年仇”。打了一场官司之后，不利于日后的团结与和睦相处。从这个角度来说，有了纠纷也尽量不要用打官司的方法来解决。

所以我们的观点是：打官司之前应该算一算经济账和时间账，没有必要的官司尽量不打。那么，有纠纷怎么办？一是在生活中尽量减少纠纷、预防纠纷，这是最主要的方法。二是发生了纠纷，尽可能用忍让、宽容化解纠纷，向对方说声“对不起”“请原谅”之类的话，避免纠纷激化、升级。三是可以找某些组织或者部门给予调解。打官司是被逼无奈，什么办法都解决不了问题的最后选择。

### 27. 哪些问题可以用诉讼方法解决？

我们说应该尽量避免打官司，但也不是说不应该打官司，相反，对于某些问题用打官司的方法来解决，而不是个人私下违法处理，说明了我们的法治观念强，思想觉悟高。

比如发生了交通肇事事故，到医院去治疗花了许多医药费，损失很大，而对方拒不赔偿。怎么办呢？不能说对方不赔偿就到对方家里去偷、去抢，不能为了泄愤而到人家去毁坏财产，殴打他人。不能用非法的方法来解决问题。如果是被对方打伤，对方不赔偿医药费，不能说“你违法了我也不必守法，你把我打伤，我也要把你打伤”。也就是说，遇到纠纷，不能用“对方违法了，我也不必守法”这种逻辑来处理。如果有必要，或者是问题经过调解解决不了，那么打官司是唯一正确的选择。如果用不法行为自己处理，其结果可想而知：一是自己违法，要受到法律制裁；二是会使问题更加复杂，不好解决。

### 28. 打官司靠花钱行贿能起作用吗？

以事实为根据，以法律为准绳，是法院判案的原则。法院办案，是严格依照法律的规定，而不是靠人情关系。有人说，国家的法律规定比较原则、比较笼统，使法官有自由裁量的余地。这话也对。比如《刑法》第 264 条规定，对于盗窃数额较大的，或者多次盗窃、入户盗窃、携带凶器盗窃、扒窃的，处三年以下有期徒刑、拘役或者管制，并处或者单处罚金。有人认为，如果重点判，判有期徒刑 3 年是可以的，如果轻点判，判 1 年有期徒刑甚至是判 6 个月有期徒刑也不算错，还可以判缓刑，把被告人放出来。有人这样认为是可以理解的，但是如果你是法官，你就知道事情不那么简单。对案件怎样判处要由合议庭集体决定，即使承办人想从轻判处，必须得讲出从轻判处的理由，比如有自首、立功等情节，或者能退赔赃款赃物等。如果什么从轻情节都没有，承办案件的主审法官想从轻判处是说不出口的。即使想轻判，合议庭的其他成员也不会同意。法院的裁判文书是需要经过庭长、院长等有关领导签发的。即使是独任审判的案件，不经过合议庭集体研究，承办人提出了没有根据的从轻处理意见，庭长和院长等领导人发现承办人提出的意见没有法律依据，他们也不会稀里糊涂地就往裁判文书上签名。因为对错误的判决他们是要承担责任的。从这一点来说，如果想从轻处罚就必须得找到从轻处罚的理由。没有从轻处罚的理由，靠关系、靠金钱，这很难通过层层关口。

## 29. 什么是起诉？

所谓起诉，是指第一次到法院提起诉讼。

起诉分三种：民事起诉、刑事起诉、行政起诉。民事起诉由一般民事主体提出，要向法院递交起诉状；刑事起诉由检察院提出，要向法院提出起诉书，或自诉人递交自诉状；行政起诉由行政相对人提出，也要递交起诉状。

## 30. 什么是上诉？

所谓上诉，是指对法院一审裁判不服，当事人可以在法定的期限内提出上诉，以此引起第二审程序。

上诉是不服一审法院的判决和裁定，在规定的时间内向上一级法院申请审理的诉讼活动。

## 31. 什么是申请再审？

《民事诉讼法》第199条规定的申请再审，是指当事人及其法定代理人对已经发生法律效力的判决、裁定、调解书，认为确有错误，在6个月的期限内，可以向人民法院提出变更或撤销原判决、裁定和调解的请求，并提请人民法院对案件重新审理的诉讼制度。申请再审是我国再审制度的重要组成部分，它对纠正生效裁判的错误，保证案件的审判质量，维护法律的严肃性及当事人的合法权益都具有重要意义。

《民事诉讼法》第202条规定，当事人对已经发生法律效力的解除婚姻关系的判决、调解书，不得申请再审。

要注意的是，法律虽然有关于申请再审的规定，但并不是说只要申请再审，法院就一定立案再审。

根据《民事诉讼法》第199条、第200条的规定，当事人对已经发生法律效力的判决、裁定，认为有错误的，可以向上一级人民法院申请再审；当事人一方人数众多或者当事人双方为公民的案件，也可以向原审人民法院申请再审。当事人申请再审的，不停止判决、裁定的执行。

根据《民事诉讼法》第203条、第204条的规定，当事人申请再审的，应当提交再审申请书等材料。人民法院应当自收到再审申请书之日起五日内，将再审申请书副本发送对方当事人。对方当事人应当自收到再审申请书副本之日起15日内，提交书面意见；不提交书面意见的，不影响人民法院审查。人民法院可以要求申请人和对方当事人补充有关材料，询问有关事项。

人民法院应当自收到再审申请书之日起三个月内审查，符合法律规定的，裁定再审；不符合法律规定的，裁定驳回申请。有特殊情况需要延长的，由本院院长批准。

因当事人申请裁定再审的案件由中级人民法院以上的人民法院审理，但当事人依法选择向基层人民法院申请再审的除外。最高人民法院、高级人民法院裁定再审的案件，由本院再审或者交其他人民法院再审，也可以交原审人民法院再审。

根据《民事诉讼法》第205条的规定，当事人申请再审，应当在判决、裁定发生法律效力后六个月内提出；有下列情形之一的，自知道或者应当知道之日起六个月内提出：

(1) 有新的证据，足以推翻原判决、裁定的；

(2) 原判决、裁定认定事实的主要证据是伪造的；

(3) 据以作出原判决、裁定的法律文书被撤销或者变更的；

(4) 审判人员审理该案件时有贪污受贿，徇私舞弊，枉法裁判行为的。

当事人对已经发生法律效力的调解书，提出证据证明调解违反自愿原则或者调解协议的内容违反法律的，可以申请再审。经人民法院审查属实的，应当再审。

申请再审与上诉有以下区别。

(1) 上诉不需要理由，而申请再审必须具备法定理由。一审法院的裁判作出之后，当事人只要不服，在法定期限内就可以上诉，要求上一级法院进行第二次审理。只要上诉，二审法院必须立案受理。申请再审不是这样，法院裁判生效后，当事人可以向作出生效裁判的法院或其上级法院申请再次审理。由于裁判已经生效，因此，当事人在申请的时候必须具备法定理由。例如，《民事诉讼法》第200条规定了13条，只有具备其中之一的，人民法院才应当再审。

(2) 对象不同。上诉是针对没有生效的裁判，而申请再审是针对已经生效的裁判。

(3) 提起的时间不同。当事人申请再审应当在判决、裁定生效后6个月内提出。上诉由原审案件的当事人在判决书送达之日起15日内提起。对裁定不服，在裁定书送达之日起10日内提起。

(4) 受理的法院不同。对上诉后的二审案件，只能由原审法院的上一级法院受理，而申请再审的案件不同。根据《民事诉讼法》第199条规定，当事人对已经发生法律效力的判决、裁定，认为有错误，可以向上一级人民法院申请再审；当事人一方人数众多或者当事人双方为公民的案件，也可以向原审人民法院申请再审。

由于我国实行的是二审终审制，所以当事人对一审法院作出的裁判如果不服，不需要什么理由，就可以上诉，二审法院必须受理，而申请再审不是这样。申请再审是有条件的，如果也像当事人提出上诉那样，不需要什么理由，这就会使两审终审制变成了三审。

根据《民事诉讼法》第200条、第201条的规定，当事人的申请再审符合下列情形之一的，人民法院才能再审：

（1）有新的证据，足以推翻原判决、裁定的；

（2）原判决、裁定认定的基本事实缺乏证据证明的；

（3）原判决、裁定认定事实的主要证据是伪造的；

（4）原判决、裁定认定事实的主要证据未经质证的；

（5）对审理案件需要的主要证据，当事人因客观原因不能自行收集，书面申请人民法院调查收集，人民法院未调查收集的；

（6）原判决、裁定适用法律确有错误的；

（7）审判组织的组成不合法或者依法应当回避的审判人员没有回避的；

（8）无诉讼行为能力人未经法定代理人代为诉讼或者应当参加诉讼的当事人，因不能归责于本人或者其诉讼代理人的事由，未参加诉讼的；

（9）违反法律规定，剥夺当事人辩论权利的；

（10）未经传票传唤，缺席判决的；

（11）原判决、裁定遗漏或者超出诉讼请求的；

（12）据以作出原判决、裁定的法律文书被撤销或者变更的；

（13）审判人员审理该案件时有贪污受贿，徇私舞弊，枉法裁判行为的；

（14）当事人对已经发生法律效力的调解书，提出证据证明调解违反自愿原则或者调解协议的内容违反法律的，可以申请再审；经人民法院审查属实的，应当再审。

当事人对已经发生法律效力的解除婚姻关系的判决、调解书，不得申请再审。

申请再审要向法院递交再审申请书。以下是司法实践中的一篇再审申请书例文，供参考。

**再审申请书**

申请再审人：胡××，男，××××年×月×日出生，汉族，住所地：

××市××区××街×号，联系电话：××××。

申请再审人：彭××，女，××××年×月×日出生，汉族，住所地同上。

被申请人：胡×，男，××××年×月×日出生，汉族，住所地：××市××区××街×号，联系电话：××××。

申请再审人胡××、彭××与被申请人胡×因房屋使用权交换纠纷一案，不服××市××区人民法院（××××）×民初字第×号及××市中级人民法院（××××）×民终字第×号民事判决，向××省高级人民法院申请再审。

一、申请再审的事由

申请再审人的再审申请符合《中华人民共和国民事诉讼法》第二百条第（二）项（原判决、裁定认定的基本事实缺乏证据证明）、第（六）项（原判决、裁定适用法律确有错误）、第（十一）项（原判决、裁定遗漏或者超出诉讼请求）规定的情形。

二、申请再审的请求

1. 请求撤销（××××）×民初字第×号和（××××）×民终字第×号民事判决；

2. 依法重新审理此案，判决××市××区×街×号楼22室房屋归申请再审人所有，由被申请人协助将该房产过户至申请再审人胡××名下；

3. 由被申请人承担本案一切诉讼费用。

三、申请再审的事实和理由及证据

1. 本案中申请再审人与被申请人之间换房事实清楚，证据充分，申请再审人应获得“22室争议房”的所有权。

××××年×月，申请再审人从张××处以××万元购买了××市××区×街×号楼3单元33室使用权房屋一处（以下简称“33室房屋”），变更使用人为胡××，此后该房屋由其父母居住。当时被申请人胡×拥有××市××区×街×号楼2单元22室使用权房屋一处（即本案争议房，以下简称“22室争议房”）。××××年×月，胡×买了新房而急于将“22室争议房”卖掉。不久，胡×得知有人要2楼的房屋，而其本人的“22室争议房”是5楼，胡××的“33室房屋”恰巧符合条件。胡×便提出与胡××换房，并起草了一份换房协议，说是给买房人看。胡××同意并在协议上签字。随后，胡×以××万元价格将“33室房屋”卖给了李××（请法院向李××调取证据或者传唤其出庭作证）。胡×收取了房款，胡××父母搬至“22室争议房”居住。因为胡××和胡×是兄弟，“22室争议房”又存在拖欠采暖费等原因，直到×

×××年购买产权也未能变更使用人为胡××，但胡×对换房是承认的，同意胡××、彭××夫妇使用胡×的工龄，并以胡×的名义购买了“22室争议房”的房产的产权。一切购房手续都是胡××夫妇经办的，所有购房款和税费都是胡××夫妇支付的，购房协议上彭××签了胡×的名字，一切票据及房产证也一直由胡××夫妇保管。对这些事，胡×一直未提出异议。“22室争议房”产权证下达后，申请再审人要求将所有人由胡×变更为胡××，胡×却一直找各种理由推托。

由此可见，本案中当事人换房事实清楚，证据充分，申请再审人应获得“22室争议房”的所有权。

2. 本案一、二审法院判决认定事实不清，适用法律错误，遗漏了对重要事实的审理，应该撤销原判，对本案进行再审。

首先，本案中正因为申请再审人与被申请人之间存在换房事实，胡×才将原来胡××的房屋卖给他人，胡××才买了原来胡×的“22室争议房”产权，只是因为客观原因没能办理过户手续。申请再审人已经向原审法院提交了自己购买房产使用权的协议，提交了换房后对“22室争议房”进行管理、交纳租金的收据，提交了购买“22室争议房”的相关手续、协议、交纳购房款和维修金的收据以及产权证，提交了对“22室争议房”购买产权后安装电话机交纳电话费的证据。被申请人在原审中对上述事实没有异议，并且承认是自己卖掉了“33室房屋”，自己收取了房款。这足以证实本案中当事人换房事实是清楚的，证据是充分的。原审置换房基本事实和上述书证于不顾，仅以“22室争议房”产权登记便否认换房，以证据不足为由驳回诉讼请求，显然没有任何道理。

其次，原二审法院认为，胡×是否出卖了原来胡××的房屋与本案不是同一法律关系，不是本案审理范围，更是错误。本案中申请再审人要求确认“22室争议房”的房产权属的根据便是曾经与胡×换房，而胡×将原来胡××的“33室房屋”出卖，恰恰证明换房事实。原二审法院遗漏了对这一重要事实的审理，应当再审纠正。

再次，本案中换房及对“22室争议房”的确权，是胡××与胡×兄弟之间的争议，不应与换房8年后父母对胡××的房产赠予相联系，也不能仅以亲属的陈述否认客观存在的换房事实。胡×声称，“22室争议房”是母亲的，只不过是看到房产增值，想达到占有“22室争议房”这一目的，故意转移目标而已。

综上，本案一、二审法院判决认定事实不清，适用法律错误，遗漏了对重要事实的审理，人民法院应当再审纠正。

此致

××省高级人民法院

申请再审人：胡××、彭××

××××年×月×日

**32. 什么是申诉?**

申诉，是指当事人或其他有关人员，对已经发生法律效力的判决、裁定、调解、决定不服，可以依法向司法机关提出要求再审，但不能停止判决、裁定、调解、决定的执行。司法机关经过复查，认为原判决、裁定、调解、决定正确的，则用通知驳回申诉；认为原判决、裁定、调解、决定有错误的，有关司法机关应按照法定程序予以撤销。

申诉与上诉的区别如下。

(1) 对象不同。申诉的对象是已经发生法律效力的判决、裁定，而上诉的对象是尚未发生法律效力的一审判决、裁定。

(2) 主体范围不同。申诉的主体是当事人及其法定代理人、近亲属，上诉的主体是一审案件的当事人及其法定代理人。

(3) 受理的机关不同。受理申诉的机关既包括原审人民法院及其上级人民法院，也包括与上述各级人民法院对应的人民检察院；而受理上诉的机关只能是原审人民法院及其上一级人民法院。

(4) 期限不同。对于申诉，法律没有规定期限；而对于上诉，法律规定了期限，超过上诉期限便丧失上诉权。

(5) 后果不同。上诉，不管上诉理由是否正确，必然引起二审，导致一审判决、裁定不能生效。但申诉不同，申诉只是提起审判监督程序的一种材料来源，不能停止生效判决、裁定的执行。无理申诉、没有根据的错误申诉，不会引起再审。

申诉与申请再审的区别如下。

(1) 申请再审的问题只在《民事诉讼法》中有规定，在《刑事诉讼法》中没有关于申请再审的规定。因此，在刑事诉讼中，如果对生效的判决和裁定不服，可以申诉，但不能申请再审。

(2) 申诉是当事人的一项民主权利，而申请再审则是当事人的一项诉讼权利。

(3) 二者的主体不同。申诉的主体可以是当事人，也可能是当事人以外的人；申请再审的主体只能是案件的当事人。

(4) 申诉不受审级、条件和案件范围的限制，而申请再审有严格的条件、审级和案件范围的限制。

（5）申请再审的对象是确有错误的生效判决与裁定，以及违反自愿原则或者内容违法的调解书。而申诉则不受这一限制，申诉既可以针对未生效的法律文书，也可以针对已生效的法律文书。此外，申诉还可以针对一些违法行为等。

（6）申请再审的期限是法律文书生效后的6个月内，超过6个月则丧失了申请再审权。而申诉没有时间限制。

（7）受理的机关不同。可以向法院和检察院申诉，也可以向其他国家机关申诉；而申请再审只能向原审法院或者上一级法院提出。

（8）申诉不交诉讼费，对某些申请再审，需要缴纳诉讼费。

申诉、上访应当注意以下问题。

（1）虽然有申诉、上访的权利，但不要依赖申诉、上访。从司法实践看，有许多案件经过了一审、二审以后，如果不属于明显的错案、假案、冤案，人民法院是不会对它作出的判决、裁定予以轻易改判的。其目的就是要维护法律的严肃性、稳定性。因此，当事人在打官司时，应当把主要力量放在一审诉讼中，如果一审败诉，上诉则是无奈的选择。当事人不能因为法律规定可以上诉，而对一审的诉讼活动就马虎应付。在第二审诉讼中，当事人同样应该重视诉讼活动，不能因为可以申诉和申请再审而不认真对待一审和二审。否则，吃亏的将是自己。

（2）申诉要写申诉书，写清申诉人是谁，被申诉人是谁，为什么要申诉，是对哪个部门的哪个处理决定不服，申诉目的是什么，提出什么要求，有什么法律依据。申诉书要在讲清内容的前提下，要写得简练、准确。

（3）要有事实和证据，证明自己的申诉、上访有理，证明自己是正确的。要讲明司法机关作出的决定、裁判违背了国家的哪部法律，违背了这部法律的哪条哪款。不能认为“申诉不赔本，只不过交一张申诉纸”，不能靠侥幸获胜。

（4）要选准申诉、上访的接待部门，即找准主管机关。因为目的是求得解决问题，而不是造舆论。

（5）要文明申诉，方法要得当。不管是向法院申诉，还是向检察院等其他机关申诉，都要讲文明，不能在有关部门的门前哭闹。不能打标语、喊口号、拦车辆、堵交通，以此吸引过路群众。这些行为不是正当的申诉方法。

（6）要依法申诉，不能使自己有理变成无理。首先要根据案件管辖的规定，向有权处理该案的法院、检察院等有关机关申诉。到有管辖权的部门申诉，也应当向案件承办人、接待人申诉，而不能不管是谁，都向其喋喋不休地去讲述自己的道理。有的申诉人甚至堵截人民法院的会计、值班人员、工人等不承办案件的人申诉。这样做不仅干扰他人工作，也不会达到申诉目的。

申诉人在进行申诉时，应当拿出很大精力学习有关法律规定。有的人不是在学习法律、运用法律方面下功夫，而是把宝贵的时间和精力用到了“找人说情”“拉关系”“互相利用”等不正当的方面。我们认为，一起案件要想改判，不是哪一个人说了算。如果改判，必须有改判的理由。如果真正有改判的理由，只要讲清楚法律规定，不找人也可能改判。如果申诉人要求改判而没有法律依据，即使在“歪门邪道”方面付出了很大代价，也很难申诉成功。

（7）申诉要带齐有关法律文书和材料。为了防止丢失，可带复印件，将原件留在家中，在司法机关要原件时，再交不迟。交了原件，应向接收原件的部门要收条。

申诉、上访是一件十分严肃的事情，应当严肃对待。

有这样一幅漫画：一位申诉人含泪双手把一份申诉书投入了垃圾桶。这幅漫画生动地反映出，申诉如果找错了门，把申诉书递送到不应该递送的部门，不仅不会有效果，还浪费了自己的时间和精力。要申诉，应该向哪个部门提出呢？

根据法律规定，各级人民法院处理申诉，实行分级负责的原则。对申诉人的申诉，一般是由作出生效判决、裁定的法院审查处理。上级法院认为必要时，可以直接审查处理。具体受理申诉案件情况如下。

基层人民法院负责审查处理不服本院已经发生法律效力的判决、裁定的申诉。

中级人民法院负责审查处理下列申诉：一是不服本院已经发生法律效力的第一审判决、裁定的；二是不服本院第二审判决、裁定的；三是不服基层人民法院发生法律效力的判决、裁定的申诉，经过基层人民法院审查处理后，申诉人仍不服，以新的事实和理由向中级人民法院提出申诉的；四是不服基层人民法院已经发生法律效力的判决、裁定的申诉，本院认为需要直接审查处理的。

高级法院负责审查处理下列申诉：一是不服本院已经发生法律效力的第一审判决、裁定的；二是不服本院第二审判决、裁定的；三是不服中级人民法院已经发生法律效力的判决、裁定的申诉，经过中级人民法院审查处理以后，申诉人仍然不服，以新的事实和理由向高级人民法院提出申诉的；四是不服中级人民法院和基层人民法院已经发生法律效力的判决、裁定的申诉，本院认为需要直接审查处理的。

最高人民法院负责审查处理下列申诉：一是不服本院判决、裁定的；二是不服高级人民法院已经发生法律效力的判决、裁定的申诉，经过高级人民法院审查处理后，申诉人仍然不服，以新的事实和理由向最高人民法院提出申诉的；三是不服地方各级人民法院已经发生法律效力的判决、裁定的申诉，本院认为需要直接审查处理的。

当前，各级法院的申诉案件比较多，上一级法院根据辖区内的申诉案件数量情况，往往作出这样的规定：凡是到本院提出申诉的，申诉人必须持下一级人民法院的驳回申诉通知书，案件如果没经过下一级法院审查处理，上一级法院不受理这样的申诉。当然，这种做法随着审判工作的改革也许以后会得到改变。

当事人了解了人民法院对申诉案件分级管辖的规定，就可以根据自己的案件情况，选择有审查处理权的人民法院去申诉。

提出申诉要递交申诉书。不管是刑事案件的申诉书，还是民事案件、行政案件的申请书，在格式上大致相同，都分成四部分，即：首部、请求事项、事实与理由、尾部。

写申诉类文书，应该简要写清楚从最初发生诉讼一直到本次申诉的基本脉络，写清楚本人在以往诉讼中的基本诉讼主张，写清楚本案历次裁判认定的基本事实，使人读后能够了解到历次裁判的基本理由，写清楚案件经过哪些法院审判过，以及历次裁判的时间、案号、裁判主文的准确内容，写清楚当事人在本次申诉中的基本主张。

向人民法院提交申诉书，一是要及时；二是提出的理由要以法律和证据为依据，不能自己认为法院判错了就申诉，要指出法院的判决违反了国家的哪部法律的哪一条，或者提出证据，说明法院的判决认定的事实不对；三是要首先向作出生效判决的法院申诉，被驳回以后，再依法向上一级法院申诉。向人民法院申诉，原判决、裁定不停止执行。

现列举司法实践中的一份民事申诉书实例如下，供参考。

**申诉书**

申诉人：××市××养鸡场（一审被告、二审上诉人），场址：××市××区××乡。电话：××××。

法定代表人：孟××，男，××××年出生，系该场场长。

委托代理人：李××，男，××××年出生，系该场饲料采购员。

对方当事人：××市××鱼粉厂（一审原告、二审被上诉人），厂址：××市××区××街××号。

法定代表人：刘××，男，系该厂厂长。电话：××××。

因××市××鱼粉厂诉××市××养鸡场合同纠纷一案，申诉人不服××市××区人民法院××××年×月×日（××××）×民初字第×号民事判决和××市中级人民法院××××年×月×日（××××）×民终字第×号民事判决，现提出申诉。申诉的理由和请求如下：

××××年×月×日，被申诉人××市××鱼粉厂的厂长刘××，来到申诉人××市××养鸡场，与该场场长孟××签订了一份购销鱼粉合同。合同规定了四项内容，如鱼粉的数量、质量、价款和交接货时间及方法等，没有“货到付款”的规定，更没有逾期付款必须向销方支付滞纳金的规定。所以，一、二审的判决责令申诉人向被申诉人支付滞纳金是错误的。交接货之后，被申诉人确实多次到申诉人单位索要鱼粉款，但申诉人没有及时付款，一是当时确实无钱，没有能力支付，二是在合同中没有规定付款的具体时间，尽管没有及时付款，但不能称为违反合同规定，因为合同没有这方面的规定。现在，申诉人已经将全部货款付清，在此基础上，又让申诉人支付货款滞纳金，既无事实依据，也无合同根据。故此提出申诉。申诉的具体请求事项如下：

一、请求××市中级人民法院撤销本案的一二审判决，案件发回一审法院重新审判；

二、请求法院查清事实，判决被申诉人索要鱼粉滞纳金无理，不予支持。

此致

××市中级人民法院

附：一、购销鱼粉合同复印件一份；

二、一二审判决书复印件各一份；

三、××市××区人民法院驳回申诉通知书一份。

申诉人：××市××养鸡场

委托代理人：李××

××××年×月×日

（盖章）

按照国务院发布的《诉讼费用交纳办法》第 9 条规定，根据《民事诉讼法》和《行政诉讼法》规定的审判监督程序审理的申诉案件，当事人不交纳案件受理费。但是，下列情形除外：

（1）当事人有新的证据，足以推翻原判决、裁定，向人民法院申请再审，人民法院经审查决定再审的案件；

（2）当事人对人民法院第一审判决或者裁定未提出上诉，第一审判决、裁定或者调解书发生法律效力后又申请再审，人民法院经审查决定再审的案件。

**33. 什么是抗诉？**

抗诉，是指人民检察院认为人民法院作出的判决、裁定确有错误，或者认为审判人员在审理过程中有违法行为，依照法定程序，提请人民法院重新审理的诉讼行为。抗诉是法律授予人民检察院代表国家行使的一项法律监督权。

根据法律规定，最高人民检察院对各级人民法院、上级人民检察院对下级人民法院已经发生法律效力，确有错误的判决、裁定，有权按照审判监督程序向同级人民法院提出抗诉，同级人民法院再审时，提出抗诉的人民检察院应当派员出席法庭。

抗诉有以下条件。

（1）抗诉由有抗诉权的人民检察院提出。

（2）只有出现法定的下列情况，人民检察院才能提出抗诉：①原判决、裁定认定事实的主要证据不足的；②原判决、裁定适用法律确有错误的；③人民法院违反法定程序，可能影响案件正确判决、裁定的；④审判人员在审理案件时，有贪污受贿、徇私舞弊、枉法裁判行为的。

抗诉有以下两种。

（1）按上诉程序提出的抗诉。即地方各级人民检察院认为同级人民法院的一审刑事判决、裁定确有错误时，在法定抗诉期限内，向上一级人民法院提出的抗诉。检察院将抗诉书通过原审法院提交上一级人民法院，提出抗诉的人民检察院还应将抗诉书抄送上一级人民检察院，上一级人民检察院应就抗诉的理由和根据认真审核，如果认为抗诉不当，可直接向同级人民法院撤回下一级人民检察院的抗诉，并将撤回抗诉的情况通知下一级人民检察院。

（2）再审抗诉。即最高人民检察院对各级人民法院已经发生法律效力的判决、裁定、上级人民检察院对下级人民法院已经发生法律效力的判决、裁定，如发现确有错误，按审判监督程序提出抗诉。这种抗诉不受时间限制。接受抗诉的人民法院应当另行组成合议庭对案件重新审理。

按照审判监督程序向检察院申诉抗诉的案件，必须是法院已经作出了生效的判决、裁定。如果是一审案件，当事人在上诉期内因故未提起上诉，判决生效后又认为判决不公，可以向检察机关提出申诉。检察机关如果提出抗诉，人民法院应当再审。对这样的再审判决，当事人不服的，仍然可以行使上诉权。

申请抗诉应当提交请求抗诉书、人民法院生效的判决书或裁定书以及证明自己申诉主张的证据材料。请求抗诉书要写明申诉请求和事实理由，注明通讯地址、邮政编码和联系电话。

请求抗诉书，是指案件的当事人不服地方各级人民法院作出的生效裁判，依法请求人民检察院提出抗诉时所制作和使用的文书。

根据《民事诉讼法》第209条规定，有下列情形之一的，当事人可以向人民检察院申请检察建议或者抗诉：①人民法院驳回再审申请的；②人民法院逾期未对再审申请作出裁定的；③再审判决、裁定有明显错误的。

《刑事诉讼法》第241条规定，当事人及其法定代理人、近亲属，对已经发生法律效力的判决、裁定，可以向人民法院或者人民检察院提出申诉。向人民检察院提出申诉的同时，还可以请求人民检察院按照审判监督程序提出抗诉，但不停止判决、裁定的执行。

人民检察院对当事人的申请应当在三个月内进行审查，作出提出或者不予提出检察建议或者抗诉的决定。当事人不得再次向人民检察院申请检察建议或者抗诉。

关于请求抗诉书的格式，最高人民法院有明确规定，对各种案件的请求抗诉书的格式大致相同。现根据规定的格式，举例文如下，供读者参考。

**请求抗诉书**

请求人：郭××，男，××××年×月×日出生，汉族，农民，现住××省××县××乡××村。

请求人于××××年×月×日收到××县人民法院（××××）×刑初字第×号刑事判决。因为该判决内容违法，对被告人白××的量刑畸轻，特请求抗诉。事实和理由如下：

××××年×月×日，被告人白××与我因宅基地纠纷，把我打成轻伤，有法医鉴定载卷，并有当场目击者蒋××、刘××等多人证实。可是，被告人白××拒不认罪。在这种情况下，××县人民法院以故意伤害罪判处被告人白××有期徒刑二年缓刑二年，不把他收监改造。根据《中华人民共和国刑法》第72条规定，适用缓刑，被告人必须是有悔罪表现，而本案的被告人白××，别说悔罪表现，就连犯罪都不承认，根本不具备缓刑条件，可是××县人民法院却对他宣告缓刑。因此，根据《中华人民共和国刑事诉讼法》第241条规定，请求贵院迅速提出抗诉，以纠正××县人民法院错误的、违法的判决。

此致

××省××县人民检察院

请求人：郭××

××××年×月×日

附：××县人民法院（××××）×刑初字第×号刑事判决书复印件一份。

**34. 什么是支付令？**

不是说到法院打官司，都得经过递交起诉状，法院开庭审理，然后宣判这样的程序。根据《民事诉讼法》第214条至第217条的规定，有些债务案件，只要符合下列条件，就可以向有管辖权的基层人民法院申请支付令，请求法院依法督促债务人还债：①债权人与债务人没有其他债务纠纷的；②支付令能够送达到债务人的。

所谓支付令，是指人民法院依照《民事诉讼法》规定的督促程序，根据债权人的申请，向债务人发出的限期履行给付金钱或有价证券的法律文书。这是处理债权债务关系明确的民事纠纷的最好办法，但只能体现在债务人接到支付令之日起15日内，不向法院提出书面异议方可实现。债务人对债权债务关系没有异议，但对清偿能力、清偿期限、清偿方式提出不同意见的，不影响支付令的效力。如果法院裁定终结督促程序，支付令自行失效，债权人可以提出诉讼。

申请支付令应该写明请求给付金钱或者有价证券的数量和所根据的事实、证据。债权人提出支付令申请后，法院应当在五天内，通知债权人是否受理。人民法院受理申请以后，经审查债权人提出的事实、证据，认为债权债务关系明确、合法的，应当在受理之日起15日内，向债务人发出支付令；申请不成立的，裁定予以驳回。

债务人应当自收到支付令之日起15日内，清偿债务，或者向人民法院提出书面异议。债务人在规定的期间内不提出异议又不履行支付令的，债权人可以向人民法院申请执行。

人民法院收到债务人提出的书面异议后，经审查，异议成立的，应当裁定终结督促程序，支付令自行失效。支付令失效以后，就转入了诉讼程序，但申请支付令的一方当事人不同意提起诉讼的除外。

**35. 什么是审限？**

所谓审限，就是对案件的审理期限。人民法院审理案件，在时间上是有限制的，不是说对一起案件什么时候审结都可以。人民法院审理刑事案件、民事案件、行政案件，应该在多长的时间内审理完结，《刑事诉讼法》《民事诉讼法》和《行政诉讼法》分别有详细规定。甚至是对哪一类案件，例如一审、二审、再审案件，都有明确的审理期限的规定。目前，有个别法院没有严格执行诉讼法的规定，有的案件审结的日期超过了审限。甚至对超过审限而结案的审判人员也不做任何处理，对此打官司的人很不满意。

法院审理案件超过审限，没有在法律规定的时限内结案，其原因是多种多样的。有的可能是因为审判人员生病住院或者突然遇上了特殊情况，也有的是因为案件复杂，已经依法提请延审并且经过审批，当然也不排除还有其他深层次的原因。打官司的人知道诉讼法关于案件审限的规定，一方面可以使自己在思想上有准备，另一方面也可以督促法官及时结案，防止腐败问题的发生。

### 36. 什么叫判决？什么叫裁定？

判决，是指人民法院按照法律规定的程序，在对案件审理、审查的基础上，根据法律规定，对案件作出结论性的判定。判决要制定判决书。判决一经作出，不经法定的程序不得随意改变。

一审法院作出的判决，在上诉期内没有发生法律效力，当事人可以提出上诉。《民事诉讼法》和《行政诉讼法》规定，当事人不服一审判决的，有权在判决书送达之日起15日内向上一级人民法院提出上诉。《刑事诉讼法》规定，不服刑事判决的上诉和抗诉的期限为10日，从接到判决书的第二天算起。

判决书从送达或当事人接到的第二天起，在法定的期限内，当事人不上诉，人民检察院不抗诉，过了上诉和抗诉期限即发生法律效力。二审的判决，宣判后立即生效。人民法院的判决有两个特点。一是具有稳定性。任何机关、团体或个人，都无权变更或撤销，如有错误，只能由人民法院按法律规定的审判监督程序纠正。二是具有强制性。判决生效后，执行部门有按照判决执行的义务，当事人必须坚决服从，不能抗拒。

裁定，是人民法院在审理案件过程中，就解决某一诉讼程序问题和部分实体问题，所作的书面或口头决定。

裁定适用于下列范围：①对案件不予受理；②对管辖权有异议的；③驳回起诉；④财产保全和先予执行；⑤准许或者不准许撤诉；⑥中止或者终结诉讼；⑦补正判决书中的笔误；⑧中止或者终结执行；⑨不予执行仲裁裁决；⑩不予执行公证机关赋予具有强制执行效力的债权文书；⑪其他需要裁定解

决的事项。裁定书要由审判人员、书记员署名，并加盖人民法院的印章。口头裁定应该记入笔录。

对裁定不服，是否可以上诉，可以上诉的期限是多少，对不同的案件，法律有不同的规定。例如：对不予受理案件的裁定、管辖权有异议的裁定、驳回起诉的裁定等，当事人如果不服，可以提出上诉。上诉的期间是10日。最高人民法院的裁定以及依法不准许上诉或者超过了上诉期限而没有上诉的裁定，是发生法律效力的裁决。发生法律效力的裁定需要依法执行。

### 37. 判决和裁定有什么区别?

一般来说，判决是对实体部分作出的，而裁定是对程序部分作出的。判决和裁定有以下主要区别。

（1）判决用于解决整个案件的实体问题，如刑事判决，要决定被告人的行为是否构成犯罪、犯了什么罪、是否要判处刑罚以及应判处怎样的刑罚等问题；裁定虽然也可以用来解决部分实体问题，但主要是用来解决诉讼程序问题，如用裁定驳回上诉等。

（2）判决必须用书面形式，而裁定既可以是书面的，也可以是口头的。在审判实践中，裁定一般都使用书面形式。

（3）一起案件的判决只有一个，而裁定却可以有若干个。

（4）判决主要依据实体法作出，如依据刑法、民法、行政法等；裁定则主要依据程序法作出，如依据刑事诉讼法、民事诉讼法、行政诉讼法。

（5）判决是对案件的终结决定，而裁定一般在诉讼进行之中使用。

（6）对判决与裁定的上诉期限也不同。

判决与裁定是人民法院常用的两种文书，有同样的法律效力，生效的判决和裁定都有可强制执行性，当事人不得抗拒。

### 38. 什么叫诉讼参与人?

诉讼参与人，是指参与诉讼的人，其范围很广泛，不仅包括当事人，还包括与判决结果没有利害关系的其他人，例如诉讼代理人、证人、鉴定人、翻译人员等。

### 39. 什么叫原告、被告、第三人?

原告是民事诉讼和行政诉讼中的用语，是指以自己的名义提起诉讼，请求法院保护其权益，因而使诉讼成立的人。

《民事诉讼法》第119条规定，提起诉讼的原告必须是与本案有直接利害关系的公民、法人和其他组织。因此，与本案没有直接利害关系的公民、法人和其他组织不能成为原告。对与本案没有直接利害关系，或其民事权益并未受到侵犯，没有发生争议的不符合起诉条件的当事人，法院会让其退出诉讼。如果不符合条件的原告不愿意退出诉讼，法院应当以裁定驳回起诉；如果符合条件的原告不愿参加诉讼，可以终结案件的审理。

《行政诉讼法》规定，公民、法人或其他组织认为行政机关和行政机关工作人员的具体行政行为侵犯其合法权益，有权依照该法向人民法院提起诉讼成为原告。有权提起诉讼的公民死亡，其近亲属可以提起诉讼。有权提起诉讼的法人或者其他组织终止，承受其权利的法人或者其他组织可以提起诉讼。

被告是民事诉讼和行政诉讼中的用语，其与刑事诉讼中的被告人意思接近，但不完全一样。

民事诉讼和行政诉讼中的被告，是指在民事诉讼和行政诉讼中，被指侵犯了原告权益的自然人、法人、其他组织或行政主体等，这一点与刑事诉讼中的被告人不同。被告人是刑事诉讼中的用语，是指在刑事诉讼中，被指控犯了罪，需要追究刑事责任的人。

民事诉讼和行政诉讼中的被告，与刑事诉讼中的被告人还有许多不同点。例如：根据《刑事诉讼法》的规定，刑事被告人享有辩护、最后陈述、拒绝回答与本案无关问题的权利，有申请通知新证人到庭、调取新物证、重新鉴定或勘验的权利，有使用本民族语言文字的权利，有申请回避、提起上诉、要求再审的权利，对于审判人员、检察人员、侦查人员侵犯其诉讼权利和侮辱其人身的行为有提出控告的权利等。

根据《行政诉讼法》的规定，在行政诉讼中，被告与原告法律地位平等。

所谓第三人，是在民事诉讼中，对当事人之间的诉讼标的具有独立请求权，或者是虽然没有独立请求权，但案件的处理结果与他有法律上的利害关系，因而参加到已经开始的诉讼中来的人。

第三人不是第三者，也不是第三个人，其在数量上是不确定的，可能是一个，也可能是几个。第三人有两种。一种是对诉讼标的有独立的请求权的人。例如兄弟三人，其中有两个人为得到父母遗产正在诉讼，另一人则认为遗产也有自己的一份，在诉讼开始以后自己提出申请，经法院批准也参加了诉讼。后参加诉讼的这个人是第三人。另一种是对双方争议的标的虽然没有独立请求权，也没有单独提起诉讼，但处理结果与他有法律上的利害关系。例如父母向两个儿子中的一个索要赡养费，法院处理结果很可能让两个儿子各负担一部分。所以，没被提起诉讼的儿子可以第三人的身份参加诉讼，本人不申请的，法院可以指定他参加诉讼。

第三人有两个特征：一是案件的处理结果与他有法律上的利害关系；二是参加诉讼的时间是在诉讼开始之后到法院作出裁判之前。

### 40. 什么叫法定代表人？

法定代表人，是指依法律或法人章程规定代表法人行使职权的负责人，如经理、厂长等，而不是法人单位的党组织的主要负责人，如党委书记。法定代表人与法定代理人和诉讼代理人不同。

法定代表人提起诉讼，在起诉状中应写明自己的姓名和职务，还要另交法人代表身份证明书。人民法院审查时，如果认为取得代表权的手续和文书不全，可责令其补正。没有代表权的，驳回起诉。

法定代表人除了本人亲自进行诉讼活动以外，还可以委托本单位的干部、职工或者其他人参加诉讼，但必须出具授权委托书。法人可以因自己主要负责人的变更而变更自己的法定代表人，但这仅仅是执行职务的具体人员的更换，前法定代表人代表本单位所作的行为对新的法定代表人有约束力。

### 41. 什么叫诉讼标的？

所谓诉讼标的，是指当事人争议的要求人民法院通过审判予以解决的某一民事法律关系。

诉讼标的这个法学术语，在民事诉讼中经常遇到，很抽象，不易掌握，而且容易读错。这里的“的”不读轻声，音同“地”。诉讼标的是诉的两个构成要素之一，在任何一个诉中都必不可少。原告向人民法院起诉时提出要求保护的实体权利，被告反诉时提出的实体权利要求，第三人通过人民法院向本诉的原告和被告同时提出的实体权利要求，都有其诉讼标的。

诉讼标的与标的物不同。前者是指当事人之间争议的权利义务关系，而后者是指当事人争议的权利和义务所指的对象。例如，在原告向人民法院提起的要求被告偿还1万元借款的诉讼中，原、被告之间发生纠纷的1万元借款的借贷关系与返还行为是诉讼标的，这1万元人民币则是这一权利义务关系所指的对象，是标的物。不能将标的物与诉讼标的相混淆。

诉讼标的是每诉必备的要件，而标的物则不是。在因为身份关系而发生争议的诉讼中，则只有诉讼标的，而没有标的物。

### 42. 什么是一审程序？

一审程序也叫第一审程序、初审程序，是指人民法院针对起诉，依法对该案进行第一次审理所适用的程序。适用第一审程序所作出的判决或者裁定，在案号上都带有“初”的字样，表示是由初审程序作出的。

不管是《刑事诉讼法》还是《民事诉讼法》《行政诉讼法》，对一审程序均有详细规定。

（1）人民法院审理公诉刑事案件，一般分以下七个具体步骤：①对检察院提起的公诉进行审查；②对于确定开庭审理的，要做好审理前的各项准备工作；③宣布开庭；④进行法庭调查；⑤法庭辩论；⑥被告人的当庭最后陈述；⑦评议和宣判。

（2）人民法院审判第一审自诉案件的程序与公诉案件的程序基本相同，但也有以下不同之处：①对自诉案件人民检察院不派人出庭；②对自诉案件，人民法院可以进行调解，自诉人可以与被告人随时和解，或者在宣告判决以前自诉人可以撤回自诉，但是，根据《刑事诉讼法》的规定，对于被害人有证据证明，对被告人侵犯自己人身、财产权利的行为应当依法追究刑事责任，而公安机关或者人民检察院不予追究被告人刑事责任的案件，不能适用调解。被告人在宣告判决以前可以反诉。

（3）基层人民法院对轻微的刑事案件和告诉才处理的案件，可以适用简易程序。适用简易程序审理的案件，根据《刑事诉讼法》第 214 条的规定，应当在 20 日以内结案。对可能判处的有期徒刑超过三年的，可以延长至一个半月。

（4）人民法院审理第一审民事案件，按照《民事诉讼法》的规定，可以根据不同案件而适用以下不同的程序：一是普通程序；二是简易程序；三是特别程序；四是督促程序；五是公示催告程序；六是企业法人破产还债程序。

（5）人民法院审理第一审行政案件，适用《行政诉讼法》的有关规定，《行政诉讼法》没有作出详细规定的，依照《民事诉讼法》的规定进行审判。

### 43. 什么是二审程序？

二审程序也叫第二审程序、上诉程序和终审程序，是指人民法院根据当事人的上诉或者人民检察院对于没有生效的判决或者裁定提出的抗诉，依法对该案进行第二次审理所适用的程序。适用第二审程序所作出的判决或者裁定，在案号上都带有“终”的字样，表示是按终审程序作出的。

### 44. 一审程序和二审程序有什么不同？

不管是《刑事诉讼法》还是《民事诉讼法》《行政诉讼法》，都有关于二审程序的详细规定。一二审程序既有相同之处，又有许多不同点。其主要的不同点表现在：①对有的案件二审可以采取书面审的方式，即有的案件可以不传唤当事人、证人、鉴定人，不进行法庭调查和辩论，不开庭，合议庭只根据卷宗材料进行审理，然后经过评议即可作出终审判决，而一审不能这样进行；②二审不能独任审判，必须组成合议庭进行审理，合议庭成员没有人民陪审员；③刑事案件的二审如果是因为被告人上诉引起的，则不得加重对被告人的刑罚。

## 45. 什么是审判监督程序？

审判监督程序也叫再审程序，是指人民法院对于已经发生法律效力的判决、裁定或者调解，发现确有错误，进行立案再审的程序。

人民法院对案件审理之后作出判决和裁定是十分严肃的事情，所以，对已经发生法律效力的判决、裁定和调解，即使发现确有错误，也不能随便改判。对于如何决定立案再审，再审时如何审理，法律都有明确规定。

对如何提起再审，法律规定了以下三种情况。

（1）各级人民法院在接待申诉、信访和检查案件质量时，发现了本院已经发生法律效力的判决、裁定或者调解确有错误，需要再审的，由院长提交本院审判委员会讨论决定。

（2）最高人民法院对全国的各个法院、上级人民法院对下级人民法院已经发生法律效力的判决、裁定和调解，发现确有错误，有权提审或者指令下级人民法院再审。

（3）对于刑事案件，最高人民检察院对全国各个法院、上级人民检察院对下级人民法院已经发生法律效力的判决、裁定和调解，发现确有错误，有权按照审判监督程序提出抗诉。依照上列规定决定提起再审的，应当有正式的司法文书，例如本院决定提起再审的裁定书、指令下级人民法院再审的裁定书、抗诉书等。

对于再审的案件适用什么程序进行审理，法律也有明确规定，即：再审应当另行组成合议庭进行，而不能由原来的合议庭审理；再审的案件，如果原来是一审的，就按照第一审程序再审，所作的判决、裁定是一审的判决和裁定，可以上诉、抗诉；如果原来是二审案件，或者是上级法院提审的案件，应当依照第二审程序进行审判，所作的判决、裁定是终审的判决和裁定。

## 46. 什么是死刑复核程序？

死刑复核程序，是人民法院对判处死刑的案件进行复查核准所遵循的一种特别审判程序。我国法律一方面把死刑作为打击犯罪、保护人民的有力武器，另一方面又严格控制死刑的适用。因此，除了规定死刑不适用于未成年人、怀孕妇女等限制性要求外，还在程序法中对判处死刑的案件规定了一项特别的审查核准程序，即死刑复核程序。这种程序的特点如下。

(1) 审理对象特定。死刑复核程序只适用于判决死刑的案件，包括判处死刑立即执行和判处死刑缓期二年执行的案件。

(2) 死刑复核程序是死刑案件的终审程序。一般刑事案件经过第一审、第二审程序以后，判决就发生法律效力，而死刑案件除经过一审、二审外，还必须经过死刑复核程序，只有经过死刑复核并核准的死刑判决才发生法律效力。

(3) 所处的阶段特殊。死刑复核程序一般是在死刑判决作出之后，发生法律效力并交付执行之前。

(4) 核准权具有专属性。有权进行死刑复核的机关只有最高人民法院。死缓案件由高级人民法院核准。

(5) 程序启动具有自动性。启动既不需要检察机关提起公诉或者抗诉，也不需要当事人提起自诉或上诉，只要二审法院审理完毕或者一审后经过法定的上诉、抗诉期，被告人没有提出上诉，检察机关没有提出抗诉，人民法院就应当将案件报送高级人民法院或最高人民法院核准。

### 47. 什么是普通程序？

所谓普通程序，是相对简易程序而言。它是一种最常见的审判程序。由于这种程序完整，因此，它是其他审判程序的基础，比其他审判程序适用更广泛。不同案件的普通程序有不同的内容，诉讼法有不同的规定。

### 48. 什么是简易程序？

所谓简易程序，是跟普通程序相对而言。简易程序是由我国《刑事诉讼法》和《民事诉讼法》等法律规定的，由基层人民法院和它派出的人民法庭审理简单的或者某些特殊类型的案件所适用的一种简化了的普通程序。

### 49. 简易程序有什么特点？

与普通程序相比，简易程序有以下特点。

(1) 适用简易程序只能是基层人民法院和它派出的人民法庭审理的一审案件。

(2) 只能适用于简单的民事、刑事等案件。

(3) 必须依法适用，不能因为程序简易而随心所欲。

(4) 起诉方式简便。一般以口头起诉为主，双方同时到法院或人民法庭要求解决争议。

（5）受理程序简易。即对起诉可当即审理。

（6）传唤方式简易。传唤当事人和证人，在时间上没有法定期限；在方式上灵活多样，用电话、广播、托他人传话等均可。

（7）审判组织形式不同。普通程序的审判组织采用合议制和独任制两种形式，而简易程序的审判组织一律采用独任制。

（8）开庭审理中的各个阶段程序简易。

（9）审限短。《刑事诉讼法》第 214 条规定，刑事案件的审限为 20 日，对可能判处有期徒刑超过三年的，可以延长至一个半月。对民事案件，《民事诉讼法》第 161 条规定，简易程序的审限为三个月。

### 50. 什么是督促程序？

督促程序是由我国《民事诉讼法》第 214 条至 217 条所规定的，它是指债权人要求债务人给付金钱、有价证券的案件，债权人可依法向人民法院申请支付令，人民法院经过审查以后认为，债权人提供的事实清楚、证据充分确实，债权债务关系明确并且合法，可不经过审判程序而直接向债务人发出限期支付令所适用的程序。这种程序可不经审判程序而直接向债务人发出限期支付令。

### 51. 什么是独任审判？

所谓独任审判，是指对于事实清楚、权利义务关系明确、争议不大的第一审简单案件，由一名法官独自审判。

所谓“事实清楚”，是指当事人双方对争议的事实陈述基本一致，并能提供可靠的证据，无须法院调查即可判明事实、分清是非。“权利义务关系明确”，是指谁是责任的承担者，谁是权利的享有者，关系明确。“争议不大”，是指当事人对案件的是非、责任以及诉讼标的争执无原则分歧。中级以上法院不能适用独任审判，其中一个重要理由就是中级以上的法院审理的案件，绝大多数都是复杂、疑难案件，适用独任审判难以保证裁判的公正性。

独任审判在裁判文书上只写独任审判员和书记员的名字。独任审判对案件作出的裁判，与合议庭审判所作出的裁判具有同等法律效力。独任审判的目的就是使案件迅速审结。

### 52. 打完一场刑事官司要经过几个阶段？

由于各案的具体情况不同，所以不同的案件可能有不同的阶段。根据

《刑事诉讼法》的规定，打完一场刑事官司一般需要以下五个阶段。

（1）立案。立案也就是刑事案件的开始阶段，是指公检法三机关对控告、检举或者犯罪人自首等情况，按照管辖分工进行审查后，认为有犯罪事实发生，并且需要追究刑事责任，决定作为刑事案件进行侦查或者审理的诉讼活动。

（2）侦查。侦查是指公诉案件在立案之后的一个诉讼阶段。侦查由公安机关和检察院进行。在侦查中，可以采取以下专门调查：讯问犯罪嫌疑人，询问证人和被害人，勘验、检查、搜查、扣押物证和书证、鉴定和通缉等；还可以采取拘传、取保候审、监视居住、拘留、逮捕等强制措施。

根据《刑事诉讼法》第154条至第158条的规定，对犯罪嫌疑人逮捕后的侦查羁押期限不得超过二个月。案情复杂、期限届满不能终结的案件，可以经上一级人民检察院批准延长一个月。因为特殊原因，在较长时间内不宜交付审判的特别重大复杂的案件，由最高人民检察院报请全国人民代表大会常务委员会批准延期审理。下列案件在法定期限届满不能侦查终结的，经省、自治区、直辖市人民检察院批准或者决定，可以延长二个月：①交通十分不便的边远地区的重大复杂案件；②重大的犯罪集团案件；③流窜作案的重大复杂案件；④犯罪涉及面广，取证困难的重大复杂案件。对犯罪嫌疑人可能判处十年有期徒刑以上刑罚，依法延长期限届满，仍不能侦查终结的，经省、自治区、直辖市人民检察院批准或者决定，可以再延长二个月。

在侦查期间，发现犯罪嫌疑人另有重要罪行的，自发现之日起重新计算侦查羁押期限。犯罪嫌疑人不讲真实姓名、住址，身份不明的，应当对其身份进行调查，侦查羁押期限自查清其身份之日起计算，但是不得停止对其犯罪行为的侦查取证。对于犯罪事实清楚，证据确实、充分，确实无法查明其身份的，也可以按其自报的姓名起诉、审判。

（3）提起公诉。提起公诉是指人民检察院对公安机关或者检察院自己侦查终结的案件，认为犯罪嫌疑人的犯罪事实已经查清，证据确实、充分，依法应当追究刑事责任，将其提交人民法院进行审判的诉讼阶段。

根据《刑事诉讼法》第169条第1款和第171条第3款的规定，对公安机关移送起诉的案件，检察院应当在一个月内作出决定，重大、复杂的案件，可以延长半个月。对于需要补充侦查的，应当在一个月内补充侦查完毕。补充侦查以两次为限。补充侦查完毕移送人民检察院后，人民检察院重新计算审查起诉期限。

（4）审判。审判是指法院对公诉和自诉案件进行审理和判决。这是整个刑事诉讼活动的中心阶段。根据《刑事诉讼法》第202条规定，人民法院审理公诉案件，应当在受理后二个月以内宣判，至迟不得超过三个月。对于可能判处死刑的案件或者附带民事诉讼的案件，以及有《刑事诉讼法》第156条规定情形之一的，经上一级人民法院批准，可以延长三个月；因特殊情况还需要延长的，报请最高人民法院批准。

人民法院改变管辖的案件，从改变后的人民法院收到案件之日起计算审理期限。人民检察院补充侦查的案件，补充侦查完毕移送人民法院后，人民法院重新计算审理期限。

（5）执行。这是整个刑事官司的最后阶段。即公检法三机关把法院已经生效的判决或者裁定加以实行的诉讼活动。

以上五个阶段是一般的刑事案件经过的阶段。如果是自诉案件，则没有侦查阶段。在审判阶段，如果是一审结束，又提出了上诉或者抗诉，就会增加了上诉或者抗诉的二审阶段；如果二审法院撤销原判，发回重审，这样一来，一审法院又会对该案进行重新审理。

死刑案件还要有最高人民法院核准的程序，死缓案件要有高级人民法院核准的程序。

## 五、诉讼代理

### 53. 什么是诉讼代理？

诉讼代理，就是请他人帮助自己打官司。代理人可以是律师，也可以是当事人的近亲属或其他有代理权的组织或公民。

诉讼代理分为三种：一是法定代理，即未成年人、精神病患者等无诉讼行为能力的人或限制行为能力的人，由其父母或其他监护人代为行使诉讼权；二是指定代理，是指无诉讼行为能力人没有法定代理人或法定代理人无法行使代理权限时，由人民法院指定有关人员代理行使诉讼权；三是委托代理，是指当事人自己委托律师、近亲属或其他公民行使代理权限。

当事人可以委托一至两名代理人代为诉讼。法律规定当事人必须出庭的案件，比如离婚案件，当事人即使是委托了代理人，在法院审理时也必须参加诉讼，其他民事案件或行政案件，当事人可随代理人出庭，也可不出庭。委托他人代为诉讼，应有委托人的授权委托书，并写明委托事项和权限。

代理权限是指代理人代为承认、放弃、变更诉讼请求，提起反诉或者上诉，必须有委托人的特别授权。在授权范围内，代理人在代理期间实施的代理行为所产生的法律后果由被代理人承担。对于没有代理权、超越代理权或代理人的代理权终止后的代理行为所产生的后果，由行为人承担责任。代理人在行使代理权期间，被代理人认为不满意，可取消委托代理。

## 54. 打官司聘请律师有什么好处？

人们为什么会请律师帮助打官司呢？问一问到律师事务所聘请律师的人，他们就会告诉你：一是因为自己没有时间，怕打官司影响自己的经营或者工作；二是自己对法律了解得不多，不知道怎样到法院打官司，对打官司没有律师那样有经验。当然，任何事情都是有利也有弊，请律师打官吏的弊端是得支付聘请律师的费用，而且如果过于依赖律师，容易被不负责任的律师耽误事情。

聘请律师或者委托他人帮助自己打官司，他们只是“帮助”而已，自己仍然可以一直参与打官司。律师在打官司当中的作用只是代替当事人表达意愿，对于官司的输赢，一般来说，他并不起决定性作用。他优于当事人的方面只是法律常识多和打官司的经验丰富，辩驳能力强，胜诉的可能性更大一些。当事人不要认为只要请了律师就能打赢官司。

人民法院对于各个案件的判决，都是依据事实和法律规定作出的。当事人诉讼的胜败主要在于案件的事实、证据的效力、法律规定，以及法官在判决当中对法律的理解和适用。对于某些于法于理都说不通的案件，请什么样的代理人也不会扭转败局，法律规定和法律监督程序对法官的活动起着严格的制约作用，法官的倾向性再大也不敢公然违背法律。

打官司是否需要聘请律师，可根据案件的性质、案情的复杂程度、本人直接参与诉讼的能力、本人的经济条件、本人是否有直接参加诉讼的时间和条件等情况综合考虑。如果本人家住外地或因工作以及其他原因，没有时间或精力参与诉讼，可以委托案件受理地的律师代为诉讼；如果案情和法律关系复杂、靠本人的能力很难说清其中的道理，应该找一位有经验的专业律师代为诉讼；如果是刑事案件的被告人，本人被羁押或权利受到一定限制，应聘请律师提供法律帮助或让其担任辩护人。

对于某些法律关系复杂，涉及的法律条款多，当事人因法律知识欠缺难以理清的案件，应当聘请律师帮助办理。聘请律师时，当事人应当慎重，不仅要看这个律师是否具备承办这个案件的能力，还要看他是否具有良好的职业道德。

在刑事案件中，辩护律师有权查阅、摘抄、复制人民检察院诉讼文书和技术性鉴定材料；有权同在押的犯罪嫌疑人会见和通信；有权向被害人或其近亲属调查取证。在行政案件中，代理律师还可以查阅涉及国家机密和个人隐私的有关材料。这种特殊权利是非律师辩护人或代理人所不能享有的，非律师辩护人或代理人要想取得这种权利，则需要经过特别复杂的审批手续。因此，聘请律师提供法律服务不仅可以发挥律师的诉讼优势，而且还可以收集到更广泛的证据，有助于打赢官司。

### 55. 可以委托律师以外的人代理诉讼吗？

根据我国《刑事诉讼法》《民事诉讼法》及《行政诉讼法》的规定，刑事案件的被告人、被害人、自诉人、附带民事诉讼的原告人和被告人，还有民事、行政诉讼案件中的当事人，都可以委托律师以外的人作为自己的辩护人或者诉讼代理人。

对这个问题，《民事诉讼法》第58条是这样规定的："当事人、法定代理人可以委托一至二人作为诉讼代理人。下列人员可以被委托为诉讼代理人：（一）律师、基层法律服务工作者；（二）当事人的近亲属或者工作人员；（三）当事人所在社区、单位以及有关社会团体推荐的公民。"

行政诉讼中的代理问题，参照《民事诉讼法》的规定执行。

《刑事诉讼法》第32条规定："犯罪嫌疑人、被告人除自己行使辩护权以外，还可以委托一至二人作为辩护人。下列的人可以被委托为辩护人：（一）律师；（二）人民团体或者犯罪嫌疑人、被告人所在单位推荐的人；（三）犯罪嫌疑人、被告人的监护人、亲友。正在被执行刑罚或者依法被剥夺、限制人身自由的人，不得担任辩护人。"

实践中，委托律师代理诉讼或者作为辩护人为被告人进行辩护，是一种比较常见的做法，但不等于其他人不能作为诉讼代理人。相比较来看，委托律师作为诉讼代理人比委托其他不具有律师身份的人作为诉讼代理人或者辩护人，在享有诉讼权利方面内容更加广泛，便于委托人一方顺利地了解案件情况，及时调查取证，在诉讼中维护当事人的合法权益。但委托其他人作为诉讼代理人或者辩护人也不是无可取之处，因为被委托为诉讼代理人的公民，或者是当事人的近亲属，或者是当事人所在单位或者社会团体推荐的人，或者是当事人的其他亲友，这些人在情感上与当事人更加贴近，往往更能尽心尽力地履行代理责任，不足之处是其在享有诉讼权利方面限制较多，许多律师可以完成的代理工作其他代理人无法完成。

综合上述两种代理人的利弊，当事人可以根据自己所面临的诉讼案件的工作量大小及其复杂程度，决定委托律师代理诉讼还是委托其他人代理诉讼。

如果案件复杂，工作量大，特别是需要全面阅卷、调查取证、申请鉴定等的案件，最好委托律师代理诉讼；如果案件事实比较简单、清楚，不需要做大量阅卷、调查工作，可以考虑委托其他人代理诉讼。当事人委托律师以外的公民代理诉讼的，原则上不应付费，但应根据其辛苦程度给予适当补偿。

### 56. 哪些人有权委托律师代理民事诉讼？

《民事诉讼法》第58条规定，当事人、法定代理人可以委托一至二人作为诉讼代理人。按照这一规定，有权委托律师代理民事诉讼的，主要有以下人员。

（1）当事人，即原告和被告。

（2）第三人。

（3）共同诉讼人。如果一方或者双方为多数人，其诉讼标的是共同的或者同一种类的，这些人可能是共同原告或共同被告。不论属于哪种情况，共同诉讼人都有权委托律师代理诉讼。

（4）集团诉讼人。集团诉讼，是指具有共同利害关系的人人数众多，无法同时进行诉讼活动时，由其中一人或者数人代表全体共同利害关系人进行全部诉讼活动。集团诉讼的代表人有权委托律师代为诉讼。

（5）法定代理人。法定代理人的被代理人是无诉讼行为能力的人，法定代理人在诉讼中有权委托律师代为诉讼。

（6）法定代表人。法定代表人就是法人单位的主要负责人。他有权通过书面授权的形式，委托律师代理民事诉讼。

（7）非法人团体的代表人。非法人团体既不具有法人资格，又不是自然人，这类组织发生诉讼纠纷，由该单位的主要负责人作为代表人，可以委托律师代理诉讼。

### 57. 怎样聘请律师？

要聘请律师，就要到律师事务所商谈聘请事宜并办理聘请手续。整个过程可分为四个阶段。

（1）会谈阶段。当事人应向律师说明目的，如实告诉律师有关纠纷的全部情况，不能有隐瞒，不能怕“丑”而不讲实话，因为这关系到律师对整个案件的判断。当然，一般律师会提出一些问题，当事人只要围绕这些问题如实回答即可。这一阶段，当事人可以提出需要交多少费用、官司能否打赢、需要自己怎样配合等问题，律师会如实告诉的。

（2）签订聘请律师合同（委托代理协议）。律师和当事人会谈后，双方同意办理聘请手续的，律师事务所将交给当事人一份聘请律师合同和一份授权委托书。聘请律师合同是律师事务所与当事人签订的表明当事人与律师建立代理关系的依据，双方应共同遵守上面的约定。合同的内容最好由双方逐条拟定。如果是律师事务所拿出的格式合同，当事人应该逐条审阅，可以增删内容，看仔细之后再签名。

(3) 签订授权委托书。授权委托书是明确律师代理权限范围的法律文书。它是委托人实施授权行为的标志，是产生代理权的直接根据。根据法律规定，当事人委托诉讼代理人必须向人民法院提交由委托人签名或盖章的授权委托书，否则诉讼代理权不能成立。

委托代理协议和授权委托书是两个不同的法律文件，具有不同的法律效力。《民事诉讼法》第59条规定，授权委托书主要内容包括：委托人姓名、代理律师姓名和所在律师事务所名称、授权律师代理的案件名称、代理权限等。如诉讼代理人代为承认、放弃、变更诉讼请求，进行和解，提起反诉或者上诉等，这些必须有委托人的特别授权。

侨居在国外的中国公民从国外寄交或托交的授权委托书，必须经我国驻该国的使领馆证明；没有使领馆的，要由与我国有外交关系的第三国驻该国的使领馆证明，再转由我国驻该第三国使领馆证明，或者由当地的爱国华侨团体证明。居住在港、澳地区的同胞向内地寄交授权委托书，须经国家指定的港、澳地区的有关律师和有关机构证明。不在我国领域内居住的外国人（包括无国籍人）寄给我国律师的授权委托书，须经其所在国公证机关证明，并经我国驻该国使领馆认证，方具有法律效力。

(4) 向律师事务所交纳代理费用。签订委托代理协议、签署了授权委托书后，应依据代理协议约定的代理费用数额向律师事务所交纳代理费用，并由律师事务所出具统一的发票。律师事务所要向受案的法院开具律师事务所公函，表明律师作为某案件诉讼代理人的身份，以便律师参与诉讼履行代理职责。

### 58. 聘请律师要花多少钱？

关于律师服务收费问题，国家有原则性规定。随着经济的发展，对这个问题国家还会有新规定，不会永远不变。

2006年4月13日国家发展改革委、司法部发布的《律师服务收费管理办法》，规定了律师服务收费的基本原则。即："律师服务收费实行政府指导价和市场调节价。""政府指导价的基准价和浮动幅度由各省、自治区、直辖市人民政府价格主管部门会同同级司法行政部门制定。""实行市场调节的律师服务收费，由律师事务所与委托人协商确定。协商时应当考虑以下主要因素：①耗费的工作时间；②法律事务的难易程度；③委托人的承受能力；④律师可能承担的风险和责任；⑤律师的社会信誉和工作水平等。""律师服务收费可以根据不同的服务内容，采取计件收费、按标的额比例收费和计时收费等方式。计件收费一般适用于不涉及财产关系的法律事务；按标的额比例收费适用于涉及财产关系的法律事务；计时收费可适用于全部法律事务。”在此基础上，各省、自治区、直辖市人民政府价格主管部门会同同级司法行政部门制定适合本地区的具体收费标准。需要注意的是，这些标准会随着经济状况的发展和情况的变化不断地被修改。因此，当事人要了解本地区的律师服务收费标准，可以在网上搜索查询，但网上有些内容可能比较陈旧，要注意查看最新规定。

## 59. 无力支付律师费能得到律师的法律帮助吗？

委托律师代理诉讼，一般要依照律师业务收费办法交纳代理费用。但家庭经济特别困难交不起律师费，但又面临官司确实需要律师法律帮助的公民，可凭相关证明，到当地的法律援助中心请求法律援助。法律援助中心可根据当事人的实际情况，适当减免费用，或提供无偿的法律援助。

获得法律援助有两个途径：一是法院指定，二是向法律援助机构提出申请。

第一，法院指定。法院指定主要是在刑事案件中为被告人指定辩护人，包括以下几种情况。

（1）公诉案件，被告人因经济困难或者其他原因没有委托辩护人的，人民法院可以为其指定辩护人。

（2）被告人为盲、聋、哑和未成年人的，如果没有指定辩护人，法院应当为其指定辩护律师；其他残疾人和老年人为被告人而因经济困难无力聘请律师的，法院可以为其指定辩护律师。

（3）被告人可能被判处死刑而没有委托辩护人的，法院应当为其指定辩护律师。

（4）法院认为案情重大，需要进行辩护的，也应当为被告人指定辩护人。

第二，向法律援助机构或司法行政机构申请法律援助。申请法律援助的一般程序如下。

（1）申请。首先要向设在当地司法行政部门的法律援助中心提出申请，填写法律援助申请表，同时提交有关户籍身份证明、经济状况证明以及法律援助中心要求提供的其他材料。

（2）审查决定。法律援助中心经审查，认为符合法律援助条件的，由司法行政部门负责人或其授权的法律援助中心负责人签发法律援助的决定；认为不符合条件的，应作出不予法律援助的决定，并通知申请人。

（3）法律援助中心依照规定，指派承担法律援助义务的律师提供法律援助。

### 60. 与律师发生了纠纷应怎样解决？

当事人与聘请的律师如果发生纠纷，双方只有互相理解才能避免矛盾继续扩大。除了可以解除委托代理协议以外，还可以协商解决，协商不成的，可以通过投诉、仲裁、诉讼三种途径解决。

投诉，即是委托人可以随时向当地司法行政机关或律师协会写信、打电话反映情况。司法行政机关或律师协会一般都设有投诉信箱和投诉电话。如果委托代理协议中约定通过仲裁解决合同纠纷，或者在纠纷发生后当事人与律师事务所达成了仲裁协议，可以就双方争议的事实向约定仲裁委员会申请仲裁。如果委托代理协议中没有仲裁条款，当事人有权向法院起诉，请求人民法院维护其合法权益。

律师不是只接受一个人的聘请，往往会同时接受多人聘请，在一段时间里要考虑几个案子的情况，难免会有精力不集中的情况。当事人对律师的工作如果不满意，可以直接提出来，随时督促律师，不应该等问题成堆了再"算总账"。

当事人如果认为这个律师的能力、精力或品行实在无法胜任代理工作，可以考虑解除委托代理协议，这涉及有关费用和相关责任由谁承担的问题。属于律师失职造成的损害，如律师因故意或疏忽大意没有出庭代理诉讼、丢失了重要证据材料、泄露了当事人重要机密或隐私等，其责任应由律师承担。如果是因不可抗力事件或属于委托人的过失造成的损害，律师不承担赔偿责任。律师因违法执业而失职，除应承担损害赔偿责任外，还要承担行政责任，其违法行为构成犯罪的，还要承担相应的刑事责任。

## 六、证据

### 61. 为什么说打官司就是打证据？

《最高人民法院关于民事诉讼证据的若干规定》明确规定，原告向法院起诉或者被告提出反诉，应当附有符合起诉条件的相应的证据材料。对自己提出的诉讼请求如果不能以证据证明，负有举证责任的当事人承担不利后果。

这虽然是针对民事诉讼说的，但刑事诉讼和行政诉讼无不如此。如果不靠证据说话，不可能取得理想的诉讼效果。在刑事案件中，如果指控被告人犯罪，必须要有确凿的证据；被告人如果要说明自己无罪或者罪轻，也必须在推翻起诉书中所列的证据方面下功夫。

### 62. 有理还能把官司打输吗?

诉讼是讲法律、讲证据的。诉前必须冷静考虑一下：有证据吗？证据充分吗？有可能败诉的心理承受力吗？

不能总认为自己一定会胜诉，在家里等候胜诉的到来，而应该想到胜诉是靠充足的证据来支持的。认为自己有理一定会胜诉不一定就胜诉，因为是胜诉还是败诉不在于自己的主观判断，而在于是否有足够的证据，是否有足够的证据支持自己的主张，是否有足够的证据来击败对方的主张。

### 63. 怎样确定证据力的大小?

在诉讼中，双方都会提出许多证据。有些证据的内容相反，那么，怎样来确定其证据力的大小呢？应该采用哪种证据来定案呢？

《最高人民法院关于民事诉讼证据的若干规定》第 77 条规定，人民法院就数个证据对同一事实的证明力，可以依照下列原则认定：

（1）国家机关、社会团体依职权制作的公文书证的证明力一般大于其他书证；

（2）物证、档案、鉴定结论、勘验笔录或者经过公证、登记的书证，其证明力一般大于其他书证、视听资料和证人证言；

（3）原始证据的证明力一般大于传来证据；

（4）直接证据的证明力一般大于间接证据；

（5）证人提供的对与其有亲属或者其他密切关系的当事人有利的证言，其证明力一般小于其他证人证言。

人民法院认定证人证言，可以通过对证人的智力状况、品德、知识、经验、法律意识和专业技能等的综合分析作出判断。人民法院对当事人有争议的证据，应当在裁判文书中阐明证据是否被采纳的理由。

### 64. 什么是举证责任?

所谓举证责任，是指当事人对自己提出的诉讼主张，有责任提出证据加以证明。

举证责任包括三层含义：①当事人对自己主张的事实，应当提供证据；②当事人所提供的证据，应当能够证明其主张具有真实性；③当事人对其主张不能提供证据，或所提供证据不能证明其主张具有真实性，而且人民法院依据职权收集不到证实其主张的证据的，要承担不利的法律后果。

讲到举证责任，不得不提到举证责任倒置。所谓举证责任倒置，是指基于法律规定，提出主张的一方对某种事由（过错或因果关系等问题）不负举证责任，而由反对的一方承担举证责任，如果该方不能举证证明，则推定提出主张一方的事实主张成立的一种举证责任分配制度。在一般证据规则中，“谁主张谁举证”是举证责任分配的一般原则，即原告、被告和第三人对自己的主张负有提供证据加以证明的责任，而举证责任的倒置则是这一原则的例外。例如，在建筑物倒塌、脱落致人损害的侵权案件中，原告只承担有受损害的事实以及受到的损害与建筑物的倒塌、脱落之间具有因果关系的举证责任，不承担证明被告对损害的发生具有过错的举证责任。被告只有证明自己对损害的发生没有过错，才能免除责任，这便是举证责任倒置。

### 65. 民事案件的举证责任由谁承担？

《民事诉讼法》第 64 条第 1 款规定：“当事人对自己提出的主张，有责任提供证据。”可见，在民事诉讼中，原则上是谁主张谁举证。《最高人民法院关于民事诉讼证据的若干规定》第 1 条、第 2 条分别规定：“原告向人民法院起诉或被告提出反诉，应当附有符合起诉条件的相应的证据材料。”“当事人对自己提出的诉讼请求所依据的事实或者反驳对方诉讼请求所依据的事实有责任提供证据加以证明。没有证据或者证据不足以证明当事人的事实主张的，由负有举证责任的当事人承担不利后果。”这些规定确立了当事人举证的基本要求。

当然，在诉讼过程中，也不是所有的事实均需要举证。如一方当事人对另一方当事人陈述的案件事实明确表示承认的，另一方当事人无须举证，但涉及身份关系的案件除外。再如对一方当事人陈述的事实，另一方当事人既未表示承认也未否认，经审判人员充分说明并询问后，其仍不明确表示肯定或者否定的，视为对该项事实的承认。

当事人委托代理人参加诉讼的，代理人的承认视为当事人的承认，但未经特别授权的代理人对事实的承认直接导致承认对方诉讼请求的除外。当事人在场，但对代理人的承认不作否认表示的，视为当事人的承认。当事人在法庭辩论终结前撤回承认并经过对方当事人同意，或者有充分证据证明其承认行为是在受胁迫或者重大误解情况下作出且与事实不符的，不能免除对方当事人的举证责任。

此外，《最高人民法院关于民事诉讼证据的若干规定》第 9 条规定：“下列事实，当事人无须举证证明：（一）众所周知的事实；（二）自然规律及定理；（三）根据法律规定或者已知事实和日常生活经验法则，能推定出的另一事实；（四）已为人民法院发生法律效力的裁判所确认的事实；（五）已为仲裁机构的生效裁决所确认的事实；（六）已为有效公证文书所证明的事实。前款（一）、（三）、（四）、（五）、（六）项，当事人有相反证据足以推翻的除外。”

### 66. 侵权诉讼谁承担举证责任？

根据《最高人民法院关于民事诉讼证据的若干规定》第4条规定，下列侵权诉讼按照以下规定承担举证责任：

（1）因新产品制造方法发明专利引起的专利侵权诉讼，由制造同样产品的单位或者个人对其产品制造方法不同于专利方法承担举证责任；

（2）高度危险作业致人损害的侵权诉讼，由加害人就受害人故意造成损害的事实承担举证责任；

（3）因环境污染引起的损害赔偿诉讼，由加害人就法律规定的免责事由及其行为与损害结果之间不存在因果关系承担举证责任；

（4）建筑物或者其他设施以及建筑物上的搁置物、悬挂物发生倒塌、脱落、坠落致人损害的侵权诉讼，由所有人或者管理人对其无过错承担举证责任；

（5）饲养动物致人损害的侵权诉讼，由动物饲养人或者管理人就受害人有过错或者第三人有过错承担举证责任；

（6）因缺陷产品致人损害的侵权诉讼，由产品的生产者就法律规定的免责事由承担举证责任；

（7）因共同危险行为致人损害的侵权诉讼，由实施危险行为的人就其行为与损害结果之间不存在因果关系承担举证责任；

（8）因医疗行为引起的侵权诉讼，由医疗机构就医疗行为与损害结果之间不存在因果关系及不存在医疗过错承担举证责任。

有关法律对侵权诉讼的举证责任有特殊规定的，从其规定。

### 67. 证据为什么必须经过查证属实才能作为定案的根据？

证据必须经过查证属实才能作为定案的根据，这是由《刑事诉讼法》第48条第2款明确规定的。那么怎样审查证据呢？《刑事诉讼法》第五章和2012年12月20日《最高人民法院关于适用〈中华人民共和国刑事诉讼法〉的解释》第四章有明确规定。

（1）要注意审查证据的收集是否合法。《刑事诉讼法》第50条规定，审判人员、检察人员、侦查人员必须依照法定程序，收集能够证实犯罪嫌疑人、被告人有罪或者无罪、犯罪情节轻重的各种证据。严禁刑讯逼供和以威胁、引诱、欺骗以及其他非法方法收集证据，不得强迫任何人证实自己有罪。必须保证一切与案件有关或者了解案情的公民，有客观充分地提供证据的条件，除特殊情况外，可以吸收他们协助调查。《刑事诉讼法》第52条规定，行政机关在行政执法和查办案件过程中收集的物证、书证、视听资料、电子数据等证据材料，在刑事诉讼中可以作为证据使用。《刑事诉讼法》第53条还规定，对一切案件的判处都要重证据，重调查研究，不轻信口供。只有被告人供述，没有其他证据的，不能认定被告人有罪和处以刑罚；没有被告人供述，证据确实、充分的，可以认定被告人有罪和处以刑罚。证据确实、充分，应当符合以下条件：①定罪量刑的事实都有证据证明；②据以定案的证据均经法定程序查证属实；③综合全案证据，对所认定事实已排除合理怀疑。

（2）排除非法收集的证据。根据《刑事诉讼法》第54条规定，采用刑讯逼供等非法方法收集的犯罪嫌疑人、被告人供述和采用暴力、威胁等非法方法收集的证人证言、被害人陈述，应当予以排除。收集物证、书证不符合法定程序，可能严重影响司法公正的，应当予以补正或者作出合理解释；不能补正或者作出合理解释的，对该证据应当予以排除。在侦查、审查起诉、审判时发现有应当排除的证据的，应当依法予以排除，不得作为起诉意见、起诉决定和判决的依据。

（3）禁止非法取证。根据《刑事诉讼法》第55条规定，人民检察院接到报案、控告、举报或者发现侦查人员以非法方法收集证据的，应当进行调查核实。对于确有以非法方法收集证据情形的，应当提出纠正意见；构成犯罪的，依法追究刑事责任。法庭审理过程中，审判人员认为可能存在以非法方法收集证据情形的，应当对证据收集的合法性进行法庭调查。当事人及其辩护人、诉讼代理人有权申请人民法院对以非法方法收集的证据依法予以排除。申请排除以非法方法收集的证据的，应当提供相关线索或者材料。

（4）对收集证据合法性进行调查。根据《刑事诉讼法》第57条的规定，在对证据收集的合法性进行法庭调查的过程中，人民检察院应当对证据收集的合法性加以证明。现有证据材料不能证明证据收集的合法性的，人民检察院可以提请人民法院通知有关侦查人员或者其他人员出庭说明情况；人民法院可以通知有关侦查人员或者其他人员出庭说明情况。有关侦查人员或者其他人员也可以要求出庭说明情况。经人民法院通知，有关人员应当出庭。对于经过法庭审理，确认或者不能排除存在以非法方法收集证据情形的，对有关证据应当予以排除。

（5）审查证言。人说出的话并不是句句都真实。根据《刑事诉讼法》第

59 条的规定，证人证言必须在法庭上经过公诉人、被害人和被告人、辩护人双方质证并且查实以后，才能作为定案的根据。法庭查明证人有意作伪证或者隐匿罪证的时候，应当依法处理。

### 68. 哪些人可以作证？

在司法实践中有人问，小孩子可以当证人吗？对于多大年龄的人可以当证人，法律没有明确规定。所以，对年幼的人可否作证的问题不能作出绝对回答。根据《刑事诉讼法》第 60 条规定，凡是知道案件情况的人，都有作证的义务。生理上、精神上有缺陷或者年幼，不能辨别是非、不能正确表达的人，不能作证人。

根据这一规定，年幼的人只要能辨别是非，能正确表达意思，就能作证人。反之则不可以。

### 69. 不能作为定案依据的证据有哪些？

根据有关规定，不能作为定案依据的证据有以下几种：

（1）严重违反法定程序收集的证据材料；

（2）以偷拍、偷录、窃听等手段获取的侵害他人合法权益的证据材料；

（3）以利诱、欺诈、胁迫、暴力等不正当手段获取的证据材料；

（4）当事人无正当事由超出举证期限提供的证据材料；

（5）在中华人民共和国领域以外或者在中华人民共和国香港特别行政区、澳门特别行政区和台湾地区形成的未办理法定证明手续的证据材料；

（6）当事人无正当理由拒不提供原件、原物，又无其他证据印证，且对方当事人不予认可的证据的复制件或者复制品；

（7）被当事人或者他人进行技术处理而无法辨明真伪的证据材料；

（8）不能正确表达意志的证人提供的证言；

（9）不具备合法性和真实性的其他证据材料。

此外，以违反法律禁止性规定或者侵犯他人合法权益的方法取得的证据，不能作为认定案件事实的依据。

### 70. 不能单独作为认定案件事实依据的证据有哪些？

根据《最高人民法院关于民事诉讼证据的若干规定》第 69 条规定，下列证据不能单独作为认定案件事实的依据：①未成年人所作的与其年龄和智力状况不相当的证言；②与一方当事人或者其代理人有利害关系的证人出具的证言；③存有疑点的视听资料；④无法与原件、原物核对的复印件、复制品；

⑤无正当理由未出庭作证的证人证言。

目前，我国法学理论已经确立了一系列证据的认定规则，如非法证据排除规则、最佳证据规则、补强证据规则、证据证明力高低的确认规则等。这些规则的确立，使证据的认定工作极具操作性，并使法官在认证方面避免个人的随意性，确保认证工作依法定规则客观、公正地进行。

另外，对于不能单独作为认定案件事实的证据问题，《最高人民法院关于适用〈中华人民共和国刑事诉讼法〉的解释》《最高人民法院关于行政诉讼证据若干问题的规定》等司法解释和规定中也有具体规定，可以作为参考和借鉴。

## 71. 偷拍、偷录的视听资料可以当证据使用吗？

我国法律对于证据的要求不仅要求证据本身合法，而且还要求取得证据的途径也必须合法。非法证据不能作为定案的依据。但是，对于偷拍、偷录的视听资料是否属于非法证据，不能一概而论。如果这些证据是采用法律所禁止的手段如窃听、偷照或者以侵犯他人隐私权的手段获得的，就属于非法证据。未经他人同意而录音录像获得的证据，只能是在没有侵害他人合法权益或者没有违反法律的条件下，才能被作为证据采纳。另外，视听资料作为证据也只能与其他证据配合使用，而不能独立作为定案的证据。

## 72. 什么是质证？

《最高人民法院关于民事诉讼证据的若干规定》第47条第1款规定，“证据应当在法庭上出示，由当事人质证。未经质证的证据，不能作为认定案件事实的依据。”第48条虽然规定“涉及国家秘密、商业秘密和个人隐私或者法律规定的其他应当保密的证据，不得在开庭时公开质证”，但这仅仅是说质证不能公开，而不是说不能质证。关于刑事诉讼的证据和行政诉讼的证据质证问题，法律都有类似规定。

那么，什么是质证呢？所谓质证，是指在法庭审理过程中，双方当事人通过采用质疑、辩驳、对质、辩论以及其他方法证明证据效力的活动。质证是诉讼中一项十分重要的活动。作为定案依据的证据都应当在法庭上出示，并由双方当事人互相质证。未经质证的证据不能作为认定案件事实的依据。当事人在证据交换过程中认可并记录在卷的证据，经审判人员在庭审中说明后，可以作为认定案件事实的依据。

根据法律规定，质证时应注意下列问题。

(1) 对书证、物证、视听资料进行质证时，当事人有权要求出示证据的原件或者原物，但有下列情况之一的除外：①出示原件或者原物确有困难并经人民法院准许出示复制件或者复制品；②原件或者原物已不存在，但有证据证明复制件、复制品与原件或原物一致的。质证时，当事人应当围绕证据的真实性、关联性、合法性，针对证据证明力有无以及证明力大小，进行质疑、说明与辩驳。

质证按下列顺序进行：①原告出示证据，被告、第三人与原告进行质证；②被告出示证据，原告、第三人与被告进行质证；③第三人出示证据，原告、被告与第三人进行质证。人民法院依照当事人申请调查收集的证据应当在庭审时出示，应听取当事人的意见，并可就调查收集该证据的情况予以说明。案件有两个以上独立的诉讼请求的，当事人可以逐个出示证据进行质证。

（2）对证人证言的质证。证人应当出庭作证，接受当事人的质询。证人在人民法院组织双方当事人交换证据时出席陈述证言的，可视为出庭作证。证人确有困难不能出庭，经人民法院许可，可以提交书面证言或者视听资料或者通过双向视听传输技术手段作证。当事人申请证人出庭作证，应当在举证期限届满 10 日之前提出，并经人民法院许可。

法律规定，“证人确有困难不能出庭”是指有下列情形：①年迈体弱或者行动不便无法出庭的；②特殊岗位确实无法离开的；③路途特别遥远，交通不便难以出庭的；④因自然灾害等不可抗力的原因无法出庭的；⑤其他无法出庭的特殊情况。

证人因出庭作证而支出的合理费用，由提供证人的一方当事人先行支付，由败诉一方当事人承担。审判人员和当事人可以对证人进行询问。人民法院认为必要的，可以让证人对质。证人不得旁听法庭审理；询问证人时，其他证人不得在场。法院应告知证人如实作证及作伪证的法律后果。

（3）对鉴定结论的质证。鉴定人应当出庭接受当事人质询。鉴定人确因特殊原因无法出庭的，经人民法院准许，可以书面答复当事人的质询。经法庭许可，当事人可以向证人、鉴定人、勘验人员发问。

法庭应当将当事人的质证情况记入笔录，并由当事人核对后签名或者盖章。

### 73. 什么是司法鉴定？

所谓司法鉴定，是指在诉讼过程中，为了查明案件事实，人民法院依据职权，或者应当事人及其他诉讼参与人的申请，指派或者委托具有专门知识的人，对专门性问题进行检验、鉴别和评定的活动。

鉴定意见是很重要的证据，有许多案件的罪与非罪、罪轻罪重，在很大程度上取决于鉴定意见。比如故意伤害案件，要判断其是民事案件还是刑事案件，是轻伤害案件还是重伤害案件，在很大程度上取决于司法鉴定意见。因此，应当注意对鉴定意见这项证据的审查，不可盲目采信。

为了规范司法鉴定工作，最高人民法院和有关部门曾经先后下发过许多司法解释和有关规定，我们在审查鉴定意见这个证据时，应该了解这些司法解释和规定。其中主要有 2012 年 12 月 20 日《最高人民法院关于适用〈中华人民共和国刑事诉讼法〉的解释》、2001 年 11 月 16 日最高人民法院印发的《人民法院司法鉴定工作暂行规定》、2015 年 12 月 24 日司法部修订的《司法鉴定程序通则》、2004 年 2 月 9 日最高人民法院印发的《人民法院司法鉴定人名册制度实施办法》、2002 年 3 月 27 日最高人民法院发布的《人民法院对外委托司法鉴定管理规定》、1980 年 5 月 7 日颁布的《公安部刑事技术鉴定规则》和 2015 年 4 月 24 日修订的《全国人民代表大会常务委员会关于司法鉴定管理问题的决定》等。根据这些规定，我们明确了以下问题。

(1) 鉴定机构。

根据《全国人民代表大会常务委员会关于司法鉴定管理问题的决定》的规定，侦查机关根据侦查工作的需要设立的鉴定机构，不得面向社会接受委托从事司法鉴定业务。人民法院和司法行政部门不得设立鉴定机构。国家对从事下列司法鉴定业务的鉴定人和鉴定机构实行登记管理制度：①法医类鉴定；②物证类鉴定；③声像资料鉴定；④根据诉讼需要，由国务院司法行政部门商最高人民法院、最高人民检察院确定的其他应当对鉴定人和鉴定机构实行登记管理的鉴定事项。国务院司法行政部门主管全国鉴定人和鉴定机构的登记管理工作。省级人民政府司法行政部门负责对鉴定人和鉴定机构的登记、名册编制和公告。各鉴定机构之间没有隶属关系；鉴定机构接受委托从事司法鉴定业务，不受地域范围的限制。

(2) 司法鉴定。

根据有关规定，没有资格进行司法鉴定的机构和个人，不得从事司法鉴定工作。司法鉴定机构和司法鉴定人，应当严格按照登记管理机构所核定的司法鉴定业务范围、职业类别，采用现代科学技术，按照国家和行业标准开展鉴定业务，不得从事未经登记管理机关核定的司法鉴定事项。

鉴定人有下列情形之一的，应当回避：一是鉴定人系案件的当事人，或者当事人的近亲属；二是鉴定人的近亲属与案件有利害关系；三是鉴定人担任过本案的证人、辩护人、诉讼代理人；四是其他可能影响准确鉴定的情形。

鉴定工作不是由鉴定机构或者是鉴定人自己主动提出的，而是受委托才鉴定。委托鉴定要使用鉴定委托书，提出具体的鉴定目的、鉴定要求，并且要提供必要的案情说明材料和鉴定材料。

一般的司法鉴定期限是从决定受理委托鉴定之日起，在30个工作日内完成，对于疑难的，应当在60个工作日内完成。对于具有下列情形之一的，可以终结鉴定：一是无法获取必要的鉴定材料的；二是被鉴定人或者受检人不配合检验，经做工作仍然不配合的；三是在鉴定过程中撤诉或者调解结案的；四是具有其他情况，使鉴定无法进行的。

在司法实践中，常常遇到当事人要求重新鉴定的情况。对此应当根据不同情况来处理，而不是说当事人只要提出了重新鉴定的要求，就一定重新鉴定。对要求无理的，应当予以解释与说明。对于确有重新鉴定必要的，应该进行重新鉴定。

根据《人民法院司法鉴定工作暂行规定》第14条的规定，有下列情形之一需要重新鉴定：一是鉴定人不具备相关鉴定资格的；二是鉴定程序不符合法律规定的；三是鉴定结论与其他证据有矛盾的；四是鉴定材料有虚假，或者原来鉴定方法有缺陷的；五是鉴定人应当回避没有回避，而对其鉴定结论有持不同意见的；六是同一案件具有多个不同鉴定结论的；七是有证据证明存在严重影响鉴定人准确鉴定因素的。

根据《刑事诉讼法》第147条规定，只有对犯罪嫌疑人作精神病鉴定的期间才不计入办案期限。

### 74. 什么是鉴定意见？

所谓鉴定意见，也叫鉴定结论，是指公、检、法三机关委托或聘请的具有专门知识的人，对案件中的某些专门性问题进行鉴定后作出的书面意见。

鉴定意见是十分重要的证据，主要用来确认或解决专门性问题，其特点包括以下几个方面。

（1）具有科学性。它是由专业人员以技术手段和方法得出，有科技含量。

（2）具有结论性。鉴定人必须在鉴定中作出理性的分析和判断并提出结论。

（3）具有范围性。鉴定只解决技术性问题，不涉及法律适用问题。

（4）具有特定的书面形式。鉴定人应在鉴定意见上签名盖章以示负责。

常见的鉴定意见有法医鉴定、司法精神病鉴定、刑事科学技术鉴定、会计鉴定、医学鉴定、文书鉴定、痕迹鉴定、指纹鉴定、事故鉴定、产品质量鉴定、行为能力鉴定等。

### 75. 当事人怎样申请鉴定?

根据《最高人民法院关于民事诉讼证据的若干规定》第 25 条、第 26 条规定，当事人申请鉴定，应当在举证期限内提出，经人民法院同意后，由双方当事人协商确定有鉴定资格的鉴定机构、鉴定人员，协商不成的由人民法院指定。

### 76. 对鉴定意见不服该怎么办?

由于鉴定意见是重要证据，法官要对其认真审查，诉讼双方当事人也不可不特别重视。关于鉴定意见问题，刑事诉讼法、民事诉讼法和行政诉讼法等有关法律都有具体规定，尽管文字不完全一样，但其内容大致相同，没有天壤之别。

《最高人民法院关于民事诉讼证据的若干规定》第 27 条规定，当事人对鉴定意见有异议，申请重新鉴定，提出证据证明存在下列情形之一的，人民法院应予准许：①鉴定机构或者鉴定人员不具备相关的鉴定资格的；②鉴定程序严重违法的；③鉴定结论明显依据不足的；④经过质证认定不能作为证据使用的其他情形。

对于一方当事人自行委托有关部门作出的鉴定意见，另一方当事人有证据足以反驳并申请重新鉴定的，人民法院应予准许。

对有缺陷的鉴定意见，可以通过补充鉴定、重新质证或者补充质证等方法解决的，不予重新鉴定。

### 77. 什么是证据保全?

所谓证据保全，是指在证据可能丧失或以后难以取得的情况下，法院根据诉讼参加人的请求或依职权采取措施，对证据加以固定和保护的行为。

证据保全有两个条件：一是证据可能丧失，如物证有腐蚀、变质等难以保存的情况，又如证人因年老、疾病有可能死亡的情况等；二是证据在将来难以取得，如证人将要出国留学或定居国外等。

提出证据保全申请的一般是诉讼参与人，在必要时，法院也可以依职权采取保全措施。提出证据保全的时间可以在起诉前，也可以在起诉后。在起诉前申请证据保全的，法院应通知申请人于一定期间内提起诉讼。起诉后提出申请的，由人民法院审查决定。

根据《最高人民法院关于民事诉讼证据的若干规定》第 23 条规定："当事人依据《民事诉讼法》第 74 条的规定向人民法院申请保全证据，不得迟于举证期限届满前7日。当事人申请保全证据的，人民法院可以要求其提供相应的担保。”《最高人民法院关于行政诉讼证据若干问题的规定》第27条规定：“当事人依据《行政诉讼法》第36条的规定向人民法院申请保全证据的，应当在举证期限届满前以书面形式提出，并说明证据的名称和地点，保全的内容和范围，申请保全的理由等事项。当事人申请保全证据的，人民法院可以要求其提供相应的担保。”

人民法院保全证据的可以根据具体情况，采取查封、扣押、拍照、录音、录像、复制、鉴定、勘验、制作询问笔录等保全措施。

## 78. 什么是证据交换？

证据交换，是指双方当事人在法院审判人员的主持下交换证据的行为。证据交换是举证时限制度的组成部分，是对证据较多或复杂疑难案件适用举证时限制度的特殊要求。对于证据较多或复杂疑难的案件，仅通过指定举证期限不易达到整理争议点、固定争议点和证据的效果，为完善举证时限制度才设置了证据交换制度。

《最高人民法院关于行政诉讼证据若干问题的规定》第21条规定：“对于案情比较复杂或者证据数量较多的案件，人民法院可以组织当事人在开庭前向对方出示或者交换证据，并将交换证据的情况记录在卷。”对于证据交换或者出示的时间，应在庭审之前。证据交换既然是举证时限制度的组成部分，就应符合举证时限制度的一般要求。对于证据交换的问题，《最高人民法院关于民事诉讼证据的若干规定》中也有明确规定。

## 79. 人民法院可以收集哪些证据？

根据《最高人民法院关于民事诉讼证据的若干规定》第15条、第17条规定，人民法院调查收集证据分以下两种情况。

第一，“人民法院认为审理案件需要的证据”，即：①涉及可能有损国家利益、社会公共利益或者他人合法权益的事实；②涉及依职权追加当事人、中止诉讼、终结诉讼、回避等与实体争议无关的程序事项。

第二，对于符合下列条件之一的，当事人及其诉讼代理人可以申请人民法院调查收集证据：①申请调查收集的证据属于国家有关部门保存并须人民法院依职权调取的档案材料；②涉及国家秘密、商业秘密、个人隐私的材料；③当事人及其诉讼代理人确因客观原因不能自行收集的其他材料。

当事人及其诉讼代理人申请人民法院调查收集证据，应当提交书面申请。申请书应当载明被调查人的姓名或者单位名称、住所地等基本情况、所要调查收集的证据的内容、需要由人民法院调查收集证据的原因及其要证明的事实。当事人及其诉讼代理人申请人民法院调查收集证据，不得迟于举证期限届满前七日。

人民法院对当事人及其诉讼代理人的申请不予准许的，应当向当事人或其诉讼代理人送达通知书。当事人及其诉讼代理人可以在收到通知书的次日起三日内向受理申请的人民法院书面申请复议一次。人民法院应当在收到复议申请之日起五日内作出答复。

## 七、诉讼时效

### 80. 什么是诉讼时效?

诉讼时效，是指向人民法院起诉，请求保护合法民事权益的法定期限。超过了这个期限，即使向法院起诉，法院也不会受理，法院对其合法民事权益不再予以保护。

诉讼时效依据时间的长短和适用范围，分为一般诉讼时效和特殊诉讼时效。

一般诉讼时效，是指在一般情况下普遍适用的时效，这类时效不是针对某一特殊情况规定的，而是普遍适用的。如《民法通则》第 135 条规定："向人民法院请求保护民事权利的诉讼时效期间为二年，法律另有规定的除外。"这表明，我国民事诉讼的一般诉讼时效为二年。

### 81. 什么是特殊诉讼时效、短期诉讼时效、长期诉讼时效和最长诉讼时效?

所谓特殊诉讼时效，是指对某些特定的民事法律关系而制定的诉讼时效。在适用时，特殊诉讼时效优先于普通诉讼时效，也就是说，凡是有特殊诉讼时效规定的，适用特殊诉讼时效的规定。对这个问题，我国《民法通则》第 141 条有明确规定，即："法律对时效另有规定的，依照法律规定。"

特殊诉讼时效有以下特点。

（1）适用范围特定化，不具有普遍适用的意义，只在法律直接规定的情况下，适用于相应的民事法律关系。

（2）特殊诉讼时效的适用效力优先于普通诉讼时效。凡是有特殊诉讼时效规定的，均适用特殊诉讼时效，在没有特殊诉讼时效规定的情况下，才适用普通诉讼时效。

（3）特殊诉讼时效期间不同于普通诉讼时效，并非统一的，而是针对具体民事活动的需要调整的，分别规定了不同的诉讼时效期间。大多数特殊诉讼时效的期间都短于普通诉讼时效，故传统上又称其为短期诉讼时效，也有少数的特殊诉讼时效的期间长于普通诉讼时效。

根据实际情况，特殊诉讼时效可以分为短期诉讼时效、长期诉讼时效和最长诉讼时效三种。

二年以下的诉讼时效为短期诉讼时效。比如，《民法通则》第136条规定适用于以下四种情况的诉讼时效期间为一年，这便是短期诉讼时效：①身体受到伤害要求赔偿的；②出售质量不合格的商品未声明的；③延付或拒付租金的；④寄存财物被丢失或者损毁的。

此外，我国很多单行法律、法规也规定了短期诉讼时效，如各种货运规则规定的索赔诉讼时效期间一般为180天，而不是2年。

诉讼时效在二年以上20年以下的为长期诉讼时效。例如《环境保护法》第66条规定："提起环境损害赔偿诉讼的时效期间为三年，从当事人知道或者应当知道其受到损害时起计算。"《海商法》第265条规定："有关船舶发生油污损害的请求权，时效期间为三年，自损害发生之日起计算；但是，在任何情况下时效期间不得超过从造成损害的事故发生之日起六年。"《合同法》第129条规定："因国际货物买卖合同和技术进出口合同争议提起诉讼或者申请仲裁的期限为四年，自当事人知道或者应当知道其权利受到侵害之日起计算。因其他合同争议提起诉讼或者申请仲裁的期限，依照有关法律的规定。"

最长诉讼时效，是指诉讼时效为20年。《民法通则》第137条规定："从权利被侵害之日起超过20年，人民法院不予保护"。根据这一规定，最长的诉讼时效的期间是从权利被侵害之日起计算，权利享有人不知道自己的权利被侵害，时效最长也是20年，超过20年，人民法院不予保护。

时效具有强制性，任何时效都由法律、法规强制规定，任何单位或个人对时效的延长、缩短、放弃等约定都无效。

## 82. 什么是诉讼时效的中断？

所谓诉讼时效的中断，是指在诉讼时效期间，因发生一定的法定事由，致使已经经过的时效期间统归无效，待时效中断的事由消除后，诉讼时效期间重新起算。对此《民法通则》第140条规定："诉讼时效因提起诉讼、当事人一方提出要求或者同意履行义务而中断。从中断时起，诉讼时效期间重新计算。"

### 83. 什么是诉讼时效的中止？

所谓诉讼时效中止，是指在诉讼时效进行中，因一定的法定事由产生而使权利人无法行使请求权，因而暂停计算诉讼时效期间。《民法通则》第139条规定："在诉讼时效进行期间的最后六个月，因不可抗拒力或其他障碍不能行使请求权的，诉讼时效中止。"中止的时间不计入时效期间。中止时效的法定事由消除后，继续以前计算的诉讼时效至届满为止，中止前已经进行的时效仍然有效。

### 84. 诉讼时效的中止与中断有何不同？

诉讼时效的中止与中断相同之处是：都是在诉讼时效期间届满前因一定的法定事由发生而产生阻碍诉讼时效完成的效力。但二者有以下区别。

（1）发生的时间不同。时效中断可发生在时效期间的任何阶段；时效中止只能发生在时效期间最后6个月内。

（2）法定事由不同。时效中断的法定事由是当事人主观意志可以决定的事实，如起诉、请求；时效中止的法定事由是当事人主观意志不能左右的事实，如不可抗力、债务人失踪等。

（3）法律后果不同。时效中断，中断的法定事由发生前已经过去的时效期间不再计算，从法定事由发生后重新开始计算诉讼时效期间，实际是前后两个时效；时效中止是将中止的期间暂停计算，待法定中止事由消除后，继续计算时效期间。

## 八、诉讼费

### 85. 到法院打官司为什么要交诉讼费？

按照国务院发布的《诉讼费用交纳办法》的规定，到法院打官司，不管是起诉还是上诉，都要向人民法院缴纳诉讼费。这是因为下面的原因。

（1）人民法院审理案件，必然要花费一定的人力、物力和财力，而向人民法院起诉和上诉的案件，是由少数公民或者法人的权益争议引起的。解决这个争议，其费用如果全部从国库开支，让全国人民负担，这显然不合理，当事人理应承担一部分。

（2）人民法院受理案件收取诉讼费，并且让败诉的一方负担，这对于不依法履行义务的人也是一种经济制裁。

（3）收取诉讼费对于那些遇事就进行无理纠缠的人是个约束。这对于减少诉讼，促进纠纷当事人自行解决问题是有益的，也有助于双方单位或者基层调解组织的工作，使一些纠纷不经过诉讼就能够得到协商解决，有助于人民的团结。

(4) 随着经济的发展，涉外案件也不断增多。不论从维护国家利益出发，还是按照国际惯例，收取诉讼费都是应该的。

总之，向起诉人、上诉人收取诉讼费，对维护国家经济利益，减少国家负担，加强社会主义法制，减少诉讼和增强人民的团结都是必要的。

### 86. 诉讼费包括哪些费用?

根据国务院发布的《诉讼费用交纳办法》的规定，当事人打官司向人民法院交纳的诉讼费用包括以下三部分。

(1) 案件受理费，包括：①第一审案件受理费；②第二审案件受理费；③再审案件中，依照《诉讼费用交纳办法》规定需要交纳的案件受理费。

下列案件不交纳案件受理费：①依照《民事诉讼法》规定的特别程序审理的案件；②裁定不予受理、驳回起诉、驳回上诉的案件；③对不予受理、驳回起诉和管辖权异议裁定不服，提起上诉的案件；④行政赔偿案件；⑤刑事案件。

根据《民事诉讼法》和《行政诉讼法》规定的审判监督程序审理的案件，当事人不交纳案件受理费。但是，下列情形除外：①当事人有新的证据，足以推翻原判决、裁定，向人民法院申请再审，人民法院经审查决定再审的案件；②当事人对人民法院第一审判决或者裁定未提出上诉，第一审判决、裁定或者调解书发生法律效力后又申请再审，人民法院经审查决定再审的案件。

(2) 申请费。当事人依法向人民法院申请下列事项，应当交纳申请费：①申请执行人民法院发生法律效力的判决、裁定、调解书，仲裁机构依法作出的裁决和调解书，公证机构依法赋予强制执行效力的债权文书；②申请保全措施；③申请支付令；④申请公示催告；⑤申请撤销仲裁裁决或者认定仲裁协议效力；⑥申请破产；⑦申请海事强制令、共同海损理算、设立海事赔偿责任限制基金、海事债权登记、船舶优先权催告；⑧申请承认和执行外国法院判决、裁定和国外仲裁机构裁决。

(3) 证人、鉴定人、翻译人员、理算人员在人民法院指定日期出庭发生的交通费、住宿费、生活费和误工补贴。这部分由人民法院按照国家规定标准代为收取。

当事人复制案件卷宗材料和法律文书应按实际成本向人民法院交纳工本费。

在诉讼过程中，因鉴定、公告、勘验、翻译、评估、拍卖、变卖、仓储、保管、运输、船舶监管等发生的依法应当由当事人负担的费用，人民法院根据谁主张谁负担的原则，决定由当事人直接支付给有关机构或者单位，人民法院不得代收代付。

人民法院依法提供当地民族通用语言、文字翻译的，不收取费用。

### 87. 打官司要交多少诉讼费？

关于诉讼费用的交纳标准，国务院发布的《诉讼费用交纳办法》有如下规定。

（1）财产案件根据诉讼请求的金额或者价额，按照下列比例分段累计交纳。①不超过1万元的，每件交纳50元；②超过1万元至10万元的部分，按照2.5%交纳；③超过10万元至20万元的部分，按照2%交纳；④超过20万元至50万元的部分，按照1.5%交纳；⑤超过50万元至100万元的部分，按照1%交纳；⑥超过100万元至200万元的部分，按照0.9%交纳；⑦超过200万元至500万元的部分，按照0.8%交纳；⑧超过500万元至1000万元的部分，按照0.7%交纳；⑨超过1000万元至2000万元的部分，按照0.6%交纳；⑩超过2000万元的部分，按照0.5%交纳。

（2）非财产案件按照下列标准交纳。①离婚案件每件交纳50元至300元。涉及财产分割，财产总额不超过20万元的，不另行交纳；超过20万元的部分，按照0.5%交纳。②侵害姓名权、名称权、肖像权、名誉权、荣誉权以及其他人格权的案件，每件交纳100元至500元。涉及损害赔偿，赔偿金额不超过5万元的，不另行交纳；超过5万元至10万元的部分，按照1%交纳；超过10万元的部分，按照0.5%交纳。③其他非财产案件每件交纳50元至100元。

（3）知识产权民事案件，没有争议金额或者价额的，每件交纳500元至1000元；有争议金额或者价额的，按照财产案件的标准交纳。

（4）劳动争议案件每件交纳10元。

（5）行政案件按照下列标准交纳。①商标、专利、海事行政案件每件交纳100元；②其他行政案件每件交纳50元。

（6）当事人提出案件管辖权异议，异议不成立的，每件交纳50元至100元。

省、自治区、直辖市人民政府可以结合本地实际情况，在上述规定的幅度内，制定具体交纳标准。

申请费分别按照下列标准交纳。

（1）依法向人民法院申请执行人民法院发生法律效力的判决、裁定、调解书，仲裁机构依法作出的裁决和调解书，公证机关依法赋予强制执行效力的债权文书，申请承认和执行外国法院判决、裁定以及国外仲裁机构裁决的，按照下列标准交纳。①没有执行金额或者价额的，每件交纳 50 元至 500 元。②执行金额或者价额不超过 1 万元的，每件交纳 50 元；超过 1 万元至 50 万元的部分，按照 1.5%交纳；超过 50 万元至 500 万元的部分，按照 1%交纳；超过 500 万元至 1000 万元的部分，按照 0.5%交纳；超过 1000 万元的部分，按照 0.1%交纳。③符合《民事诉讼法》第 55 条第 4 款规定，未参加登记的权利人向人民法院提起诉讼的，按照本项规定的标准交纳申请费，不再交纳案件受理费。

（2）申请保全措施的，根据实际保全的财产数额按照下列标准交纳：财产数额不超过 1000 元或者不涉及财产数额的，每件交纳 30 元；超过 1000 元至 10 万元的部分，按照 1%交纳；超过 10 万元的部分，按照 0.5%交纳。但是，当事人申请保全措施交纳的费用最多不超过 5000 元。

（3）依法申请支付令的，比照财产案件受理费标准的 1/3 交纳。

（4）依法申请公示催告的，每件交纳 100 元。

（5）申请撤销仲裁裁决或者认定仲裁协议效力的，每件交纳 400 元。

（6）破产案件依据破产财产总额计算，按照财产案件受理费标准减半交纳，但是，最高不超过 30 万元。

（7）海事案件的申请费按照下列标准交纳：①申请设立海事赔偿责任限制基金的，每件交纳 1000 元至 1 万元；②申请海事强制令的，每件交纳 1000 元至 5000 元；③申请船舶优先权催告的，每件交纳 1000 元至 5000 元；④申请海事债权登记的，每件交纳 1000 元；⑤申请共同海损理算的，每件交纳 1000 元。

以调解方式结案或者当事人申请撤诉的，减半交纳案件受理费。适用简易程序审理的案件减半交纳案件受理费。对财产案件提起上诉的，按照不服一审判决部分的上诉请求数额交纳案件受理费。

被告提起反诉、有独立请求权的第三人提出与本案有关的诉讼请求，人民法院决定合并审理的，分别减半交纳案件受理费。

依照 2006 年 12 月 19 日国务院发布的《诉讼费用交纳办法》第 9 条规定，需要交纳案件受理费的再审案件，按照不服原判决部分的再审请求数额交纳案件受理费。

## 88. 诉讼费由谁负担？

根据2006年12月19日国务院发布的《诉讼费用交纳办法》的规定，总得原则是：诉讼费用由起诉方、上诉方预交，由败诉方负担，胜诉方自愿承担的除外。

部分胜诉、部分败诉的，人民法院根据案件的具体情况决定当事人各自负担的诉讼费用数额。共同诉讼当事人败诉的，人民法院根据其对诉讼标的的利害关系，决定当事人各自负担的诉讼费用数额。

第二审人民法院改变第一审人民法院作出的判决、裁定的，应当相应变更第一审人民法院对诉讼费用负担的决定。

经人民法院调解达成协议的案件，诉讼费用的负担由双方当事人协商解决；协商不成的，由人民法院决定。

离婚案件诉讼费用的负担由双方当事人协商解决；协商不成的，由人民法院决定。

民事案件的原告或者上诉人申请撤诉，人民法院裁定准许的，案件受理费由原告或者上诉人负担。

行政案件的被告改变或者撤销具体行政行为，原告申请撤诉，人民法院裁定准许的，案件受理费由被告负担。

当事人在法庭调查终结后提出减少诉讼请求数额的，减少请求数额部分的案件受理费由变更诉讼请求的当事人负担。

债务人对督促程序未提出异议的，申请费由债务人负担。债务人对督促程序提出异议致使督促程序终结的，申请费由申请人负担；申请人另行起诉的，可以将申请费列入诉讼请求。

公示催告的申请费由申请人负担。

海事案件中的有关诉讼费用依照下列规定负担：

（1）诉前申请海事请求保全、海事强制令的，申请费由申请人负担；申请人就有关海事请求提起诉讼的，可将上述费用列入诉讼请求；

（2）诉前申请海事证据保全的，申请费由申请人负担；

（3）诉讼中拍卖、变卖被扣押船舶、船载货物、船用燃油、船用物料发生的合理费用，由申请人预付，从拍卖、变卖价款中先行扣除，退还申请人；

（4）申请设立海事赔偿责任限制基金、申请债权登记与受偿、申请船舶优先权催告案件的申请费，由申请人负担；

（5）设立海事赔偿责任限制基金、船舶优先权催告程序中的公告费用由申请人负担。

当事人因自身原因未能在举证期限内举证，在二审或者再审期间提出新的证据致使诉讼费用增加的，增加的诉讼费用由该当事人负担。

依照特别程序审理案件的公告费，由起诉人或者申请人负担。

依法向人民法院申请破产的，诉讼费用依照有关法律规定从破产财产中拨付。

当事人不得单独对人民法院关于诉讼费用的决定提起上诉。当事人单独对人民法院关于诉讼费用的决定有异议的，可以向作出决定的人民法院院长申请复核。复核决定应当自收到当事人申请之日起 15 日内作出。当事人对人民法院决定诉讼费用的计算有异议的，可以向作出决定的人民法院请求复核。计算确有错误的，作出决定的人民法院应当予以更正。

### 89. 提出上诉以后没交上诉费的如何处理？

根据 2006 年 12 月 19 日国务院发布的《诉讼费用交纳办法》第 22 条规定，上诉案件的案件受理费由上诉人在向人民法院提交上诉状时预交。双方都上诉的，分别预交。上诉人在上诉期内未预交诉讼费用的，人民法院应当通知其在 7 日内预交。逾期不交又未提出司法救助申请，或者申请司法救助未获批准，在人民法院指定期限内仍未交纳诉讼费用的，由人民法院依照有关规定处理。

这里的“依照有关规定处理”，由于当事人不交诉讼费的情况比较复杂，执行起来也应该有所区别，一般是按撤回上诉处理。

### 90. 对二审发回重审的案件，上诉费是否应该退还？

根据 2006 年 12 月 19 日国务院发布的《诉讼费用交纳办法》第 27 条规定，第二审人民法院决定将案件发回重审的，应当退还上诉人已交纳的第二审案件受理费。

### 91. 诉讼费能否减免？

根据《诉讼费用交纳办法》的规定，当事人交纳诉讼费用确有困难的，可以依法向人民法院申请缓交、减交或者免交诉讼费用的司法救助。

诉讼费用的免交只适用于自然人。当事人申请司法救助，符合下列情形之一的，人民法院应当准予免交诉讼费用：

（1）残疾人无固定生活来源的；

（2）追索赡养费、扶养费、抚育费、抚恤金的；

（3）最低生活保障对象、农村特困定期救济对象、农村五保供养对象或者领取失业保险金人员，无其他收入的；

(4) 因见义勇为或者为保护社会公共利益致使自身合法权益受到损害，本人或者其近亲属请求赔偿或者补偿的；

(5) 确实需要免交的其他情形。

当事人申请司法救助，符合下列情形之一的，人民法院应当准予减交诉讼费用：

(1) 因自然灾害等不可抗力造成生活困难，正在接受社会救济，或者家庭生产经营难以为继的；

(2) 属于国家规定的优抚、安置对象的；

(3) 社会福利机构和救助管理站；

(4) 确实需要减交的其他情形。

人民法院准予减交诉讼费用的，减交比例不得低于30％。

当事人申请司法救助，符合下列情形之一的，人民法院应当准予缓交诉讼费用：

(1) 追索社会保险金、经济补偿金的；

(2) 海上事故、交通事故、医疗事故、工伤事故、产品质量事故或者其他人身伤害事故的受害人请求赔偿的；

(3) 正在接受有关部门法律援助的；

(4) 确实需要缓交的其他情形。

当事人申请司法救助，应当在起诉或者上诉时提交书面申请、足以证明其确有经济困难的证明材料以及其他相关证明材料。

因生活困难或者追索基本生活费用申请免交、减交诉讼费用的，还应当提供本人及其家庭经济状况符合当地民政、劳动保障等部门规定的公民经济困难标准的证明。

人民法院对当事人的司法救助申请不予批准的，应当向当事人书面说明理由。

当事人申请缓交诉讼费用经审查符合《诉讼费用交纳办法》第47条规定的，人民法院应当在决定立案之前作出准予缓交的决定。

人民法院对一方当事人提供司法救助，对方当事人败诉的，诉讼费用由对方当事人负担；对方当事人胜诉的，可以视申请司法救助的当事人的经济状况决定其减交、免交诉讼费用。

人民法院准予当事人减交、免交诉讼费用的，应当在法律文书中载明。

### 92. 二审法院发现一审法院收取的诉讼费有误是否应该纠正？

根据 2015 年 1 月 30 日最高人民法院发布的《最高人民法院关于适用〈中华人民共和国民事诉讼法〉的解释》第 196 条和第 207 条规定，人民法院改变原判决、裁定、调解结果的，应当在裁判文书中对原审诉讼费用的负担一并作出处理。判决生效后，胜诉方预交但不应负担的诉讼费用，人民法院应当退还，由败诉方向人民法院交纳，但胜诉方自愿承担或者同意败诉方直接向其支付的除外。当事人拒不交纳诉讼费用的，人民法院可以强制执行。

## 九、公证

### 93. 什么是公证？

公证，是指国家公证机关根据当事人的申请，依法证明法律行为、有法律意义的文书和事实的事实性、合法性的非诉讼活动。

公证制度是国家司法制度的组成部分。在我国，公证处是国家司法证明机关，依法行使公证职能。我国公证具有以下法律特征：①公证是一种特殊的证明活动，是公证机关依法定程序来出具证明；②公证证明在法律上有特定的效力，公证文书的证明效力高于一般证明文书的效力；③公证的证明对象是法律行为、有法律意义的文书和事实；④公证的标准是真实性、合法性；⑤公证属于非诉讼活动；⑥公证书为国家之间普遍认可和接受，并且具有广泛的国际性、地域性。

### 94. 公证与私证有什么区别？

在我国历史上早就存在请“中人”见证的习俗。当人们进行土地和房屋买卖，或者是借贷、分家、收养、继承、立遗嘱等重要法律行为的时候，为了避免一方日后否认或者是反悔，防止发生争议，往往邀请地方上有名望的人或者家庭中的长辈到场见证，让他们在契约文书上签字画押，人们称这种人为“中人”或者“见证人”，他们的见证活动就是私证。

公证与私证不同。公证是由国家公证机关出具的证明，具有法律性、权威性。它不但要证明事实对象的真实性，还要证明其合法性。因此，公证能有效地保障公民、法人及其他组织的合法权益，预防纠纷、减少诉讼。由此可见，公证制度是我国法律制度的重要组成部分。

## 95. 公证处办理哪些公证业务？

根据《公证法》第 11 条和第 12 条的规定，公证处根据自然人、法人或者其他组织的申请，办理下列公证事项：①合同；②继承；③委托、声明、赠予、遗嘱；④财产分割；⑤招标投标、拍卖；⑥婚姻状况、亲属关系、收养关系；⑦出生、生存、死亡、身份、经历、学历、学位、职务、职称、有无违法犯罪记录；⑧公司章程；⑨保全证据；⑩文书上的签名、印鉴、日期，文书的副本、影印本与原本相符；⑪自然人、法人或者其他组织自愿申请办理的其他公证事项。法律、行政法规规定应当公证的事项，有关自然人、法人或者其他组织应当向公证机构申请办理公证。

自然人、法人或者其他组织可以申请公证机构办理下列事务：①法律、行政法规规定由公证机构登记的事务；②提存；③保管遗嘱、遗产或者其他与公证事项有关的财产、物品、文书；④代写与公证事项有关的法律事务文书；⑤提供公证法律咨询。

近年来，随着我国经济和科学技术的不断发展，各地公证处适时开展了许多新的业务活动。例如，证明企业租赁、土地有偿使用等法律行为；证明商品的检验、资产评估、有奖储蓄、未受刑事制裁等法律事实；证明商标注册、营业证书等具有法律意义的文书等。总之，公证业务的范围相当广泛，而且还有不断扩大的趋势。只要是证明法律行为、有法律意义的文书和事实，当事人都可以到公证处申请办理公证，以获得国家具有权威性的证明。

## 96. 什么是公证管辖？

所谓公证管辖，是指公证处之间对受理公证事务权限范围的划分。根据《公证法》第 25 条规定，办理一般的公证事项，自然人、法人或者其他组织可以向住所地、经常居住地、行为地或者事实发生地的公证机构提出申请。对涉及不动产的和涉及不动产的委托、声明、赠予、遗嘱的公证，可以向不动产所在地的公证机构提出申请。

## 97. 哪些法律行为必须经过公证才能发生法律效力？

不是所有的法律行为都必须经过公证才发生法律效力，有些法律行为、法律文件，比如遗嘱，只要是真实的，不经过公证同样具有法律效力。经过公证会增加证明力度。需要注意的是，有些法律行为，法律明确规定必须经过公证。对这样的法律行为，如果没经过公证则无效。以下这些情况法律明确规定需要进行公证。

（1）我国《收养法》第 15 条第 4 款规定："收养关系当事人各方或者一方要求办理收养公证的，应当办理收养公证。"法律既然这样规定，收养关系当事人如果要求办理公证，没办理的就因为违反了《收养法》而无效。

（2）变更、撤销公证遗嘱的需要公证。《继承法》第 20 条规定："遗嘱人可以撤销、变更自己所立的遗嘱。""自书、代书、录音、口头遗嘱，不得撤销、变更公证遗嘱。"如果要撤销或者变更公证遗嘱，必须对变更或者撤销公证遗嘱的行为再经过公证，否则无效。

（3）公派出国留学人员办理出国手续前，要与选派单位签订"出国留学协议书"。协议书由选派单位和公派出国留学人员双方签字，并经公证机关公证后生效。对这个问题，国家教育委员会《关于出国留学人员工作的若干暂行规定》已有明确规定。

（4）国务院《关于加强贫困地区经济开发工作的通知》第 4 条规定，扶贫项目要公开招标，实行承包开发。项目招标既要对内，也要对外，无论对内对外发包，都要明确开发什么产品、投资数量、经济效益以及解决多少贫困户的问题，并签订承包合同，办理公证手续。

（5）在中型零售商业企业试办租赁制中，试点采取集体租赁形式，选举产生企业管理机构，同企业主管部门签订租赁合同，并由公证部门公证。对这个问题，国务院批转国家体改委、商业部、财政部《关于深化国营商业体制和供销合作社体制改革意见的通知》中有明确规定。

除了上述这些情况以外，许多行政规章和地方法规还规定，对于股权转让、土地使用权出让、招标、抵押贷款、企业出售、企业承包、企业租赁、集资等法律行为，凡是规定应该公证的必须办理公证，否则无效。

### 98. 怎样申请公证？

办理公证可以委托他人办理，但遗嘱、生存、收养关系等应当由本人办理的除外。

申请办理公证应当向公证机构如实说明申请公证事项的有关情况，提供真实、合法、充分的证明材料；提供的证明材料不充分的，公证机构可以要求补充。公证机构受理公证申请后，应当告知当事人申请公证事项的法律意义和可能产生的法律后果，并将告知内容记录存档。

公证机构根据不同公证事项的办证规则，分别审查下列事项：①当事人的身份、申请办理该项公证的资格以及相应的权利；②提供的文书内容是否完备，含义是否清晰，签名、印鉴是否齐全；③提供的证明材料是否真实、合法、充分；④申请公证的事项是否真实、合法。

公证机构经审查，认为申请提供的证明材料真实、合法、充分，申请公证的事项真实、合法的，应当自受理公证申请之日起15个工作日内向当事人出具公证书。但是，因不可抗力、补充证明材料或者需要核实有关情况的，所需时间不计算在期限内。

有下列情形之一的，公证机构不予办理公证：①无民事行为能力人或者限制民事行为能力人没有监护人代理申请办理公证的；②当事人与申请公证的事项没有利害关系的；③申请公证的事项属专业技术鉴定、评估事项的；④当事人之间对申请公证的事项有争议的；⑤当事人虚构、隐瞒事实，或者提供虚假证明材料的；⑥当事人提供的证明材料不充分或者拒绝补充证明材料的；⑦申请公证的事项不真实、不合法的；⑧申请公证的事项违背社会公德的；⑨当事人拒绝按照规定支付公证费的。

公证书应当按照国务院司法行政部门规定的格式制作，由公证员签名或者加盖签名章并加盖公证机构印章。公证书自出具之日起生效。

公证书需要在国外使用，使用国要求先认证的，应当经中华人民共和国外交部或者外交部授权的机构和有关国家驻中华人民共和国使（领）馆认证。

### 99. 办理公证是否收费?

根据《公证法》第34条规定，当事人应当按照规定支付公证费。公证处收费后应当开具正式收据。目前，我国公证处收费标准比较低，但当事人如果有特殊情况或者其他原因无力支付，经过公证处核实，仍然可以根据规定酌情缓收、少收或者免收。

## 十、仲裁

### 100. 用仲裁方式解决纠纷有什么好处?

要解决纠纷，当事人会考虑是用仲裁的方式还是用诉讼的方式。对这两种方式进行比较，可知其各有利弊。与诉讼相比较，利用仲裁的方式解决纠纷有以下好处。

（1）方便灵活，可信度强。当事人在进行某项活动之前，或者在发生纠纷以后双方可以约定，发生的纠纷由哪个仲裁机关、哪个仲裁员来裁决。由于仲裁机关和仲裁员是由双方当事人自己选定的，所以双方对其有信任感。

（2）程序简化。仲裁实行一裁终局制度。仲裁机关作出裁决以后，当事人即使不服，也不能上诉或者申诉，不像利用诉讼方式解决纠纷那样，打完了一审还可能打二审，打完二审还可能申请再审，甚至是申诉。当然，如果认为仲裁的结果违反法律规定、不正确，可以向人民法院申请撤销仲裁裁决。仲裁裁决被撤销以后可以向人民法院提起诉讼。

（3）由于仲裁实行的是一裁终局制度，所以用的期间短、速度快，而一场官司打起来需要很长时间。

（4）仲裁收费低，当事人为解决纠纷支出少。

### 101. 仲裁与民事诉讼有什么区别？

仲裁与民事诉讼是两种不同的法律制度，在各自的领域中发挥着不同的法律作用。仲裁与民事诉讼具有以下区别。

（1）仲裁解决争议，是双方发生了争议，自愿选定仲裁委员会，让仲裁员给评判争议应该怎么解决。仲裁比诉讼解决问题快，费用也比较低，是一种极为方便的解决争议的方法。

（2）仲裁是协议管辖，就是由当事人双方用达成协议的形式选定仲裁机构，如果没有当事人的自愿申请，仲裁机关无权受理。而民事诉讼不需要双方的协议，只要有一方向法院起诉，法院就会根据《民事诉讼法》的规定强制管辖。

（3）当事人有权选择仲裁员，而民事诉讼由哪位审判员来审理案件，不是由当事人决定的，承办案件的审判员由人民法院依法确定，如果没有法定的回避理由，当事人无权申请回避。

（4）为了防止泄露当事人不愿公开的事情，保守商业秘密，仲裁一般可以不开庭审理。而民事诉讼，除了国家法律规定不公开审理的案件以外，必须公开审理。

（5）仲裁实行一裁终局制，当事人不得就同一事实再次申请仲裁，也不能向人民法院起诉、上诉。而民事诉讼的当事人不服判决可以上诉，甚至还可以申请再审和申诉。

仲裁与民事诉讼有紧密的联系，正确的仲裁裁决需要人民法院依照《民事诉讼法》的规定来保证执行。当事人如果不服仲裁裁决，可以向人民法院申请撤销，人民法院经过审查，认为符合法定撤销案件的条件，可以撤销仲裁裁决。仲裁裁决被撤销后，当事人可以就同一事实向人民法院起诉。

### 102. 怎样申请仲裁？

根据《仲裁法》的规定，当事人申请仲裁应当符合以下条件：①有仲裁协议；②有具体的仲裁请求和事实、理由；③属于仲裁委员会的受案范围；④向仲裁委员会提交仲裁协议、仲裁申请书及其副本。

申请仲裁应当向仲裁委员会递交仲裁协议。由于仲裁申请必须采用书面形式，因此应当向仲裁委员会提交仲裁申请书。仲裁申请书应当载明下列事项：①当事人的姓名、性别、年龄、职业、工作单位和住所或者其他组织的名称、住所和法定代表人或主要负责人的姓名、职务；②仲裁请求和所根据的事实、理由；③证据和证据来源、证人姓名和住所，当事人、法定代理人委托律师或其他代理人进行仲裁活动的，应当向仲裁委员会提交授权委托书。

从格式方面看，仲裁申请书应当具备以下内容。

(1) 首部。写明仲裁申请书的名称；仲裁申请人的名称、地址、法定代理人、委托代理人的自然状况，如姓名、性别、年龄、工作单位、职务、住所等；被申请人姓名、地址、性别、年龄、工作单位、职务、住所等。如果申请人或被申请人为两人以上的，应当依照上述内容分别书写清楚。如果有第三人参与仲裁的，还应写明第三人的情况。

(2) 仲裁请求和所根据的事实、理由。写明请求仲裁委员会解决的问题以及请求所根据的事实和证据及法律上的依据。

(3) 证据和证据来源，证人姓名和住所。证人为公民的，其住所是指公民的户籍所在地；证人为法人的，其住所是指法人的主要营业地或者主要办事机构所在地。

(4) 尾部。写明要呈送的仲裁委员会全称，写明仲裁申请人的名称并加盖印章，注明申请仲裁的具体日期。

一份完备的仲裁申请书除了具备上述内容外，还要写明选定的申请仲裁的仲裁委员会的全称，申请仲裁的时间，申请人的姓名，申请人是法人或者其他组织的要写全称，并另行写明法定代表人或者主要负责人的姓名、职务，加盖法人或者其他组织的公章。在附项栏内写明仲裁申请书副本的份数以及提交证据的名称、份数并将其按编号顺序附于仲裁申请书后。

### 103. 仲裁机关怎样裁决？

到法院打官司，首先得向法院递交起诉状提起诉讼。同样，要用仲裁方法解决纠纷，首先得向仲裁委员会提出仲裁申请，并且递交仲裁申请书。仲裁委员会对当事人的申请要进行审查，符合受理条件的，依法受理；对不符合受理条件的，则不能受理。

依照《仲裁法》第21条规定，申请仲裁应当符合以下条件：①有仲裁协议；②有具体的仲裁请求和事实、理由；③属于仲裁委员会的受理范围；④接受仲裁申请的仲裁委员会是当事人在仲裁协议中选定的。

申请仲裁应向仲裁委员会提交以下文件。

（1）仲裁协议。

（2）仲裁申请书及其副本。

（3）其他文件。例如：参加仲裁的当事人如果是法定代表人或者由法定代表人授权的人，应当提交法定代表人身份证明书或者法定代表人的书面授权委托书及有效证件；原始合同文本及有效证件；其他需要提供的有关材料。此外，还应按照规定交纳仲裁案件受理费及有关费用。

根据《仲裁法》第25条规定，仲裁委员会受理仲裁申请后，应做好以下七项准备工作：①在仲裁规则规定的期限内，将仲裁规则和仲裁员名册送达申请人；②在仲裁规则规定的期限内，将仲裁申请书副本和仲裁规则、仲裁员名册送达被申请人；③仲裁委员会收到答辩书的，应当在仲裁规则规定的期限内将答辩书副本送达申请人；④通知仲裁申请人按照规定预交案件受理费；⑤通知双方当事人提交参加仲裁活动的有关身份证明材料，包括当事人的身份证明、法人或者其他组织的营业执照副本、法定代表人或者主要负责人的身份证明，有委托代理人参加仲裁活动的，还应通知其提交由当事人亲笔签名或者盖章的授权委托书；⑥组成仲裁庭，并书面通知当事人；⑦接受并提请人民法院办理当事人有关财产保全和证据保全的申请。

仲裁委员会受理仲裁申请后，并不直接仲裁案件，而是要组成仲裁庭。仲裁庭由当事人选定或者仲裁委员会主任指定。我国仲裁庭的组织形式有两种：一种是由一名仲裁员组成的独任制仲裁庭，另一种是由三名仲裁员组成的合议制仲裁庭。具体采用哪种由双方当事人自愿协商确定。

《仲裁法》第39条规定：“仲裁应当开庭进行。当事人协议不开庭的，仲裁庭可以根据仲裁申请书、答辩书以及其他材料作出裁决。”据此规定，仲裁庭审理仲裁案件有两种方式：一种是开庭审理，另一种是书面审理。

（1）开庭审理。

开庭时，仲裁员、当事人和其他仲裁参与人同时参加。其程序大体分为以下几个步骤：①仲裁庭首先核对双方当事人的情况，查验双方当事人及仲裁代理人的证明文件或者授权委托书；②宣布开庭，介绍仲裁庭组成人员的情况，询问双方当事人对仲裁庭组成人员有无异议；③宣读双方当事人出庭人员名单和出庭身份，询问双方当事人各自对对方当事人出庭人员有无异议；④进入庭审调查阶段，首先由申请人陈述案情、仲裁请求及事实根据，对仲裁申请书内容有无修改和变更；⑤被申请人陈述答辩，有反请求的，应当及时在规定时间内提出；⑥申请人对被申请人的反请求提出抗辩；⑦调解阶段，根据双方当事人的调解愿望或者征得双方当事人同意，仲裁庭可以进行调解，如达成和解协议，则制作成调解裁决书结案；⑧如有必要，休庭或者暂时休庭（即第一次开庭结束），给双方当事人议定合理期限提交补充材料，等待第二次开庭通知；⑨评议裁决阶段，这一过程依法不公开进行。

仲裁庭开庭时，仲裁委员会秘书处要做好开庭记录和录音，在认为必要的时候，可以令当事人或者其代理人以及证人在开庭笔录上签字。通过开庭审查和核实证据，保证当事人依法充分行使其权利，从而使仲裁庭能够查清事实、正确适用法律、分清责任、作出公正裁决。

（2）书面审理。

仲裁庭不开庭，只根据双方当事人提供的书面材料和证据材料，如仲裁申请书、答辩书、合同、双方来往函电以及证人、专家、鉴定人的书面证据材料，对争议案件进行审理。

### 104. 仲裁当事人有哪些权利和义务?

根据《仲裁法》的规定，仲裁申请人享有以下权利：①提出仲裁请求，修改、撤销仲裁请求；②约定仲裁庭组成形式；③选择仲裁员或者委托仲裁委员会主任指定仲裁员；④申请仲裁员回避；⑤与对方当事人协议是否开庭仲裁；⑥提出延期开庭申请；⑦对自己的主张提供证据，开庭时出示证据，进行质证和证据保全；⑧申请财产保全；⑨自行和解或者和解后反悔；⑩被征询最后意见；⑪依法请求人民法院执行仲裁裁决；⑫依法请求人民法院撤销仲裁裁决；⑬申请修改、补充仲裁笔录，申请补正裁决书；⑭其他法律、法规规定的权利。

当事人在享有上述权利的同时，还应当履行以下义务：①递交仲裁协议、仲裁申请书副本；②选定或者请求仲裁委员会主任指定独任仲裁员或者首席仲裁员；③按时出庭，未经允许不得中途退庭；④如果委托代理人，须向仲裁委员会送交代理人的委托代理书；⑤遵守仲裁员回避制度，不得选任具有回避情形的仲裁员以及私自会见仲裁员或对其请客送礼；⑥尊重仲裁的独立性，不得干涉仲裁活动；⑦如实回答仲裁庭的提问；⑧根据仲裁庭要求提供证据或资料，并不得隐瞒；⑨遵守仲裁庭纪律；⑩自觉执行仲裁裁决；⑪遵守仲裁协议；⑫交纳仲裁费用；⑬如果申请证据保全，交纳保全费用；⑭在申请财产保全出现错误时，赔偿被申请人损失；⑮其他法律、法规规定的义务。

### 105. 我国《仲裁法》适用于哪些范围?

依据《仲裁法》的规定和国际做法，仲裁范围主要是合同纠纷，也包括一些非合同的经济纠纷。在我国仲裁的适用范围是平等主体的公民、法人和其他组织之间发生的合同纠纷和其他财产权益纠纷。而与人身关系相联系的婚姻、收养、监护、扶养、继承纠纷和依法应当由行政机关处理的行政争议不能仲裁。由于劳动争议和农业集体经济组织内部的农业承包合同纠纷不同于一般经济纠纷，它们各自都有自己的特点，因此，劳动争议和农业集体经济组织内部的农业承包合同纠纷不属于《仲裁法》的调整范围。

### 106. 仲裁解决纠纷的前提条件和原则是什么？

采用仲裁方式解决纠纷的前提条件是双方当事人必须有仲裁协议（仲裁协议包括合同中订立的仲裁条款和其他以书面方式在纠纷发生前或者纠纷发生后达成的请求仲裁的协议）。没有仲裁协议，一方申请仲裁的，仲裁委员会不予受理。

当事人一旦选择仲裁，实际上就放弃了向法院提起诉讼的权利，不能再向法院起诉。如果仲裁裁决被人民法院依法撤销或者不予执行，当事人就该纠纷可以根据双方重新达成的仲裁协议申请仲裁。

《仲裁法》第 4 条规定：“当事人采用仲裁方式解决纠纷，应当双方自愿达成仲裁协议。”这一规定表明仲裁贯彻的一个重要原则是仲裁自愿原则，具体包括以下内容：①以仲裁方式解决纠纷，应出于双方当事人的共同意愿；②向哪个仲裁机构提请仲裁，由当事人双方协商选定，仲裁不实行级别管辖和地域管辖；③仲裁庭的组成人员由当事人自主选定；④当事人可以约定交由仲裁解决的争议事项，既可以把所有争议交由仲裁解决，也可以约定将某一项或某几项争议交付仲裁；⑤当事人可以约定审理方式（是公开审理还是不公开审理）、开庭形式等程序事项。

### 107. 什么是仲裁时效？

所谓仲裁时效，跟民事案件的诉讼时效大致相同，就是当事人在法定期限内，没有行使仲裁申请权也就丧失了请求仲裁权的法律制度。

法定提起仲裁申请的期限又称仲裁时效期间。《仲裁法》对仲裁时效没有作出统一规定，但是在《仲裁法》第 74 条规定：“法律对仲裁时效有规定的，适用该规定。法律对仲裁时效没有规定的，适用诉讼时效的规定。”根据这一规定，我国仲裁时效可以分为以下几种情况。

（1）根据我国《民法通则》和《仲裁法》的规定，当事人提起的仲裁时效为 2 年，计算的时间从知道或者应当知道权利被侵害时计算。

（2）工业产品质量责任的仲裁时效为 1 年，自当事人得知或者应当知道其权利被侵害之日起计算。

（3）因国际货物买卖合同和技术进出口合同争议提起的仲裁时效为4年，自当事人知道或者应当知道权利被侵害之日起计算。

在仲裁时效进行过程中，因为不可抗力或者其他障碍不能行使请求权提起仲裁时，可暂时停止时效的进行，这被称为仲裁时效的中止。仲裁时效中止后，以前经过的时效期间仍然有效，待到阻碍时效进行的原因消失后，时效又继续进行。在仲裁时效进行过程中，因为当事人一方提出要求或者同意履行义务而阻碍了时效的进行，并使以前经过的时效期间归于无效，这被称为仲裁时效的中断。从中断时起，时效期间重新开始进行。

### 108. 仲裁裁决的法律效力如何?

我国《仲裁法》根据国际惯例实行一局仲裁，即仲裁委员会依法作出的裁决是终局的，立即发生法律效力，对双方当事人均有约束力，必须无条件地履行裁决所规定的义务。一方当事人不履行的，另一方可以依照《民事诉讼法》的有关规定向人民法院申请执行。接受申请的法院应当执行。

### 109. 不服仲裁裁决怎么办?

仲裁虽然是一局终裁，不存在上诉问题，但如果认为仲裁裁决错误，也不是无法解决。根据《仲裁法》第59条规定，当事人对仲裁裁决不服，可以在收到裁决书之日起6个月内，向人民法院申请撤销仲裁裁决。

《仲裁法》第60条和第61条的规定："人民法院应当在受理撤销裁决申请之日起两个月内作出撤销裁决或者驳回申请的裁定。""人民法院受理撤销裁决的申请后，认为可以由仲裁庭重新仲裁的，通知仲裁庭在一定期限内重新仲裁，并裁定中止撤销程序。仲裁庭拒绝重新仲裁的，人民法院应当裁定恢复撤销程序。"仲裁裁决被法院撤销后，当事人可以重新申请仲裁，也可以通过诉讼程序解决纠纷而直接向人民法院起诉。

### 110. 仲裁裁决由谁执行?

仲裁裁决生效后，负有义务的一方当事人未履行其义务，人民法院根据另一方的申请，依法定程序强制当事人履行义务，从而使裁决的内容得以实现。

执行应当具备三个条件：①具有生效的仲裁裁决书；②裁决书确定的必须是作为义务；③一方当事人提出申请，并且该申请是在法定期限内提出的（按照《民事诉讼法》第239条的规定，申请执行的期限为二年）。

人民法院对仲裁裁决的执行管辖包括四方面内容。

（1）级别管辖。根据《最高人民法院关于人民法院执行工作若干问题的规定（试行）》第10条规定，仲裁机构作出的国内仲裁裁决需要执行的，参照各地法院受理案件的级别管辖的规定确定。

（2）地域管辖。根据《最高人民法院关于人民法院执行工作若干问题的规定（试行）》第10条规定，仲裁机构作出的仲裁裁决，由被执行人住所地或者被执行财产所在地基层人民法院执行。仲裁机构作出的涉外仲裁裁决，由被执行人住所地或者被执行财产所在地的中级人民法院执行。

（3）共同管辖。两个以上人民法院都有管辖权的，当事人可以向其中任何一个法院申请执行；当事人向两个以上人民法院申请执行的，由最先立案的人民法院管辖。

（4）指定管辖与管辖权的转移。根据《最高人民法院关于人民法院执行工作若干问题的规定（试行）》第16条和第17条之规定，人民法院之间因执行管辖权发生争议的，由双方协商解决；协商不成的，报请双方共同的上级人民法院指定管辖。基层人民法院与中级人民法院管辖的执行案件，因特殊情况需要由上级人民法院执行的，可以报请上级人民法院执行。这一规定也适用于仲裁裁决的执行。

向人民法院申请执行仲裁裁决，应提交申请执行书及仲裁裁决书，交纳申请执行费，并应尽可能在申请书中一并或单独提供裁决书的履行情况，被申请执行人的财产状况、财产处所、银行账号等情况。

根据《仲裁法》第63条和《民事诉讼法》第237条的规定，被申请人提出证据证明裁决有下列情形之一的，经人民法院组成合议庭审查核实，裁定不予执行。

（1）当事人在合同中没有订立仲裁条款或者事后没有达成书面仲裁协议的。

（2）裁决的事项不属于仲裁协议的范围或者仲裁机构无权仲裁的。对此种情形，《最高人民法院关于适用〈中华人民共和国民事诉讼法〉若干问题的意见》第277条规定，仲裁裁决的事项部分属于仲裁协议的范围，部分超过仲裁协议范围的，对超过部分，人民法院应裁定不予执行，未超过部分仍然应当执行。

（3）仲裁庭的组成或者仲裁的程序违反法定程序的。

（4）裁决所根据的证据是伪造的。

（5）对方当事人向仲裁机构隐瞒了足以影响公正裁决的证据的。

（6）仲裁员在仲裁该案时有贪污受贿，徇私舞弊，枉法裁决行为的。

（7）人民法院认定执行该裁决违背社会公共利益的。

裁定书应当送达双方当事人和仲裁机构。仲裁裁决被人民法院裁定不予执行的，当事人可以根据双方达成的书面仲裁协议重新申请仲裁，也可以向人民法院起诉。

## 十一、法律查询

### 111. 什么是实体法？什么是程序法？

法律繁多庞杂，可以分为实体法和程序法两大类。

所谓实体法，通俗地说，是规定应该怎样做，不应该怎样做的法律，是规范实体权利、义务的。这样说可能不太准确，如果用法言法语来解释，实体法是指规定具体权利义务内容或者法律保护的具体情况的法律，如《刑法》《民法通则》《合同法》《婚姻法》《公司法》等。

那么，权利怎样实现呢？按照《民事诉讼法》的规定，可以起诉。至于怎样起诉，怎样提交诉状等，这都是程序问题。

所谓程序法，通俗地说，就是关于打官司要遵循的方法、步骤的法律，如《民事诉讼法》《刑事诉讼法》《行政诉讼法》等。它规定落实具体实体法所要遵循的程序。

法学术语太抽象，我们举个例子来说明，也许能好理解一些。以人们每天起床穿衣服为例。实体法会这样规定：人们起床后，应该穿衣服，不允许赤身裸体去上街、上班；如果违反这个规定，将要受到处罚。实体法强调的是实体的东西。而程序法则规定穿衣服的步骤和顺序。比如要先穿内衣，后穿外衣，最后穿外罩；先穿袜子后穿鞋，而不能先把棉鞋穿上，然后再穿袜子。穿衣服的程序弄错了，可以脱下来重穿，但打官司把程序弄错了，就保证不了案件质量。程序法强调的是过程和顺序。

### 112. 什么是法律解释？

在法律中，有许多专用名词、术语不易理解，而法律的条文一般又要简明扼要，不能作长篇大论的详细阐述。在适用法律的时候，又会遇到千差万别的情况。因此，往往会发生某个法律条文是否适用和如何适用的问题，这就需要对法律的条文作出准确的解释。

对法律的解释，从不同的角度有不同的划分方法。不管怎样划分，都必须明确只有正式解释才具有法律约束力，而其他的各种解释都是为正确理解法律所作出的解释，都没有法律约束力。

对法律的解释有许多种，一般来说，可以分成两大类。

（1）正式解释，也叫有权解释，它包括立法解释、司法解释和行政解释这三种。这三种解释都有法律效力。

所谓立法解释，是制定该法律的机关所作的解释。这种解释与法律的条文有同样的效力。

所谓司法解释，就是最高人民法院、最高人民检察院对于在司法实践中如何正确适用法律所作的解释，这种解释是指导性的解释，对下级法院和人民检察院具有约束力。

所谓行政解释，就是国家行政机关在依法处理其职权范围内的事务时，对相应的法律所作出的解释。

（2）非正式解释，也叫无权解释，它包括学理解释和任意解释。这两种解释没有法律效力。

所谓学理解释，是指在学术研究和教学实践中，对法律规定所作出的解释。这种解释对法律的适用和法律建设与发展有很大的参考价值，对推动法学的发展有重要作用，但它没有法律效力。例如，人们在报刊上所发表的关于对法律的认识和理解的文章就属于学理解释。

所谓任意解释，就是其他公民和诉讼当事人对法律的理解和解释。

### 113. 报刊书籍对法律的解释是否有效?

报刊书籍上经常有某些人对法律的解释，这些解释属于非正式解释，也叫无权解释，虽然给对人们学习法律带来了方便，为推动法学的发展起到积极作用，但与国家的立法机关和司法机关以及行政机关所作出的正式解释有根本区别。

有人上访时拿着报纸上刊发的文章，对接待人说："你们看看，人家报纸上是这么说的，法院判的和这不一样。"于是就要求法院改判，认为法院判错了。其实，报刊书籍上的文章对法院审判工作没有约束力。法院判案是依照国家的法律规定而不是依照某人在报刊书籍上发表的文章。法院的判决到底错没错，只能拿国家的法律来衡量，而不能拿报刊书籍上某人的文章来衡量。因此，拿着报刊书籍上的文章要求法院改判，这样的做法是不对的，是没有法律根据的。

### 114. 打官司的人应该重点学习哪些法律?

国家的法律有成千上万部，打官司的人不必一一去学习，也没有那么多时间和精力去一一学习，只能选择与自己打官司最直接相关的法律来学习。

首先，要学习有关实体法。例如要离婚，就要学习《婚姻法》以及与此有关的法律规定和司法解释。如果要解决有关继承遗产方面的纠纷，就要学习《继承法》及相关的法律法规和司法解释。如果要解决合同纠纷，就要学习《合同法》及相关的法律规定。如果是打刑事官司，就要学习《刑法》及相关规定等。与此同时，还要学习与这些实体法相关的法律，例如打民事官司，要注意学习《民法通则》以及有关的司法解释等。如果是打刑事官司，除了学习《刑法》以外，还要注意学习有关刑事方面的司法解释和补充规定等。学懂了实体法，对自己打官司到底能不能胜诉心里就有了底。对于还没有提起诉讼的，就应该考虑自己究竟能不能把这场官司打赢，是否有必要向法院提起诉讼等问题。

其次，要学习有关程序法，了解打官司的方法、步骤。如果是打民事官司，要学习《民事诉讼法》及相关法律规定。如果是打刑事官司，要学习《刑事诉讼法》及相关规定。如果是打行政官司，要学习《行政诉讼法》及相关规定。

另外，还应该学习一些其他有关的法律。如学一学《律师法》，这会为自己聘请律师带来方便。还应该向那些打过官司的人请教，特别要注意向那些打过官司而败诉的人请教，他们会有不少教训值得吸取。多学习法律，多吸取他人的经验和教训，对自己打官司是很有帮助的。

只要摸清法律的脉络，学习法律并不难，完全可以自学学懂。即使学习一遍不能理解，还可以学第二遍。既可以从书上学，也可以从网络上学，还可以向他人请教。

### 115. 怎样查询法律规定？

打官司要靠法律，可是法律法规浩如烟海，怎样查寻呢？对此许多人感到十分茫然。他们认为查找有关法律法规如同大海捞针，无从下手。其实只要掌握了查找方法，瞬间即可找到想学习的法律法规。

查找相关法律法规很简单，一般有以下三种方法。

（1）通过网络查询。

这是最好的方法。通过网络查询法律法规方便、快捷，而且又比较准确。通过许多大的网站，如百度等，都可以查到。查到后，可以打印，学习、应用比较方便。

例如，想查找《中华人民共和国刑法》及与其有关的法律规定、司法解释，可以把“中华人民共和国刑法”几个字输入到检索框内，然后搜索，即可马上找到需要的内容。再如，想找到某种犯罪的法律规定或者有关司法解释，比如想找到“贪污罪”的相关规定或者司法解释，可以把“贪污罪”三个字输入到检索框内，然后搜索，即可找到需要的内容。甚至对某些法律问题也可以在检索框内找到答案。例如有的人想离婚，但不知道离婚的条件是什么，就可以把“离婚的条件”几个字输入到检索框内，然后搜索，就可以找到相关答案。

需要注意的是，由于国家的法律法规要根据新情况不断修改、修正，网络上的内容有的更新不及时，所以不能把修改前的已经失效的法律法规拿来使用。还要注意网络上有些文章对法律的解释不正确，所以要查看法律的原文或者多看一看相关内容，不能把某个人对法律的理解和解释当作法律规定来看待。

(2) 从书上查寻。

书店和图书馆里法律书很多，可以到那里去买、去借。从书上查寻尽管没有像从网络上查寻那样方便，但只要掌握好查寻的方法和法律的类别，也是很简单的。从书上怎样查寻呢?

目前，人民法院设立刑事审判庭、民事审判庭、行政审判庭还有执行庭等审判业务部门，根据法院审判机构的设置，我们可以把国家的法律分成若干个部门法律，即可以分成刑事类、民事类、行政类等。从书上查找法律规定，要注意法律的类别。如果要查寻民事方面的法律规定，就不要到刑事类或者行政类的法律规定里面去找。如果想查寻婚姻方面的法律规定，就应该在民事类里关于婚姻方面的法律规定里找，而不要到民事类当中的继承、收养、损害赔偿、著作权等其他方面的法律规定里面去找。

(3) 向他人咨询。

可以向亲戚、朋友咨询，可以到律师事务所找律师咨询、了解，请他们帮助解答或者帮助查寻法律规定。

查询法律规定要特别注意法律的更新。国家法律不断在修订、补充，有新的法律颁布以后过时的法律就要被废止，已经废止的法律、被修订或修改前的法律就不能再适用了。

## 十二、法律文书

对于打官司的人来说，了解法律文书常识是很必要的，特别是对于如何写起诉状、答辩状、上诉状、申请再审书、刑事附带民事起诉状、刑事附带民事答辩状、辩护词、代理词等一些常用的民用法律文书应该有所了解，并且会书写制作。对常用的民用法律文书，我们在本书的相关内容里介绍了一些实例，供读者在制作法律文书时参考。

### 116. 什么是法律文书?

法律文书这个概念很大，含义很广，是指一切依法制作和使用的具有法律效力或法律意义的文书。

诉讼文书，就是在打官司当中所制作和使用的文书，它的概念外延比法律文书小。

司法文书，是单指国家司法机关处理诉讼案件时，依法制作的具有法律效力或法律意义的公文的总称。它只能由国家司法机关制作，即由法院、检察院和公安、安全机关在依法办理诉讼案件的过程中制作的各种文书。

法院诉讼文书，是指法院在处理诉讼案件时，依法制作和使用的具有法律效力和法律意义的公文的总称。它包括两类文书，一是法院制作的司法文书，二是诉讼参与人向法院提交或出具的诉讼文书。

民用法律文书，是指民众在打官司时，作为诉讼参与人向司法机关递交的法律文书和在日常生活、生产、经营、学习中所制作和使用的具有法律意义的文书。民用法律文书分两类：一类是在打官司当中所制作和使用的诉讼文书，例如起诉状、上诉状、申诉书等；还有一类是民众在生产、生活、学习、经营中制作和使用的具有法律意义的文书和书面凭证，例如合同、协议、遗嘱等。

### 117. 诉讼文书有固定格式吗?

各种诉讼文书的格式是由最高人民法院规定的。由于各种文书的名称不同、用途不同，它们的结构、格式也不完全相同。但从宏观上看，一切法律文书的结构都可以分三部分，即首部、正文、尾部。

首部一般包括文书名称、当事人的基本情况等。

正文一般要写明本文书的主要内容，如有关情况、事实、理由、要求等。

尾部要由制作和使用者签名盖章，标明日期，如有必要，附注说明。

由于法律文书是一种非常严肃的特殊文书，所以它要求使用的语言文字要准确，不能使用模棱两可、容易产生歧义的词句，不能使用拟人、夸张、歇后语等修辞方法，也不能使用带有挖苦、侮辱、污蔑、刺激性的语言，要摆事实，讲道理，以理、以法服人，所讲的事实要有证据和法律依据。

### 118. 打官司常用的法律文书有哪些?

打官司离不开诉讼文书。在常见的刑事诉讼文书当中，民用诉讼文书主要有刑事附带民事起诉状、刑事附带民事答辩状、自诉状、辩护词、上诉状、申诉书等。在民事诉讼和行政诉讼中，民用的诉讼文书主要有起诉状、答辩状、上诉状、申请再审书、申诉书、执行申请书、先予执行申请书、财产保全申请书、代理词等。

诉讼文书必须按照最高人民法院规定的格式来书写，不能丢掉主要内容。对于常见的诉讼文书实例，在本书的有关部分中有详细介绍。

书写诉讼文书时要注意以下几点：

(1) 要注意诉讼文书的格式，要做到格式正确，把规定的事项写全面，还要符合诉讼程序的要求和法律的规定；

(2) 要把事实叙述清楚，把要请求的事项写明，且文字通顺，说理充分，文字不要太多，防止让无关紧要的内容淹没了或者冲淡了主要内容；

(3) 用词要准确，要使用通俗易懂的词语，此外，不能使用一些人身攻击性质的语言；

(4) 要有法可依，提出的主张要写明法律依据。

# 第二章　刑　　事

## 一、打刑事官司基本常识

### 119. 打刑事官司是否要交诉讼费？

2006年12月19日国务院发布的《诉讼费用交纳办法》第2条规定："当事人进行民事诉讼、行政诉讼，应当依照本办法交纳诉讼费用。"所以，当事人打刑事官司，不需要交纳诉讼费。法院也不会向当事人收取诉讼费。这是因为司法机关处理刑事案件是维护社会秩序，保护国家安定的重要手段，不能判处谁的刑罚，就由被判刑的人交纳诉讼费。当然，刑事案件的被告人由于犯罪行为给被害人造成的经济损失，按照国家法律规定，应当赔偿被害人，这不属于交纳诉讼费。所以，不管是向人民法院提起自诉的刑事案件，还是当事人上诉的刑事案件，人民法院都不收取诉讼费。刑事附带民事诉讼部分尽管解决的是民事赔偿问题，但它毕竟还是刑事案件，因此，刑事附带民事诉讼的原告人提起附带民事诉讼不需要交诉讼费。

### 120. 怎样拘留？怎样逮捕？

这里的拘留是指刑事拘留，即公安机关或人民检察院在刑事案件侦查中，对现行犯或重大犯罪嫌疑分子暂时采取的强制措施。

根据《刑事诉讼法》第80条至第84条的规定，公安机关对于现行犯或者重大嫌疑分子，如果有下列情形之一的，可以先行拘留：①正在预备犯罪、实行犯罪或者在犯罪后即时被发觉的；②被害人或者在场亲眼看见的人指认他犯罪的；③在身边或者住处发现有犯罪证据的；④犯罪后企图自杀、逃跑或者在逃的；⑤有毁灭、伪造证据或者串供可能的；⑥不讲真实姓名、住址，身份不明的；⑦有流窜作案、多次作案、结伙作案重大嫌疑的。

公安机关在异地执行拘留的时候，应当通知被拘留人所在地的公安机关，被拘留人所在地的公安机关应当予以配合。

对于有下列情形的人，任何公民都可以立即扭送公安机关、人民检察院或者人民法院处理：①正在实行犯罪或者在犯罪后即时被发觉的；②通缉在案的；③越狱逃跑的；④正在被追捕的。

公安机关拘留人的时候，必须出示拘留证。拘留后，应当立即将被拘留人送看守所羁押，至迟不得超过 24 小时。除无法通知或者涉嫌危害国家安全犯罪、恐怖活动犯罪通知可能有碍侦查的情形以外，应当在拘留后 24 小时以内，通知被拘留人的家属。有碍侦查的情形消失以后，应当立即通知被拘留人的家属。

公安机关对被拘留的人，应当在拘留后的 24 小时以内进行讯问。在发现不应当拘留的时候，必须立即释放，发给释放证明。

逮捕，是指公、检、法三机关，为了防止犯罪嫌疑人或者被告人实施妨碍刑事诉讼的行为，逃避侦查、起诉、审判或者发生社会危险性，而依法暂时剥夺其人身自由的一种强制措施。

根据《刑事诉讼法》第 78 条、第 79 条和第 85 条至第 93 条的规定，逮捕犯罪嫌疑人、被告人，必须经过人民检察院批准或者人民法院决定，由公安机关执行。对有证据证明有犯罪事实，可能判处徒刑以上刑罚的犯罪嫌疑人、被告人，采取取保候审尚不足以防止发生下列社会危险性的，应当予以逮捕：①可能实施新的犯罪的；②有危害国家安全、公共安全或者社会秩序的现实危险的；③可能毁灭、伪造证据，干扰证人作证或者串供的；④可能对被害人、举报人、控告人实施打击报复的；⑤企图自杀或者逃跑的。

对有证据证明有犯罪事实，可能判处 10 年有期徒刑以上刑罚的，或者有证据证明有犯罪事实，可能判处徒刑以上刑罚，曾经故意犯罪或者身份不明的，应当予以逮捕。被取保候审、监视居住的犯罪嫌疑人、被告人违反取保候审、监视居住规定，情节严重的，可以予以逮捕。

公安机关在异地执行逮捕的时候，应当通知被逮捕人所在地的公安机关，被逮捕人所在地的公安机关应当予以配合。

公安机关要求逮捕犯罪嫌疑人的时候，应当写出提请批准逮捕书，连同案卷材料、证据，一并移送同级人民检察院审查批准。必要的时候，人民检察院可以派人参加公安机关对于重大案件的讨论。人民检察院审查批准逮捕，可以讯问犯罪嫌疑人；有下列情形之一的，应当讯问犯罪嫌疑人：①对是否符合逮捕条件有疑问的；②犯罪嫌疑人要求向检察人员当面陈述的；③侦查活动可能有重大违法行为的。人民检察院审查批准逮捕，可以询问证人等诉讼参与人，听取辩护律师的意见；辩护律师提出要求的，应当听取辩护律师的意见。

人民检察院审查批准逮捕犯罪嫌疑人由检察长决定。重大案件应当提交检察委员会讨论决定。人民检察院对于公安机关提请批准逮捕的案件进行审查后，应当根据情况分别作出批准逮捕或者不批准逮捕的决定。对于批准逮捕的决定，公安机关应当立即执行，并且将执行情况及时通知人民检察院。对于不批准逮捕的，人民检察院应当说明理由，需要补充侦查的，应当同时通知公安机关。

公安机关对被拘留的人，认为需要逮捕的，应当在拘留后的三日以内，提请人民检察院审查批准。在特殊情况下，提请审查批准的时间可以延长一日至四日。

对于流窜作案、多次作案、结伙作案的重大嫌疑分子，提请审查批准的时间可以延长至30日。

人民检察院应当自接到公安机关提请批准逮捕书后的7日以内，作出批准逮捕或者不批准逮捕的决定。人民检察院不批准逮捕的，公安机关应当在接到通知后立即释放，并且将执行情况及时通知人民检察院。对于需要继续侦查，并且符合取保候审、监视居住条件的，依法取保候审或者监视居住。

公安机关对人民检察院不批准逮捕的决定，认为有错误的时候，可以要求复议，但是必须将被拘留的人立即释放。如果意见不被接受，可以向上一级人民检察院提请复核。上级人民检察院应当立即复核，作出是否变更的决定，通知下级人民检察院和公安机关执行。

公安机关逮捕人的时候，必须出示逮捕证。逮捕后，应当立即将被逮捕人送看守所羁押。除无法通知的以外，应当在逮捕后24小时以内，通知被逮捕人的家属。人民法院、人民检察院对于各自决定逮捕的人，公安机关对于经人民检察院批准逮捕的人，都必须在逮捕后的24小时以内进行讯问。在发现不应当逮捕的时候，必须立即释放，发给释放证明。犯罪嫌疑人、被告人被逮捕后，人民检察院仍应当对羁押的必要性进行审查。对不需要继续羁押的，应当建议予以释放或者变更强制措施。有关机关应当在十日以内将处理情况通知人民检察院。人民法院、人民检察院和公安机关如果发现对犯罪嫌疑人、被告人采取强制措施不当的，应当及时撤销或者变更。公安机关释放被逮捕的人或者变更逮捕措施的，应当通知原批准的人民检察院。

### 121. 侦查羁押的期限是多长？

《刑事诉讼法》对侦查、起诉、审判等不同的诉讼阶段，都明确规定出具体的时间要求。

《刑事诉讼法》第84条规定，公安机关对于被拘留的人，应当在拘留后的 24 小时以内进行讯问。在发现不应当拘留的时候，必须立即释放，发给释放证明。对需要逮捕而证据还不充足的，可以采取取保候审或者监视居住。根据《刑事诉讼法》第 77 条规定，取保候审最长不得超过 12 个月，监视居住最长不得超过 6 个月。

《刑事诉讼法》第 89 条规定，公安机关对被拘留的人，认为需要逮捕的，应当在拘留后的 3 日以内，提请人民检察院审查批准。在特殊情况下，提请审查批准的时间可以延长 1 日至 4 日。对于流窜作案、多次作案、结伙作案的重大嫌疑分子，提请审查批准的时间可以延长至 30 日。

人民检察院应当自接到公安机关提请批准逮捕书后的 7 日内，作出批准逮捕或者不批准逮捕的决定。人民检察院不批准逮捕的，公安机关应当在接到通知后立即释放，并且将执行情况及时通知人民检察院。对需要继续侦查，并且符合取保候审、监视居住条件的，依法取保候审或者监视居住。不管是人民法院、人民检察院各自决定逮捕的人，还是公安机关对于经过人民检察院批准逮捕的人，都必须在逮捕后的 24 小时以内进行讯问。在发现不应当逮捕的时候，必须立即释放，发给释放证明。

《刑事诉讼法》第 154 条规定，对犯罪嫌疑人逮捕后的侦查羁押期限不得超过两个月。案情复杂、期限届满不能终结的案件，可以经上一级人民检察院批准延长一个月。

对于交通十分不便的边远地区的重大复杂案件、重大的犯罪集团案件、流窜作案的重大复杂案件还有犯罪涉及面广，取证困难的重大复杂案件，可以经过省、自治区、直辖市人民检察院批准或者决定，延长两个月；对犯罪嫌疑人可能判处 10 年有期徒刑以上刑罚，延长两个月后仍然不能侦查终结的，经过省、自治区、直辖市人民检察院批准或者决定，可以再延长两个月。因为特殊原因，在较长时间内不宜交付审判的特别重大复杂案件，则需要由最高人民检察院报请全国人民代表大会常务委员会批准延期审理。在侦查期间，如果发现犯罪嫌疑人另有重要罪行的，自发现之日起，重新计算侦查羁押期限。

《刑事诉讼法》第 117 条规定，对于采取传唤、拘传措施的，持续的时间最长不得超过 12 小时，不得以连续传唤、拘传的形式变相拘禁犯罪嫌疑人。对于案情特别重大、复杂，需要采取拘留、逮捕措施的，传唤、拘传持续的时间不得超过 24 小时。传唤、拘传犯罪嫌疑人，应当保证犯罪嫌疑人的饮食和必要的休息时间。

根据 2012 年 12 月 27 日《公安机关办理刑事案件程序规定》第 126 规定，犯罪嫌疑人不讲真实姓名、住址，身份不明的，应当对其身份进行调查。经过县级以上公安机关负责人批准，拘留期限自查清其身份之日起计算，但不得停止对其犯罪行为的侦查取证。对于犯罪事实清楚，证据确实、充分，确实无法查明其身份的，对于符合逮捕条件的犯罪嫌疑人也可以按其自报的姓名提请批准逮捕。

### 122. 什么是取保候审？

取保候审，是指人民法院、人民检察院和公安机关，根据案件的具体情况，对于具备取保候审条件的犯罪嫌疑人、被告人，责令其提供保证人，由保证人出具担保书，保证其不逃避侦查和审判，或者交纳保证金，保证随传随到的一种强制方法。

根据《刑事诉讼法》第65条至第71条和第77条的规定，人民法院、人民检察院和公安机关对有下列情形之一的犯罪嫌疑人、被告人，可以取保候审：①可能判处管制、拘役或者独立适用附加刑的；②可能判处有期徒刑以上刑罚，采取取保候审不致发生社会危险性的；③患有严重疾病、生活不能自理，怀孕或者正在哺乳自己婴儿的妇女，采取取保候审不致发生社会危险性的；④羁押期限届满，案件尚未办结，需要采取取保候审的。取保候审由公安机关执行。

人民法院、人民检察院和公安机关决定对犯罪嫌疑人、被告人取保候审，应当责令犯罪嫌疑人、被告人提出保证人或者交纳保证金。保证人必须符合下列条件：①与本案无牵连；②有能力履行保证义务；③享有政治权利，人身自由未受到限制；④有固定的住处和收入。

被取保候审的犯罪嫌疑人、被告人应当遵守以下规定：①未经执行机关批准不得离开所居住的市、县；②住址、工作单位和联系方式发生变动的，在24小时以内向执行机关报告；③在传讯的时候及时到案；④不得以任何形式干扰证人作证；⑤不得毁灭、伪造证据或者串供。

人民法院、人民检察院和公安机关可以根据案件情况，责令被取保候审的犯罪嫌疑人、被告人遵守以下一项或者多项规定：①不得进入特定的场所；②不得与特定的人员会见或者通信；③不得从事特定的活动；④将护照等出入境证件、驾驶证件交执行机关保存。

被取保候审的犯罪嫌疑人、被告人违反前两款规定，已交纳保证金的，没收部分或者全部保证金，并且区别情形，责令犯罪嫌疑人、被告人具结悔过，重新交纳保证金、提出保证人，或者监视居住、予以逮捕。

对违反取保候审规定，需要予以逮捕的，可以对犯罪嫌疑人、被告人先行拘留。

保证人应当履行以下义务：①监督被保证人遵守上述的规定；②发现被保证人可能发生或者已经发生违反上述规定的行为的，应当及时向执行机关报告。被保证人有违反上述规定的行为，保证人未履行保证义务的，对保证人处以罚款，构成犯罪的，依法追究刑事责任。

取保候审的决定机关应当综合考虑保证诉讼活动正常进行的需要，被取保候审人的社会危险性，案件的性质、情节，可能判处刑罚的轻重，被取保候审人的经济状况等情况，确定保证金的数额。提供保证金的人应当将保证金存入执行机关指定银行的专门账户。

犯罪嫌疑人、被告人在取保候审期间未违反上述有关规定的，取保候审结束时，凭解除取保候审通知或者有关法律文书到银行领取退还的保证金。

根据《刑事诉讼法》第 77 条的规定，人民法院、人民检察院和公安机关对犯罪嫌疑人、被告人取保候审最长不得超过 12 个月。在取保候审期间，不得中断对案件的侦查、起诉和审理。对于发现不应当追究刑事责任或者取保候审期限届满的，应当及时解除取保候审。解除取保候审应当及时通知被取保候审、监视居住人和有关单位。

### 123. 什么是监视居住？

监视居住，是指人民法院、人民检察院、公安机关在刑事诉讼中限令犯罪嫌疑人、被告人在规定的期限内，不得离开住处或者指定的居所，并对其行为加以监视、限制其人身自由的一种强制措施。

根据《刑事诉讼法》第 72 条至第 77 条的规定，人民法院、人民检察院和公安机关对符合逮捕条件，有下列情形之一的犯罪嫌疑人、被告人，可以监视居住：①患有严重疾病、生活不能自理的；②怀孕或者正在哺乳自己婴儿的妇女；③系生活不能自理的人的唯一扶养人；④因为案件的特殊情况或者办理案件的需要，采取监视居住措施更为适宜的；⑤羁押期限届满，案件尚未办结，需要采取监视居住措施的。对符合取保候审条件，但犯罪嫌疑人、被告人不能提出保证人，也不交纳保证金的，可以监视居住。监视居住由公安机关执行。

监视居住应当在犯罪嫌疑人、被告人的住处执行；无固定住处的，可以在指定的居所执行。对于涉嫌危害国家安全犯罪、恐怖活动犯罪、特别重大贿赂犯罪，在住处执行可能有碍侦查的，经上一级人民检察院或者公安机关批准，也可以在指定的居所执行。但是，不得在羁押场所、专门的办案场所执行。指定居所监视居住的，除无法通知的以外，应当在执行监视居住后 24 小时以内，通知被监视居住人的家属。被监视居住的犯罪嫌疑人、被告人可以依法委托辩护人。人民检察院对指定居所监视居住的决定和执行是否合法实行监督。

指定居所监视居住的期限应当折抵刑期。被判处管制的，监视居住一日折抵刑期一日；被判处拘役、有期徒刑的，监视居住二日折抵刑期一日。

被监视居住的犯罪嫌疑人、被告人应当遵守以下规定：①未经执行机关批准不得离开执行监视居住的处所；②未经执行机关批准不得会见他人或者通信；③在传讯的时候及时到案；④不得以任何形式干扰证人作证；⑤不得毁灭、伪造证据或者串供；⑥将护照等出入境证件、身份证件、驾驶证件交执行机关保存。

被监视居住的犯罪嫌疑人、被告人违反前款规定，情节严重的，可以予以逮捕；需要予以逮捕的，可以对犯罪嫌疑人、被告人先行拘留。执行机关对被监视居住的犯罪嫌疑人、被告人，可以采取电子监控、不定期检查等监视方法对其遵守监视居住规定的情况进行监督；在侦查期间，可以对被监视居住的犯罪嫌疑人的通信进行监控。

人民法院、人民检察院和公安机关对犯罪嫌疑人、被告人监视居住最长不得超过6个月。在监视居住期间，不得中断对案件的侦查、起诉和审理。对于发现不应当追究刑事责任或者监视居住期限届满的，应当及时解除监视居住。解除监视居住，应当及时通知被监视居住人和有关单位。

### 124. 什么是犯罪嫌疑人？

犯罪嫌疑人是在侦查阶段和提起公诉阶段之前对行为人的称呼。检察院作为原告提起公诉，被起诉的人就叫被告人，这与法理原则相符。只有在判决有罪以后，才能称“罪犯”或者“犯罪人”。

我国《刑事诉讼法》第12条规定，“未经人民法院依法判决，对任何人都不得确定有罪。”所以，在法院判决之前，即使是对当场抓获的杀人犯，也都一律统称为犯罪嫌疑人。在法院没有确定行为人有罪或无罪以前，一概认定行为人无罪。

### 125. 什么叫被告人？

根据《刑事诉讼法》的规定，在刑事诉讼中，被公诉机关指控涉嫌犯罪的人，或者是在刑事自诉案件中，被自诉人指控犯罪的人，或者是在刑事附带民事诉讼中，被提起附带民事诉讼应当承担赔偿责任的人，称作“被告人”。也就是说，只有在刑事案件中才有“被告人”的称谓。

根据《民事诉讼法》和《行政诉讼法》的规定，在民事和行政诉讼案件中，到法院提起诉讼从而引起诉讼发生的一方称为“原告”，对方当事人称作“被告”。

### 126. 犯罪嫌疑人与被告人有什么区别?

犯罪嫌疑人和被告人是同一个人，是在不同诉讼阶段的不同称谓。

犯罪嫌疑人，是公诉案件在侦查和审查起诉阶段，对涉嫌犯罪的当事人的法律上的称谓。被告人，是在被提起公诉或者自诉以后对涉嫌犯罪的当事人的法律上的称谓。

犯罪嫌疑人和被告人的区分是以人民检察院或者自诉人正式向人民法院提起公诉或者自诉为分界线。但要注意的是，在刑事自诉案件中，没有犯罪嫌疑人的称谓。

### 127. 犯罪嫌疑人、被告人承担证明责任吗?

所谓证明责任，是指司法机关所负有的收集并运用证据查清、阐明和认定案件事实的责任。在刑事诉讼中，公、检、法等机关是证明责任的主体。《刑事诉讼法》第50条规定：“审判人员、检察人员、侦查人员必须依照法定程序，收集能够证实犯罪嫌疑人、被告人有罪或无罪、犯罪情节轻重的各种证据。”

公、检、法等机关在刑事诉讼中分别代表国家行使侦查权、检察权和审判权。收集证据、揭露犯罪、证实犯罪，是法律赋予它们的职责。它们不能将自己所承担的证明责任转移到犯罪嫌疑人、被告人身上，令其自证其罪。

犯罪嫌疑人、被告人有权为自己辩护，但无义务证明自己有罪或无罪。司法人员绝不能因为犯罪嫌疑人、被告人不能证明自己无罪，便据此得出其有罪的结论。但是，作为犯罪嫌疑人、被告人不承担证明责任的唯一例外是“巨额财产来源不明罪”的案件。《刑法》第395条规定，国家工作人员的财产或支出明显超过合法收入，差额巨大的，可以责令其说明来源。本人不能说明来源是合法的，差额部分以非法所得论。这说明犯罪嫌疑人本人负有说明差额部分的财产来源合法的证明责任，在证据理论上这称为证明责任倒置。但这并不说明控方对此案可以不负证明责任。正相反，此案最初的证据收集及负责举证的主体仍然是司法机关，具体地说是检察院。

总之，除此罪名之外，作为犯罪嫌疑人、被告人不论在公诉案件中还是自诉案件中，均不承担证明自己有罪或无罪的证明责任。

## 128. 犯罪嫌疑人、被告人委托律师应具备哪些条件?

根据我国《律师法》及《刑事诉讼法》的规定，律师只有接受委托或者指定，才能担任刑事案件犯罪嫌疑人或者被告人的辩护人，但委托或者指定必须具备以下条件。

(1) 犯罪嫌疑人自被侦查机关第一次讯问或者采取强制措施之日起，有权委托辩护人；在侦查期间，只能委托律师作为辩护人。被告人有权随时委托辩护人。

(2) 委托人必须具备法定条件。根据我国有关法律规定，有权委托或者指定律师作为辩护人为犯罪嫌疑人或者被告人进行辩护的人有五类。①犯罪嫌疑人、被告人本人。如果犯罪嫌疑人或者被告人没被采取限制人身自由的措施，可以亲自到律师事务所办理委托手续，委托律师作为辩护人。②犯罪嫌疑人、被告人的法定代理人。③犯罪嫌疑人、被告人的近亲属征得犯罪嫌疑人、被告人同意，可以为其聘请。④其他公民代为委托。当犯罪嫌疑人、被告人没有法定代理人和其他近亲属，或者他们不在本地，犯罪嫌疑人又无法自行委托时，犯罪嫌疑人、被告人的其他亲属或者朋友也可以为犯罪嫌疑人、被告人委托辩护律师，但代办委托的人必须持有委托人签名的代办委托书或者相关信件。⑤人民法院指定。

(3) 委托人没有对律师提出非法要求。如果要求律师违背自己的责任、实施违背律师职业道德和执业纪律的行为，比如要求律师帮助自己行贿或者介绍贿赂，律师应对其进行教育，拒绝非法要求。

## 129. 什么叫辩护人?

辩护人，是指在刑事诉讼中，受犯罪嫌疑人、被告人及其家属的委托，或者受人民法院的指定，在法庭上从事实和法律方面为被告人进行辩护的人。

根据《刑事诉讼法》的规定，犯罪嫌疑人、被告人除了自己行使辩护权以外，还可以委托一至二人作为辩护人，在法庭上帮助自己辩护。

辩护人的责任是：根据事实和法律，提出证明犯罪嫌疑人、被告人无罪、罪轻或者应该减轻、免除其刑事责任的材料和意见，维护犯罪嫌疑人、被告人的合法权益。

根据《刑事诉讼法》第33条规定，犯罪嫌疑人自被侦查机关第一次讯问或者采取强制措施之日起，有权委托辩护人；在侦查期间，只能委托律师作为辩护人。被告人有权随时委托辩护人。根据《刑事诉讼法》第43条规定，在审判过程中，被告人可以拒绝辩护人继续为其辩护，也可以另行委托辩护人辩护。

### 130. 可以委托律师以外的人当辩护人吗?

可以。《刑事诉讼法》第32条规定:"犯罪嫌疑人、被告人除自己行使辩护权以外,还可以委托一至二人作为辩护人。下列的人可以被委托为辩护人:(一)律师;(二)人民团体或者犯罪嫌疑人、被告人所在单位推荐的人;(三)犯罪嫌疑人、被告人的监护人、亲友。正在被执行刑罚或者依法被剥夺、限制人身自由的人,不得担任辩护人。"这里的"亲友"范围相当大,包括亲戚和朋友。

根据最高人民法院《关于适用〈中华人民共和国刑事诉讼法〉的解释》第35条第2款和第3款的规定,下列人员不得担任辩护人:一是正在被执行刑罚或者处于缓刑、假释考验期间的人;二是依法被剥夺、限制人身自由的人;三是无行为能力或者限制行为能力的人;四是人民法院、人民检察院、公安机关、国家安全机关、监狱的现职人员;五是人民陪审员;六是与本案审理结果有利害关系的人;七是外国人或者是无国籍人。前述的第四项至第七项规定人员,如果是被告人的监护人、近亲属,由被告人委托担任辩护人的,可以允许。

实践中,委托律师作为辩护人为被告人进行辩护,是一种比较常见的做法,但不等于其他人不能作为辩护人。相比较来看,委托律师作为辩护人,在享有诉讼权利方面内容更加广泛,便于委托人了解案件情况,及时调查取证,在诉讼中维护当事人的合法权益。但委托其他人作为辩护人也不是无可取之处。被委托的公民,或者是当事人的近亲属,或者是当事人所在单位或者社会团体推荐的人,或者是当事人的其他亲友,这些人在情感上与当事人更加贴近,往往更能尽心尽力地履行代理责任、辩护责任,不足之处是其在享有诉讼权利方面受限较多。

综合上述情况,当事人可以根据自己所面临的案件的工作量大小及其复杂程度,决定委托律师辩护还是委托其他人辩护。在一般情况下,如果案件复杂,工作量大,特别是涉及罪与非罪的问题,需要全面阅卷、调查取证、申请鉴定等情况,最好委托律师辩护;如果案件事实比较简单、清楚,不需要做大量阅卷、调查工作,可以考虑委托其他人辩护。委托律师以外的公民代理诉讼的,原则上不应收费。或者是委托两名辩护人,其中一名是律师,另一名是律师以外的法律所允许的其他公民。

## 131. 刑事证据有哪些？

根据《刑事诉讼法》第48条规定，刑事证据包括以下八种（不管哪一种，都必须经过查证属实，没有任何疑点的才能作为定案的根据）：

（1）物证；

（2）书证；

（3）证人证言；

（4）被害人陈述；

（5）犯罪嫌疑人、被告人供述和辩解；

（6）鉴定意见；

（7）勘验、检查、辨认、侦查实验等笔录；

（8）视听资料、电子数据。

## 132. 刑事案件谁负举证责任？

根据《刑事诉讼法》第49条规定，不同的案件举证责任不同。公诉案件中被告人有罪的举证责任由人民检察院承担。如果对被告人说："你说你无罪，你拿出证据来！"让被告人拿出证据证明自己无罪，否则就要认定其有罪，这种说法是胡说八道，没有法律根据。自诉案件中被告人有罪的举证责任由自诉人承担。

（1）对于公诉案件来说，由于个人没有举证的责任，因此，个人收集的证据因为不能作为定案的依据而无效。检察院提出的证据，必须是严格按照法定程序收集的，如果不按规定程序，违法收集的证据也无效。

（2）对于自诉案件来说，个人收集的证据有效。自诉案件是一种特殊的刑事案件，它不经公安机关和检察机关，而是由自诉人直接向法院起诉。不管是自诉人起诉还是被告人反诉，都必须要有充分的证据。当然，这不能取代法院在审理自诉案件时应该进行的调查和收集证据工作。

## 133. 在刑事案件中，个人调查取证有效吗？

刑事案件分为公诉与自诉两种，对不同的案件，法律有不同规定。按照《刑事诉讼法》的规定，公诉刑事案件的取证不能由公民个人私下进行。司法机关进行刑事诉讼活动，虽然必须依靠群众，但不是由群众代替司法人员办案。了解案情的公民只有在司法机关的同意下，才能协助参加一些调查工作。律师是国家的法律工作者，辩护律师可以依法进行调查取证工作。刑事案件的诉讼代理人也可以依法了解案情，收集、调取与本案有关的材料，但如果他们不具备律师身份，他们了解案情的收集证据活动应事先经检法两院的准许后方可进行。

自诉案件则不同，刑事自诉案件由法院直接受理，并且大多是轻微的刑事案件，所以举证责任由自诉人承担。此时，控方个人可以调查取证并向法庭举证。如果控方没有证据或证据不充分，将面临法院驳回起诉或承受指控不成立的后果。

### 134. 讯问笔录未给犯罪嫌疑人核对能作为证据吗？

能不能作为证据使用要看法律规定。《刑事诉讼法》第 120 条规定：“讯问笔录应当交犯罪嫌疑人核对，对于没有阅读能力的，应当向他宣读。如果记载有遗漏或者差错，犯罪嫌疑人可以提出补充或者改正。犯罪嫌疑人承认笔录没错误后，应当签名或者盖章。侦查人员也应当在笔录上签名。”可见，法律对讯问笔录的制作是有着严格要求的。

目前，有时讯问犯罪嫌疑人时，需要录音、录像。但法律并没有规定带有录音、录像的讯问笔录，可以不交犯罪嫌疑人核对而直接作为定案的证据使用。

### 135. 对证据不足的刑事案件应如何处理？

在刑事诉讼中，认定被告人有罪必须达到事实清楚、证据确实充分的证明要求。如果没有确实、充分的证据，就不能认定被告人有罪并处以刑罚，而应当作出有利于被告人的处理——即疑罪从无，对其宣告无罪。

我国《刑事诉讼法》已明确了疑罪从无的处理原则。如该法第 171 条第 4 款、第 195 条第（3）项分别规定：“对于二次补充侦查的案件，人民检察院仍然认为证据不足，不符合起诉条件的，应当作出不起诉的决定。”“证据不足，不能认定被告人有罪的，应当作出证据不足、指控的犯罪不能成立的无罪判决。”

据此可知，对那些在司法实践中，由于条件的限制或出于各种主、客观原因，不可能查得水落石出或一时难以查清的案件，则均可依法按疑罪从无的法定原则处理。

疑罪从无，不追诉是有条件的，只是因为证据不足。如果控方收集并掌握了新的确实、充分的证据时，可以随时向法院起诉，法院亦可以随时依法作出有罪判决。

### 136. 对证据不足的自诉案件可以驳回起诉吗？

刑事案件分公诉与自诉两种。我国实行的起诉原则是：公诉与自诉并存，以公诉为主，以自诉为辅。不论是公诉案件还是自诉案件，均由控方承担举证责任。所以，自诉人作为自诉案件的控方，应向法庭承担提出证据证明被告人犯罪事实存在的责任。

《刑事诉讼法》第 205 条规定："人民法院对于自诉案件进行审查后，按照下列情形分别处理：①犯罪事实清楚，有足够证据的案件，应当开庭审判；②缺乏罪证的自诉案件，如果自诉人提不出补充的证据，应当说服自诉人撤回自诉，或者裁定驳回。"

自诉人经说服撤回起诉或者被驳回起诉后，又提出了新的足以证明被告人有罪的证据，再次提起自诉的，人民法院应当受理。

当然，人民法院受理自诉案件后，对于当事人因客观原因不能取得并提供有关证据而申请人民法院调取证据，人民法院认为必要的，可以依法调取。

### 137. 什么是补充侦查？

补充侦查，是指公安机关或者人民检察院依照法定程序，在原有侦查工作的基础上，就案件中的部分事实、情况，重新进行侦查的诉讼活动。

根据《刑事诉讼法》第 88 条、第 171 条和第 198 条第（2）项的规定，补充侦查在程序上有三种。

一是审查批捕时的补充侦查。人民检察院对于公安机关提请批准逮捕的案件审查后，对于不批准逮捕的，应当说明理由，需要补充侦查的应当同时通知公安机关。

二是审查起诉时的补充侦查。人民检察院审查案件，对于需要补充侦查的，可以退回公安机关补充侦查，也可以自行侦查。补充侦查应在 1 个月内完毕，补充侦查以二次为限。

三是法庭审理时的补充侦查。在法庭审判过程中，检察人员发现提起公诉的案件需要补充侦查的，可以提出建议，人民法院可以决定延期。对于因补充侦查而延期审理的案件，人民检察院应当在 1 个月内补充侦查完毕。

### 138. 非法证据可以作为定罪的根据吗？

不可以。所谓非法证据，是指以非法的手段和法律所禁止的方法收集、获取的证据。在刑事诉讼中，证据是认定犯罪嫌疑人涉案的原始依据，也是认定其犯罪的最终依据。证据不仅要客观、真实，而且收集证据还要符合法律的程序要求，即由合法的主体、依合法的程序、用合法的方法获取才具有证明力。对这个问题《刑事诉讼法》第50条有明确规定，即："审判人员、检察人员、侦查人员必须依照法定程序，收集能够证实犯罪嫌疑人、被告人有罪或无罪、犯罪情节轻重的各种证据。严禁刑讯逼供和以威胁、引诱、欺骗以及其他非法的方法收集证据。"实践证明，一些冤、假、错案与非法证据的使用有直接的关系。出现错案，不仅损害当事人的合法权益，也降低了法律的尊严与威信。

## 139. 打刑事官司的人应该重点学习哪些法律？

首先，要学习有关实体法。例如要学习《刑法》以及与此有关的法律规定和司法解释。其次，要学习有关程序法，了解打官司的方法、步骤。如要学习《刑事诉讼法》和最高人民法院《关于适用〈中华人民共和国刑事诉讼法〉的解释》及相关法律规定。还可以学习其他一些有关的法律。如学一学《律师法》，这会为自己聘请律师带来方便。还应该向那些打过官司的人请教，特别要注意向那些打过刑事官司的人请教，他们会有不少经验教训值得吸取。多学习法律，多吸取他人的经验和教训，对自己打官司是很有帮助的。

## 140. 打刑事官司常用的法律文书有哪些？

打官司离不开诉讼文书。在常见的刑事诉讼文书当中，民用诉讼文书主要有刑事附带民事起诉状、刑事附带民事答辩状、自诉状、辩护词、上诉状、申诉书等。

关于诉讼文书的格式，最高人民法院有统一规定，写诉讼文书必须按照最高人民法院规定的格式来书写，不能丢掉主要内容。对于常见的诉讼文书实例，在本书的有关部分中有详细介绍。

书写诉讼文书时要注意以下几点：

第一要注意诉讼文书的格式，要做到格式正确，要把规定的事项写全面，还要符合诉讼程序的要求和法律的规定；

第二要把事实叙述清楚，把要请求的事项写明，且文字通顺，说理充分，文字不要太多，防止让无关紧要的内容淹没了或者冲淡了主要内容；

第三，用词要准确，要使用通俗易懂的词语，此外，不能使用一些人身攻击性质的语言；

第四，要有法可依，提出的主张要写明法律依据，所述事实要有证据。

### 141. 对刑事案件怎样报案、控告、举报?

根据《刑事诉讼法》第108条和第109条的规定，任何单位和个人发现有犯罪事实或者犯罪嫌疑人，有权利也有义务向公安机关、人民检察院或者人民法院报案或者举报。被害人对侵犯其人身、财产权利的犯罪事实或者犯罪嫌疑人，有权向公安机关、人民检察院或者人民法院报案或者控告。

报案、控告、举报可以用书面或者口头提出。接受口头报案、控告、举报的工作人员，应当写成笔录，经宣读无误后，由报案人、控告人、举报人签名或者盖章。接受控告、举报的工作人员，应当向控告人、举报人说明诬告应负的法律责任。但是，只要不是捏造事实，伪造证据，即使控告、举报的事实有出入，甚至是错告的，也要和诬告严格加以区别。

公安机关、人民检察院或者人民法院应当保障报案人、控告人、举报人及其近亲属的安全。报案人、控告人、举报人如果不愿公开自己的姓名和报案、控告、举报的行为，应当为他保守秘密。

公安机关、人民检察院或者人民法院对于报案、控告、举报，都应当接受。对于不属于自己管辖的，应当移送主管机关处理，并且通知报案人、控告人、举报人；对于不属于自己管辖而又必须采取紧急措施的，应当先采取紧急措施，然后移送主管机关。

犯罪人向公安机关、人民检察院或者人民法院自首的，也适用上述规定。

## 二、犯罪

### 142. 《刑法》规定了哪些罪名?

《刑法》经过修订和多次修正，到目前为止，一共规定了468个具体罪名。由于《刑法》对这些犯罪规定了不同的量刑幅度，因此，打刑事官司的人都很关心这些罪名是由《刑法》的哪个条款规定的以及是怎样规定的，对这些犯罪规定的量刑幅度如何。

《刑法》尽管规定了468个具体罪名，但有些罪名并不常见，如《刑法》第112条规定的“资敌罪”、第151条规定的“走私核材料罪”等。我们随后对打刑事官司最常见的几种犯罪的认定与处罚将作详细介绍。对这些罪名和其他罪名，都可以从网络上搜索到。

现将《刑法》规定的468个具体罪名以及这些罪名是由《刑法》的哪条哪款规定的介绍如下，便于读者从《刑法》中查阅。

## 第一章　危害国家安全罪

1. 背叛国家罪（第 102 条）
2. 分裂国家罪（第 103 条第 1 款）
3. 煽动分裂国家罪（第 103 条第 2 款）
4. 武装叛乱、暴乱罪（第 104 条）
5. 颠覆国家政权罪（第 105 条第 1 款）
6. 煽动颠覆国家政权罪（第 105 条第 2 款）
7. 资助危害国家安全犯罪活动罪（第 107 条）
8. 投敌叛变罪（第 108 条）
9. 叛逃罪（第 109 条）
10. 间谍罪（第 110 条）
11. 为境外窃取、刺探、收买、非法提供国家秘密、情报罪（第 111 条）
12. 资敌罪（第 112 条）

## 第二章　危害公共安全罪

1. 放火罪（第 114 条、第 115 条第 1 款）
2. 决水罪（第 114 条、第 115 条第 1 款）
3. 爆炸罪（第 114 条、第 115 条第 1 款）
4. 投放危险物质罪（第 114 条、第 115 条第 1 款）
5. 以危险方法危害公共安全罪（第 114 条、第 115 条第 1 款）
6. 失火罪（第 115 条第 2 款）
7. 过失决水罪（第 115 条第 2 款）
8. 过失爆炸罪（第 115 条第 2 款）
9. 过失投放危险物质罪（第 115 条第 2 款）
10. 过失以危险方法危害公共安全罪（第 115 条第 2 款）
11. 破坏交通工具罪（第 116 条、第 119 条第 1 款）
12. 破坏交通设施罪（第 117 条、第 119 条第 1 款）
13. 破坏电力设备罪（第 118 条、第 119 条第 1 款）
14. 破坏易燃易爆设备罪（第 118 条、第 119 条第 1 款）
15. 过失损坏交通工具罪（第 119 条第 2 款）
16. 过失损坏交通设施罪（第 119 条第 2 款）
17. 过失损坏电力设备罪（第 119 条第 2 款）
18. 过失损坏易燃易爆设备罪（第 119 条第 2 款）
19. 组织、领导、参加恐怖组织罪（第 120 条）
20. 资助恐怖活动罪（第 120 条之一）

21. 准备实施恐怖活动罪（第120条之二）
22. 宣扬恐怖主义、极端主义、煽动实施恐怖活动罪（第120条之三）
23. 利用极端主义破坏法律实施罪（第120条之四）
24. 强制穿戴宣扬恐怖主义、极端主义服饰、标志罪（第120条之五）
25. 非法持有宣扬恐怖主义、极端主义物品罪（第120条之六）
26. 劫持航空器罪（第121条）
27. 劫持船只、汽车罪（第122条）
28. 暴力危及飞行安全罪（第123条）
29. 破坏广播电视设施、公用电信设施罪（第124条第1款）
30. 过失损坏广播电视设施、公用电信设施罪（第124条第2款）
31. 非法制造、买卖、运输、邮寄、储存枪支、弹药、爆炸物罪（第125条第1款）
32. 非法制造、买卖、运输、储存危险物质罪（第125条第2款）
33. 违规制造、销售枪支罪（第126条）
34. 盗窃、抢夺枪支、弹药、爆炸物、危险物质罪（第127条第1款）
35. 抢劫枪支、弹药、爆炸物、危险物质罪（第127条第2款）
36. 非法持有、私藏枪支、弹药罪（第128条第1款）
37. 非法出租、出借枪支罪（第128条第2款、第3款）
38. 丢失枪支不报罪（第129条）
39. 法携带枪支、弹药、管制刀具、危险物品危及公共安全罪（第130条）
40. 重大飞行事故罪（第131条）
41. 铁路运营安全事故罪（第132条）
42. 交通肇事罪（第133条）
43. 危险驾驶罪（第133条之一）
44. 重大责任事故罪（第134条）
45. 强令违章冒险作业罪（第134条第2款）
46. 重大劳动安全事故罪（第135条）
47. 大型群众性活动重大安全事故罪（第135条之一）
48. 危险物品肇事罪（第136条）
49. 工程重大安全事故罪（第137条）
50. 教育设施重大安全事故罪（第138条）
51. 消防责任事故罪（第139条）
52. 不报、谎报安全事故罪（第139条之一）

## 第三章 破坏社会主义市场经济秩序罪

### 第一节 生产、销售伪劣商品罪

1. 生产、销售伪劣产品罪（第140条）
2. 生产、销售假药罪（第141条）
3. 生产、销售劣药罪（第142条）
4. 生产、销售不符合安全标准的食品罪（第143条）
5. 生产、销售有毒、有害食品罪（第144条）
6. 生产、销售不符合标准的医用器材罪（第145条）
7. 生产、销售不符合安全标准的产品罪（第146条）
8. 生产、销售伪劣农药、兽药、化肥、种子罪（第147条）
9. 生产、销售不符合卫生标准的化妆品罪（第148条）

### 第二节 走私罪

1. 走私武器、弹药罪（第151条第1款）
2. 走私核材料罪（第151条第1款）
3. 走私假币罪（第151条第1款）
4. 走私文物罪（第151条第2款）
5. 走私贵重金属罪（第151条第2款）
6. 走私珍贵动物、珍贵动物制品罪（第151条第2款）
7. 走私国家禁止进出口的货物、物品罪（第151条第3款）
8. 走私淫秽物品罪（第152条第1款）
9. 走私废物罪（第152条第2款）
10. 走私普通货物、物品罪（第153条）

### 第三节 妨害对公司、企业的管理秩序罪

1. 虚报注册资本罪（第158条）
2. 虚假出资、抽逃出资罪（第159条）
3. 欺诈发行股票、债券罪（第160条）
4. 违规披露、不披露重要信息罪（第161条）
5. 妨害清算罪（第162条）
6. 隐匿、故意销毁会计凭证、会计账簿、财务会计报告罪（第162条之一）
7. 虚假破产罪（第162条之二）
8. 非国家工作人员受贿罪（第163条）
9. 对非国家工作人员行贿罪（第164条）
10. 对外国公职人员、国际公共组织官员行贿罪（第164条第2款）

11. 非法经营同类营业罪（第165条）
12. 为亲友非法牟利罪（第166条）
13. 签订、履行合同失职被骗罪（第167条）
14. 国有公司、企业、事业单位人员失职罪（第168条）
15. 国有公司、企业、事业单位人员滥用职权罪（第168条）
16. 徇私舞弊低价折股、出售国有资产罪（第169条）
17. 背信损害上市公司利益罪（第169条之一）

第四节　破坏金融管理秩序罪

1. 伪造货币罪（第170条）
2. 出售、购买、运输假币罪（第171条第1款）
3. 金融工作人员购买假币、以假币换取货币罪（第171条第2款）
4. 持有、使用假币罪（第172条）
5. 变造货币罪（第173条）
6. 擅自设立金融机构罪（第174条第1款）
7. 伪造、变造、转让金融机构经营许可证、批准文件罪（第174条第2款）
8. 高利转贷罪（第175条）
9. 骗取贷款、票据承兑、金融票证罪（第175条之一）
10. 非法吸收公众存款罪（第176条）
11. 伪造、变造金融票证罪（第177条）
12. 妨害信用卡管理罪（第177条之一第1款）
13. 窃取、收买、非法提供信用卡信息罪（第177条之一第2款）
14. 伪造、变造国家有价证券罪（第178条第1款）
15. 伪造、变造股票、公司、企业债券罪（第178条第2款）
16. 擅自发行股票、公司、企业债券罪（第179条）
17. 内幕交易、泄露内幕信息罪（第180条）
18. 利用未公开信息交易罪（第180条第4款）
19. 编造并传播证券、期货交易虚假信息罪（第181条第1款）
20. 诱骗投资者买卖证券、期货合约罪（第181条第2款）
21. 操纵证券、期货市场罪（第182条）
22. 背信运用受托财产罪（第185条之一第1款）
23. 违法运用资金罪（第185之一第2款）
24. 违法发放贷款罪（第186条第1款）
25. 吸收客户资金不入账罪（第187条）

26. 违规出具金融票证罪（第 188 条）

27. 对违法票据承兑、付款、保证罪（第 189 条）

28. 骗购外汇罪（全国人大常务委员会《关于惩治骗购外汇、逃汇和非法买卖外汇犯罪的决定》第 1 条）

29. 逃汇罪（第 190 条）

30. 洗钱罪（第 191 条）

第五节 金融诈骗罪

1. 集资诈骗罪（第 192 条）

2. 贷款诈骗罪（第 193 条）

3. 票据诈骗罪（第 194 条第 1 款）

4. 金融凭证诈骗罪（第 194 条第 2 款）

5. 信用证诈骗罪（第 195 条）

6. 信用卡诈骗罪（第 196 条）

7. 有价证券诈骗罪（第 197 条）

8. 保险诈骗罪（第 198 条）

第六节 危害税收征管罪

1. 逃税罪（第 201 条）

2. 抗税罪（第 202 条）

3. 逃避追缴欠税罪（第 203 条）

4. 骗取出口退税罪（第 204 条第 1 款）

5. 虚开增值税专用发票、用于骗取出口退税、抵扣税款发票罪（第 205 条）

6. 虚开发票罪（第 205 条之一）

7. 伪造、出售伪造的增值税专用发票罪（第 206 条）

8. 非法出售增值税专用发票罪（第 207 条）

9. 非法购买增值税专用发票、购买伪造的增值税专用发票罪（第 208 条第 1 款）

10. 非法制造、出售非法制造的用于骗取出口退税、抵扣税款发票罪（第 209 条第 1 款）

11. 非法制造、出售非法制造的发票罪（第 209 条第 2 款）

12. 非法出售用于骗取出口退税、抵扣税款发票罪（第 209 条第 3 款）

13. 非法出售发票罪（第 209 条第 4 款）

14. 持有伪造的发票罪（第 210 条之一）

第七节 侵犯知识产权罪

1. 假冒注册商标罪（第213条）
2. 销售假冒注册商标的商品罪（第214条）
3. 非法制造、销售非法制造的注册商标标识罪（第215条）
4. 假冒专利罪（第216条）
5. 侵犯著作权罪（第217条）
6. 销售侵权复制品罪（第218条）
7. 侵犯商业秘密罪（第219条）

第八节　扰乱市场秩序罪

1. 损害商业信誉、商品声誉罪（第221条）
2. 虚假广告罪（第222条）
3. 串通投标罪（第223条）
4. 合同诈骗罪（第224条）
5. 组织、领导传销活动罪（刑法第224条之一）
6. 非法经营罪（第225条）
7. 强迫交易罪（第226条）
8. 伪造、倒卖伪造的有价票证罪（第227条第1款）
9. 倒卖车票、船票罪（第227条第2款）
10. 非法转让、倒卖土地使用权罪（第228条）
11. 提供虚假证明文件罪（第229条第1款、第2款）
12. 出具证明文件重大失实罪（第229条第3款）
13. 逃避商检罪（第230条）

**第四章　侵犯公民人身权利、民主权利罪**

1. 故意杀人罪（第232条）
2. 过失致人死亡罪（第233条）
3. 故意伤害罪（第234条）
4. 组织出卖人体器官罪（第234条之一）
5. 过失致人重伤罪（第235条）
6. 强奸罪（第236条）
7. 强制猥亵、侮辱罪（第237条第1款、第2款）
8. 猥亵儿童罪（第237条第3款）
9. 非法拘禁罪（第238条）
10. 绑架罪（第239条）
11. 拐卖妇女、儿童罪（第240条）
12. 收买被拐卖的妇女、儿童罪（第241条第1款）

13. 聚众阻碍解救被收买的妇女、儿童罪（第 242 条第 2 款）
14. 诬告陷害罪（第 243 条）
15. 强迫劳动罪（第 244 条第 1 款）
16. 雇用童工从事危重劳动罪（第 244 条之一）
17. 非法搜查罪（第 245 条）
18. 非法侵入住宅罪（第 245 条）
19. 侮辱罪（第 246 条）
20. 诽谤罪（第 246 条）
21. 刑讯逼供罪（第 247 条）
22. 暴力取证罪（第 247 条）
23. 虐待被监管人罪（第 248 条）
24. 煽动民族仇恨、民族歧视罪（第 249 条）
25. 出版歧视、侮辱少数民族作品罪（第 250 条）
26. 非法剥夺公民宗教信仰自由罪（第 251 条第 1 款）
27. 侵犯少数民族风俗习惯罪（第 251 条第 1 款）
28. 侵犯通信自由罪（第 252 条）
29. 私自开拆、隐匿、毁弃邮件、电报罪（第 253 条第 1 款）
30. 侵犯公民个人信息罪（第 253 条之一）
31. 报复陷害罪（第 254 条）
32. 打击报复会计、统计人员罪（第 255 条）
33. 破坏选举罪（第 256 条）
34. 暴力干涉婚姻自由罪（第 257 条）
35. 重婚罪（第 258 条）
36. 破坏军婚罪（第 259 条第 1 款）
37. 虐待罪（第 260 条）
38. 虐待被监护、看护人罪（第 260 条之一）
39. 遗弃罪（第 261 条）
40. 拐骗儿童罪（第 262 条）
41. 组织残疾人、儿童乞讨罪（第 262 条之一）
42. 组织未成年人进行违反治安管理活动罪（第 262 条之二）

## 第五章 侵犯财产罪

1. 抢劫罪（第 263 条）
2. 盗窃罪（第 264 条）
3. 诈骗罪（第 266 条）

4. 抢夺罪（第 267 条第 1 款）
5. 聚众哄抢罪（第 268 条）
6. 侵占罪（第 270 条）
7. 职务侵占罪（第 271 条第 1 款）
8. 挪用资金罪（第 272 条第 1 款）
9. 挪用特定款物罪（第 273 条）
10. 敲诈勒索罪（第 274 条）
11. 故意毁坏财物罪（第 275 条）
12. 破坏生产经营罪（第 276 条）
13. 拒不支付劳动报酬罪（第 276 条之一）

**第六章　妨害社会管理秩序罪**

第一节　扰乱公共秩序罪

1. 妨害公务罪（第 277 条）
2. 煽动暴力抗拒法律实施罪（第 278 条）
3. 招摇撞骗罪（第 279 条）
4. 伪造、变造、买卖国家机关公文、证件、印章罪（第 280 条第 1 款）
5. 盗窃、抢夺、毁灭国家机关公文、证件、印章罪（第 280 条第 1 款）
6. 伪造公司、企业、事业单位、人民团体印章罪（第 280 条第 2 款）
7. 伪造、变造、买卖身份证件罪（第 280 条第 3 款）
8. 使用虚假身份证件、盗用身份证件罪（第 280 条之一）
9. 非法生产、买卖警用装备罪（第 281 条）
10. 非法获取国家秘密罪（第 282 条第 1 款）
11. 非法持有国家绝密、机密文件、资料、物品罪（第 282 条第 2 款）
12. 非法生产、销售专用间谍器材、窃听、窃照专用器材罪（第 283 条）
13. 非法使用窃听、窃照专用器材罪（第 284 条）
14. 组织考试作弊罪（第 284 条之一第 1 款、第 2 款）
15. 非法出售、提供试题、答案罪（第 284 条之一第 3 款）
16. 代替考试罪（第 284 条之一第 4 款）
17. 非法侵入计算机信息系统罪（第 285 条第 1 款）
18. 非法获取计算机信息系统数据、非法控制计算机信息系统罪（第 285 条第 2 款）
19. 提供侵入、非法控制计算机信息系统程序、工具罪（第 285 条第 3 款）
20. 破坏计算机信息系统罪（第 286 条）

21. 拒不履行信息网络安全管理义务罪（第 286 条之一）

22. 非法利用信息网络罪（第 287 条之一）

23. 帮助信息网络犯罪活动罪（第 287 条之二）

24. 扰乱无线电通讯管理秩序罪（第 288 条）

25. 聚众扰乱社会秩序罪（第 290 条第 1 款）

26. 聚众冲击国家机关罪（第 290 条第 2 款）

27. 扰乱国家机关工作秩序罪（第 290 条第 3 款）

28. 组织、资助非法聚集罪（第 290 条第 4 款）

29. 聚众扰乱公共场所秩序、交通秩序罪（第 291 条第 1 款）

30. 投放虚假危险物质罪（第 291 条之一第 1 款）

31. 编造、故意传播虚假恐怖信息罪（第 291 条之一第 1 款）

32. 编造、故意传播虚假信息罪（第 291 条之一第 2 款）

33. 聚众斗殴罪（第 292 条第 1 款）

34. 寻衅滋事罪（第 293 条）

35. 组织、领导、参加黑社会性质组织罪（第 294 条第 1 款）

36. 入境发展黑社会组织罪（第 294 条第 2 款）

37. 包庇、纵容黑社会性质组织罪（第 294 条第 4 款）

38. 传授犯罪方法罪（第 295 条）

39. 非法集会、游行、示威罪（第 296 条）

40. 非法携带武器、管制刀具、爆炸物参加集会、游行、示威罪（第 297 条）

41. 破坏集会、游行、示威罪（第 298 条）

42. 侮辱国旗、国徽罪（第 299 条）

43. 组织、利用会道门、邪教组织、利用迷信破坏法律实施罪（第 300 条第 1 款）

44. 组织、利用会道门、邪教组织、利用迷信致人重伤、死亡罪（第 300 条第 2 款）

45. 聚众淫乱罪（第 301 条第 1 款）

46. 引诱未成年人聚众淫乱罪（第 301 条第 2 款）

47. 盗窃、侮辱、故意毁坏尸体、尸骨、骨灰罪（第 302 条）

48. 赌博罪（第 303 条第 1 款）

49. 开设赌场罪（第 303 条第 2 款）

50. 故意延误投递邮件罪（第 304 条）

第二节 妨害司法罪

1. 伪证罪（第 305 条）

2. 辩护人、诉讼代理人毁灭证据、伪造证据、妨害作证罪（第 306 条）

3. 妨害作证罪（第 307 条第 1 款）

4. 帮助毁灭、伪造证据罪（第 307 条第 2 款）

5. 虚假诉讼罪（第 307 条之一）

6. 打击报复证人罪（第 308 条）

7. 泄露不应公开的案件信息罪（第 308 条之一第 1 款）

8. 披露、报道不应公开的案件信息罪（第 308 条之一第 3 款）

9. 扰乱法庭秩序罪（第 309 条）

10. 窝藏、包庇罪（第 310 条）

11. 拒绝提供间谍犯罪、恐怖主义犯罪、极端主义犯罪证据罪（第 311 条）

12. 掩饰、隐瞒犯罪所得、犯罪所得收益罪（第 312 条）

13. 拒不执行判决、裁定罪（第 313 条）

14. 非法处置查封、扣押、冻结的财产罪（第 314 条）

15. 破坏监管秩序罪（第 315 条）

16. 脱逃罪（第 316 条第 1 款）

17. 劫夺被押解人员罪（第 316 条第 2 款）

18. 组织越狱罪（第 317 条第 1 款）

19. 暴动越狱罪（第 317 条第 2 款）

20. 聚众持械劫狱罪（第 317 条第 2 款）

第三节　妨害国（边）境管理罪

1. 组织他人偷越国（边）境罪（第 318 条）

2. 骗取出境证件罪（第 319 条）

3. 提供伪造、变造的出入境证件罪（第 320 条）

4. 出售出入境证件罪（第 320 条）

5. 运送他人偷越国（边）境罪（第 321 条）

6. 偷越国（边）境罪（第 322 条）

7. 破坏界碑、界桩罪（第 323 条）

8. 破坏永久性测量标志罪（第 323 条）

第四节　妨害文物管理罪

1. 故意损毁文物罪（第 324 条第 1 款）

2. 故意损毁名胜古迹罪（第 324 条第 2 款）

3. 过失损毁文物罪（第 324 条第 3 款）

4. 非法向外国人出售、赠送珍贵文物罪（第 325 条）

5. 倒卖文物罪（第 326 条）

6. 非法出售、私赠文物藏品罪（第 327 条）

7. 盗掘古文化遗址、古墓葬罪（第 328 条第 1 款）

8. 盗掘古人类化石、古脊椎动物化石罪（第 328 条第 2 款）

9. 抢夺、窃取国有档案罪（第 329 条第 1 款）

10. 擅自出卖、转让国有档案罪（第 329 条第 2 款）

第五节 危害公共卫生罪

1. 妨害传染病防治罪（第 330 条）

2. 传染病菌种、毒种扩散罪（第 331 条）

3. 妨害国境卫生检疫罪（第 332 条）

4. 非法组织卖血罪（第 333 条第 1 款）

5. 强迫卖血罪（第 333 条第 1 款）

6. 非法采集、供应血液、制作、供应血液制品罪（第 334 条第 1 款）

7. 采集、供应血液、制作、供应血液制品事故罪（第 334 条第 2 款）

8. 医疗事故罪（第 335 条）

9. 非法行医罪（第 336 条第 1 款）

10. 非法进行节育手术罪（第 336 条第 2 款）

11. 妨害动植物防疫、检疫罪（第 337 条）

第六节 破坏环境资源保护罪

1. 污染环境罪（第 338 条）

2. 非法处置进口的固体废物罪（第 339 条第 1 款）

3. 擅自进口固体废物罪（第 339 条第 2 款）

4. 非法捕捞水产品罪（第 340 条）

5. 非法猎捕、杀害珍贵、濒危野生动物罪（第 341 条第 1 款）

6. 非法收购、运输、出售珍贵、濒危野生动物、珍贵、濒危野生动物制品罪（第 341 条第 1 款）

7. 非法狩猎罪（第 341 条第 2 款）

8. 非法占用农用地罪（第 342 条）

9. 非法采矿罪（第 343 条第 1 款）

10. 破坏性采矿罪（第 343 条第 2 款）

11. 非法采伐、毁坏国家重点保护植物罪（第 344 条）

12. 非法收购、运输、加工、出售国家重点保护植物、国家重点保护植物制品罪（第 344 条）

13. 盗伐林木罪（第 345 条第 1 款）
14. 滥伐林木罪（第 345 条第 2 款）
15. 非法收购、运输盗伐、滥伐的林木罪（第 345 条第 3 款）

第七节　走私、贩卖、运输、制造毒品罪

1. 走私、贩卖、运输、制造毒品罪（第 347 条）
2. 非法持有毒品罪（第 348 条）
3. 包庇毒品犯罪分子罪（第 349 条第 1 款、第 2 款）
4. 窝藏、转移、隐瞒毒品、毒赃罪（第 349 条第 1 款）
5. 非法生产、买卖、运输制毒物品、走私制毒物品罪（第 350 条）
6. 非法种植毒品原植物罪（第 351 条）
7. 非法买卖、运输、携带、持有毒品原植物种子、幼苗罪（第 352 条）
8. 引诱、教唆、欺骗他人吸毒罪（第 353 条第 1 款）
9. 强迫他人吸毒罪（第 353 条第 2 款）
10. 容留他人吸毒罪（第 354 条）
11. 非法提供麻醉药品、精神药品罪（第 355 条）

第八节　组织、强迫、引诱、容留、介绍卖淫罪

1. 组织卖淫罪（第 358 条第 1 款）
2. 强迫卖淫罪（第 358 条第 1 款）
3. 协助组织卖淫罪（第 358 条第 3 款）
4. 引诱、容留、介绍卖淫罪（第 359 条第 1 款）
5. 引诱幼女卖淫罪（第 359 条第 2 款）
6. 传播性病罪（第 360 条第 1 款）

第九节　制作、贩卖、传播淫秽物品罪

1. 制作、复制、出版、贩卖、传播淫秽物品牟利罪（第 363 条第 1 款）
2. 为他人提供书号出版淫秽书刊罪（第 363 条第 2 款）
3. 传播淫秽物品罪（第 364 条第 1 款）
4. 组织播放淫秽音像制品罪（第 364 条第 2 款）
5. 组织淫秽表演罪（第 365 条）

**第七章　危害国防利益罪**

1. 阻碍军人执行职务罪（第 368 条第 1 款）
2. 阻碍军事行动罪（第 368 条第 2 款）
3. 破坏武器装备、军事设施、军事通信罪（第 369 条）
4. 过失损坏武器装备、军事设施、军事通信罪（第 369 条第 2 款）
5. 故意提供不合格武器装备、军事设施罪（第 370 条第 1 款）

6. 过失提供不合格武器装备、军事设施罪（第 370 条第 2 款）

7. 聚众冲击军事禁区罪（第 371 条第 1 款）

8. 聚众扰乱军事管理区秩序罪（第 371 条第 2 款）

9. 冒充军人招摇撞骗罪（第 372 条）

10. 煽动军人逃离部队罪（第 373 条）

11. 雇用逃离部队军人罪（第 373 条）

12. 接送不合格兵员罪（第 374 条）

13. 伪造、变造、买卖武装部队公文、证件、印章罪（第 375 条第 1 款）

14. 盗窃、抢夺武装部队公文、证件、印章罪（第 375 条第 1 款）

15. 非法生产、买卖武装部队制式服装罪（第 375 条第 2 款）

16. 伪造、盗窃、买卖、非法提供、非法使用武装部队专用标志罪（第 375 条第 3 款）

17. 战时拒绝、逃避征召、军事训练罪（第 376 条第 1 款）

18. 战时拒绝、逃避服役罪（第 376 条第 2 款）

19. 战时故意提供虚假敌情罪（第 377 条）

20. 战时造谣扰乱军心罪（第 378 条）

21. 战时窝藏逃离部队军人罪（第 379 条）

22. 战时拒绝、故意延误军事订货罪（第 380 条）

23. 战时拒绝军事征收、征用罪（第 381 条）

**第八章　贪污贿赂罪**

1. 贪污罪（第 382 条）

2. 挪用公款罪（第 384 条）

3. 受贿罪（第 385 条）

4. 单位受贿罪（第 387 条）

5. 利用影响力受贿罪（第 388 条之一）

6. 行贿罪（第 389 条）

7. 对有影响力的人行贿罪（第 390 条之一）

8. 对单位行贿罪（第 391 条）

9. 介绍贿赂罪（第 392 条）

10. 单位行贿罪（第 393 条）

11. 巨额财产来源不明罪（第 395 条第 1 款）

12. 隐瞒境外存款罪（第 395 条第 2 款）

13. 私分国有资产罪（第 396 条第 1 款）

14. 私分罚没财物罪（第 396 条第 2 款）

## 第九章 渎职罪

1. 滥用职权罪（第 397 条）
2. 玩忽职守罪（第 397 条）
3. 故意泄露国家秘密罪（第 398 条）
4. 过失泄露国家秘密罪（第 398 条）
5. 徇私枉法罪（第 399 条第 1 款）
6. 民事、行政枉法裁判罪（第 399 条第 2 款）
7. 执行判决、裁定失职罪（第 399 条第 3 款）
8. 执行判决、裁定滥用职权罪（第 399 条第 3 款）
9. 枉法仲裁罪（第 399 条之一）
10. 私放在押人员罪（第 400 条第 1 款）
11. 失职致使在押人员脱逃罪（第 400 条第 2 款）
12. 徇私舞弊减刑、假释、暂予监外执行罪（第 401 条）
13. 徇私舞弊不移交刑事案件罪（第 402 条）
14. 滥用管理公司、证券职权罪（第 403 条）
15. 徇私舞弊不征、少征税款罪（第 404 条）
16. 徇私舞弊发售发票、抵扣税款、出口退税罪（第 405 条第 1 款）
17. 违法提供出口退税凭证罪（第 405 条第 2 款）
18. 国家机关工作人员签订、履行合同失职被骗罪（第 406 条）
19. 违法发放林木采伐许可证罪（第 407 条）
20. 环境监管失职罪（第 408 条）
21. 食品监管渎职罪（第 408 条之一）
22. 传染病防治失职罪（第 409 条）
23. 非法批准征收、征用、占用土地罪（第 410 条）
24. 非法低价出让国有土地使用权罪（第 410 条）
25. 放纵走私罪（第 411 条）
26. 商检徇私舞弊罪（第 412 条第 1 款）
27. 商检失职罪（第 412 条第 2 款）
28. 动植物检疫徇私舞弊罪（第 413 条第 1 款）
29. 动植物检疫失职罪（第 413 条第 2 款）
30. 放纵制售伪劣商品犯罪行为罪（第 414 条）
31. 办理偷越国（边）境人员出入境证件罪（第 415 条）
32. 放行偷越国（边）境人员罪（第 415 条）
33. 不解救被拐卖、绑架妇女、儿童罪（第 416 条第 1 款）

34. 阻碍解救被拐卖、绑架妇女、儿童罪（第 416 条第 2 款）
35. 帮助犯罪分子逃避处罚罪（第 417 条）
36. 招收公务员、学生徇私舞弊罪（第 418 条）
37. 失职造成珍贵文物损毁、流失罪（第 419 条）

**第十章　军人违反职责罪**

1. 战时违抗命令罪（第 421 条）
2. 隐瞒、谎报军情罪（第 422 条）
3. 拒传、假传军令罪（第 422 条）
4. 投降罪（第 423 条）
5. 战时临阵脱逃罪（第 424 条）
6. 擅离、玩忽军事职守罪（第 425 条）
7. 阻碍执行军事职务罪（第 426 条）
8. 指使部属违反职责罪（第 427 条）
9. 违令作战消极罪（第 428 条）
10. 拒不救援友邻部队罪（第 429 条）
11. 军人叛逃罪（第 430 条）
12. 非法获取军事秘密罪（第 431 条第 1 款）
13. 为境外窃取、刺探、收买、非法提供军事秘密罪（第 431 条第 2 款）
14. 故意泄露军事秘密罪（第 432 条）
15. 过失泄露军事秘密罪（第 432 条）
16. 战时造谣惑众罪（第 433 条）
17. 战时自伤罪（第 434 条）
18. 逃离部队罪（第 435 条）
19. 武器装备肇事罪（第 436 条）
20. 擅自改变武器装备编配用途罪（第 437 条）
21. 盗窃、抢夺武器装备、军用物资罪（第 438 条）
22. 非法出卖、转让武器装备罪（第 439 条）
23. 遗弃武器装备罪（第 440 条）
24. 遗失武器装备罪（第 441 条）
25. 擅自出卖、转让军队房地产罪（第 442 条）
26. 虐待部属罪（第 443 条）
27. 遗弃伤病军人罪（第 444 条）
28. 战时拒不救治伤病军人罪（第 445 条）
29. 战时残害居民、掠夺居民财物罪（第 446 条）

30. 私放俘虏罪（第447条）

31. 虐待俘虏罪（第448条）

### 143. 什么是犯罪构成的四要件?

用来衡量某种行为是否构成犯罪的标准，在刑法理论上叫作“犯罪构成”。

犯罪构成，是确定某种行为构成犯罪所必须具备的各种要件的总和。如果行为人的行为符合犯罪构成的全部要件，我们就可以认定，这个人的行为是犯罪的行为，并可根据某种罪的具体构成要件，认定他犯了什么罪，并依法追究相应的刑事责任；如果某人的行为不符合犯罪构成的全部要件，那么这个人的行为便不构成犯罪，不能追究其刑事责任。

犯罪构成的理论，虽然不是我国《刑法》明文规定的，不是法律，也不能代替法律，但不能否认它是整个刑法理论中的核心问题。

犯罪构成的理论，是以辩证唯物主义的思想方法，以客观要件和主观要件相统一的原则，对所有构成犯罪的条件加以抽象和概括，得出这样一个带有普遍意义的结论，即任何犯罪的成立，都必须同时具备四个要件：①犯罪客体；②犯罪客观方面；③犯罪主体；④犯罪主观方面。这四个方面合起来，简称为犯罪构成四大要件。如再进一步归纳，犯罪客体和犯罪客观方面的总和，是犯罪的客观要件；犯罪主体和犯罪主观方面的总和，是犯罪的主观要件。

我国《刑法》规定了468种具体犯罪，每种犯罪都有自己的构成要件。不同罪名的构成要件各不相同。这些不相同的构成要件，便把彼罪与此罪区分开来。区分彼罪与此罪，最根本点是犯罪的客观要件，即犯罪侵犯的客体和客观方面。因为不同的犯罪，这两方面是不同的。而犯罪的主观要件，即犯罪主体和主观方面，不少犯罪都是相同的，单靠犯罪的主观要件无法区分彼罪与此罪。

另外，犯罪构成与犯罪概念也不同。这是两个既有联系，又有区别的不同概念。犯罪构成所要回答的是犯罪必须具备哪些要件，犯罪的概念所要回答的是什么是犯罪和什么不是犯罪。前者通过它所包含的各种要件具体反映每一种犯罪的特殊本质，从而划清罪与非罪的界限、彼罪与此罪的界限，它把犯罪的概念更加具体化；而后者则是说明一切犯罪共同的本质属性，它只能从原则上划清罪与非罪的界限，而不能划清彼罪与此罪的界限。

## 144. 什么是犯罪客体？

犯罪客体，是指犯罪行为所侵犯的、受我国刑法保护的社会主义社会关系。它有以下三个特点：①是社会主义的社会关系；②这种社会关系受我国刑法保护；③受保护的社会关系遭受了犯罪行为的侵犯。

确定了犯罪所侵犯的客体，在很大程度上就确定了犯的是什么罪。如果行为人侵犯的不是刑法所保护的社会关系，而是民法、行政法等法律所保护的社会关系，这种行为不构成犯罪，行为人也不负刑事责任，而应负民事责任、行政责任或者其他责任。

犯罪客体分一般客体、同类客体和直接客体三种。

一般客体，也叫犯罪的共同客体，是指一切犯罪共同侵犯的、并为我国刑法所保护的社会关系，即社会关系的整体。我国的社会主义社会关系，社会主义革命和社会主义建设，就是犯罪的一般客体。

同类客体，是指某一类犯罪共同侵犯的并为我国刑法所保护的社会关系。它是整体社会关系的一部分。我国刑法把各种犯罪侵犯的客体进行分类、归纳，分成10类犯罪客体，每一类犯罪的共同客体便是同类客体。根据《刑法》分则的规定，这10类同类客体是：

（1）国家安全；

（2）社会的公共安全；

（3）社会主义的市场经济秩序；

（4）公民的人身权利和民主权利；

（5）社会主义的财产关系；

（6）国家对社会的管理秩序；

（7）国家的国防利益；

（8）国家工作人员职务行为的廉洁性和公共财产所有权；

（9）国家机关、企事业单位和集体经济组织的正常活动；

（10）国家军事利益。

根据犯罪行为侵犯的同一类客体，《刑法》分则规定了一个相对应的总的罪名，即同类罪名。

直接客体，是指每一具体犯罪直接侵犯的客体，即具体的社会关系。如故意杀人罪侵犯的直接客体是他人的生命权利。

## 145. 什么是犯罪客观方面？

犯罪客观方面，是指危害社会的行为和由这种行为引起的后果以及行为和结果之间的因果关系。

犯罪客观方面的要件分两类。一类是必要要件，即任何犯罪都必须具有犯罪行为和由这种行为引起的危害社会的结果。另一类是选择要件，即刑法规定的某些犯罪必须具备的要件，而不是所有犯罪都必须具备的。这些要件主要是指犯罪的时间、地点、方法、手段等。如《刑法》第340条规定的非法捕捞水产品罪，只有在禁渔区、禁渔期或者使用禁用的工具、方法捕捞水产品，情节严重的才构成犯罪。

危害社会的行为分作为和不作为两种。作为，是指行为人实施刑法所禁止的某种行为，如杀人、盗窃、抢劫等；不作为，是指行为人依照法律或者自己的职务应该实施并且能够实施的行为而不实施，如遗弃罪、玩忽职守罪等。

危害后果可分两方面。一为物质方面的后果，这通常是有形的，能看到的，可以测量或计算的。二为非物质方面的后果，通常是无形的、难以计算的，如给被害人造成名誉、人格和精神上的损害。《刑法》的某些条款中，规定了行为人的行为只有达到一定危害后果才构成犯罪。如第260条规定的虐待罪和第261条规定的遗弃罪等，必须达到“情节恶劣”的程度。

犯罪的客观方面是区别罪与非罪、彼罪与此罪的重要标志之一，也是行为人承担刑事责任的客观基础。

### 146. 什么是犯罪主体？

犯罪主体，是指实施了危害社会的行为、依照刑法应负刑事责任的人。不是一切人实施了危害社会的行为都构成犯罪，只有具备法定条件的人才可能成为犯罪主体。根据我国刑法规定，犯罪主体分为一般主体和特殊主体两种。一般主体必须具备三个条件。

（1）承担刑事责任的必须是自然人。自然人，是指有生命的人。未出生的、死去的人和物品、动物都不能作为犯罪主体。如果法人（机关、企业等）触犯了刑法，也只能由该法人的主管人员和直接责任人员（自然人）来负刑事责任。

（2）必须达到法定刑事责任年龄。我国刑法规定，不满14岁的人，即使实施了危害社会的行为，也不构成犯罪，不负刑事责任，为绝对无责任。已满14岁不满16岁的人，为相对无责任，即只对法律规定的某些犯罪行为（如杀人、重伤、抢劫、放火、强奸、贩卖毒品、爆炸、投毒犯罪）负刑事责任，并法定从轻或者减轻处罚。已满14岁不满18岁的人，为减轻责任，即对其行为法定从轻或减轻处罚。18岁以上为刑事成年人，全负责任。

(3) 必须是具有刑事责任能力的人。刑事责任能力，是指一个人能够理解自己行为的性质、后果和政治意义，并且有控制自己行为的能力。无刑事责任能力的人实施了危害社会的行为，不负刑事责任。没达到法定刑事责任年龄的属于无刑事责任能力的一种，但这里的无刑事责任能力的人，主要是指具有精神障碍的人。我国《刑法》第 18 条规定，“精神病人在不能辨认或者不能控制自己行为的时候造成危害结果，经法定程序鉴定确认的，不负刑事责任”。醉酒的人犯罪，其辨认或者控制自己行为的能力不是完全丧失，而只是有某种程度的减弱，他和精神病人不一样，因此《刑法》第 18 条第 4 款规定：“醉酒的人犯罪，应当负刑事责任。”聋哑人和盲人，虽然因接受教育等方面与正常人不一样，其智力的发展会受到一定影响，但不属于精神障碍人。我国《刑法》根据具体情况，在第 19 条中规定：“又聋又哑的人或者盲人犯罪，可以从轻、减轻或者免除处罚。”

特殊主体，是指除了具备上述三个条件外，还必须具备一定的身份或职务，如贪污罪的犯罪主体就是特殊主体。它不但要求行为人是自然人、达到刑事责任年龄、具有刑事责任能力，而且还要求行为人必须是国家工作人员，或者是受国家机关、国有公司、企业、事业单位、人民团体委托管理、经营国有财产的人员。非这种特殊身份的人，不构成贪污罪主体，只可以成为贪污犯罪的共犯。

### 147. 什么是犯罪主观方面?

犯罪主观方面，是指行为人对犯罪行为及其结果所持有的心理状态。比如，是故意还是过失，动机、目的如何等。故意和过失是犯罪的必备要件。如果不是出于故意或者过失，即使有危害社会的后果，也不是犯罪。例如地震等自然灾害造成的后果。

### 148. 怎样区分此罪与彼罪?

我国《刑法》规定了接近 500 个罪名，有些罪名很相近，稍不注意容易将此罪与彼罪相混淆。比如抢劫罪与抢夺罪、挪用公款罪与挪用资金罪、侵占罪与职务侵占罪、致人死亡的故意伤害罪与故意杀人罪等。

要追究某人的刑事责任，需要认定他犯了什么罪；要对其准确量刑，就不能把罪名定错。怎样区分此罪与彼罪呢？这就要根据刑法对各罪的具体规定，从各罪的四个构成要件区分此罪与彼罪，因为尽管有接近 500 个罪名，但四个构成要件完全相同的罪名是没有的。特别是客观方面的表现和侵犯的客体，各罪各不相同。

### 149. 什么是追诉时效?

“时效”一词，在刑事诉讼和民事诉讼中都能碰上，但含义不同。刑事诉讼中称“追诉时效”，是指法律规定的对犯罪分子追究刑事责任的有效期限。超过追诉期限的，就不再追究刑事责任；已经追究的，应当撤销案件，或者不起诉，或者终止审理。

### 150. 追诉时效怎样计算?

根据《刑法》第87条、88条、89条等有关规定，犯罪经过下列期限不再追诉：

(1) 法定最高刑为不满5年有期徒刑的，经过5年；

(2) 法定最高刑为5年以上不满10年有期徒刑的，经过10年；

(3) 法定最高刑为10年以上有期徒刑的，经过15年；

(4) 法定最高刑为无期徒刑、死刑的，经过20年；如果20年以后认为必须追诉的，须报请最高人民检察院核准。

在人民检察院、公安机关、国家安全机关立案侦查或者在人民法院受理案件以后，逃避侦查或者审判的，不受追诉期限的限制。

被害人在追诉期限内提出控告，人民法院、人民检察院、公安机关应当立案而不予立案的，不受追诉期限的限制。

追诉期限从犯罪之日起计算；犯罪行为有连续或者继续状态的，从犯罪行为终了之日起计算。在追诉期限以内又犯罪的，前罪追诉的期限从犯后罪之日起计算。

《刑法》按照罪与刑相适应的原则，将追诉期限分别规定为长短不同的四档，因此，根据所犯罪行的轻重，应当分别适用《刑法》规定的不同条款或相应的量刑幅度，按其法定最高刑来计算追诉期限。如果所犯罪行的刑罚，分别规定有几条或几款时，即按其罪行应当适用的条或款的法定最高刑计算；如果是同一条文中，有几个量刑幅度时，即按其罪行应当适用的量刑幅度的法定最高刑计算；如果只有单一的量刑幅度时，即按此条的法定最高刑计算。虽然案件尚未开庭审判，但是，经过认真审查案卷材料和必要的核实案情，在基本事实查清的情况下，已可估量刑期，计算追诉期限。例如，犯盗窃罪，对盗窃财物数额巨大的，“处3年以上10年以下有期徒刑”，按法定最高刑10年计算，其追诉期限为15年。

### 151. 什么是故意犯罪？

在司法实践中经常遇到这种情况，犯罪行为发生了，被告人辩解说不是故意的。刑法中的故意犯罪，是指行为人明知自己的行为会发生危害社会的结果，而希望或者放任这种结果发生的一种心理态度。它分直接故意和间接故意两种。

直接故意，是指行为人明知自己的行为会发生危害社会的结果，而希望这种结果发生的心理态度。比如杀人犯为了杀死他人，用刀捅被害人心脏，割掉被害人头颅。

间接故意，是指行为人明知自己的行为可能发生危害社会的结果，而放任这种结果发生的心理态度。比如在殴斗中，用刀捅他人腹部致人死亡的，行为人明知会发生这样的危害结果，而对这种后果持放任态度，置他人死活于不顾。

### 152. 什么是过失犯罪？

过失犯罪，是指应当预见自己的行为可能发生危害社会的结果，由于疏忽大意而没预见，或者已经预见，但轻信能够避免，以致发生这种危害结果。它分为疏忽大意的过失和过于自信的过失两种。

疏忽大意的过失，是指行为人应当预见自己的行为可能发生危害社会的结果，但由于疏忽大意而没预见，以致发生了这种结果。比如，某甲从楼上往窗外院子里扔木板，把院里玩耍的一个小孩砸死。某甲本应预见这种危害结果，但由于疏忽大意而没预见，没有采取瞭望等措施，致使发生了这种结果。

过于自信的过失，是指行为人已经预见到自己的行为可能发生危害社会的结果，但轻信能够避免，以致发生了这种结果。例如，汽车司机甲某在出车前，已经知道刹车系统有毛病，但他认为自己技术好，路程近，再慢一点开，不会出事故。刚出车，一个小孩跑到车前，由于刹车不灵，将小孩轧死。

### 153. 什么是重罪吸收轻罪？

在司法实践中常会遇到诸如这样的情况，盗窃枪支后藏于家中，这既犯了盗窃罪又犯了私藏枪支罪。这种行为人虽犯了两个或两个以上的罪，但考虑到这些犯罪有的是由一种行为引起的，有的是有牵连关系，还有的是此罪与彼罪互为犯罪阶段，其目的都是一个，所以我国刑法理论中认为是一罪，不认为是数罪，并以法定刑最高的那个罪来定罪量刑，其余的罪被这个重罪吸收，不按数罪并罚原则处理。

当然，行为人如果是出于几个不同目的，实施了几个不同的行为，侵害了不同的客体而犯了数罪的，则应该按数罪并罚原则处罚，而不能按重罪吸收轻罪的原则处理。

### 154. 怎样认定盗窃罪？

盗窃罪是常见罪名。《刑法》第264条规定的盗窃罪，是指以非法占有为目的，秘密窃取数额较大的公私财物，或者多次盗窃、入户盗窃、携带凶器盗窃、扒窃的行为。

盗窃罪构成要件是：①侵犯的客体是公私财物的所有权；②在客观方面，具有秘密窃取数额较大的公私财物或者多次盗窃、入户盗窃、携带凶器盗窃、扒窃的行为；③犯罪主体是一般主体，即年满16周岁以上的具有刑事责任能力的自然人；④犯罪的主观方面是直接故意，并且以非法占有为目的。

盗窃罪涉及的内容复杂。现根据《刑法》和2013年4月2日《最高人民法院、最高人民检察院关于办理盗窃刑事案件适用法律若干问题的解释》以及相关规定，把与本罪名相关的问题阐述如下。

(1) 关于盗窃“数额较大”“数额巨大”“数额特别巨大”的认定。

根据2013年4月2日《最高人民法院、最高人民检察院关于办理盗窃刑事案件适用法律若干问题的解释》的规定，盗窃公私财物价值1千至3千元以上、3万元至10万元以上、30万元至50万元以上的，应当分别认定为盗窃“数额较大”“数额巨大”“数额特别巨大”。

盗窃公私财物，具有下列情形之一的，“数额较大”的标准可以按上述规定标准的一半确定：①曾因盗窃受过刑事处罚的；②一年内曾因盗窃受过行政处罚的；③组织、控制未成年人盗窃的；④自然灾害、事故灾害、社会安全事件等突发事件期间，在事件发生地盗窃的；⑤盗窃残疾人、孤寡老人、丧失劳动能力人的财物的；⑥在医院盗窃病人或者其亲友财物的；⑦盗窃救灾、抢险、防汛、优抚、扶贫、移民、救济款物的；⑧因盗窃造成严重后果的。

盗窃国有馆藏一般文物、三级文物、二级以上文物的，应当分别认定为“数额较大”“数额巨大”“数额特别巨大”。盗窃多件不同等级国有馆藏文物的，三件同级文物可以视为一件高一级文物。

(2) 关于盗窃犯罪的情节。

根据2013年4月2日《最高人民法院、最高人民检察院关于办理盗窃刑事案件适用法律若干问题的解释》规定，盗窃公私财物，具有下列情形之一可以分别认定为盗窃罪中的“其他严重情节”或者“其他特别严重情节”：①组织、控制未成年人盗窃的；②自然灾害、事故灾害、社会安全事件等突发事件期间，在事件发生地盗窃的；③盗窃残疾人、孤寡老人、丧失劳动能力人的财物的；④在医院盗窃病人或者其亲友财物的；⑤盗窃救灾、抢险、防汛、优抚、扶贫、移民、救济款物的；⑥因盗窃造成严重后果的，或者入户盗窃、携带凶器盗窃，数额达到“数额巨大”“数额特别巨大”一半的。

二年内盗窃三次以上的，应当认定为“多次盗窃”。非法进入供他人家庭生活，与外界相对隔离的住所盗窃的，应当认定为“入户盗窃”。携带枪支、爆炸物、管制刀具等国家禁止个人携带的器械盗窃，或者为了实施违法犯罪携带其他足以危害他人人身安全的器械盗窃的，应当认定为“携带凶器盗窃”。在公共场所或者公共交通工具上盗窃他人随身携带的财物的，应当认定为“扒窃”。

盗窃公私财物数额较大，行为人认罪、悔罪，退赃、退赔，且具有下列情形之一，情节轻微的，可以不起诉或者免予刑事处罚；必要时，由有关部门予以行政处罚：①具有法定从宽处罚情节的；②没有参与分赃或者获赃较少且不是主犯的；③被害人谅解的；④其他情节轻微、危害不大的。

(3) 关于对共同盗窃各犯罪人的处理问题。①对犯罪集团的首要分子，应当按照集团盗窃的总数额处罚。②对共同犯罪中的其他主犯，应当按照其所参与的或者组织、指挥的共同盗窃的数额处罚。③对共同犯罪中的从犯，应当按照其所参与的共同盗窃的数额确定量刑幅度，并依照《刑法》第 27 条第 2 款的规定，从轻、减轻处罚或者免除处罚。

(4) 偷拿家庭成员或者近亲属的财物，获得谅解的，一般可不认为是犯罪；追究刑事责任的，应当酌情从宽。

(5) 已满 14 岁不满 16 岁的人不负盗窃罪的刑事责任。即这样的未成年人进行一般盗窃，依法不负刑事责任。因此，对于 16 岁以前一般盗窃的数额，不能累计到 16 岁以后所犯的盗窃罪中去。对以前的盗窃，可以作为情节考虑。

(6) 盗窃枪支、弹药、爆炸物、危险物质的，应当按照《刑法》第 127 条第 1 款规定，以盗窃枪支、弹药、爆炸物、危险物质罪处罚。

(7) 盗伐森林或者其他林木，数量较大的，应当按照《刑法》第 345 条第 1 款规定，以盗伐林木罪处罚。

(8) 盗窃国家机关的公文、证件、印章的，应当按照《刑法》第 280 条第 1 款规定，以盗窃国家机关公文、证件、印章罪处罚。这是因为这些犯罪行为侵害的客体、社会危害程度，与一般的盗窃犯罪有原则区别，不能一见

“秘密窃取”或者“盗窃”，就都定盗窃罪，而应当按照《刑法》的规定来正确定罪量刑。

(9) 盗窃信用卡并且使用的，以盗窃罪定罪处罚。其盗窃数额应当根据行为人盗窃信用卡后使用的数额认定。

(10) 盗窃广播电视设施、公用电信设施价值数额不大，但是构成危害公共安全犯罪的，依照《刑法》第124条的规定，以“破坏广播电视设施、公用电信设施罪”定罪处罚；盗窃广播电视设施、公用电信设施同时构成盗窃罪和破坏广播电视设施、公用电信设施罪的，选择其中一个重罪处罚。

(11) 盗窃使用中的电力设备，同时构成盗窃罪和破坏电力设备罪的，选择其中一个重罪处罚。

(12) 偷开他人机动车的，按照下列规定处理。一是偷开机动车，导致车辆丢失的，以盗窃罪定罪处罚。二是为盗窃其他财物，偷开机动车作为犯罪工具使用后非法占有车辆，或者将车辆遗弃导致丢失的，被盗车辆的价值计入盗窃数额。三是为实施其他犯罪，偷开机动车作为犯罪工具使用后非法占有车辆，或者将车辆遗弃导致丢失的，以盗窃罪和其他犯罪数罪并罚；将车辆送回未造成丢失的，按照其所实施的其他犯罪从重处罚。在偷开机动车辆过程中，发生交通肇事构成犯罪，又构成其他犯罪的，应当以交通肇事罪和其他罪实行数罪并罚。

(13) 实施盗窃犯罪，造成公私财物损毁的，以盗窃罪从重处罚；又构成其他犯罪的，选择其中重罪从重处罚；盗窃公私财物尚未构成盗窃罪，但因为采用破坏性手段造成公私财物毁损数额较大的，以故意毁坏财物罪定罪处罚。盗窃后，为了掩盖盗窃罪行或者报复等，故意破坏公私财物构成犯罪的，应当以盗窃罪和构成的其他罪实行数罪并罚。

(14) 盗窃技术成果等商业秘密的，按照刑法第219条规定，以“侵犯商业秘密罪”定罪处罚。

(15) 根据2013年4月2日《最高人民法院、最高人民检察院关于办理盗窃刑事案件适用法律若干问题的解释》的规定，单位组织、指使盗窃犯罪，以盗窃罪追究组织者、指使者、直接实施者的刑事责任。

### 155. 对盗窃罪如何处罚？

根据《刑法》第264条和265条的规定，盗窃公私财物，数额较大的，或者多次盗窃、入户盗窃、携带凶器盗窃、扒窃的，处3年以下有期徒刑、拘役或者管制，并处或者单处罚金；数额巨大或者有其他严重情节的，处3年以上10年以下有期徒刑，并处罚金；数额特别巨大或者有其他特别严重情节的，处10年以上有期徒刑或者无期徒刑，并处罚金或者没收财产。以牟利为目的，盗接他人通信线路、复制他人电信码号或者明知是盗接、复制的电信设备、设施而使用的，依照盗窃来定罪处罚。

根据2013年4月2日《最高人民法院、最高人民检察院关于办理盗窃刑事案件适用法律若干问题的解释》规定，因犯盗窃罪，依法判处罚金刑的，应当在1千元以上盗窃数额的二倍以下判处罚金；没有盗窃数额或者盗窃数额无法计算的，应当在1千元以上10万元以下判处罚金。

最高人民法院2013年12月23日发布的《关于常见犯罪的量刑指导意见》有以下规定。

(1) 构成盗窃罪的，可以根据下列不同情形在相应的幅度内确定量刑起点。①达到数额较大起点的，两年内三次盗窃的，入户盗窃的，携带凶器盗窃的，或者扒窃的，可以在一年以下有期徒刑、拘役幅度内确定量刑起点。②达到数额巨大起点或者有其他严重情节的，可以在三年至四年有期徒刑幅度内确定量刑起点。③达到数额特别巨大起点或者有其他特别严重情节的，可以在十年至十二年有期徒刑幅度内确定量刑起点。依法应当判处无期徒刑的除外。

(2) 在量刑起点的基础上，可以根据盗窃数额、次数、手段等犯罪事实增加刑罚量，确定基准刑：①盗窃数额每增加1000元，可以增加一个月至二个月刑期；②多次盗窃的，可以增加两个月到六个月刑期；③盗窃他人必需的生产、生活资料，严重影响他人生产、生活的，可以增加两个月至六个月刑期。

(3) 盗窃近亲属财物的，可以减少基准刑的50%以下。不作犯罪处理的除外。

(4) 盗窃增值税专用发票或者可以用于骗取出口退税、抵扣税款的其他发票和盗窃珍贵文物等物品的，依照有关法律、司法解释办理。

### 156. 怎样认定诈骗罪？

诈骗罪，是指以非法占有为目的，用虚构事实或者隐瞒真相的方法，骗取数额较大的公私财物的行为。

其构成要件如下。

(1) 侵犯的客体，是公私财产的所有权。侵犯的对象仅限于各种公私财物，不包括其他非法利益。对于《刑法》另有规定的诈骗特定财物构成的犯罪，例如各种金融诈骗，因为其侵犯的主要客体是国家金融秩序，均不属于这里所说的诈骗罪。

(2) 在客观方面，表现为以虚构事实或者隐瞒真相的方法，骗取数额较大的公私财物的行为。常见的诈骗方法有编造谎言、假冒身份、伪造文书或者证件、涂改单据等，制造假相迷惑被害人，使其上当以后交出财物。

(3) 犯罪主体是一般主体，即年满16周岁、具有刑事责任能力的自然人，均可构成本罪的主体。以单位名义进行诈骗的，应当追究其主管人员、直接责任人员的刑事责任。

(4) 主观方面是故意，而且以非法占有公私财物为目的。

认定诈骗罪要注意以下问题。

(1) 根据《刑法》规定，诈骗数额较大的才能构成诈骗罪。因此，对诈骗公私财物没有达到数额较大，不能认定为诈骗犯罪，而应当作为一般的诈骗行为。在必要时，可给予治安行政管理处罚。对于《刑法》分则中另有的特别规定，例如各种金融诈骗犯罪等，应该依照特别规定来定罪处罚。

(2) 要划清本罪与其他具有欺诈特点犯罪的界限。在现行的刑事法律中，根据犯罪分子的犯罪行为侵犯的客体、侵害的对象、行为方式、主观故意等方面的不同，把诈骗犯罪具体分为不同的罪名。因此，在司法实践中，不能一见有诈骗行为就都笼统地认定为诈骗罪。《刑法》中已有特定罪名和法定刑，应当依照《刑法》特殊规定的犯罪定罪处罚。例如，集资诈骗、信用证诈骗、信用卡诈骗、保险诈骗等各种金融方面的诈骗，不能定诈骗罪，而应按照《刑法》的有关规定来定罪处罚。

明知他人实施诈骗犯罪，为其提供信用卡、手机卡、通信工具、通信传输通道、网络技术支持、费用结算等帮助的，以共同犯罪论处。

冒充国家机关工作人员进行诈骗，同时构成诈骗罪和招摇撞骗罪的，依照处罚较重的规定定罪处罚。

### 157. 对诈骗罪如何处罚？

《刑法》第266条规定："诈骗公私财物，数额较大的，处三年以下有期徒刑、拘役或者管制，并处或者单处罚金；数额巨大或者有其他严重情节的，处三年以上十年以下有期徒刑，并处罚金；数额特别巨大或者有其他特别严重情节的，处十年以上有期徒刑或者无期徒刑，并处罚金或者没收财产。本法另有规定的，依照规定。"

最高人民法院2013年12月23日发布的《关于常见犯罪的量刑指导意见》有如下规定。

(1) 构成诈骗罪的，可以根据下列不同情形在相应的幅度内确定量刑起点。

①达到数额较大起点的，可以在三个月拘役至六个月有期徒刑幅度内确定量刑起点。

②达到数额巨大起点或者有其他严重情节的，可以在三年至四年有期徒刑幅度内确定量刑起点。

③达到数额特别巨大的，或者具有以下情节之一的，可以在十年至十二年有期徒刑幅度内确定量刑起点，依法应当判处无期徒刑的除外：一是诈骗集团的首要分子或者共同诈骗犯罪中情节严重的主犯；二是多次诈骗或者流窜作案危害严重的；三是诈骗法人、其他组织或者个人急需的生产资料，严重影响生产或者造成其他严重损失的；四是诈骗救灾、抢险、防汛、优抚、救济、医疗款物，造成严重后果的；五是挥霍诈骗的财物，致使诈骗的财物无法返还的；六是使用诈骗的财物进行违法犯罪活动的；七是曾因诈骗受过刑事处罚的；八是导致被害人死亡、精神失常或者其他后果的；九是具有其他严重情节的。

（2）在量刑起点的其他上，可以根据诈骗数额、次数和其他犯罪情节的严重程度增加刑罚量确定基准刑：①诈骗数额未达到数额巨大起点的，每增加 2000 元，可以增加一个月至两个月刑期；②诈骗数额达到数额巨大起点的，每增加 10000 元，可以增加六个月至一年刑期；或者每增加具有 1 条 3 项情形之一的，可以增加六个月至一年刑期。③诈骗数额达到特别巨大起点的，每增加 50000 元，可以增加一年至一年六个月刑期。或者每增加具有 1 条 3 项情形之一的，可以增加六个月至两年刑期。

（3）诈骗近亲属财物的，可以减少基准刑的 50％以下。

根据 2011 年 3 月 1 日最高人民法院、最高人民检察院发布的《关于办理诈骗刑事案件具体应用法律若干问题的解释》的规定，诈骗公私财物价值 3000 元至 1 万元以上、3 万元至 10 万元以上、50 万元以上的，应当分别认定为《刑法》第 266 条规定的“数额较大”“数额巨大”“数额特别巨大”。

诈骗公私财物达到上述的数额标准，具有下列情形之一的，可以酌情从严惩处：①通过发送短信、拨打电话或者利用互联网、广播电视、报刊等发布虚假信息，对不特定多数人实施诈骗的；②诈骗救灾、抢险、防汛、优抚、扶贫、移民、救济、医疗款物的；③以赈灾募捐名义实施诈骗的；④诈骗残疾人、老年人或者丧失劳动能力人的财物的；⑤造成被害人自杀、精神失常或者其他严重后果的。

诈骗数额接近“数额巨大”“数额特别巨大”的标准，并具有上述情形之一，或者属于诈骗集团首要分子的，应当分别认定为《刑法》第 266 条规定的“其他严重情节”“其他特别严重情节”。

诈骗公私财物虽已达到“数额较大”的标准，但具有下列情形之一，且行为人认罪、悔罪的，可以根据《刑法》第37条、《刑事诉讼法》第173条的规定，不起诉或者免予刑事处罚：①具有法定从宽处罚情节的；②一审宣判前全部退赃、退赔的；③没有参与分赃或者获赃较少且不是主犯的；④被害人谅解的；⑤其他情节轻微、危害不大的。

诈骗近亲属的财物，近亲属谅解的，一般可不按犯罪处理。诈骗近亲属的财物，确有追究刑事责任必要的，具体处理也应酌情从宽。

诈骗未遂，以数额巨大的财物为诈骗目标的，或者具有其他严重情节的，应当定罪处罚。

利用发送短信、拨打电话、互联网等电信技术手段，对不特定多数人实施诈骗，诈骗数额难以查证，但具有下列情形之一的，应当认定为《刑法》第266条规定的“其他严重情节”，以诈骗罪（未遂）定罪处罚：①发送诈骗信息5000条以上的；②拨打诈骗电话500人次以上的；③诈骗手段恶劣、危害严重的。实施前述行为，数量达到前述规定标准10倍以上的，或者诈骗手段特别恶劣、危害特别严重的，应当认定为《刑法》第266条规定的“其他特别严重情节”，以诈骗罪（未遂）定罪处罚。

诈骗既有既遂，又有未遂，分别达到不同量刑幅度的，依照处罚较重的规定处罚；达到同一量刑幅度的，以诈骗罪既遂处罚。

行为人已将诈骗财物用于清偿债务或者转让给他人，具有下列情形之一的，应当依法追缴：①对方明知是诈骗财物而收取的；②对方无偿取得诈骗财物的；③对方以明显低于市场的价格取得诈骗财物的；④对方取得诈骗财物系源于非法债务或者违法犯罪活动的。他人善意取得诈骗财物的，不予追缴。

### 158. 怎样认定合同诈骗罪？

合同诈骗罪，是指以非法占有为目的，在签订、履行合同中，骗取对方当事人财物，数额较大的行为。

其构成要件是：①侵犯的客体，是国家对合同的管理秩序和公私财物的所有权，进而扰乱市场秩序；②在客观方面，表现为行为人实施了骗取对方当事人财物的行为，这些犯罪行为，都是在签订、履行合同这一表面上合法的形式掩盖下实施的；③本罪的主体是一般主体，包括自然人和单位；④主观方面是故意，即行为人主观上必须有骗取对方财物的故意。

认定本罪要注意以下问题。

(1) 关于本罪的立案标准。根据2010年5月7日《最高人民检察院、公安部关于公安机关管辖的刑事案件立案追诉标准的规定（二）》第77条规定，以非法占有为目的，在签订、履行合同过程中，骗取对方当事人财物，数额在2万元以上的，应予立案追诉。

（2）关于本罪中“以非法占有为目的”的认定。区分合同诈骗与合同纠纷的关键，在于查明行为人有无通过虚构事实等欺骗方法签订合同，企图非法占有对方财物的目的。正确认定非法占有的目的，应从有无履行合同的实际能力及违约后的态度看。具有下列情形之一的，应当认定行为人具有非法占有目的：①获得合同标的财物而拒不履行或部分履行合同义务，携带所获财物潜逃的；②肆意非法处置、滥用、变相占有被害人财物的；③大肆挥霍对方的定金、预付款，致使被害人财物无法返还的；④以支付中间人高额回扣、介绍费、提成等方法，致使被害人财物无法返还的；⑤使用被害人的财物进行违法犯罪活动，致使被害人的财物无法返还的；⑥将以诈骗方法得来的财物大部分用于归还债务，弥补亏空的；⑦根本就没有经营条件和履行合同的能力而大量骗取资金的；⑧抽逃、转移、隐匿被害人财物，有条件归还而拒不归还的；⑨隐匿销毁财务账目，或搞假破产、假倒闭逃避返还被害人财物的；⑩为继续实施合同诈骗，拆东墙补西墙，或将被害人财物用于亏损或进行不营利生产经营项目的；⑪不正当履行合同义务，为履行合同设置障碍，且占有对方财物拒不返还的；⑫具有其他欺诈行为，拒不返还被害人财物，或者致使被害人财物无法返还的等。

（3）本罪在客观方面的表现：①以虚构的单位或者冒用他人名义签订合同，骗取对方当事人财物的行为；②以伪造、变造、作废的票据或者以其他虚假的产权证明作担保，诱骗对方当事人与其签订合同、履行合同，从而骗取财物的行为；③没有实际履行能力，以先履行小额合同或者部分履行合同的方法，诱骗对方当事人继续签订和履行合同的行为；④收受对方当事人付给的货物、货款、预付款或者担保财产后逃匿的行为；⑤虚构履行合同能力，诱骗对方与其签订、履行合同骗取财物的；⑥以其他方法骗取对方当事人财物的行为。

（4）正确区分自然人犯罪与单位犯罪。犯罪目的出自于犯罪故意，而犯罪故意又出自于犯罪主体。因此，对于合同诈骗罪，判断其是自然人犯罪还是单位犯罪，要看以下两点：一是如果是单位犯罪，那么单位的主要成员有共同的犯罪故意和犯罪目的，即单位的主要成员、领导班子必须有以签订、履行合同的方法，非法占有他人财物的故意和目的；二是要看骗取的财物被谁非法占有。如果是自然人非法占有了，则是自然人犯罪；是单位非法占有了，则为单位犯罪。

一般来说，自然人实施合同诈骗罪的情形是：假冒单位法定代表人（负责人）的身份，以其名义签订、履行合同，骗取对方财物，单位事后不追认的；以单位名义签订、履行合同，骗取对方财物，并非其职务行为或被授权性行为，单位事后不追认的；盗用、冒用、伪造单位公文、证件、印章，或以已废业的单位的名义实施合同诈骗行为的；实行定额上缴承包费的承包人，以发包单位名义利用合同诈骗的；自然人挂靠在单位名下从事经营活动，以被挂靠单位名义利用合同诈骗，且被挂靠单位未直接参与经营、管理或者享有经营收益和承担经营风险的。

单位实施合同诈骗罪的情形一般是：单位的法定代表人（负责人）以单位的名义实施的合同诈骗行为，且非法所得被单位占有；单位组织内的自然人在职务范围内以单位的名义实施的合同诈骗行为，且非法所得被单位占有；经单位授权或者委托的自然人，在授权或者委托事项范围内，以单位的名义实施的合同诈骗行为，且非法所得被单位占有；未经单位授权或者超越委托事项范围，以单位的名义实施合同诈骗行为，后经单位追认的，且非法所得被单位占有；实行责任制承包的承包人，以发包单位名义利用合同诈骗的。

对本罪，法律规定了单位犯罪，但对单位犯罪的数额，法律没有明确规定。根据2010年6月21日《最高人民法院关于在经济犯罪审判中参照适用〈最高人民检察院、公安部关于公安机关管辖的刑事案件立案追诉标准的规定（二）〉的通知》第1条规定，最高人民法院对相关经济犯罪的定罪量刑标准没有规定的，人民法院在审理经济犯罪案件时，可以参照适用《最高人民检察院、公安部关于公安机关管辖的刑事案件立案追诉标准的规定（二）》的规定。

### 159. 对合同诈骗罪如何处罚？

《刑法》第224条规定："有下列情形之一，以非法占有为目的，在签订、履行合同过程中，骗取对方当事人财物，数额较大的，处三年以下有期徒刑或者拘役，并处或者单处罚金；数额巨大或者有其他严重情节的，处三年以上十年以下有期徒刑，并处罚金；数额特别巨大或者有其他特别严重情节的，处十年以上有期徒刑或者无期徒刑，并处罚金或者没收财产：（一）以虚构的单位或者冒用他人名义签订合同的；（二）以伪造、变造、作废的票据或者其他虚假的产权证明作担保的；（三）没有实际履行能力，以先履行小额合同或者部分履行合同的方法，诱骗对方当事人继续签订和履行合同的；（四）收受对方当事人给付的货物、货款、预付款或者担保财产后逃匿的；（五）以其他方法骗取对方当事人财物的。"

根据《刑法》第 231 条规定，单位犯本罪的，对单位判处罚金，并对其直接负责的主管人员和其他直接责任人员，依照上述规定处罚。

对本罪，法律规定了单位犯罪。与自然人犯罪相比，单位犯罪要判处罚金，因此，判处的主刑应该比没有判处罚金刑的自然人要轻。但对单位犯罪的数额，法律又没有明确规定。根据 2010 年 6 月 21 日《最高人民法院关于在经济犯罪审判中参照适用〈最高人民检察院、公安部关于公安机关管辖的刑事案件立案追诉标准的规定（二）〉的通知》第 1 条规定，最高人民法院对相关经济犯罪的定罪量刑标准没有规定的，人民法院在审理经济犯罪案件时，可以参照适用《最高人民检察院、公安部关于公安机关管辖的刑事案件立案追诉标准的规定（二）》的规定。

### 160. 怎样认定抢劫罪?

抢劫罪，是指以非法占有为目的，以暴力、胁迫或者其他方法，强行当场抢劫公私财物的行为。

抢劫罪构成要件如下。

①侵犯的客体是双重客体。既侵犯了公私财物所有权，又侵犯了公民的人身权利。这是抢劫犯罪区别其他犯罪的主要标志。②在客观方面，表现为对公私财物的所有人、保管人或者在场的其他人使用暴力、胁迫或者其他方法，当场抢劫公私财物或者迫使其交出公私财物的行为。这是抢劫罪与盗窃罪、诈骗罪、抢夺罪等以非法占有为目的的侵犯财产罪的显著区别。③犯罪主体是一般主体。已满 14 岁不满 16 岁的人犯本罪，应当负刑事责任。④主观方面是故意，并且以非法强占公私财物为目的。

认定本罪要注意以下问题。

（1）认定抢劫罪没有抢劫数额的要求，只要实施了抢劫行为即可以构成犯罪。但是，对于刚刚达到刑事责任年龄的未成年人，使用轻微的暴力或者胁迫方法，抢走别人少量财物，因其企图非法占有的财物数额极其有限，对他人人身的危害也很小，综合全案情节，一般属于情节显著轻微，危害不大，不应当认定为抢劫罪，可按一般的违法行为处理。对不是以非法占有公私财物为目的，而属于讨债或者索要物品方法不当的行为，例如为了讨债而强行拿走人家的财物，强行取走自己被盗或者遗失物，或者强行分割共同财物等，也不能以抢劫罪论处。

（2）需注意某些行为可以转化成抢劫罪。根据 2005 年 6 月 8 日《最高人民法院关于审理抢劫、抢夺刑事案件适用法律若干问题的意见》的规定，行为人实施盗窃、诈骗、抢夺行为，没有达到“数额较大”，为窝藏赃物、抗拒抓捕或者毁灭证据当场使用暴力或者以暴力相威胁，情节较轻、危害不大的，一般不以犯罪论处；但具有下列情形之一的，可按抢劫罪定罪处罚：①盗窃、诈骗、抢夺接近“数额较大”标准的；②入户或者在公共交通工具上盗窃、诈骗、抢夺后在户外或者交通工具外实施上述行为的；③使用暴力致人轻伤以上后果的；④使用凶器或者以凶器相威胁的；⑤具有其他严重情节的。

(3) 要划清本罪与故意杀人罪的界限。根据2001年5月23日《最高人民法院关于抢劫过程中故意杀人案件如何定罪问题的批复》的规定，对这个问题，应当根据不同情况，具体分析，具体处理。①行为人为了劫取财物而预谋故意杀人，或者在劫取财物的过程中，为了制服被害人反抗而故意杀人的，以抢劫罪定罪处罚。凡是行为人所实施的杀人行为是作为抢劫财物的手段，属于抢劫罪中的使用暴力，则应当以抢劫罪论处。如果行为人没有直接杀人的故意，在抢劫中使用暴力或者其他方法，过失或者间接故意致被害人死亡，因这种后果是抢劫手段所引起的，而且在犯罪中对抢劫致人重伤或者死亡的行为规定了较重的法定刑，应当以抢劫罪一罪定罪处罚。②如果行为人为了事后图财，而是先将被害人杀死，属于图财害命，是故意杀人行为的一种，应当认定为故意杀人。③如果行为人首先杀死被害人，在事后又临时起意，乘机取走其财物，应当以故意杀人罪和盗窃罪实行数罪并罚。④如果行为人在抢劫取得了财物之后，为了杀人灭口，又临时起意，杀死被害人，应当以抢劫罪和故意杀人罪实行数罪并罚。

(4) 根据《最高人民法院关于审理抢劫、抢夺刑事案件适用法律若干问题的意见》第9条的规定，本罪与绑架罪的主要区别有三点。一是侵犯的客体不完全相同。本罪主要是侵犯了公私财产所有权，其次才是侵犯了被害人的人身权利；而绑架罪侵犯的主要是他人的人身自由权。二是主观方面不完全相同。本罪的行为人一般是出于非法占有他人财物的故意；而后者的行为人既可能为勒索他人财物实施绑架行为，也可能出于其他非经济目的实施绑架行为。三是犯罪手段也不完全相同。本罪表现为劫取财物是在同一时间、同一地点，具有“当场性”；而后者表现为以杀害、伤害等方式，向被绑架人的亲属或者其他人、单位发出威胁，索取赎金或者提出其他非法要求，劫取财物一般不具有“当场性”。在绑架过程中又当场劫取被害人随身携带财物的，同时触犯了绑架罪和抢劫罪两个罪名，应当选择其中一个重罪定罪处罚。

(5) 本罪与抢劫枪支、弹药、爆炸物罪的主要区别在于两点。一是犯罪对象不同。本罪的犯罪对象是除了枪支、弹药、爆炸物以外的其他公私财物；而后者的犯罪对象是枪支、弹药、爆炸物。二是这两种犯罪侵犯的客体也不相同。本罪侵犯的客体是公私财产所有权；而后者侵犯的客体是社会的公共完全。

(6) 对于冒充正在执行公务的人民警察、联防人员，以抓卖淫嫖娼、赌博等违法行为为名，非法占有财物的行为构成犯罪的，以招摇撞骗罪从重处罚；在实施上述行为中，使用暴力或者以暴力相威胁，以抢劫罪定罪处罚。行为人冒充联防队员“抓赌”“抓嫖”、没收赌资或者罚款的行为，构成犯罪的，以敲诈勒索罪定罪处罚；在实施上述行为中，使用暴力或者以暴力相威胁，以抢劫罪定罪处罚。

(7) 从事正常商品买卖、交易或者劳动服务的人，以暴力、胁迫手段，迫使他人交出与合理价钱、费用相差不大的财物，情节严重的，以强迫交易罪定罪处罚；以非法占有为目的，以买卖、交易、服务为幌子，采取暴力、胁迫手段，迫使他人交出与合理价钱、费用相差悬殊的钱物的，以抢劫罪定罪处罚。

### 161. 对抢劫罪如何处罚？

根据《刑法》第 263 条规定，犯抢劫罪的，其处罚分两个幅度。一是情节一般的，判处 3 年以上 10 年以下有期徒刑，并处罚金。二是有下列情形之一的，判处 10 年以上有期徒刑、无期徒刑或者死刑，并处罚金或者没收财产：①入户抢劫的；②在公共交通工具上抢劫的；③抢劫银行或者其他金融机构的；④多次抢劫或者抢劫数额巨大的；⑤抢劫致人重伤、死亡的；⑥冒充军警人员抢劫；⑦持枪抢劫的；⑧抢劫军用物资或者抢险、救灾、救济物资的。

为了准确量刑，根据 2005 年 6 月 8 日《最高人民法院关于审理抢劫、抢夺刑事案件适用法律若干问题的意见》和 2000 年 11 月 22 日《最高人民法院关于审理抢劫案件具体应用法律若干问题的解释》的规定，应明确以下问题。

(1) 认定“入户抢劫”，应注意以下三个问题。一是“户”的范围。“户”在这里是指住所，其特征表现为供他人家庭生活和与外界相对隔离两个方面。前者为功能特征，后者为场所特征。进入他人生活的与外界相对隔离的住所，包括封闭的院落、牧民的帐篷、渔民作为家庭生活场所的渔船、为生活租用的房屋等进行抢劫的行为应认定为“入户抢劫”。在一般情况下，集体宿舍、旅店宾馆、临时搭建的工棚等不应该认定为“户”，但在特定情况下，如果确实具有上述两个特征的，也可以认定为“户”。二是“入户”目的具有非法性。进入他人住处须以实施抢劫等犯罪为目的。抢劫行为虽然发生在户内，但行为人不以实施抢劫等犯罪为目的进入他人住所，而是在户内临时起意实施抢劫的，不属于“入户抢劫”。三是暴力或者暴力胁迫行为必须发生在户内。入户实施盗窃被发现，行为人为了窝藏赃物、抗拒抓捕或者毁灭罪证而当场使用暴力或者以暴力相威胁的，如果暴力或者暴力胁迫行为发生在户内，可以认定为“入户抢劫”；如果发生在户外，不能认定为“入户抢劫”。

（2）所谓“在公共交通工具上抢劫”，既包括在从事旅客运输的各种公共汽车，大、中型出租车，火车，船只，飞机等正在运营中的机动公共交通工具上对旅客、司售、乘务人员实施的抢劫，也包括对运行途中的机动公共交通工具加以拦截后，对公共交通工具上的人员实施的抢劫。对不是在运营中的大、中型公共交通工具上针对旅客、司售、乘务人员抢劫的，或者在小型出租车上抢劫的，不属于“在公共交通工具上抢劫”。

（3）所谓“抢劫银行或者其他金融机构”，是指抢劫银行或者其他金融机构的经营资金、有价证券和客户的资金等。抢劫正在使用中的银行或者其他金融机构的运钞车的，视为“抢劫银行或者其他金融机构”。

（4）所谓“多次抢劫”，是指抢劫3次以上。对于“多次”的认定，应该以行为人实施的每一次抢劫行为均已构成犯罪为前提，综合考虑犯罪故意的产生，犯罪行为实施的时间、地点等因素，客观分析、认定。对于行为人基于一个犯意实施犯罪的，如在同一地点同时对在场的多人实施抢劫的；或者基于同一犯意在同一地点实施连续抢劫犯罪的，如在同一地点连续地对途经此地的多人进行抢劫的；或者在一次犯罪中，对一栋居民楼中的几户居民连续实施入户抢劫的，一般应该认定为一次犯罪。

（5）“持枪抢劫”，是指行为人使用枪支或者向被害人显示持有、佩带的枪支进行抢劫的行为。“枪支”的概念和范围，适用《中华人民共和国枪支管理法》的规定。

（6）《刑法》第267条第2款规定，“携带凶器抢夺的”，按抢劫罪定罪处罚。这里的“携带凶器抢夺”，是指携带枪支、爆炸物、管制刀具等国家禁止个人携带的器械进行抢夺或者为了实施犯罪而携带其他器械进行抢夺的行为。行为人携带国家禁止个人携带的器械以外的其他器械抢夺，但有证据证明该器械确实不是为了实施犯罪准备的，不以抢劫罪定罪处罚；行为人将随身携带的凶器有意加以显示、能为被害人察觉到的，直接适用《刑法》第263条规定的抢劫罪定罪处罚；行为人携带凶器抢夺以后，在逃跑过程中，为了窝藏赃物、抗拒抓捕或者毁灭罪证而当场使用暴力或者以暴力相威胁的，适用《刑法》第267条第2款的规定，以抢劫罪定罪处罚。

（7）关于抢劫犯罪数额的计算。抢劫信用卡以后使用、消费的，其实际使用、消费的数额为抢劫数额。抢劫信用卡后没有实际使用、消费的，不计数额，根据情节轻重来量刑。所抢信用卡数额巨大，但没有实际使用、消费或者实际使用、消费的数额没有达到巨大标准的，不适用“抢劫数额巨大”的法定刑。

为了抢劫其他财物，劫取机动车辆当作犯罪工具或者逃跑工具使用的，被劫取的机动车辆的价值计入抢劫数额；为实施抢劫以外的其他犯罪劫取机动车辆的，以抢劫罪和实施的其他犯罪实行数罪并罚。

（8）对于驾驶机动车、非机动车（以下简称“驾驶车辆”）夺取他人财物的，一般以抢夺罪从重处罚。但具有下列情形之一的，应当以抢劫罪定罪处罚：一是驾驶车辆，逼挤、撞击或者强行逼倒他人以排除他人反抗，乘机夺取财物的；二是驾驶车辆强抢财物时，因被害人不放手而采取强拉硬拽方法劫取财物的；三是行为人明知其驾驶车辆强行夺取他人财物的手段会造成他人伤亡的后果，仍然强行夺取并且放任造成财产持有人轻伤以上后果的。

最高人民法院 2013 年 12 月 23 日发布的《关于常见犯罪的量刑指导意见》有如下规定。

（1）构成抢劫罪的，可以根据下列不同情形在相应的幅度内确定量刑起点。

①抢劫一次的，可以在三年至六年有期徒刑幅度内确定量刑起点。②有下列情形之一的，可以在十年至十三年有期徒刑幅度内确定量刑起点：入户抢劫的；在公共交通工具上抢劫的；抢劫银行或者其他金融机构的；抢劫三次或者抢劫数额达到数额巨大起点的；抢劫致一人重伤的；冒充军警人员抢劫的；持枪抢劫的；抢劫军用物资或者抢险、救灾、救济物资的。依法应当判处无期徒刑以上刑罚的除外。

（2）在量刑起点的基础上，可以根据抢劫情节严重程度、抢劫次数、数额、致人伤害后果等其他影响犯罪构成的犯罪事实增加刑罚量，确定基准刑。

### 162. 怎样认定故意杀人罪？

故意杀人罪，是指故意非法剥夺他人生命的行为。

故意杀人罪构成要件如下。

（1）侵犯的客体，是他人的生命权利。这是其区别于其他犯罪的根本点，也是故意杀人罪的根本特征。

（2）在客观方面，具有非法剥夺他人生命的行为。

（3）犯罪主体是一般主体。根据《刑法》第 17 条第 2 款规定，已满 14 周岁不满 16 周岁的人犯故意杀人罪的，也应负刑事责任。

（4）在主观方面是故意，包括直接故意，如将被害人头颅割下，致其死亡；也包括间接故意，如用匕首向被害人腹部猛刺一刀，对于被害人是死是活持放任态度。

认定本罪要注意以下问题。

（1）故意杀人罪与过失致人死亡罪的不同点包括三个方面。①主观方面不同。一个是故意，另一个是过失。②故意杀人罪有未遂状态，而过失致人死亡罪不存在未遂问题。③间接故意造成被害人死亡的故意杀人与过于自信造成被害人死亡的过失致人死亡罪难以区别，二者的关键不同点在于主观心态不同。前者对被害人死亡的后果，持放任、听之任之的心理；而后者对被害人死亡的后果，轻信能够避免，不至于发生。

（2）故意杀人罪与故意伤害罪致人死亡不同。故意杀人，分为直接故意和间接故意两种。直接故意杀人，目的很明确，就是要通过割下被害人头颅、刺破心脏等方法，将其杀死。而间接故意杀人，就是对被害人的死亡结果持放任态度。而故意伤害罪致人死亡的，对死亡的结果，既不是希望发生，也不是听之任之的放任，而是仅仅为了伤害被害人身体。被害人死亡结果的发生，是过失甚至是意想不到的。比如用匕首刺被害人腿部，因刺破动脉血管，使被害人死亡。由于腿部不属人身中的要害部位，被害人的死亡是行为人不希望的，或者是意料之外的。因此，区别故意杀人罪与故意伤害罪致人死亡的关键在于看行为人的心理状态。对被害人死亡的后果持听之任之的放任态度，是故意杀人；对被害人死亡的后果不希望发生，而这种结果的发生是意外，其本意只是想伤害被害人，则是故意伤害。

在司法实践中，对无故寻衅，动辄动刀捅人的案件，尽管行为人的主观故意内容不明显，但不计后果，一般按实际造成的结果定罪，即：被害人已经死亡的，按间接故意杀人论处；被害人没有死亡的，则按故意伤害罪论处。如果间接故意杀人与故意伤害致人死亡的界限确实难以分清，应按处理疑难案件“就低不就高”的原则，可按故意伤害罪论处。

## 163. 对故意杀人罪如何处罚？

《刑法》第232条规定：“故意杀人的，处死刑、无期徒刑或者十年以上有期徒刑；情节较轻的，处三年以上十年以下有期徒刑。”

《刑法》第36条规定：“由于犯罪行为而使被害人遭受经济损失的，对犯罪分子除依法给予刑事处罚外，并应根据情况判处赔偿经济损失。”“承担民事赔偿责任的犯罪分子，同时被判处罚金，其财产不足以全部支付的，或者被判处没收财产的，应当先承担对被害人的民事赔偿责任。”

对本罪的处罚要注意以下问题。

（1）本罪的“情节较轻”，通常是指防卫过当杀人，出于义愤或类似大义灭亲杀人，还有反抗迫害或羞辱杀人，应被害人请求而帮助其自杀的杀人，以及杀人的预备、中止等。

(2)《刑法》第 56 条、第 57 条和第 72 条与本罪的量刑也有关。这三条规定的有关内容分别是:“对于故意杀人、强奸、放火、爆炸、投毒、抢劫等严重破坏社会秩序的犯罪分子，可以附加剥夺政治权利”“对于被判处死刑、无期徒刑的犯罪分子，应当剥夺政治权利”“对于被判处拘役、三年以下有期徒刑的犯罪分子，同时符合下列条件的，可以宣告缓刑，对其中不满十八周岁的人、怀孕的妇女和已满七十五周岁的人，应当宣告缓刑:（一）犯罪情节较轻;（二）有悔罪表现;（三）没有再犯罪的危险;（四）宣告缓刑对所居住社区没有重大不良影响。宣告缓刑，可以根据犯罪情况，同时禁止犯罪分子在缓刑考验期限内从事特定活动，进入特定区域、场所，接触特定的人。被宣告缓刑的犯罪分子，如果被判处附加刑，附加刑仍须执行”。

(3)《刑法》第 289 条规定:“聚众‘打砸抢’，致人伤残、死亡的，依照本法第二百三十四条、第二百三十二条的规定定罪处罚。毁坏或者抢走公私财物的，除判令退赔外，对首要分子，依照本法第二百六十三条的规定定罪处罚。”

(4) 关于本罪的民事赔偿问题。

根据 2012 年 12 月 20 日《最高人民法院关于适用〈中华人民共和国刑事诉讼法〉的解释》第 155 条及其他有关规定，对附带民事诉讼部分，应当根据犯罪行为造成的物质损失，结合案件具体情况，确定被告人应当赔偿的数额。

犯罪行为造成被害人人身损害的，应当赔偿医疗费、护理费、交通费等为治疗和康复支付的合理费用，以及因误工减少的收入。造成被害人残疾的，还应当赔偿残疾生活辅助具费等费用;造成被害人死亡的，还应当赔偿丧葬费等费用。

附带民事诉讼当事人就民事赔偿问题达成调解、和解协议的，赔偿范围、数额不受限制。

对应当赔偿的各项费用，2003 年 12 月 26 日《最高人民法院关于审理人身损害赔偿案件适用法律若干问题的解释》已作了具体说明，具体如下。

医疗费根据医疗机构出具的医药费、住院费等收款凭证，结合病历和诊断证明等相关证据确定。被告人对治疗的必要性和合理性如果有异议，应当提出证据予以说明。医疗费的赔偿数额，按照一审法院法庭辩论终结以前实际发生的数额确定。器官功能恢复训练所必需的康复费、适当的整容费以及其他后续治疗费，原告人可以待实际发生后另行起诉。但根据医疗证明或者鉴定结论确定必然发生的费用，可以与已经发生的医疗费一并予以赔偿。

误工费应当根据受害人的误工时间和收入状况确定。误工时间根据受害人接受治疗的医疗机构出具的证明确定。受害人因伤致残持续误工的，误工时间可以计算至定残日前一天。受害人有固定收入的，误工费按实际减少的收入计算。被害人没有固定收入的，按照其最近三年的平均收入计算；受害人不能举证证明最近三年的平均收入状况的，可以参照受诉法院所在地相同或者相近行业上一年度职工的平均工资计算。

护理费根据护理人员的收入状况和护理人数、护理期限确定。护理人员有收入的，参照误工费的规定计算；护理人员没有收入或者雇用护工的，参照当地护工从事同等级别护理的劳务报酬标准计算。护理人员原则上为一人，但医疗机构或者鉴定机构有明确意见的，可以参照确定护理人员的人数。护理期限应计算至被害人恢复生活自理能力时为止。受害人因残疾不能恢复生活自理能力的，可以根据其年龄、健康状况等因素，确定合理的护理期限，但最长不超过 20 年。受害人定残后的护理，应当根据其护理依赖程度并结合配制残疾辅助器具的情况确定护理级别。

交通费根据受害人及其必要的陪护人员因就医或者转院治疗实际发生的费用计算。交通费应当以正式票据为凭；有关凭据应当与就医地点、时间、人数、次数相符合。

住院伙食补助费可以参照当地国家机关一般工作人员的出差伙食补助标准予以确定。受害人确有必要到外地治疗，因为客观原因不能住院，受害人本人及其陪护人员实际发生的住宿费和伙食费，其合理部分应予赔偿。

关于住宿费的标准，一般是按照当地国家机关工作人员的出差住宿标准计算，凭据支付。对受害人亲属和陪护人员所必需的住宿费，一般应该包括在内，但人数最多不能超过三人。超过的部分，不能计入赔偿范围。

营养费根据受害人伤残情况参照医疗机构的意见确定。

残疾赔偿金根据受害人丧失劳动能力程度或者伤残等级，按照受诉法院所在地上一年度城镇居民人均可支配收入或者农村居民人均纯收入标准，自定残之日起按 20 年计算。但 60 周岁以上的，年龄每增加一岁减少一年；75 周岁以上的，按 5 年计算。

受害人因伤致残但实际收入没有减少，或者伤残等级较轻但造成职业妨害严重影响其劳动就业的，可以对残疾赔偿金作相适应调整。

残疾辅助器具费按照普通适用器具的合理费用标准计算。伤情有特殊需要的，可以参照辅助器具配制机构的意见确定相应的合理费用标准。辅助器具的更换周期和赔偿期限参照配制机构的意见确定。

丧葬费按照受诉法院所在地上一年度职工月平均工资标准，以 6 个月总额计算。

死亡赔偿金按照受诉法院所在地上一年度城镇居民人均可支配收入或者农村居民人均纯收入标准，按 20 年计算。但 60 周岁以上的，年龄每增加一岁减少一年；75 周岁以上的，按 5 年计算。

刑事案件附带的民事诉讼，所要解决的是民事赔偿问题，处理这个问题不能离开民事法律。根据《民法通则》第 131 条规定，被害人对于被损害的发生有过错的，可以减轻被告人的民事责任，这便是民事案件中的所谓“过错原则”。对于造成的经济损失，如果被告人单方面有过错，在一般情况下，应该判处被告人赔偿全部经济损失。对造成的经济损失的后果，如果被告人和被害人都有过错，应该各自承担部分过错责任。从受害人方面来说，其过错一般分以下三种情况：一是在案件的起因上有过错，包括有一部分过错和有全部过错；二是在被告人实施侵害行为过程中有过错，使事态向不好的方面发展，造成了更为严重的损害后果；三是对损害结果的扩大方面有过错，即受害人有义务防止或者减轻损害，而没有尽到这种义务。比如对致伤没有及时治疗，致使伤势严重；又如受害人不按照要求休息，超过规定进行强体力劳动或者强烈活动，致使病情反复；等等。对这些情况，受害人无权就扩大的损失部分要求赔偿。

《民法通则》第 130 条规定：“二人以上共同侵权造成他人损害的，应当承担连带责任。”因此，二人或者二人以上共同犯罪，造成他人经济损失，应当根据被告人过错的大小，按照比例承担各自相应的赔偿责任。如果其中一个或者几个人确实没有赔偿能力，有赔偿能力的被告人应当承担大部或者全部的赔偿责任。

由犯罪行为给被害人造成的损失是多方面的，不是只要有损失，就可以提起附带民事诉讼而要求犯罪分子予以赔偿。《最高人民法院关于适用〈中华人民共和国刑事诉讼法〉的解释》第 138 条规定：“被害人因人身权利受到犯罪侵犯或者财物被犯罪分子毁坏而遭受物质损失的，有权在刑事诉讼过程中提起附带民事诉讼；被害人死亡或者丧失行为能力的，其法定代理人、近亲属有权提起附带民事诉讼。因受到犯罪侵犯，提起附带民事诉讼或者单独提起民事诉讼要求赔偿精神损失的，人民法院不予受理。”因此，可以提起附带民事诉讼的，只限于因人身权利受到犯罪侵害而遭受物质损失，或者财产被犯罪分子毁坏而遭受的物质损失，不包括精神损失、名誉损失等其他损失。

### 164. 怎样认定故意伤害罪？

故意伤害罪，是指故意伤害他人身体的行为。其构成要件是：①侵犯的客体，是他人的身体健康权；②在客观方面，表现为实施了侵害他人身体健康的行为；③本罪的主体是一般主体；④主观方面是故意。

认定本罪要注意以下问题。

（1）要划清轻伤与重伤的界限。认定是轻伤还是重伤，其依据是司法鉴定意见。当然，如果司法鉴定有问题，应该重新鉴定。

（2）要划清故意伤害（致人死亡）罪与故意杀人罪的界限。二者的区别包括五个方面。①侵犯的客体不同。故意杀人罪侵犯的客体是他人的生命。而故意伤害致人死亡罪虽然也造成了他人死亡的后果，但侵犯的客体仍是他人的身体健康。②主观目的不同。故意杀人罪的行为人明知自己的行为会剥夺他人的生命，但仍然积极追求这一结果发生，或者放任他人死亡的结果发生。被害人死亡的后果，是行为人追求的目标，或者是不违反行为人的本意。而故意伤害致人死亡罪的行为人在主观上具备了双重罪过：对伤害后果而言，是故意心态；对致人死亡的后果而言，是过失心态。可见，行为人主观上只是具备伤害他人身体的目的，不想剥夺他人生命。③犯罪手段不同。从打击的部位方面看，故意杀人罪的行为人实施行为的部位是人体的要害地方，例如胸部、腹部、头颈部等。而故意伤害罪的行为人实施侵害行为的部位，则是非致命的地方，例如腿部、手部等。④从行为节制上看，故意杀人罪实施杀人时，有一种不达目的不罢休、不杀死他人不放手的趋势。而故意伤害罪的主观方面，是以他人受到伤害为目的，一旦伤及他人，就放手停止侵害。⑤从行为人的事后态度方面看，故意杀人罪在杀人后，一般脱离现场，对被害者不闻不问。而故意伤害罪，一般对被伤害人表现出一定的积极反应，比如送往医院抢救，担心被害人死亡等。

另外，在区分故意伤害罪与故意杀人罪的界限时，还要考虑以下因素和情节。①案件的起因。在生活中，因为琐事而发生纠纷，一时激动而伤人，或者有宿怨，经过谋划而行凶的，这些因素可以帮助区别故意伤害罪与故意杀人罪。②行为人与被害人的关系。二者之间是友好、一般或者是仇人、素不相识等。③犯罪的手段、工具，行为人打击的部位及强度。一般地讲，行为人选择致命的工具，伤害被害人致命的部位，都是故意杀人的情节；而故意伤害的，有时虽然也使用了致命的工具，但打击的部位一般属于非致命区，并且在打击强度方面有一定的节制，不是非杀死对方不停手的故意杀人的做法。④犯罪的时间、地点、环境，可以帮助我们分析行为人实施行凶行为时的心理状态。⑤犯罪人平时表现，即人身危险性的大小，可以帮助分析行为人故意杀人或者故意伤害的可能性。例如平素凶残、粗暴的人，故意杀人的可能性大。诚然，这种分析是一种辅助性质的判断，不能简单片面地作结论。

⑥犯罪前后的表现和态度。行为人在行凶前，有关犯意流露的表现，如“早晚非得整死他不可”等语言，表明行为人故意杀人的主观心态。行凶后，行为人对受害者死亡的态度，是感到意外还是心满意足。例如行为人说：“他怎么不禁打?”“我还没用力呢!”等，都在一定程度上反映了行为人的主观心理状态。

故意伤害（致人死亡）和故意杀人有时不易区分。只有通过对上述各个要素进行综合分析，才能得出故意伤害还是故意杀人的准确结论，不可单凭一点或者两点就得出结论。

### 165. 对故意伤害罪如何处罚?

《刑法》第 234 条规定：“故意伤害他人身体的，处三年以下有期徒刑、拘役或者管制。致人重伤的，处三年以上十年以下有期徒刑；致人死亡或者以特别残忍手段致人重伤造成严重残疾的，处十年以上有期徒刑、无期徒刑或者死刑。本法另有规定的，依照规定。”

《刑法》第 289 条规定：“聚众‘打砸抢’，致人伤残、死亡的，依照本法第二百三十四条、第二百三十二条的规定定罪处罚。毁坏或者抢走公私财物的，除判令退赔外，对首要分子，依照本法第二百六十三条的规定定罪处罚。”

最高人民法院 2013 年 12 月 23 日发布的《关于常见犯罪的量刑指导意见》有以下规定。

（1）构成故意伤害罪的，可以根据下列不同情形在相应的幅度内确定量刑起点：①故意伤害致一人轻伤的，可以在二年以下有期徒刑、拘役幅度内确定量刑起点；②故意伤害致一人重伤的，可以在三年至五年有期徒刑幅度内确定量刑起点；③以特别残忍手段故意伤害致一人重伤，造成六级严重残疾的，可以在十年至十三年有期徒刑幅度内确定量刑起点。依法应当判处无期徒刑以上刑罚的除外。

（2）在量刑起点的基础上，可以根据伤害后果、伤残等级、手段残忍程度等其他影响犯罪构成的犯罪事实增加刑罚量，确定基准刑。故意伤害致人轻伤的，伤残程度可在确定量刑起点时考虑，或者作为调节基准刑的量刑情节。

《刑法》第 36 条规定：“由于犯罪行为而使被害人遭受经济损失的，对犯罪分子除依法给予刑事处罚外，并应根据情况判处赔偿经济损失。”“承担民事赔偿责任的犯罪分子，同时被判处罚金，其财产不足以全部支付的，或者被判处没收财产的，应当先承担对被害人的民事赔偿责任。”

根据2012年12月20日《最高人民法院关于适用〈中华人民共和国刑事诉讼法〉的解释》第155条及其他有关规定，对附带民事诉讼部分，应当根据犯罪行为造成的物质损失，结合案件具体情况，确定被告人应当赔偿的数额。

犯罪行为造成被害人人身损害的，应当赔偿医疗费、护理费、交通费等为治疗和康复支付的合理费用，以及因误工减少的收入。造成被害人残疾的，还应当赔偿残疾生活辅助具费等费用；造成被害人死亡的，还应当赔偿丧葬费等费用。

附带民事诉讼当事人就民事赔偿问题达成调解、和解协议的，赔偿范围、数额不受限制。

对应当赔偿的各项费用，2003年12月26日《最高人民法院关于审理人身损害赔偿案件适用法律若干问题的解释》已作了具体说明。

由犯罪行为给被害人造成的损失是多方面的，不是只要有损失，就可以提起附带民事诉讼而要求犯罪分子予以赔偿。关于刑事附带民事诉讼的赔偿范围，《最高人民法院关于适用〈中华人民共和国刑事诉讼法〉的解释》第138条有具体规定。

### 166. 怎样认定重婚罪？

重婚罪，是指有配偶而重婚的，或者明知他人有配偶而与之结婚的行为。

其构成要件如下。

（1）侵犯的客体，是我国婚姻法所规定的一夫一妻制。

（2）在客观方面，表现为以下两种情况。①登记重婚，又称为法律重婚，是指有配偶的人又与他人登记结婚，或者明知他人有配偶而与其登记结婚的行为。②事实重婚，是指有配偶的人又与他人以夫妻关系共同生活的行为，或者明知他人有配偶而与之以夫妻关系共同生活的行为。所谓“有配偶”，是指男女结婚以后，其夫妻关系没有依法解除。

（3）本罪的主体，一种是已有配偶，在夫妻关系存续期间，又与他人结婚或以夫妻关系共同生活的；另一种是本人虽然没有配偶，但明知对方有配偶而与之结婚或以夫妻关系共同生活的人。

（4）主观方面是故意。如果有配偶的一方隐瞒事实真相，欺骗没有配偶的人与之结婚，或者以夫妻关系共同生活的，有配偶的一方构成重婚罪，受骗的一方不构成重婚罪。

认定本罪要注意以下问题。

（1）要划清罪与非罪的界限。因自然灾害外出谋生而重婚，或因婚后受虐待而外逃再婚的，或被拐骗而被贩卖再婚的，根据实际情况，一般不以重婚罪惩处。因为配偶长期外出下落不明，造成家庭生活严重困难，因此又与他人结婚的，一般不以重婚论处。

（2）要划清重婚与通奸、非法同居的界限。通奸，是指男女双方或者一方已有配偶，而自愿发生两性关系的行为。通奸行为与事实婚姻的重婚行为往往容易混淆。其实二者性质不同。通奸，一般没有共同的经济生活，不以夫妻相称，而且是秘密行为。而事实婚姻的重婚行为，是指有配偶的人又与他人以夫妻关系共同生活，或者明知他人有配偶而与之以夫妻关系共同生活的犯罪行为；不仅公开同居，还有共同的经济生活，是一种事实上的非法夫妻关系。非法同居，是指没有婚姻关系的男女双方，在一定的时期内，公开或者秘密同居的行为。这种同居行为，不是单纯以满足性生活为目的，往往还有经济上或者生活中的某些特殊关系，但不以夫妻关系共同生活。它比通奸更进一步，但没有达到事实婚姻的程度。

### 167. 对重婚罪如何处罚？

根据《刑法》第 258 条规定，有配偶而重婚的，或者明知他人有配偶而与之结婚的，处二年以下有期徒刑或者拘役。

### 168. 怎样认定拒不执行判决、裁定罪？

拒不执行判决、裁定罪，是指对人民法院的判决、裁定有执行能力而拒不执行，情节严重的行为。

其构成要件如下。

（1）侵犯的客体，是人民法院裁判的权威。侵犯的对象是判决、裁定，包括人民法院对刑事案件、民事案件、行政案件等各类案件所作的判决和裁定。人民法院为依法执行支付令、生效的调解书、仲裁裁决、公证债权文书等所作的裁定属于本罪中所说的裁定。

（2）在客观方面，表现为行为人负有执行判决、裁定的义务，而且有能力执行却拒不执行情节严重的行为。

（3）本罪的主体是特殊主体，即负有执行法院判决、裁定义务而且有能力执行的人。

（4）主观方面是故意，即行为人明知是人民法院的判决、裁定，而故意拒不执行的心态。

认定本罪要注意以下问题。

（1）根据 2015 年 7 月 20 日《最高人民法院关于审理拒不执行判决、裁定刑事案件适用法律若干问题的解释》第1条规定，被执行人、协助执行义务人、担保人等负有执行义务的人对人民法院的判决、裁定有能力执行而拒不执行，情节严重的，应当以拒不执行判决、裁定罪处罚。

（2）2015年7月20日《最高人民法院关于审理拒不执行判决、裁定刑事案件适用法律若干问题的解释》第2条规定，负有执行义务的人有能力执行而实施下列行为之一的，应当认定为全国人民代表大会常务委员会关于刑法第三百一十三条的解释中规定的“其他有能力执行而拒不执行，情节严重的情形”：①具有拒绝报告或者虚假报告财产情况、违反人民法院限制高消费及有关消费令等拒不执行行为，经采取罚款或者拘留等强制措施后仍拒不执行的；②伪造、毁灭有关被执行人履行能力的重要证据，以暴力、威胁、贿买方法阻止他人作证或者指使、贿买、胁迫他人作伪证，妨碍人民法院查明被执行人财产情况，致使判决、裁定无法执行的；③拒不交付法律文书指定交付的财物、票证或者拒不迁出房屋、退出土地，致使判决、裁定无法执行的；④与他人串通，通过虚假诉讼、虚假仲裁、虚假和解等方式妨害执行，致使判决、裁定无法执行的；⑤以暴力、威胁方法阻碍执行人员进入执行现场或者聚众哄闹、冲击执行现场，致使执行工作无法进行的；⑥对执行人员进行侮辱、围攻、扣押、殴打，致使执行工作无法进行的；⑦毁损、抢夺执行案件材料、执行公务车辆和其他执行器械、执行人员服装以及执行公务证件，致使执行工作无法进行的；⑧拒不执行法院判决、裁定，致使债权人遭受重大损失的。

（3）构成本罪必须是情节严重的行为，如果拒不执行法院判决、裁定情节轻微，不能以本罪论处。拒不执行判决、裁定罪，必须是行为人有能力执行而拒不执行的行为，如果行为人因为没有能力执行而不执行，也不能以本罪论处。

（4）2015年7月20日《最高人民法院关于审理拒不执行判决、裁定刑事案件适用法律若干问题的解释》第3条规定，申请执行人有证据证明同时具有下列情形，人民法院认为符合《刑事诉讼法》第204条第（三）项规定的，即“被害人有证据证明对被告人侵犯自己人身、财产权利的行为应当依法追究刑事责任，而公安机关或者人民检察院不予追究被告人刑事责任的案件”，应当以自诉案件立案审理：①负有执行义务的人拒不执行判决、裁定，侵犯了申请执行人的人身、财产权利，应当依法追究刑事责任的；②申请执行人曾经提出控告，而公安机关或者人民检察院对负有执行义务的人不予追究刑事责任的。

### 169. 对拒不执行判决、裁定罪如何处罚？

根据《刑法》第 313 条规定，对构成本罪的，处三年以下有期徒刑、拘役或者罚金；情节特别严重的，处三年以上七年以下有期徒刑。

单位犯本罪的，对单位判处罚金，并对其直接负责的主管人员和其他直接责任人员，依照上述规定处罚。

根据 2015 年 7 月 20 日最高人民法院《关于审理拒不执行判决、裁定刑事案件适用法律若干问题的解释》第 6 条、第 7 条规定，拒不执行判决、裁定的被告人在一审宣告判决前，履行全部或部分执行义务的，可以酌情从宽处罚。拒不执行支付赡养费、扶养费、抚育费、抚恤金、医疗费用、劳动报酬等判决、裁定的，可以酌情从重处罚。

## 三、处罚

### 170. 什么是刑罚？刑罚有多少种？

刑罚，是法律规定的惩罚犯罪的强制方法。它有三个特征：①刑罚是刑事制裁方法，只能对犯罪分子适用；②刑罚只能由人民法院依法适用，其他机关或个人都无权对公民适用；③刑罚是最严厉的强制方法。

《刑法》规定了 8 种刑罚，其中主刑 5 种，附加刑 3 种。

主刑，是能独立适用的主要刑罚方法，一个罪只能适用一个主刑，不能同时适用两个以上的主刑。

以下是 5 种主刑。

管制，是对罪犯不予关押，但限制一定自由，由公安机关执行和群众监督改造的刑罚方法。管制是具有我国特色的一种轻刑。管制的期限为三个月以上二年以下，数罪并罚不能超过三年。

拘役，是短期剥夺犯罪人自由，就近实行劳动的刑罚方法。拘役一般在看守所、拘留所执行。拘役的期限为一个月以上六个月以下，数罪并罚不能超过一年。

有期徒刑，是剥夺犯罪人一定期限的自由，实行强迫劳动改造的刑罚方法，也是我国适用面最广的刑罚方法。它的期限为六个月以上 15 年以下，数罪并罚时不能超过 25 年。

无期徒刑，是剥夺犯罪人终身自由，实行强迫劳动改造的刑罚方法，是自由刑最严厉的刑罚。被判处无期徒刑的，服刑 2 年后，一般的会被减为有期徒刑。

死刑，是剥夺犯罪人生命的刑罚方法。死刑分为缓期二年执行和经过复核后立即执行两种。

附加刑是补充主刑适用的刑罚方法，附加刑既可以附加主刑适用，也可以单独适用。如：法院判处某人犯盗窃罪，单处罚金五千元。这就是单独适用附加刑的具体表现。

以下是 3 种附加刑。

剥夺政治权利，是指剥夺犯罪人参加管理国家和政治活动的权利的刑罚方法。主要是剥夺选举权与被选举权、言论、出版、集会、结社、游行、示威自由的权利，担任国家机关职务的权利及担任国有公司、企业事业单位和人民团体领导职务的权利。对于判处死刑、无期徒刑的犯罪分子，应当剥夺政治权利终身；在死缓减为有期徒刑或者无期徒刑减为有期徒刑的时候，应当把附加剥夺政治权利的期限改为三年以上十年以下；独立适用或者判处有期徒刑、拘役附加适用剥夺政治权利的期限为一年以上五年以下；判处管制附加剥夺政治权利的期限与管制的期限相等。

罚金，是人民法院判处犯罪分子向国家缴纳一定数额金钱的刑罚方法。根据 2000 年 12 月 13 日《最高人民法院关于适用财产刑若干问题的规定》第 4 条规定，犯罪情节较轻，适用单处罚金不致再危害社会并具有下列情形之一的，可以依法单处罚金：①偶犯或者初犯；②自首或者有立功表现的；③犯罪时不满 18 周岁的；④犯罪预备、中止或者未遂的；⑤被胁迫参加犯罪的；⑥全部退赃并有悔罪表现的；⑦其他可以依法单处罚金的情形。

没收财产是将犯罪人所有财产的一部分或全部强制无偿地收归国有的刑罚方法。没收财产只适用于刑法明文规定的那些可以判处没收财产的犯罪，如侵犯财产犯罪、破坏社会主义市场经济秩序犯罪、贪污贿赂罪等。

此外，驱逐出境是一种强迫外国人离开中国国（边）境的惩处方法，既可以独立适用，也可以附加适用。

### 171. 罚金刑能罚多少钱?

根据 2000 年 12 月 13 日《最高人民法院关于适用财产刑若干问题的规定》之规定，人民法院应当根据犯罪情节，如违法所得数额、造成损失的大小等，并综合考虑犯罪分子缴纳罚金的能力，依法判处罚金。关于罚金的数额，《刑法》已有明确规定的，依照《刑法》的规定。没有明确规定罚金数额标准的，罚金的最低数额不能少于 1000 元；对未成年人犯罪应当从轻或者减轻判处罚金，但罚金的最低数额不能少于 500 元；至于最多能判多少罚金，《刑法》没有封顶，应该根据违法所得数额、造成损失的大小以及犯罪分子缴纳罚金的能力来决定。

对犯罪分子所犯数罪分别判处罚金的，应当实行并罚，将所判处的罚金数额相加，执行总和数额。

一人犯数罪依法同时并处罚金和没收财产的，应当合并执行；但并处没收全部财产的，只执行没收财产刑。

### 172. 罚金与罚款有什么区别？

罚款，是行政处罚，是指行为人的行为没有违反《刑法》的规定，而是违反了治安管理、工商、行政、税务等行政法规的规定，行政执法部门依据行政法规的规定和程序，决定罚款数额。

罚金，是指由人民法院判决的、强制犯罪分子向国家缴纳一定数额的金钱，从经济上对犯罪分子实行制裁的刑事处罚。罚金的适用对象是经济犯罪、财产犯罪和某些故意犯罪。被判处罚金的，犯罪分子或其亲属应当在指定的期限内依判决书一次或分期缴纳，期满不缴纳的，应当强制缴纳。如若不能全部缴纳罚金，人民法院在任何时候发现罪犯有可以执行的财产，随时追缴。被判处罚金，只有发生不可抗拒的灾害，才可以申请人民法院酌情减少或者免除。

适用罚金刑的方式有以下四种。①选处罚金。如《刑法》第275条规定，犯故意毁坏公私财物罪，数额较大或者有其他严重情节的，处三年以下有期徒刑、拘役或罚金。②并处或者单处罚金。如《刑法》第312条规定，犯窝赃、销赃罪，处三年以下有期徒刑、拘役或者管制，并处或者单处罚金。③并处罚金。如《刑法》第229条规定，犯中介组织人员提供虚假证明文件罪，处五年以下有期徒刑或者拘役，并处罚金。④单处罚金。

在《刑法》中凡是规定了“并处”没收财产或者罚金的犯罪，人民法院在对犯罪分子判处主刑的同时，必须依法判处相应的财产刑。如果是《刑法》规定“可以并处”没收财产或者罚金的犯罪，人民法院应当根据案件的具体情况及犯罪分子的财产状况，决定是否适用财产刑。

### 173. 什么是数罪并罚？

根据《刑法》第69至71条规定，判决宣告前，一个人犯了数罪的或者判决宣告后，刑罚还没有执行完毕以前，发现其在判决宣告以前还有其他罪没有判决的，以及在刑罚还没有执行完毕以前又犯新罪，这都属于犯了数罪。

对于犯数罪的，要按各个罪分别量刑，然后刑期相加。除了判处死刑和无期徒刑的以外，实际要执行的刑期应当在各个罪总和刑期以下，这几个罪中最高刑期以上，酌情决定。但是，管制最高不能超过三年；拘役最高不能超过一年；有期徒刑总和刑期不满35年的，最高不能超过20年，总和刑期在35年以上的，最高不能超过25年。如果有判附加刑的，附加刑仍需执行。这一处罚原则在刑法理论上叫数罪并罚。

### 174. 什么是量刑？

所谓量刑，就是人民法院在查明犯罪事实的基础上，依照事实和法律，对犯罪分子决定是否判处刑罚以及判处什么样的刑罚。

量刑的总原则是：以事实为根据，以法律为准绳，以政策为指导。影响到量刑的情节有以下五种，其中法定的量刑情节有四种，即从重情节、从轻情节、减轻处罚情节和免除处罚情节；还有一种虽然刑法没规定，但在司法实践中要予以酌情考虑的情节，这就是酌定情节。

量刑是否适当是关系到能否准确打击罪犯，有效保护人民的大问题。人民法院在量刑时，应当考虑犯罪的法定情节和酌定情节以及犯罪数额，综合作出判决。根据犯罪情节的不同，人民法院可以对犯罪分子从轻、减轻、免除处罚，也可以从重处罚，但须依法进行。

2013年12月23日，最高人民法院发布了《关于常见犯罪的量刑指导意见》，明确规定了量刑的指导原则、量刑的基本方法、常见量刑情节的适用和常见犯罪如交通肇事罪等15种犯罪的量刑。

### 175. 什么是法定情节？什么是酌定情节？

所谓法定情节，是指由《刑法》明文规定的影响量刑的情节。它有以下四种：一是从重处罚情节，二是从轻处罚情节，三是减轻处罚情节，四是免除处罚情节。

所谓酌定情节，就是《刑法》没有作出明确规定，但在量刑时应当酌情考虑对被告人是从重处罚还是从轻处罚的情节。酌定情节可以从以下两方面考虑。

一是从主观方面考虑。即从犯罪分子的犯罪动机、目的，以往表现以及作案后的态度等方面考虑。比如盗窃犯罪，有的人由于生活贫困，被生活所迫进行盗窃，有的却是为了去赌博、嫖娼而盗窃；有的人案发后，将赃款、赃物如数退还，减少了社会危害性，有的则不是这样，他们盗窃后便将赃款挥霍一空。再比如交通肇事犯罪，有的人发生肇事后把受伤者及时送到医院，积极抢救，而有的发生肇事后驾车逃之夭夭，置受伤者的死活于不顾。在对犯罪分子决定刑罚时，对这些情节不能不考虑。

二是从客观方面来考虑，即从犯罪手段、犯罪环境、侵害的对象和损害结果等方面考虑。比如盗窃犯罪，有的人盗窃了国际友人的钱款和物品，在国际上造成了不好影响；还有的人盗窃救灾物资，给被盗人和社会造成了严重危害。还有的人犯罪是在严打期间，“顶烟上”，顶风作浪，有必要对其严惩。有的人犯罪以后，能够到司法机关自首，接受法律制裁；有的人犯罪后而潜逃。对这些不同情节，在量刑时应该考虑。

对酌定情节，只能在法定的量刑幅度内作从重或者从轻处罚。

### 176. 什么是从轻处罚？什么是从重处罚？

为了说清楚这个问题，我们先来讲一下《刑法》规定的量刑幅度。我国《刑法》规定的量刑幅度共分 9 个格。即：①1 年以下；②1 至 2 年；③2 至 3 年；④3 至 5 年；⑤5 至 7 年；⑥7 至 10 年；⑦10 至 15 年；⑧无期徒刑；⑨死刑。死刑分为立即执行和缓期 2 年执行两种。了解了我国《刑法》规定的量刑幅度，就比较容易理解从轻处罚的概念了。

所谓从轻处罚，就是在法定刑的范围内，对犯罪分子适用相对较轻或者最轻的刑罚，包括刑种和刑期。它同“从重处罚”一样，应当在法定刑的限度内判处刑罚，是与没有这个情节时应当受到的刑罚相对而言。

法定从轻处罚情节主要有：①已满 14 周岁不满 18 周岁的人犯罪；②尚未完全丧失辨认或者控制自己行为能力的精神病人犯罪；③又聋又哑的人或者盲人犯罪；④预备犯；⑤未遂犯；⑥从犯；⑦教唆未遂；⑧自首；⑨一般立功。

所谓从重处罚，是指在法定的量刑幅度内，判处较重的刑罚。这有两方面应引起注意。一是要在法定刑的限度内判处刑罚，不允许法外加刑、破格判刑。比如《刑法》规定的某种犯罪，应当判处 3 年以上 7 年以下有期徒刑，那么，从重处罚则不允许判处超过 7 年有期徒刑的刑罚，只能在 3 年至 7 年之间从重处罚。二是从重处罚，是指与犯罪分子没有这个从重情节时应当受到的处罚相对而言，不是指一定要判处法定的最高刑，即“满贯刑”，也不一定是在“中间线”以上判刑。如某被告人按其犯罪事实，应该判处 3 年有期徒刑，如果有从重处罚的情节，从重判处不一定非得判处 7 年，或者在“中间线”以上判处 6 年不可，也可以判处有期徒刑 3 年 6 个月、4 年等刑期。

法定从重处罚的情节较多，主要有：①教唆不满 18 岁的人犯罪的；②累犯；③伪造货币并出售或者运输伪造的货币的；④猥亵儿童的；⑤非法拘禁具有殴打、侮辱情节的；⑥国家机关工作人员利用职权非法拘禁的；⑦国家机关工作人员犯诬告陷害罪的；⑧刑讯逼供、暴力取证致人伤残、死亡的按故意伤害罪和故意杀人罪从重处罚；⑨虐待被监管人致人伤残、死亡的按故意伤害罪和故意杀人罪从重处罚；⑩邮政人员私自开拆邮件并窃取财物的，按盗窃罪从重处罚；⑪冒充人民警察招摇撞骗的；⑫引诱未成年人参加聚众淫乱活动的；⑬司法工作人员犯妨害作证罪和帮助毁灭、伪造证据罪的；⑭利用、教唆未成年人走私、贩卖、运输、制造毒品，或向未成年人出售毒品的；⑮缉毒人员或者其他国家机关人员掩护、包庇走私、贩卖、运输、制造毒品的犯罪分子的；⑯引诱、教唆、欺骗或者强迫未成年人吸食、注射毒品的；⑰旅馆业、饮食服务业、文化娱乐业、出租汽车业等单位的主要负责人利用本单位的条件，组织、强迫、引诱、容留、介绍他人卖淫的；⑱向不满 18 周岁的未成年人传播淫秽物品的；⑲索贿的；⑳武装掩护走私的；㉑因走私、贩卖、运输、制造、非法持有毒品被判过刑又犯毒品犯罪的。

**177. 什么是减轻处罚和免予刑事处罚？**

减轻处罚，就是对犯罪分子依法在法定最低刑以下判处刑罚。根据《刑法》第 63 条第 1 款的规定，减轻处罚，应当在法定刑以下判处刑罚；如果《刑法》规定有数个量刑幅度的，应当在法定量刑幅度的下一个量刑幅度内判处刑罚，而不是减轻无边。

法定减轻处罚的情节主要有：①经外国裁判已受过刑罚处罚的；②已满 14 周岁不满 18 周岁的人犯罪；③尚未完全丧失辨认或者控制自己行为能力的精神病人犯罪；④又聋又哑的人或者盲人犯罪；⑤防卫过当；⑥紧急避险过当；⑦预备犯；⑧未遂犯、造成损害的中止犯；⑨从犯；⑩胁从犯；⑪教唆未遂犯；⑫自首；⑬重大立功；⑭个人贪污、受贿数额在五千元以上不满一万元，犯罪后有悔改表现、积极退赃的；⑮行贿人在被追诉前主动交代行贿行为的；⑯介绍贿赂人在被追诉前主动交代介绍贿赂行为的。

所谓免除刑事处罚，是指对应受到刑罚处罚的犯罪分子，依照《刑法》规定的条件，不再给予刑事处罚。但它不同于宣告无罪。法定免除处罚情节主要有：①经外国裁判已受过刑罚处罚的；②又聋又哑的人或者盲人犯罪；③防卫过当；④紧急避险过当；⑤预备犯；⑥未造成损害的中止犯；⑦从犯；⑧胁从犯；⑨犯罪较轻的自首犯；⑩重大立功；⑪犯罪情节轻微不需要判刑的；⑫个人贪污、受贿数额在五千元以上不满一万元，犯罪后有悔改表现、积极退赃的；⑬行贿人在被追诉前主动交代行贿行为的；⑭介绍贿赂人在被追诉前主动交代介绍贿赂行为的；⑮非法种植罂粟或者其他毒品原植物，在收获前自动铲除的。

### 178. 不具备法定减轻处罚情节也可以减轻处罚吗?

严格地说，对犯罪分子决定刑罚的时候，如果需要在法定刑以下减轻处罚，就必须有法律明确规定的减轻处罚情节。但是，在有些特殊案件中，对被告人已经作了从轻处罚，但仍然还显得很重，需要在法定刑以下判处刑罚，但被告人又没有法定减轻处罚情节，在这种情况下，可以根据《刑法》第63条第2款的规定，在法定刑以下减轻处罚，但必须报经最高人民法院核准。

### 179. 什么是自首? 什么是立功?

犯罪后自动投案，如实供述自己的罪行的行为是自首。被采取强制措施的犯罪嫌疑人、被告人和正在服刑的罪犯，如实供述司法机关还未掌握的本人其他罪行的，也是自首。

根据有关法律规定和司法解释，在司法实践中，下列行为都可以视为自首：①犯罪嫌疑人向所在单位、城乡组织或者其他有关负责人员投案的；②犯罪嫌疑人因病、伤或者为了减轻犯罪后果，委托他人先代为投案的，或者先以信、电投案的；③罪行尚未被司法机关发觉，仅因形迹可疑，被有关组织查询或者司法机关盘问、教育后，主动交代自己的罪行的；④犯罪后逃跑，在通缉、追捕的过程中，主动投案的；⑤经查实犯罪嫌疑人确已准备投案，或者正在投案途中，被司法机关捕获的；⑥并非出于犯罪嫌疑人主动，而是亲友规劝、陪同投案的；⑦在司法机关通知犯罪嫌疑人的亲友或者亲友主动报案后，将犯罪嫌疑人送去投案的。

犯罪人的投案动机多种多样，有的是出于真心悔悟，有的是为了争取宽大处理，有的是因为亲友劝说，有的是由于潜逃后生活所迫。犯罪人投案的原因究竟为何，不影响自首的成立。但下列情形不能视为自首：①犯罪嫌疑人先投案交代罪行后，又潜逃的；②以不署名或化名将非法所得寄给司法机关或报刊、杂志社的；③投案后不如实供述犯罪行为的。当然，为自己的行为进行辩护，对犯罪的性质进行辩解，不能视为不如实供述犯罪事实，根据2004年3月26日《最高人民法院关于被告人对行为性质的辩解是否影响自首成立问题的批复》的规定，不影响自首的成立。

犯罪分子揭发他人犯罪行为，经查证属实；或者提供重要线索，从而使其他案件得到迅速侦破；或者协助司法机关缉捕、抓捕其他犯罪嫌疑人（包括同案犯）；阻止他人犯罪活动；具有其他有利于国家和社会的突出表现都是《刑法》中的立功。根据《刑法》第68条的规定，对有立功表现的，可以从轻或者减轻处罚。

《刑法》中的立功分一般立功和重大立功。所谓重大立功，是指犯罪分子有检举、揭发他人重大犯罪行为，经过查证属实；提供侦破其他重大案件的重要线索，经过查证属实；阻止他人重大犯罪活动；协助司法机关抓捕其他重大犯罪嫌疑人（包括同案犯）；对国家和社会有其他重大贡献等表现的。

这里的“重大犯罪”“重大案件”“重大犯罪嫌疑人”，根据1998年4月6日最高人民法院《关于处理自首和立功具体应用法律若干问题的解释》之规定，一般是指犯罪嫌疑人、被告人可能被判处无期徒刑以上刑罚，或者案件在本省、自治区、直辖市或者在全国范围内有较大影响等情形。

根据《刑法》第68条规定，有重大立功表现的，可以减轻或者免除处罚；犯罪后自首又有重大立功表现的，应当减轻或者免除处罚。这里的“应当”，就是必须，不管所犯罪行如何严重，都应当减轻或者免除处罚。

## 四、公诉与自诉

### 180. 什么是公诉案件？

人民法院审理案件实行不告不理的原则。如果没有人向法院起诉，法院不主动去找案件审理。

刑事案件的起诉有两种，一种是检察院以国家名义向法院提起公诉，另一种是被害人自己提起的自诉。

公诉案件，是指检察机关以国家名义向法院提起公诉，追究犯罪嫌疑人刑事责任的案件。它是与自诉案件相对称的。公安、检察机关在案件立案侦查终结后，检察机关认为需要追究犯罪嫌疑人刑事责任，即向法院提起公诉。

### 181. 检察机关在什么情况下才可对案件提起公诉？

根据《刑事诉讼法》第172条规定，人民检察院在对案件审查后决定提起公诉必须具备以下法定条件。

（1）犯罪事实已经查清。犯罪事实应当包括犯罪嫌疑人实施犯罪的具体时间、地点、动机、目的、手段、过程、后果等方面。

（2）证据确实、充分。证据确实，是指用以证明犯罪事实的每一个证据必须是客观的、真实的，与所证事实有内在的直接或间接的联系，证据之间不存在矛盾。证据充分，是指要有足够的证据能够证明犯罪嫌疑人实施某种或者几种犯罪行为以及必须受到刑事处罚和应当从重、从轻、减轻或者免除处罚等情节。

（3）犯罪嫌疑人的行为依法应当追究刑事责任。

### 182. 在什么情况下检察机关可对被告人作出不起诉决定?

不起诉，是指人民检察院对于公安机关侦查终结移送起诉或者自行侦查终结的案件进行审查后，认为犯罪嫌疑人的行为不构成犯罪的，或者虽经补充侦查仍证据不足，不符合起诉条件的，或者有法定的其他不应当追究刑事责任的情形的，或者犯罪情节轻微，依照《刑法》规定，不需要判处刑罚或者免除刑罚的，作出不予起诉决定的一项诉讼活动。不起诉决定具有终止诉讼的实际效力。根据《刑事诉讼法》第173条和第15条的规定，具有下列情形之一的，检察院就应作出不起诉决定。

(1) 犯罪嫌疑人的行为不构成犯罪的。既包括行为虽已触犯《刑法》，但情节显著轻微、危害不大，不认为是犯罪的；也包括行为仅是错误或者一般违法行为，并未触犯《刑法》，不构成犯罪的。

(2) 犯罪已过追诉时效期限，不应再追究其刑事责任的。

(3) 经特赦令免除刑罚的。

(4) 依照《刑法》规定告诉才处理的。

(5) 犯罪嫌疑人死亡的。但是对于共同犯罪案件，尽管其中有的犯罪嫌疑人已经死亡，也不影响检察院就共同犯罪的全部事实向人民法院提起公诉。

(6) 其他法律规定免予追究刑事责任的。

(7) 虽经补充侦查仍认为证据不足，不符合起诉条件的。

(8) 犯罪情节轻微，不需要判处刑罚或者免除刑罚的。

### 183. 被害人或被不起诉人对不起诉决定不服怎么办?

根据《刑事诉讼法》第176条规定，被害人如果不服不起诉决定，可以自收到不起诉决定书后7日内，向上一级人民检察院申诉，请求提起公诉。检察院应当将复查决定告知被害人。如检察院维持不起诉决定，被害人可以向人民法院起诉。还有一种途径就是被害人不向上一级检察院申诉，直接向人民法院起诉。人民法院受理后，检察院应当将案件材料移送人民法院。

如果被不起诉人不服不起诉决定的，也可自收到不起诉决定书后7日内，向上一级人民检察院申诉。检察院应当作出复查决定，并通知被不起诉人，同时抄送公安机关。

### 184. 公诉案件能否私了?

一般来说，公诉案件不能私了。但是，根据法律规定，有的案件可以和解。

《刑事诉讼法》第277条至第279条的规定，下列公诉案件，犯罪嫌疑人、被告人真诚悔罪，通过向被害人赔偿损失、赔礼道歉等方式获得被害人谅解，被害人自愿和解的，双方当事人可以和解：

(1) 因民间纠纷引起，涉嫌《刑法》分则第四章、第五章规定的犯罪案件，可能判处三年有期徒刑以下刑罚的；

(2) 除渎职犯罪以外的可能判处七年有期徒刑以下刑罚的过失犯罪案件。

双方当事人和解的，公安机关、人民检察院、人民法院应当听取当事人和其他有关人员的意见，对和解的自愿性、合法性进行审查，并主持制作和解协议书。对于达成和解协议的案件，公安机关可以向人民检察院提出从宽处理的建议。人民检察院可以向人民法院提出从宽处罚的建议；对于犯罪情节轻微，不需要判处刑罚的，可以作出不起诉的决定。人民法院可以依法对被告人从宽处罚。

根据最高人民法院于2012年12月20日发布的《关于适用〈中华人民共和国刑事诉讼法〉的解释》第21章的规定，对符合《刑事诉讼法》第277条规定的公诉案件，事实清楚、证据充分的，人民法院应当告知当事人可以自行和解；当事人提出申请的，人民法院可以主持双方当事人协商以达成和解。

根据案件情况，人民法院可以邀请人民调解员、辩护人、诉讼代理人、当事人亲友等参与促成双方当事人和解。被害人死亡的，其近亲属可以与被告人和解。近亲属有多人的，达成和解协议，应当经处于同一继承顺序的所有近亲属同意。被害人系无行为能力或者限制行为能力人的，其法定代理人、近亲属可以代为和解。被告人的近亲属经被告人同意，可以代为和解。被告人系限制行为能力人的，其法定代理人可以代为和解。被告人的法定代理人、近亲属代为和解的，和解协议约定的赔礼道歉等事项，应当由被告人本人履行。

对公安机关、人民检察院主持制作的和解协议书，当事人提出异议的，人民法院应当审查。经审查，和解自愿、合法的，予以确认，无须重新制作和解协议书；和解不具有自愿性、合法性的，应当认定无效。和解协议被认定无效后，双方当事人重新达成和解的，人民法院应当主持制作新的和解协议书。

审判期间，双方当事人和解的，人民法院应当听取当事人及其法定代理人等有关人员的意见。双方当事人在庭外达成和解的，人民法院应当通知人民检察院，并听取其意见。经审查，和解自愿、合法的，应当主持制作和解协议书。

和解协议书应当包括以下内容。

（1）被告人承认自己所犯罪行，对犯罪事实没有异议，并真诚悔罪。

（2）被告人通过向被害人赔礼道歉、赔偿损失等方式获得被害人谅解；涉及赔偿损失的，应当写明赔偿的数额、方式等；提起附带民事诉讼的，由附带民事诉讼原告人撤回附带民事诉讼。

（3）被害人自愿和解，请求或者同意对被告人依法从宽处罚。

和解协议书应当由双方当事人和审判人员签名，但不加盖人民法院印章。和解协议书一式三份，双方当事人各持一份，另一份交人民法院附卷备查。对和解协议中的赔偿损失内容，双方当事人要求保密的，人民法院应当准许，并采取相应的保密措施。和解协议约定的赔偿损失内容，被告人应当在协议签署后即时履行。和解协议已经全部履行，当事人反悔的，人民法院不予支持，但有证据证明和解违反自愿、合法原则的除外。

对达成和解协议的案件，人民法院应当对被告人从轻处罚；符合非监禁刑适用条件的，应当适用非监禁刑；判处法定最低刑仍然过重的，可以减轻处罚；综合全案认为犯罪情节轻微不需要判处刑罚的，可以免除刑事处罚。

### 185. 什么是自诉案件？

自诉案件，是指被害人或者在特定情况下由他的法定代理人或近亲属向人民法院起诉，由人民法院直接受理的刑事案件。自诉案件不用公安机关来调查侦破，也不用检察院提起公诉，而是由被害人自己直接向人民法院起诉。

### 186. 哪些案件是自诉案件？

根据《刑事诉讼法》第 204 条规定，自诉案件包括下列案件：①告诉才处理的案件；②被害人有证据证明的轻微刑事案件；③被害人有证据证明对被告人侵犯自己人身、财产权利的行为应当依法追究刑事责任，而公安机关或者人民检察院不予追究被告人刑事责任的案件。

根据 2012 年 12 月 20 日《最高人民法院关于适用〈中华人民共和国刑事诉讼法〉的解释》第 1 条的规定，“告诉才处理的案件”包括：①侮辱、诽谤案（但是严重危害社会秩序和国家利益的除外）；②暴力干涉婚姻自由案；③虐待案；④侵占案。

人民检察院没有提起公诉，“被害人有证据证明的轻微刑事案件”包括：①故意伤害案；②非法侵入住宅案；③侵犯通信自由案；④重婚案；⑤遗弃案；⑥生产、销售伪劣商品案（但是严重危害社会秩序和国家利益的除外）；⑦侵犯知识产权案（但是严重危害社会秩序和国家利益的除外）；⑧属于《刑法》分则第四章、第五章规定的，对被告人可能判处三年有期徒刑以下刑罚的案件。对这八项案件，被害人直接向人民法院起诉的，人民法院应当依法受理。对于其中证据不足、可由公安机关受理的，或者认为对被告人可能判处三年有期徒刑以上刑罚的，应当移送公安机关立案侦查。

### 187. 人民法院受理自诉案件的条件是什么？

人民法院受理自诉案件应当同时具备下列条件。

（1）属于《刑事诉讼法》第204条和司法解释规定的可由人民法院直接受理的自诉案件。但对于“被害人有证据证明对被告人侵犯自己人身、财产权利的行为应当依法追究刑事责任，而公安机关或者人民检察院不予追究被告人刑事责任的案件”，在提起自诉时，要向人民法院提交检察院或公安机关不予立案的决定书或者不起诉决定书。

（2）属于本院管辖的。

（3）由被害人或其法定代理人、近亲属起诉的。

（4）有明确的被告人、具体的诉讼请求和能证明被告人犯罪事实的证据。

### 188. 被害人的近亲属可否代被害人提起自诉？

最高人民法院《关于适用〈中华人民共和国刑事诉讼法〉的解释》第260条和第1条规定的案件，如果被害人死亡、丧失行为能力或者因受强制、威吓等无法告诉，或者是限制行为能力人以及因年老、患病、盲、聋、哑等不能亲自告诉，其法定代理人、近亲属告诉或者代为告诉的，人民法院应当依法受理。被害人的法定代理人、近亲属告诉或者代为告诉，应当提供与被害人关系的证明和被害人不能亲自告诉的原因的证明。

### 189. 自诉案件怎样起诉？

根据《刑事诉讼法》及相关司法解释的规定，自诉案件应由被害人向人民法院起诉。但如果被害人因受强制、威吓等原因，无法直接向人民法院告诉的，或者限制行为能力人及因年老、患病、盲、聋、哑等原因不能亲自向人民法院告诉，他的法定代理人或近亲属代为告诉的，人民法院也应当受理。法定代理人、近亲属代为告诉的，代为告诉人应当向人民法院提供与被害人关系的证明和被害人不能亲自告诉的原因的证明。

根据《刑事诉讼法》第24条规定，自诉人可以向犯罪行为发生地的人民法院或其所属的人民法庭起诉。如果犯罪行为发生地与被告人居住地不一致，而由被告人居住地的人民法院或者其所属人民法庭审判该案更为适宜的，也可以向被告人居住地的人民法院或其所属的人民法庭起诉。起诉时，要递交自诉状，还要递交与被告人人数相同的自诉状副本，以便人民法院转给被告人答辩。如果还要提起附带民事诉讼的，应提交刑事附带民事自诉状。

自诉案件被法院裁定驳回起诉后，自诉人不可以重新起诉。但如果自诉人又提出了新的足以证明被告人有罪的证据，再次向法院提起自诉的，人民法院应当受理。

### 190. 怎样写自诉状？

向法院起诉要有起诉状。公诉案件的起诉状叫起诉书，自诉案件的起诉状叫自诉状。自诉状既可以由被害人或其法定代理人自己写，也可请律师或他人代书。自诉状是一份重要的诉讼文书，有一定的格式和制作要求。一般分为首部、正文和尾部三部分。首部内容包括名称、双方当事人的身份概况、案由。正文内容包括诉讼请求事项、事实、理由、法律依据。尾部内容包括受诉法院名称、自诉人签名、日期、附项。为了给自诉人书写自诉状提供方便，现将司法实践中的一份例文列举如下，供写自诉状时参考。

**刑事自诉状**

自诉人刘××，女，1971年9月10日出生，汉族，北京市人，系北京××中学教师，住北京市××区××街××号。

被告人张××，男，1979年7月18出生，汉族，××省人，农民工，住××省××县××村。

**案由和诉讼请求**

被告人张××犯侮辱罪，提请人民法院依法惩处，并判令被告人张××向自诉人刘××赔礼道歉。

**事实与理由**

××××年×月×日上午8时许，我来到××区××街“肯德基”用早餐。排队时由于人多，我被后面的人拥挤，踩了张××的脚，张××口出污言秽语，肆意辱骂我。双方争执中，我还口骂了他一句，他就当场撕扯我的衣服，故意撕破我的内衣，使我在公共场所裸体现丑。不仅如此，他还骂出一些不堪入耳的话，往我脸上抹脏物，恶意当众侮辱我。后在“肯德基”员工王××和围观群众赵××的劝阻下，被告人才罢休。

根据《中华人民共和国刑法》第246条、《中华人民共和国民法通则》第120条的规定，被告人以暴力或者其他方法公然侮辱他人，情节严重，已构成侮辱罪，且其行为对自诉人的名誉权造成了侵害。因此，自诉人请求人民法院依法作出判决。

证据和证据来源，证人姓名和住址：

1. 王××，系“肯德基”员工，在其工作单位可以找到他；

2. 赵××，系××图书城××书店职工，在其工作单位可以找到他。

此致

北京市××区人民法院

自诉人：刘××

××××年×月×日

附：1. 证据2份；

2. 本诉状副本1份。

### 191. 提起自诉案件要交诉讼费吗？

不交。刑事案件分公诉案件和自诉案件两种。根据《诉讼费用交纳办法》第2条的规定，刑事案件不在“应当向人民法院交纳案件受理费”之列，因此，自诉案件不交诉讼费。

### 192. 自诉案件怎样应诉？

自诉案件的应诉，应视不同情况而采取不同的方法。首先要仔细阅读和分析起诉状中指控的事实是否存在。如果存在而且已经构成了犯罪，很可能受到刑事处罚，那么就应采取老实态度，认罪悔罪，向起诉人赔礼道歉，力求和解，争取让起诉人撤回起诉。如果起诉指控的事实存在，但不构成犯罪，则要在答辩状中以及在法庭辩论中，依据法律规定，从犯罪构成的四个要件方面，阐明自己的行为不构成犯罪，更不应受刑事处罚。如果起诉状中指控的犯罪事实不存在，就要用证据说明自己没有实施自诉人所指控的犯罪行为，也可以让自诉人提出证据。在必要时，也可以提起反诉，要求人民法院追究自诉人诬告陷害自己的刑事责任。

### 193. 自诉案件怎样反诉？

根据《刑事诉讼法》第207条规定，自诉案件中的被告人，在诉讼过程中可以对自诉人提起反诉。通俗地讲，就是被告人也可以告自诉人。在反诉时要注意以下四点。

(1) 反诉的内容必须是与本案有关的行为，如不是，就只能另行起诉了。

(2) 反诉的对象必须是本案的自诉人，这样人民法院才能合并审理。如果被反诉的不是自诉人，就只能另行起诉。

(3) 反诉的案件必须属于人民法院直接受理的案件。提起反诉要递交反诉状和其他有关材料。在反诉成立的情况下，双方当事人均具有双重身份，既是自诉人又是被告人，双方地位平等，反诉适用自诉的规定，反诉应当与自诉案件一并审理。各方当事人罪责自负，不能相互抵消刑罚。原自诉人撤诉的，不影响反诉案件的继续审理。

(4) 反诉应在宣告判决前提出，最好在法庭审理前提出。

## 194. 怎样写自诉案件反诉状?

自诉案件反诉状的写法，与自诉案件起诉状的写法没有根本区别，但也有它自身的特点，这主要表现在：标题应写“自诉案件反诉状”；当事人的称谓应当分别写作“反诉人”“被反诉人”；其内容也要针对自诉状中的内容来反诉，而不能另诉别的内容。

## 195. 自诉案件可否私了?

可以私了，这是由自诉案件本身性质决定的。《刑事诉讼法》第 206 条对此有明确规定，即自诉人在宣告判决前，可以同被告人自行和解或者撤回自诉。但《刑事诉讼法》第 204 条第 (3) 项规定的案件，即“被害人有证据证明对被告人侵犯自己人身、财产权利的行为应当依法追究刑事责任，而公安机关或者人民检察院不予追究被告人刑事责任的案件”不可自行私了。宣告判决后，对法院的裁判如何执行，这是另外一个问题，对执行不存在私了问题。

## 196. 打完一场刑事官司要经过几个阶段?

由于各案的具体情况不同，所以不同的案件可能有不同的阶段。根据《刑事诉讼法》的规定，打完一场刑事官司一般需要以下五个阶段。

(1) 立案。立案是刑事案件的开始阶段，是指公检法三机关对控告、检举或者犯罪人自首等情况，按照管辖分工进行审查后，认为有犯罪事实发生，并且需要追究刑事责任，决定作为刑事案件进行侦查或者审理的诉讼活动。

(2) 侦查。侦查是指公诉案件在立案之后的一个诉讼阶段。侦查由公安机关和检察院进行。在侦查中，可以采取以下专门调查：讯问犯罪嫌疑人，询问证人和被害人，勘验、检查、搜查、扣押物证、书证、鉴定和通缉等；还可以采取拘传、取保候审、监视居住、拘留、逮捕等强制措施。

根据《刑事诉讼法》第 154 条至第 158 条的规定，对犯罪嫌疑人逮捕后的侦查羁押期限不得超过二个月。案情复杂、期限届满不能终结的案件，可以经上一级人民检察院批准延长一个月。因为特殊原因，在较长时间内不宜交付审判的特别重大复杂的案件，由最高人民检察院报请全国人民代表大会常务委员会批准延期审理。下列案件在法定期限届满不能侦查终结的，经省、自治区、直辖市人民检察院批准或者决定，可以延长二个月：①交通十分不便的边远地区的重大复杂案件；②重大的犯罪集团案件；③流窜作案的重大复杂案件；④犯罪涉及面广，取证困难的重大复杂案件。对犯罪嫌疑人可能判处10年有期徒刑以上刑罚，依法延长期限届满，仍不能侦查终结的，经省、自治区、直辖市人民检察院批准或者决定，可以再延长二个月。

在侦查期间，发现犯罪嫌疑人另有重要罪行的，自发现之日起重新计算侦查羁押期限。犯罪嫌疑人不讲真实姓名、住址，身份不明的，应当对其身份进行调查，侦查羁押期限自查清其身份之日起计算，但是不得停止对其犯罪行为的侦查取证。对于犯罪事实清楚，证据确实、充分，确实无法查明其身份的，也可以按其自报的姓名起诉、审判。

(3) 提起公诉。提起公诉是指人民检察院对公安机关或者检察院自己侦查终结的案件，认为犯罪嫌疑人的犯罪事实已经查清，证据确实、充分，依法应当追究刑事责任，将其提交人民法院进行审判的诉讼阶段。

根据《刑事诉讼法》第169条第1款和第171条第3款的规定，对公安机关移送起诉的案件，检察院应当在一个月内作出决定，重大、复杂的案件，可以延长半个月。对于需要补充侦查的，应当在一个月内补充侦查完毕。补充侦查以两次为限。补充侦查完毕移送人民检察院后，人民检察院重新计算审查起诉期限。

(4) 审判。审判是指法院对公诉和自诉案件进行审理和判决。这是整个刑事诉讼活动的中心阶段。根据《刑事诉讼法》第202条规定，人民法院审理公诉案件，应当在受理后二个月以内宣判，至迟不得超过三个月。对于可能判处死刑的案件或者附带民事诉讼的案件，以及有《刑事诉讼法》第156条规定情形之一的，经上一级人民法院批准，可以延长三个月；因特殊情况还需要延长的，报请最高人民法院批准。

人民法院改变管辖的案件，从改变后的人民法院收到案件之日起计算审理期限。人民检察院补充侦查的案件，补充侦查完毕移送人民法院后，人民法院重新计算审理期限。

(5) 执行。这是整个刑事官司的最后阶段。即公检法三机关把法院已经生效的判决或者裁定加以实行的诉讼活动。

以上五个阶段，是指一般的刑事案件。如果是自诉案件，则没有侦查阶段。在审判阶段，如果是一审结束，又提出了上诉或者抗诉，就会增加了上诉或者抗诉的二审阶段；如果二审法院撤销原判，发回重审，一审法院又会对该案进行重新处理。

死刑案件还要有最高人民法院核准的程序，死缓案件要有高级人民法院核准的程序。

## 五、附带民事赔偿

### 197. 什么时候可以提起附带民事诉讼？

根据《刑事诉讼法》第 99 条规定："被害人由于被告人的犯罪行为而遭受物质损失的，在刑事诉讼过程中，有权提起附带民事诉讼。如果是国家财产、集体财产遭受损失的，人民检察院在提起公诉的时候，可以提起附带民事诉讼。"在这里我们可以看出，法律明确规定了可以提起附带民事诉讼的时间。

（1）一般公民遭受经济损失的，有权在"刑事诉讼过程中"提起附带民事诉讼。刑事诉讼过程，是指从本案立案开始。因此，只要一立案，被害人就可以提起附带民事诉讼，而不是只有案件到了法院才可以要求被告人赔偿损失。在实际中，人民法院在开庭审理之前，甚至是在法院受理案件之前，公安机关、检察机关也都可以对此类问题进行调解，动员犯罪嫌疑人先赔偿一部分。有的问题调解解决了，被害人和被告人都无争议，案件到法院受理时，对民事部分就可以不再处理了。只有在公安、检察机关没有处理，或者没有在被告人和被害人之间达成调解协议，法院在审理期间被害人继续要求赔偿，法院才进行调解或者判决。

（2）国家、集体财产遭受经济损失的，人民检察院在提起公诉的时候，可以一并提起附带民事诉讼，要求被告人赔偿。

### 198. 哪些案件可以附带民事诉讼？

根据《刑事诉讼法》第 99 条规定，被害人在刑事诉讼过程中虽然有权提起附带民事诉讼，如果是国家财产、集体财产遭受损失的，人民检察院也可以提起附带民事诉讼，但是如果允许所有的刑事案件都可以提起附带民事诉讼，那么，公检法三机关就得拿出相当大的力量去给被害人"要账"，这样就会直接影响到公检法三机关特别是人民法院集中力量打击刑事犯罪。

因此，2012 年 12 月 20 日最高人民法院在《关于适用〈中华人民共和国刑事诉讼法〉的解释》第 138 条中明确规定："被害人因人身权利受到犯罪侵犯或者财物被犯罪分子毁坏而遭受物质损失的，有权在刑事诉讼过程中提起附带民事诉讼；被害人死亡或者丧失行为能力的，其法定代理人、近亲属有权提起附带民事诉讼。因受到犯罪侵犯提起附带民事诉讼或者单独提起民事诉讼要求赔偿精神损失的，人民法院不予受理。”

综上，我们得出这样的结论：可以提起附带民事诉讼的只有两类案件：①因为人身权利受到犯罪侵害而遭受物资损失的，如医药费等；②财物被犯罪分子毁坏而遭受物质损失的。除此以外，不能提起附带民事诉讼。例如，被盗窃、诈骗的钱财，可以通过追缴、退赔的方法解决，而不能通过附带民事诉讼来解决。

### 199. 附带民事诉讼有没有诉讼时效？

对这个问题，在司法实践中有争议。

一种意见是：应该适用《民法通则》中对诉讼时效的规定，其理由是：附带民事部分所解决的是民事问题。根据《民法通则》第 135 条、第 136 条的规定，向人民法院请求保护民事权利的诉讼时效期间为二年，对人身受到伤害要求赔偿的诉讼时效期限为一年。

另一种意见认为，附带民事诉讼应当适用《刑法》。因为附带民事诉讼是整个案件的附带部分，附带部分应当服从于主诉讼。《刑法》第 87 条对追诉时效问题是这样规定的：“法定最高刑为不满 5 年有期徒刑的，经过 5 年；法定最高刑为 5 年以上不满 10 年有期徒刑的，经过 10 年；法定最高刑为 10 年以上有期徒刑的，经过 15 年；法定最高刑为无期徒刑、死刑的，经过 20 年。如果 20 年以后认为必须追诉的，须报请最高人民检察院核准。”

我们认为，附带民事诉讼的诉讼时效应该适用《刑法》。其理由是：就案件的本身性质来说，刑事附带民事诉讼案件的全案属于刑事案件，附带民事诉讼问题的解决应当服从于刑事案件。《刑事诉讼法》第 102 条规定：“附带民事诉讼应当同刑事案件一并审判，只有为了防止刑事案件审判的过分迟延，才可以在刑事案件审判后，由同一审判组织继续审理附带民事诉讼。”这一规定明确了刑事附带民事诉讼案件应当以同一诉讼程序、同一刑事审判组织审理刑事、民事两部分。而诉讼程序包括时效方面的内容。所以，刑事附带民事诉讼案件应当统一适用刑事法律规定的时效期限。也就是说，只要刑事部分没有超过追诉时效，在立案审理刑事部分的同时，应当允许附带民事诉讼原告人提起附带民事诉讼。假如按照《民法通则》来确定诉讼时效，由于诉讼时效短，在这期间如不能及时破案，或者不能及时抓获犯罪嫌疑人，便不能提起附带民事诉讼；超过了《民法通则》规定的时效之后，这时即使将犯罪嫌疑人抓获，进入了诉讼程序，被害人又因为超过时效而不得提起附带民事诉讼，这样被害人的合法权益就不易被保护。

### 200. 提起附带民事诉讼要交诉讼费吗?

按规定，打刑事官司就不交诉讼费。刑事诉讼中的民事赔偿，尽管是解决民事问题，但由于这种赔偿是由刑事案件派生出来的，也就是说，本案归根结蒂是刑事案件而不是民事案件，所以，对于由刑事案件派生出来的附带民事诉讼，原告人提起附带民事诉讼，要求被告人赔偿经济损失，不需要交诉讼费。向附带民事诉讼的原告人要诉讼费是没有法律根据的。2012 年 12 月 20 日《最高人民法院关于适用〈中华人民共和国刑事诉讼法〉的解释》第 162 条也明确规定，刑事附带民事案件不收诉讼费。

### 201. 哪些人有权提起附带民事诉讼?

根据《刑事诉讼法》第 99 条和 2012 年 12 月 20 日《最高人民法院关于适用〈中华人民共和国刑事诉讼法〉的解释》第 138 条、第 141 条和第 142 条的规定，有权提起附带民事诉讼的原告人只能是:

(1) 在刑事案件中遭受物质损失的被害人（包括公民、法人和其他组织）;

(2) 已经死亡的被害人的近亲属（是指夫、妻、父、母、子、女、同胞兄弟姐妹）;

(3) 无行为能力或者限制行为能力的被害人的法定代理人;

(4) 人民检察院。

### 202. 谁是刑事附带民事案件的被告人?

根据 2012 年 12 月 20 日《最高人民法院关于适用〈中华人民共和国刑事诉讼法〉的解释》第 143 条及其他有关规定，在刑事附带民事诉讼的案件中，依法负有赔偿责任，可以成为附带民事诉讼被告人的有以下几种。

(1) 刑事被告人（包括公民、法人和其他组织）、没有被追究刑事责任的其他共同致害人。

(2) 刑事被告人的监护人。

(3) 死刑罪犯的遗产继承人。

(4) 对被告人的犯罪行为应当承担民事赔偿责任的企业、事业单位、机关、团体和雇主。

(5) 共同犯罪案件中，案件审结前已死亡的被告人的遗产继承人，但赔偿范围应以继承的财产数额为限。

（6）取保候审的被告人的保证人，即被告人在取保候审期间逃匿的，与该被告人串通，协助其逃匿以及明知藏匿地点而拒绝向司法机关提供的保证人。但保证人承担连带责任，应以其保证前附带民事诉讼原告人提起的诉讼请求数额为限。

（7）帮工人因第三人侵权遭受人身损害的，由第三人承担赔偿责任。第三人不能确定或者没有赔偿能力的，可以由被帮工人予以适当补偿。

（8）其他对刑事被告人的犯罪行为依法应当承担民事赔偿责任的单位和个人。

### 203. 孩子犯罪造成的经济损失，父母有赔偿义务吗？

这要视具体情况而定。

（1）如果犯罪人在犯罪时未满18周岁，那么，根据《婚姻法》第17条规定，其父母作为监护人有赔偿义务。

（2）如果犯罪人犯罪时已满18周岁，其父母便没有向被害人赔偿经济损失的义务。但是，犯罪人如果与父母在一个家庭中生活，经济没分开，在家庭共有财产中又有他的一部分，应该用他的这部分赔偿被害人的经济损失。

（3）犯罪人得到的赃款、赃物，其父母如果享用和挥霍了，其父母就有义务赔偿。

### 204. 附带民事赔偿诉讼如何举证？

《刑法》第36条第1款及《刑事诉讼法》第99条分别规定："由于犯罪行为而使被害人遭受经济损失的，对犯罪分子除依法给予刑事处罚外，并应根据情况判处赔偿经济损失。""被害人由于被告人的犯罪行为而遭受物质损失的，在刑事诉讼过程中，有权提起附带民事诉讼。"据此可知，刑事附带民事诉讼的赔偿仅针对物质损失即经济损失而言。根据《最高人民法院关于适用〈中华人民共和国刑事诉讼法〉的解释》第151条规定，"附带民事诉讼当事人对自己提出的主张，有责任提供证据。"如果只有主张和要求而没有证据，或者证据不足，法院将不予支持。对精神损害赔偿因于法无据，法庭不会受理。

### 205. 怎样确定附带民事诉讼的赔偿范围？

关于刑事附带民事诉讼的赔偿范围问题，《最高人民法院关于适用〈中华人民共和国刑事诉讼法〉的解释》第138条有明确规定："被害人因人身权利受到犯罪侵犯或者财物被犯罪分子毁坏而遭受物质损失的，有权在刑事诉讼过程中提起附带民事诉讼；被害人死亡或者丧失行为能力的，其法定代理人、近亲属有权提起附带民事诉讼。因受到犯罪侵犯，提起附带民事诉讼或者单独提起民事诉讼要求赔偿精神损失的，人民法院不予受理。”这既是刑事附带民事诉讼案件的范围规定，也是刑事附带民事诉讼案件赔偿范围的规定。

犯罪分子非法占有、处置被害人财产而使其遭受物质损失的，人民法院应当依法予以追缴或者责令退赔。经过追缴或者退赔仍不能弥补损失，被害人不能提起附带民事诉讼，只能向人民法院民事审判庭另行提起民事诉讼，人民法院可以受理。

根据《刑法》第 36 条规定，附带民事诉讼只赔偿“经济损失”，而不能扩大到其他方面，否则没有法律依据。当然，如果精神伤害和名誉损害导致了经济损失，这也是人身权利受到犯罪侵犯，对这样的经济损失也应当赔偿，这不是赔偿精神损害和名誉损害，而仍然是赔偿有确切数字的经济损失。

经济损失包括直接的和间接的两种。间接的经济损失也是损失，对间接损失绝对不赔的观点没有法理依据。在司法实践中，有许多案件已经对间接损失予以赔偿。例如人身伤害案件，在处理的时候，主要是依据《民法通则》第 119 条规定，“侵害公民身体造成伤害的，应当赔偿医药费、因误工减少的收入、残疾者生活补助费等费用；造成死亡的，并应当支付丧葬费、死者生前扶养的人必要的生活费等费用”。这个条文所规定的赔偿内容，不仅包括直接的经济损失，例如医疗费、丧葬费等，也包括间接的经济损失，例如因误工减少的工资收入、残疾者的生活补助费、死者生前扶养的人必要的生活费用等。对间接经济损失的适当赔偿，不仅是应当的，也是可行的，赔偿之后效果也很好。

由于有些间接损失的数字不好确定，加之有些被告人的赔偿能力有限，在具体处理时，应当分清主次，以赔偿直接损失为主，间接损失为辅。赔偿面过宽，难于执行；赔偿面过窄，又不利于保护被害人的合法权益。对间接损失绝对地一点不赔不对，应当根据《刑法》第 36 条规定，视各案的具体情况，采取合理、适当、限制的三项原则，酌情赔偿。

我们在谈到刑事案件赔偿范围的问题时，必须明确尽管刑事附带民事诉讼所要解决的是民事赔偿问题，但是这种民事赔偿和普通的民事赔偿不完全是相同的。附带民事案件的赔偿是附属于刑事案件的，由于在刑事方面被告人已经受到了刑罚的制裁，在精神方面被害人已经得到了一定的安慰，所以有关法律规定，刑事附带民事赔偿案件不能再赔偿精神损害以及名誉损害、荣誉损害。有人说，既然普通的民事案件可以赔偿精神损害，那么，刑事附带民事案件也应当赔偿精神损害，这种说法因为没有法律依据而不能成立。相反，有明确的法律规定，在刑事附带民事案件中不赔偿精神损失。

## 206. 怎样确定附带民事诉讼的赔偿数额?

根据2012年12月20日《最高人民法院关于适用〈中华人民共和国刑事诉讼法〉的解释》第155条及其他有关规定，对附带民事诉讼部分，应当根据犯罪行为造成的物质损失，结合案件具体情况，确定被告人应当赔偿的数额。

犯罪行为造成被害人人身损害的，应当赔偿医疗费、护理费、交通费等为治疗和康复支付的合理费用以及因误工减少的收入。造成被害人残疾的，还应当赔偿残疾生活辅助具费等费用；造成被害人死亡的，还应当赔偿丧葬费等费用。驾驶机动车致人伤亡或者造成公私财产重大损失，构成犯罪的，依照《中华人民共和国道路交通安全法》第76条的规定确定赔偿责任："机动车发生交通事故造成人身伤亡、财产损失的，由保险公司在机动车第三者责任强制保险责任限额范围内予以赔偿；不足的部分，按照下列规定承担赔偿责任：（1）机动车之间发生交通事故的，由有过错的一方承担赔偿责任；双方都有过错的，按照各自过错的比例分担责任。（2）机动车与非机动车驾驶人、行人之间发生交通事故，非机动车驾驶人、行人没有过错的，由机动车一方承担赔偿责任；有证据证明非机动车驾驶人、行人有过错的，根据过错程度适当减轻机动车一方的赔偿责任；机动车一方没有过错的，承担不超过10%的赔偿责任。交通事故的损失是由非机动车驾驶人、行人故意碰撞机动车造成的，机动车一方不承担赔偿责任。"

附带民事诉讼当事人就民事赔偿问题达成调解、和解协议的，赔偿范围、数额不受上述规定的限制。

刑事案件附带的民事诉讼所要解决的是民事赔偿问题，处理这个问题不能离开民事法律。根据《民法通则》第131条规定，被害人对于损害的发生有过错的，可以减轻被告人的民事责任，这便是民事案件中的所谓"过错原则"。对于造成的经济损失，如果被告人单方面有过错，在一般情况下，应该判处被告人赔偿全部经济损失。对造成的经济损失，如果被告人和被害人都有过错，应该各自承担部分过错责任。从被害人方面来说，其过错一般分以下三种情况。一是在案件的起因上有过错，包括有一部分过错和有全部过错。二是在被告人实施侵害行为过程中有过错，使事态向不好的方面发展，造成了更为严重的损害后果。三是在损害结果的扩大方面有过错，即被害人有义务防止或者减轻损害而没有尽到这种义务。比如对致伤没有及时治疗，致使伤势严重；又如不按照要求休息，超过规定进行强体力劳动或者剧烈活动，致使病情反复。对这些情况，被害人无权就扩大的损失部分要求赔偿。

《民法通则》第130条规定，“二人以上共同侵权造成他人损害的，应当承担连带责任。”因此，二人或者二人以上共同犯罪，造成他人经济损失，应当根据被告人过错的大小，按照比例承担各自相应的赔偿责任。如果其中一个或者几个人确实没有赔偿能力，有赔偿能力的被告人应当承担大部或者全部的赔偿责任。

### 207. 人民法院在确定民事赔偿责任时会考虑哪些问题?

根据司法实践，在具体确定被告人赔偿责任时，应当综合考虑并遵循以下原则。

（1）过错原则。即根据行为人有无过错及过错大小，确定他具体承担的民事赔偿责任。具体说，被害人对造成损害结果没有过错的，被告人对被害人遭受的损失，应当全部赔偿；若被害人有过错的，应视具体情况酌情减轻被告人的赔偿责任。根据该原则，因防卫过当、紧急避险过当使被害人遭受物质损失的，应当根据具体情况减轻或者免除被告人的赔偿责任。

（2）连带责任原则。共同致害人为2人以上的，应当根据各致害人在共同侵害中所处的地位、所起的作用以及行为给被害人造成损害等情况，分别确定各被告人应当赔偿的数额。如果责任无法分清的，应平均承担。但是如果其中有的致害人没有赔偿能力，或者下落不明的，其他有赔偿能力的致害人应负连带责任。

（3）全部赔偿原则。即在确定被告人赔偿数额时，应当根据有关法律规定，全部赔偿应当赔偿的被害人的物质损失，不受被告人赔偿能力的限制。对于被告人暂时没有赔偿能力的，应当在依法判决后中止执行，待中止事由消失后，继续执行；对于被告人丧失了赔偿能力的，应当裁定终止执行。

（4）罪责自负原则。成年刑事被告人应当以自己的财产独自承担赔偿责任，但其亲属自愿承担的，应当准许。当然，未成年刑事被告人的赔偿责任，仍由他们的监护人承担。监护人尽了监护义务的，可以适当减轻其赔偿责任。

### 208. 由犯罪行为造成的精神损害赔偿吗?

由犯罪行为给被害人造成的损失是多方面的，是不是只要有损失，就可以提起附带民事诉讼而要求犯罪分子予以赔偿呢？比如：一个经商者，因为被打伤住进医院进行治疗，影响了他的正常经营，使应当得到的收入大为减少；一个农民被打伤，影响了他在田间的正常劳动，影响了秋天的收获；一个学生被打伤住进医院，影响了学习，家长不得不聘请他人给补习功课，聘请他人补课所支出的费用也是损失；等等。如果各方面的损失都得赔偿，都可以提起附带民事诉讼，那么，公检法三机关就得拿出相当大的力量去给被害人“要账”，这无疑会影响集中精力打击各种刑事犯罪。另外，我们必须看到，犯罪行为给被害人造成的损失与民事侵权行为所造成的损失不完全一样。因为在刑事案件中，给被害人造成经济损失的人受到了刑罚的制裁，这可以使遭受损失的人在精神上得到一定程度的慰藉。

针对这个问题，2012年12月20日《最高人民法院关于适用〈中华人民共和国刑事诉讼法〉解释》第138条有明确规定，可以提起附带民事诉讼的，只限于因人身权利受到犯罪侵害而遭受物质损失，或者财产被犯罪分子毁坏而遭受的物质损失，不包括精神损失、名誉损失等其他损失。

### 209. 互殴双方都受伤害怎样赔偿？

关于互相殴打，各方都受到了对方的伤害的案件如何赔偿，这要根据不同情况，分别对待，不可一概而论。

（1）二人互相殴打，均给对方造成了轻伤或者重伤。对这类案件，应当在追究双方刑事责任的前提下，民事赔偿应互为赔偿，分清责任，核对数额，互相抵消，不足部分由对方负责赔偿。

（2）被告人同时伤害数人，其中有的是轻伤或者重伤，还有的只是轻微伤。被造成轻微伤的被害人，也有权提起附带民事诉讼，也应当由被告人赔偿。这样做有利于简化诉讼程序，节省时间和费用，使案件一次性得到彻底解决。

（3）多人伤害同一被害人，致被害人轻伤或者重伤，但致被害人轻伤或者重伤的是其中的一个被告人的伤害行为所致，起诉书又没有起诉另外几个同案人。对这种情况，虽然没有追究同案人的刑事责任，但在审判实践中，被害人提起附带民事诉讼，参与作案的全部行为人都应当作为共同民事被告人承担民事赔偿责任。

（4）不是同一时间、地点造成互相致伤的赔偿问题。例如甲伤害了乙，但不构成犯罪。乙的弟弟丙知道后，事隔数日，又去伤害了甲，致使甲轻伤害。丙被起诉后，甲提起附带民事诉讼。这时，乙也要求赔偿。由于乙被伤害不是同一时间、同一事实，他的要求不属于赔偿范围，但他可以对甲另行提起民事诉讼要求赔偿，但不能提出附带民事诉讼。因为不构成犯罪的民事赔偿，不在附带民事部赔偿的范围之内。

还有一种情况，就是夫妻打架造成了伤害，一般不予赔偿。这是因为在同一个家庭中，用共同的财产来赔偿，没有实际意义。但是，如果双方另有约定属于个人的财产，对这种情况应予赔偿。其理由有两点。一是我国《刑法》关于刑事附带民事赔偿的规定，并不排除配偶之间存在附带民事诉讼的可能性。在适用法律问题上人人平等，不能认为是夫妻，刑事附带民事诉讼制度就不适用。二是《婚姻法》规定，在婚姻关系存续期间，允许夫妻另有约定属于个人的财产。对这样的财产，法律也应当保护。

### 210. 亲属可以代赔吗？

被告人没有能力赔偿，其亲属有能力赔偿，但他的亲属没有赔偿义务，是否可以由他的亲属代替赔偿呢？对这个问题，在1987年8月26日《最高人民法院关于被告人亲属主动为被告人退缴赃款应如何处理的批复》当中有明确规定。即：如果被告人没有能力赔偿，其亲属应被告人的请求，或者是他们主动提出，并且征得了被告人的同意，自愿代替被告人退赔的，法院可以考虑具体情况，收下其亲属自愿代被告人退赔的款项，并且视为被告人主动退赔的款项，可对被告人依法适当从宽处罚。但需要说明的是，如果被告人应当判处死刑，并且必须执行的，其亲属自愿代赔的，法院则不应接收。

### 211. 被告人无力赔偿怎么办？

被告人的赔偿能力分以下四种情况：①有足够的赔偿能力；②有部分赔偿能力；③暂时没有赔偿能力；④毫无赔偿能力。对于不同情况，应当采取不同的方法处理。

(1) 被告人有足够的赔偿能力，这种情况比较好处理。他如果不愿赔偿，人民法院判决生效后，可以依法强制执行赔偿。

(2) 被告人有部分赔偿能力，附带民事诉讼原告人也举不出证据能够说明他有全部赔偿能力，可以在尽最大努力的情况下，只赔偿一部分；被告人如果请求亲属或者同意亲属代替赔偿，在一般情况下应当允许，并视为被告人的赔偿。

(3) 被告人暂时没有赔偿能力，但愿意赔偿，在有实际担保的情况下，人民法院应当调解或者判决分期赔偿。

(4) 被告人确实毫无赔偿能力，其亲属也不愿意替他赔偿，经查属实，附带民事诉讼原告人又举不出证据能够说明被告人有赔偿能力，在一般情况下，不能要求被告人在服刑期间赔偿，或者在服刑期满以后再赔偿，虽然可以作出赔偿经济损失的判决，但执行起来很困难，或者无法执行。

(5) 在附带民事诉讼中，对于共同犯罪造成的经济损失，原则上，是根据每个被告人在共同犯罪中所起的作用来确定赔偿数额。如果有的被告人确实没有赔偿能力，可以判处其他被告人承担全部赔偿责任。这样处理，符合我国民事立法精神。根据《民法通则》第130条的规定，二人以上共同侵权造成他人损害，应当承担连带责任。刑事附带民事诉讼，在处理民事赔偿部分时，因为是解决民事赔偿问题，应当遵循《民法通则》中的规定来审理。

要注意的是，应该划清认罪态度、没有赔偿能力与有赔偿能力而不赔的界限。在一般情况下，常常会遇到这样的情况：被告人在赔偿经济损失方面态度特别顽固，就是“不管判什么刑，坚决不赔”。对这种情况怎么办，虽然可以靠强制力来强制赔偿，但应当慎重处理。由于民事赔偿部分解决的是民事问题，所以要用解决民事问题的办法来处理，最好是用调解的方法。被害人要求赔偿多少，甚至要求赔偿多一些，如果被告人情愿，这是允许的。如果用判决的方法来解决，就得实事求是，损失多少，判决赔偿多少。对于不应该赔偿的部分，例如不合理的医疗费用，甚至是其他亲属治病花的医疗费，不能由被告人来赔偿。此外，还要看被害人是否有过错。如果在案件的起因上，被害人有明显过错，也不能由被告人一方承担全部经济损失。如果是二人以上共同作案，即便没有被追究刑事责任的人，在给被害人造成经济损失方面，他也应该承担法律责任。

有的被告人确实毫无赔偿能力，例如他是刚刚被释放出来的刑满释放人员，连自己的生活都没有保证，这时犯罪并给他人造成了经济损失怎么办？一般可以考虑以下一些方面。

（1）被告人如果是未成年人，可以根据《婚姻法》的规定，由其父母或者其他监护人来承担赔偿义务。

（2）如果有同案犯，或者他人参与作案的，根据《民法通则》的规定，可以由同案犯或者他人承担赔偿义务。

（3）被告人犯罪的违法所得，如果有一部分用于家庭生活，对这部分，其家属有退赔的义务。

（4）成年人犯罪造成的经济损失，可以用家庭财产中属于他本人的那一部分赔偿，如果本人财产赔偿不了，根据最高人民法院1987年8月26日公布的《最高人民法院关于被告人亲属主动为被告人退缴赃款应如何处理的批复》的规定，被告人是成年人，其违法所得都由自己挥霍，无法追缴的，应责令被告人退赔，其家属没有代为退赔的义务。被告人在家庭共同财产中有其个人应有部分的，只能在其个人应有部分的范围内，责令被告人退赔。如果被告人的违法所得有一部分用于家庭日常生活，对这部分违法所得，被告人和家属均有退赔的义务。如果被告人对责令其本人退赔的违法所得已无实际上的退赔能力，但其亲属应被告人的请求，或者主动提出并征得被告人的同意，自愿代被告人退赔部分或者全部违法所得的，法院也可考虑具体情况，收下其亲属自愿代被告人退赔的款项，并视为被告人主动退赔的款项。但是，如果被告人的罪行应当判处死刑，并必须执行，对于其亲属自愿代为退赔的款项，法院不应接收。

### 212. 赔偿了可以得到从轻处罚吗？

可以。最高人民法院于2012年12月20日发布的《关于适用〈中华人民共和国刑事诉讼法〉的解释》第505条规定："对达成和解协议的案件，人民法院应当对被告人从轻处罚；符合非监禁刑适用条件的，应当适用非监禁刑；判处法定最低刑仍然过重的，可以减轻处罚；综合全案认为犯罪情节轻微不需要判处刑罚的，可以免除刑事处罚。""共同犯罪案件，部分被告人与被害人达成和解协议的，可以依法对该部分被告人从宽处罚，但应当注意全案的量刑平衡。"《刑事诉讼法》第279条也规定："对于达成和解协议的案件，公安机关可以向人民检察院提出从宽处理的建议。人民检察院可以向人民法院提出从宽处罚的建议；对于犯罪情节轻微，不需要判处刑罚的，可以作出不起诉的决定。人民法院可以依法对被告人从宽处罚。"

在司法实践中，有这样的情况，就是有的被告人有赔偿能力，但拒不赔偿，甚至宁可被从重处罚也不赔。其实，赔偿还是不赔偿，不完全取决于被告人本人。被告人即使不愿意赔偿，甚至拒绝赔偿，但是人民法院仍然会根据法律规定，判处他赔偿。判决发生了法律效力以后，人民法院可以采取强制措施，强制他赔偿。这样的赔偿，由于不是建立在被告人的悔罪基础上，因此，即使被强制执行赔偿了被害人的经济损失，也不能对其从轻处罚。同样是赔偿了被害人的经济损失，主动赔偿的，可以认为是悔罪表现，从而可以从轻处罚；如果拒不赔偿，被人民法院判决赔偿，又是强制执行的，因为不是出于悔罪而赔偿，不应当认为是具有悔罪表现而对其从轻处罚。被告人有能力赔偿而不赔，不仅危害后果严重，也说明他不认罪，在量刑时不能从轻处罚。

在司法实践中还有另一种情况，就是被害人宁可不要赔偿，也要求法院对被告人从重处罚。被害人有权要求赔偿，也可以放弃这种权利。但被告人赔与不赔，这是被告人的态度，被告人愿意积极赔偿，这表明他有认罪、悔罪表现。对这一表现，在量刑时可以适当考虑。被害人可以拒绝接受赔偿，也可以要求从重处罚被告人，但是人民法院不能完全由被害人支配。被告人有从轻或者减轻处罚情节的，被害人或者家属拒绝赔偿，也不影响对被告人从轻或者减轻处罚。

犯罪后积极赔偿被害人的经济损失，量刑时可以从轻处罚，其原因有三点。

(1) 任何人犯罪以后，能积极赔偿被害人的经济损失，这表明他有认罪、悔罪的表现。对有认罪、悔罪表现的，应当比拒不认罪、态度顽固的要从轻处罚。

(2) 由于被告人赔偿了被害人的经济损失，社会危害性小了，由此他的罪行也减轻了，因此，对这样的罪犯应当从轻处罚。

(3) 为了鼓励犯罪以后积极赔偿被害人的经济损失，也应当体现出对积极赔偿的被告人从轻处罚，否则，很少有人愿意赔偿。

对于积极赔偿的，依法从轻处罚，这不是用钱赎罪。用钱赎罪，是指只要花钱，就可以不追究犯罪者的刑事责任。而对积极赔偿的罪犯从轻处罚，是依法适当从轻，而不是从轻无边。这种从轻处罚是建立在被告人认罪悔罪基础上的，是建立在减小了社会危害性基础上的。

在另一方面，对那些没有能力赔偿，或者有能力也不赔偿的，是不是要从重处罚呢？对这个问题，法律没有明确规定。对不赔偿的，要进行分析，根据不同情况分别而论。

(1) 对于确实没有能力赔偿的，本人认罪悔罪，不能从重处罚。对于有自首、立功表现的，具备了法定的从轻情节，仍然要从轻处罚。

(2) 对于有能力赔偿而不肯赔偿的，或者拒不赔偿的，法院在审理此案的时候，会判令其赔偿被害人的经济损失。由于通过判决的方式赔偿了被害人的经济损失，同样也减少了社会的危害，尽管这与那些积极主动赔偿有区别，但是也应当承认，既然赔偿了被害人的经济损失，也就减少了社会危害性，可以适当从轻处罚。这种从轻处罚的幅度，因主动赔偿与强制赔偿的不同而应当有所区别。

### 213. 附带民事赔偿案件怎样起诉？

根据《刑事诉讼法》第99条规定，在案件进入立案侦查以后，有权提起附带民事赔偿的人即可以向司法机关提起附带民事诉讼。当然，由于公安机关和人民检察院没有审判权，如果调解不能达成协议，只能在案件起诉到法院以后，由法院依法调解或者判决。

提起附带民事诉讼，一是要递交附带民事诉讼起诉状，二是同时要递交由于犯罪嫌疑人或者被告人犯罪所造成损失的证据，例如各种医疗费、购物发票等。当事人自己提起附带民事诉讼如果有可能，可以聘请诉讼代理人帮助处理这些问题。

### 214. 附带民事赔偿案件怎样应诉?

被人家起诉了，要求赔偿经济损失，应当正确对待，依法处理。如果确实因为自己的犯罪行为给被害人造成了经济损失，应当依照法律规定，予以赔偿。如果没有给被害人造成那么多的损失，被害人提出的赔偿数额太多，证据不确凿，也应该如实说明情况。实事求是地说明情况，不能叫“拒不认罪，态度不好”。关于被告人如何应诉，有以下一些方面应该有所了解。

(1) 关于态度问题。我们认为，应该划清认罪态度、没有赔偿能力与有赔偿能力而不赔的界限。是否赔偿或者是否能够满足原告人的要求，不一定与认罪态度有联系。有的原告人要求过高，要求赔偿的数额没有依据，也不应该要求被告人满足其要求。有的被告人刚刚被刑满释放，连自己的生活都没有保证，靠别人帮助，这时犯罪了，给他人造成了经济损失，实在没有赔偿能力，不能把没有赔偿能力认为是认罪态度不好。

(2) 关于共同犯罪或者共同侵权的赔偿问题。根据《民法通则》第130条规定，二人以上共同侵权造成他人损害，应当承担连带责任。刑事附带民事赔偿问题，所要解决的是民事问题，在处理民事赔偿部分时，应当遵循《民法通则》中的这个规定来进行审理。因此，如果他人也有赔偿责任，应该提出。如果是二人以上共同作案，包括没有被追究刑事责任的人，在给被害人造成经济损失方面，他也应该承担法律责任。也就是说，应该承担赔偿经济损失的责任，大家都有义务赔偿，而不能只由其中的一个人来承担赔偿责任。对于共同犯罪造成的经济损失，原则上是根据每个被告人在共同犯罪中所起的作用来确定赔偿数额。如果有的被告人确实没有赔偿能力，可以判处其他被告人承担全部赔偿责任。这样处理符合我国民事立法精神。

(3) 关于赔偿范围与数额。对于不应该赔偿的部分，例如不合理的医疗费用，甚至是其他亲属治病花的医药费，不能由被告人来赔偿。此外，还要看被害人是否有过错。如果在案件的起因上，被害人有明显过错，也不能完全都由被告人一方承担。

### 215. 怎样写刑事附带民事起诉状?

要提起刑事附带民事诉讼，就必须向人民法院递交附带民事起诉状。附带民事起诉状有固定格式，它由以下三部分组成。

第一，首部。这一部分包括标题，即“刑事附带民事起诉状”，也有叫“起诉书”的。标题下面是双方当事人的自然情况。先写附带民事诉讼原告人项目，再写附带民事诉讼被告人项目。每人的项目都应当写清楚姓名、性别、出生年月日、民族、出生地、文化程度、职业或者工作单位及职务、住址等内容。为了便于人民法院与其联系，也可以写邮政编码、电话号码等。

第二，正文。这一部分包括以下三部分内容。

（1）诉讼请求。在这一部分里，要写清楚由被告人的犯罪行为造成多少经济损失，要向人民法院提出具体的诉讼请求，而不能写类似“全部经济损失”“全部赔偿”等没有数字的笼统请求。既要写得具体，又要简明扼要。

（2）事实与理由。所谓事实，就是原告人指控被告人具体犯罪行为的事实，要写明犯罪行为的时间、地点和犯罪的手段、情节、危害结果等。特别要注意写清被告人的犯罪行为给被害人造成了哪些经济损失以及证据如何。所谓理由，就是要写明被告人的行为所带来的社会危害性，并且要引用有关法律条文，指控被告人的行为已经构成犯罪，在依法追究其刑事责任的同时，被告人还应当承担民事赔偿责任。

（3）证据和证据来源，证人姓名和住址。附带民事诉讼原告人对提起的附带民事诉讼案件负有举证责任，对所指控的遭受损害事实应当有证据证明。

第三，尾部。这一部分包括以下四部分内容。

（1）要写明这份起诉状所要递交的人民法院的名称。

（2）要写明附件的名称和数量。

（3）附带民事诉讼原告人应当签名或者盖章。

（4）要注明起诉的日期。

为了便于读者掌握附带民事起诉状的写法，现将司法实践中的一篇例文列举如下，供参考。

### 刑事附带民事起诉状

附带民事诉讼原告人（即被害人）张××，男，××××年×月×日出生，汉族，辽宁省××市人，系××市××厂工人，电话××××××，现住址××市××区××街×号，邮政编码××××××。

附带民事诉讼被告人（即刑事被告人）王××，男，××××年出生，汉族，辽宁省××市人，系××市××厂工人，捕前住××市××区××街××号。现押于××看守所。

### 诉讼请求

请求人民法院在追究被告人王××刑事责任的同时，依法判处其赔偿我的医疗费、交通费、误工工资等经济损失××××元。

## 事实与理由

我与被告人同在一个工厂里工作。被告人爱喝酒，经常酒后无端地骂人，我曾经不止一次地劝说过他，引起他的不满。××××年×月×日中午，被告人酒后回到休息室躺在椅子上休息，因为同班组的工人赵××没有递给他水杯，他便对赵××大骂不止。我上前劝阻，被告人站起来向我脸上猛击两拳。我在一气之下还手向他脸上打了两拳，他的鼻子出血了。这时，他抽出随身携带的电工刀向我刺来。一刀将我胳膊刺伤，另一刀刺中了我的腹部。后来经大家及时阻拦，我才免遭进一步被伤害。我被大家送进医院抢救，这才脱离危险。被告人用刀刺伤我的腹部，经过法医鉴定为重伤，使我住院治疗 50 天以后才出院工作。被告人王××的犯罪行为使我遭受了严重的经济损失，医疗费、交通费、误工工资等损失合计××××元。根据《刑法》第 36 条的规定，我请求人民法院在严厉惩处罪犯王××的同时，判处他赔偿我的经济损失××××元。

## 证据和证据来源，证人姓名和住址

1. 我被王××刺伤，有在场的工人刘××、吴××亲眼所见，并且有法医鉴定结论已经提供给法院。刘××家住××市××区××街××号；吴××家庭住址不详，但他是我们工厂的工人，到我们工厂可以找到。

2. 我被刺伤以后住院治疗，有××市××医院出具的医疗费单据××张，合计人民币××××元。

3. 我被刺伤不能上班工作，误工情况及我的工资标准已由我厂劳动工资科出具了书面证明，合计××××元。

4. 因为治伤，有我和陪护人员的交通费票据××张，合计×××元。

此致

××市××区人民法院

附：1. 本起诉状副本一份；

2. 医疗费收据××张；

3. 交通费票据和工资标准证明。

附带民事诉讼原告人：张××

××××年×月×日

### 216. 怎样写刑事附带民事案件答辩状？

刑事附带民事案件答辩状，是刑事附带民事案件的被告人针对附带民事诉讼原告人的起诉进行答复和辩解时所使用的文书。它与辩护词不同：前者是针对民事赔偿方面的起诉，侧重于赔与不赔、赔多赔少方面的答复和辩解；而后者是针对刑事犯罪方面的起诉，侧重于罪与非罪、罪轻罪重方面的辩护。写本答辩状应该注意以下两点：一是应当围绕犯罪行为是否给对方造成了经济损失，对方是否有过错，是否也应当承担一部分民事责任来答辩；二是对经济损失的数额是否真实、合理，是否证据确凿以及是否属于附带民事赔偿范围来答辩。为了给读者写这种文书提供借鉴，现从司法实践中选来一篇供参考。

**刑事附带民事答辩状**

答辩人（刑事被告人）张××，男，××××年×月×日出生，系××市××厂工人，现羁押于××市看守所。

答辩人于××××年×月×日收到了××市××区人民法院送达的附带民事诉讼原告人田××的附带民事案件起诉状。原告人在起诉状中歪曲了事实真相，并据此提出不合理的赔偿要求，特依法提出答辩如下。

一、原告人在诉状中称“被告人张××无故动刀伤人”，此说法与事实不符。被告人承认动刀伤人并致被害人田××重伤是一种犯罪行为，应当受到国家法律的适当惩处，但原告人不讲清案件发生的原因，不讲对案件的发生谁负主要责任，这不是实事求是。案件的发生是这样的：××××年×月×日晚8时左右，我与同学郭××在市文化宫二楼打乒乓球。这时原告人田××与宋××过来围观。在围观时，田××不断地说我“球臭”“水平太差”。我与原告人田××素不相识，他不断地挖苦我、奚落我，在这种情况下，我才回他一句：“你愿看就在这儿看，不愿看你走远点。”我的话音刚落，他上来就朝我面部打一拳。我当时没有站在那儿等他继续打，而是在他首先动手打我之后，我才还手打他。这时，随他一起来的宋××也上来帮他打我。他们把我摁倒，原告人田××骑在我身上打我，我被逼无奈，才拿出裤兜里的一把牛角刀，朝他腹部扎去。这一情节，除了在场的郭××、宋××可以证实以外，其他围观的人都可以证实。在案件起因上，原告人田××应负主要责任。《民法通则》第131条规定：“受害人对于损害的发生也有过错的，可以减轻侵害人的民事责任。”因此，原告人田××应当承担主要责任。

二、在他要求赔偿经济损失××××元中，有××××元是因为住院治疗，耽误了课程，为了高薪聘请教师补课而花销的。这笔花销是真是假暂且不论，单论其性质就不属于刑事附带民事案件的赔偿范围，我不能赔偿。还有在他提供的医药票据中，有一张是购买西药麦利平的，麦利平是治疗高血压的药品，这与我的故意伤害案件无关，这样的医疗花销我不能赔偿。

此致

××市××区人民法院

答辩人：张××

××××年×月×日

### 217. 法院怎样审理刑事附带民事案件？

在刑事案件中，公诉案件和自诉案件都可以提起附带民事诉讼。这样，刑事附带民事诉讼案件比较多。不管是原告人还是被告人，都应该了解刑事附带民事诉讼案件的庭审程序，因为这对自己有好处，不仅可以掌握在庭审中发言的机会，而且能够注意庭审中的各项内容，便于更好地行使自己的诉讼权利。公诉刑事附带民事案件和自诉刑事附带民事案件的庭审程序大致相同，现介绍如下，便于读者掌握。

第一，庭前要对附带民事部分进行调解。

附带民事案件进入第一审程序以后，在审判实践中，一般是对附带民事部分在开庭以前进行调解，因为在这个时候处理民事赔偿问题比较容易。对于公诉刑事案件，在向被告人送达起诉书以后，对于自诉案件，一般是在收到被告人答辩状之后，即可进行庭前调解。

人民法院主持双方就民事赔偿问题进行庭前调解，一般要向当事人简要地交代与介绍调解原则、赔偿范围和标准以及对责任认定的基本情况和意见，以便于双方当事人心里有底数，可以防止被害人漫天要价，也可以防止被告人无所适从。调解是在双方自愿的前提下进行，关于赔偿范围和标准的掌握，既要注意保护被害人的合法权益，也要考虑被告人的实际赔偿能力。

关于民事责任问题，一般可以粗略地分为三种情况：一种是被告人应当承担全部的赔偿责任；另一种是被告人与被害人双方都有责任，在这种情况下，可以适当减少被告人的赔偿责任，那种认为被告人有罪就应当承担全部赔偿责任的认识，因为不符合法律规定而不正确；还有一种是二人以上共同犯罪或者共同的侵害行为造成了被害人的物质损失，对这种情况，各行为人都要承担连带责任。人民法院在调解中，应当向当事人讲清楚有关的法律规定。如果被告人情愿多赔偿，根据案件情况，一般应当允许。

在司法实践中，有的被告人可能被判处死刑，由于他的犯罪，给被害人造成了经济损失，而被害人考虑到被告人会被判处死刑，往往不提出附带民事诉讼，这时应当向被害人宣传他有提起附带民事诉讼的权利。犯罪分子被执行死刑以前有赔偿义务，应当用其个人的合法财产予以赔偿。

由于诸多原因，有时庭前调解不一定达成协议。还有的时候，为了防止开庭审理以后案件发生变化，即使调解成功，双方达成了赔偿协议，被告人的赔偿钱款也是先交到人民法院暂时保管，而不是立即付给被害人。在人民法院对刑事案件的判决生效以后，才对民事赔偿部分予以执行。这样做的好处是案件经过开庭审理以后，即使案情发生了变化，在民事赔偿方面也不至于很被动，但这样做的不利方面是被害人的经济损失不能得到马上赔偿。

在庭审以前的调解，一般要考虑赔偿数额对量刑的影响。一方面，要注意不能让被告人较大幅度地增加赔偿数额，企图以此得到减免罪责；另一方面，也要使被告人的实际赔偿数额在量刑的时候得到相应的体现。既要反对以钱赎刑，以民事赔偿代替刑罚，也不能把刑事与民事两部分截然分开，不能赔与不赔、赔多赔少在刑事量刑方面一点儿也不体现。总的原则是：刑事责任要赔，民事责任也要赔，二者不能代替；赔与不赔、赔多赔少，从另一方面也反映出被告人认罪悔罪的态度，也关系到犯罪行为的危害后果，因此，在量刑的时候应当酌情考虑。

第二，庭审方式。

对刑事附带民事赔偿问题，如果庭前调解一次或者多次双方不能达成协议，就需要在开庭审理时予以解决。

刑事附带民事诉讼的审理情况分以下三种。

(1) 公诉案件的刑事部分与民事赔偿部分合并开庭审理。

人民法院开庭审理案件，首先由书记员核对诉讼参与人是否到齐，当庭出示的物证、书证是否准备好，公开审理的案件，有旁听群众的请旁听群众入庭就座，并且宣布不具备旁听资格的人不得参加旁听；其次是宣布法庭纪律；最后是诉讼参与人以及合议庭组成人员入庭就座。

在这之后，由审判长主持，首先宣布开庭；其次是核对当事人身份，宣布公诉人、诉讼代理人、辩护人、法庭组成人员、书记员、鉴定人、翻译人员的名单；最后告知当事人享有的诉讼权利和应当履行的义务。

当事人的诉讼权利是：有申请回避的权利；有提出新证据的权利；对民事赔偿问题，有请求法庭予以调解的权利；附带民事诉讼原告人有放弃、变更、增加诉讼请求的权利；被告人有对附带民事诉讼原告人进行反驳和反诉的权利；被告人有最后陈述权。当事人的诉讼义务是听从法庭指挥，遵守法庭纪律，如实陈述案件事实。

审判长宣布法庭调查开始以后，首先由公诉人宣读起诉书。如果是人民检察院提起附带民事诉讼的，在起诉书中应当具体阐明提起附带民事诉讼的内容；如果是被害人提起的附带民事诉讼，应当向法院递交起诉状，提出诉讼请求。

法庭首先就刑事部分进行调查，讯问被告人、出示证据、质证证据，将刑事部分事实查清以后，然后再调查民事部分，讯问被告人、询问民事原告人，出示有关证据、质证证据。如果需要证人出庭作证，应当合理安排。出庭作证的证人不能参加旁听，要在庭外休息室等候传唤时再到庭作证。除了公诉人、审判人员询问证人以外，当事人和辩护人也可以申请审判长对证人发问，或者请求审判长许可直接发问。在一般情况下，法庭调查时，应当把刑事与民事分开进行，先刑事，后民事。

法庭调查以后，进入辩论阶段。首先由公诉人发表公诉词，然后是附带民事诉讼原告人或者他的代理人发言，再是被告人自行辩护、辩护人发表辩护词。

这里的民事诉讼原告人，可以是被害人，也可以是被害单位等有权提起附带民事诉讼的自然人或者法人以及其他组织。既然提起了附带民事诉讼，附带民事诉讼的原告人及其代理人就应对案件的事实及民事赔偿部分发表意见。为了揭露犯罪，惩罚犯罪分子，并且在追究其刑事责任的同时解决民事赔偿问题，原告人及其代理人一般会避免当庭同公诉人辩论，如有分歧意见应用书面形式提供给法庭参考。

法庭经过充分辩论以后，各方没有新的意见时，审判长就会宣布法庭辩论结束。这时，法庭会对民事赔偿问题进行调解。当事人也可以主动要求调解。如果附带民事诉讼是检察机关提起的，公诉人必须在场，并且参加案件的调解；如果附带民事诉讼不是公诉人提起的，公诉人是否在场由其自便，但一般公诉人在场。

法庭对附带民事部分进行调解，一般分“面对面调解”和“背靠背调解”两种。在法庭上，对附带民事部分如果双方能够达成一致意见，即调解成功。如果不能达成一致意见，法庭在查清事实以后，可以在庭审之后，与刑事部分一起作出判决。

在附带民事部分调解阶段结束以后，在开庭审理的最后阶段，要由附带民事诉讼原告人陈述，最后由被告人作法庭陈述。

在被告人的最后陈述之后，合议庭要对案件进行评议。在一般情况下，对刑事与附带民事部分应当一起宣判。

（2）自诉刑事附带民事案件的审理。

自诉刑事附带民事案件的审理方式与公诉刑事附带民事案件的审理方式大致相同。二者主要不同点是：在自诉案件中，开庭的时候，没有公诉人出庭；对刑事部分及民事部分，都可以通过调解的方式来解决。在一般情况下，自诉刑事案件的刑事部分与附带民事部分不能分开审理。

（3）公诉案件刑事部分与民事部分分别开庭审理。

在一般情况下，出现了下列情况，应当对刑事部分与附带民事部分分别开庭审理：一是被害人因为被告人的伤害或者患其他疾病没有痊愈，仍然在继续治疗中，或者损害数额无法确定的；二是被告人的财产状况和支付能力尚未查清，或者被告人及其亲属将被告人的财产已经转移，尚没追回，使以后判决赔偿经济损失部分难以执行的；三是双方争议较大，一时调解不成，但是有调解成功的可能，需要做更多的思想工作，而刑事部分又急需处理的；四是附带民事诉讼出现中止审理的情况；五是附带民事诉讼当事人因为路途遥远等原因，不能在刑事诉讼期间出庭的。

刑事案件由审判员独任审判的，附带民事部分也应当由审判员一人按照简易程序开庭审理；刑事案件是合议庭审理的，附带民事案件应当按照普通程序开庭审理。如果是国家财产、集体财产遭受损失时，由人民检察院提起附带民事诉讼的，对附带民事诉讼开庭审理时，公诉人必须到庭；如果不是检察院提起附带民事诉讼的，公诉人是否到庭，则要在开庭审理以前，由审判人员征求公诉人意见。

### 218. 对民事赔偿部分为什么要首先调解？

在刑事附带民事案件中，民事赔偿部分属于民事部分，人民法院应当按照解决民事问题的做法来处理。人民法院处理民事案件，首先要进行调解。在刑事附带民事案件中，关于民事赔偿问题，也应该进行调解。作为附带民事案件的被告人或者是原告人，都可以请求人民法院进行调解。如果能够用调解的方法来解决，对双方都有好处。

（1）对于被害人来讲，如果能够通过调解的方法来解决，执行比较方便，而且被告人的赔偿可以适当超出被害人的损失范围。

（2）对被告人来讲，通过赔偿被害人的经济损失，可以减少社会危害，同时，也会取得被害人的谅解。由于被告人积极赔偿，减少了社会危害，量刑时可以考虑从轻处罚。

## 六、一审

### 219. 人民法院怎样审查公诉案件？

人民检察院向人民法院提起公诉后，人民法院对案件是否符合开庭审判的条件要进行审查。根据《刑事诉讼法》和《最高人民法院关于适用〈中华人民共和国刑事诉讼法〉的解释》第 180 条的规定，审判人员要审查以下内容。

(1) 是否属于本院管辖。

(2) 起诉书是否写明被告人的身份，是否受过或者正在接受刑事处罚，被采取强制措施的种类、羁押地点，犯罪的时间、地点、手段、后果以及其他可能影响定罪量刑的情节。

(3) 是否移送证明指控犯罪事实的证据材料，包括采取技术侦查措施的批准决定和所收集的证据材料。

(4) 是否查封、扣押、冻结被告人的违法所得或者其他涉案财物，并附证明相关财物依法应当追缴的证据材料。

(5) 是否列明被害人的姓名、住址、联系方式；是否附有证人、鉴定人名单；是否申请法庭通知证人、鉴定人、有专门知识的人出庭，并列明有关人员的姓名、性别、年龄、职业、住址、联系方式；是否附有需要保护的证人、鉴定人、被害人名单。

(6) 当事人已委托辩护人、诉讼代理人，或者已接受法律援助的，是否列明辩护人、诉讼代理人的姓名、住址、联系方式。

(7) 是否提起附带民事诉讼；提起附带民事诉讼的，是否列明附带民事诉讼当事人的姓名、住址、联系方式，是否附有相关证据材料。

(8) 侦查、审查起诉程序的各种法律手续和诉讼文书是否齐全。

(9) 有无《刑事诉讼法》第 15 条第 (2) 项至第 (6) 项规定的不追究刑事责任的情形，即：犯罪已过追诉时效期限的；经特赦令免除刑罚的；依照刑法告诉才处理的犯罪，没有告诉或者撤回告诉的；犯罪嫌疑人、被告人死亡的；其他法律规定免予追究刑事责任的。

### 220. 什么是第一审程序？人民法院怎样按第一审程序审理公诉案件？

第一审程序，是指人民法院对人民检察院提起公诉、自诉人提起自诉的案件，依法进行初次审判时应当遵循的步骤和方式、方法。第一审程序除公诉案件、自诉案件适用的普通程序外，还包括基层人民法院对某些公诉案件和自诉案件适用的简易程序。

任何案件起诉到法院，依法都要经过第一审程序的审判。适用第一审程序审判案件的人民法院都被称为一审法院。一审法院对案件所作的裁判在法定期限内当事人没上诉，检察院没抗诉，即发生法律效力。如当事人或检察院在法定期限内提出上诉或抗诉，则引起第二审程序。

刑事案件由检察院起诉到法院后，法院对其审理，大致分为以下七个步骤：①审查立案；②审理前的准备；③宣布开庭；④法庭调查；⑤法庭辩论；⑥被告人最后陈述；⑦评议和宣判。

## 221. 人民法院决定开庭审判后应当进行什么工作？

根据《刑事诉讼法》及《最高人民法院关于适用〈中华人民共和国刑事诉讼法〉的解释》第182条和第183条的规定，人民法院决定开庭审判后至开庭审理前，应当进行下列工作。

（1）确定审判长及合议庭组成人员。

（2）开庭10日前将起诉书副本送达被告人、辩护人。

（3）通知当事人、法定代理人、辩护人、诉讼代理人在开庭五日前提供证人、鉴定人名单以及拟当庭出示的证据；申请证人、鉴定人、有专门知识的人出庭的，应当列明有关人员的姓名、性别、年龄、职业、住址、联系方式。

（4）开庭三日前将开庭的时间、地点通知人民检察院。

（5）开庭三日前将传唤当事人的传票和通知辩护人、诉讼代理人、法定代理人、证人、鉴定人等出庭的通知书送达；通知有关人员出庭，也可以采取电话、短信、传真、电子邮件等能够确认对方收悉的方式。

（6）公开审理的案件，在开庭三日前公布案由、被告人姓名、开庭时间和地点。

上述工作情况应当记录在案。

案件具有下列情形之一的，审判人员可以召开庭前会议：

（1）当事人及其辩护人、诉讼代理人申请排除非法证据的；

（2）证据材料较多、案情重大复杂的；

（3）社会影响重大的；

（4）需要召开庭前会议的其他情形。

召开庭前会议，根据案件情况，可以通知被告人参加。

## 222. 什么是开庭公告？

所谓开庭公告，就是人民法院对于公开审理的案件，在开庭三日以前，对案由、被告人姓名、开庭的时间和地点所作的先期公告。

刑事案件的被告人和被害人的家属、亲友，都很关心案件，都想知道法院什么时候开庭，在哪里开庭，以便于参加旁听。法院公开审理案件，没有通知被告人和被害人家属、亲友的义务，但根据《刑事诉讼法》第182条第3款的规定，应当在开庭三日以前，先期公布案由、被告人姓名、开庭时间和地点，以便被告人以及被害人的家属、亲友和其他人员参加旁听。

最高人民法院对公告的形式、格式和内容都作了明确的规定，公告一式两份，要写清开庭时间、地点、案由和被告人姓名，一份入卷存档，另一份用于对外张贴。对外公告时，有的法院将公告贴在法院门前的公告板上，有的直接在电子显示屏打出来。

### 223. 什么时候可以请律师为犯罪嫌疑人提供法律帮助？

犯罪嫌疑人被公安机关抓捕、拘留，其家属立刻就会很惊慌，马上就会想到这样一个问题：什么时候可以为其请律师提供法律帮助呢？

《刑事诉讼法》第 33 条规定："犯罪嫌疑人自被侦查机关第一次讯问或者采取强制措施之日起，有权委托辩护人；在侦查期间，只能委托律师作为辩护人。被告人有权随时委托辩护人。侦查机关在第一次讯问犯罪嫌疑人或者对犯罪嫌疑人采取强制措施的时候，应当告知犯罪嫌疑人有权委托辩护人。人民检察院自收到移送审查起诉的案件材料之日起三日以内，应当告知犯罪嫌疑人有权委托辩护人。人民法院自受理案件之日起三日以内，应当告知被告人有权委托辩护人。犯罪嫌疑人、被告人在押期间要求委托辩护人的，人民法院、人民检察院和公安机关应当及时转达其要求。犯罪嫌疑人、被告人在押的，也可以由其监护人、近亲属代为委托辩护人。辩护人接受犯罪嫌疑人、被告人委托后，应当及时告知办理案件的机关。"

犯罪嫌疑人、被告人因经济困难或者其他原因没有委托辩护人的，本人及其近亲属可以向法律援助机构提出申请。对符合法律援助条件的，法律援助机构应当指派律师为其提供辩护。犯罪嫌疑人、被告人是盲、聋、哑人，或者是尚未完全丧失辨认或者控制自己行为能力的精神病人，没有委托辩护人的，人民法院、人民检察院和公安机关应当通知法律援助机构指派律师为其提供辩护。犯罪嫌疑人、被告人可能被判处无期徒刑、死刑，没有委托辩护人的，人民法院、人民检察院和公安机关应当通知法律援助机构指派律师为其提供辩护。

辩护人有责任根据事实和法律，提出犯罪嫌疑人、被告人无罪、罪轻或者减轻、免除其刑事责任的材料和意见，维护犯罪嫌疑人、被告人的诉讼权利和其他合法权益。

### 224. 哪些人可以担任辩护人？

对这个问题，《刑事诉讼法》第 32 条及相关司法解释规定，犯罪嫌疑人、被告人除自己行使辩护权以外，还可以委托一至二人作为辩护人。下列的人均可以被委托为辩护人：①律师；②人民团体或者犯罪嫌疑人、被告人所在单位推荐的人；③犯罪嫌疑人、被告人的监护人、亲友。一名被告人可以委托一至二人作为辩护人。

根据2012年12月20日《最高人民法院关于适用〈中华人民共和国刑事诉讼法〉的解释》第35条、第36条规定，下列人员不得担任辩护人：①正在被执行刑罚或者处于缓刑、假释考验期间的人；②依法被剥夺、限制人身自由的人；③无行为能力或者限制行为能力的人；④人民法院、人民检察院、公安机关、国家安全机关、监狱的现职人员；⑤人民陪审员；⑥与本案审理结果有利害关系的人；⑦外国人或者无国籍人。

上述第④项至第⑦项规定的人员，如果是被告人的监护人、近亲属，由被告人委托担任辩护人的，可以准许。

审判人员和人民法院其他工作人员从人民法院离任后二年内，不得以律师身份担任辩护人。审判人员和人民法院其他工作人员从人民法院离任后，不得担任原任职法院所审理案件的辩护人，但作为被告人的监护人、近亲属进行辩护的除外。审判人员和人民法院其他工作人员的配偶、子女或者父母，不得担任其任职法院所审理案件的辩护人，但作为被告人的监护人、近亲属进行辩护的除外。

## 225. 请律师担任辩护人有什么好处？

按照法律规定，虽然可以担任辩护人的尽管有三种人，但是由律师担任辩护人的好处是很明显的，具体表现在以下一些方面。

（1）一般的犯罪嫌疑人缺少法律知识，只能把事实讲清楚，却不能从法律上分析和认定这些事实。律师是国家的法律工作者，了解法律规定，能够在法律上进行分析。律师能够分析犯罪嫌疑人的行为是否构成犯罪，证据是否可靠，犯了什么罪，具有哪些从轻或者免除处罚的情节等。

（2）犯罪嫌疑人被采取强制措施以后，一般都是被关押，失去了人身自由，不可能去收集有利的证据，而律师则可以弥补这方面的不足。律师不但可以去收集证据，还可以查阅卷宗，充分掌握案情，为犯罪嫌疑人、被告人进行有力的辩护，而这些被告人是做不到的。

（3）法院开庭审理案件时，被告人坐在被告席上，容易产生种种顾虑。比如，害怕落个态度不好的结果，害怕受到从严惩处，所以往往愿意承认某些莫须有的罪行。而律师以国家法律工作者的身份出现，可以毫无顾虑、充分、实事求是地为被告人辩护。

（4）律师既可以与在押的被告人单独会面和通信，又可以在法庭上与公诉人以平等的地位进行辩论。律师在法庭上可以询问证人、鉴定人，举出证据等。

(5) 律师具有丰富的法律知识，经验多，能够抓住有利时机为被告人辩护。

(6) 辩护律师可以查阅、摘抄、复制案卷材料。复制案卷材料可以采用复印、拍照、扫描等方式。

上述内容都优于被告人的亲属、熟人出庭为其辩护。有人担心律师因为与被告人没有直接的利害关系，不如懂法的亲属、熟人能够认真辩护，这是多余的，也是不符合实际的。律师接受了委托，便承担了一项任务，他不会敷衍了事。另外，律师们都懂得，法院开庭时，庭上坐满了旁听群众，在他的对面坐的是熟悉案情的公诉人，在这样的场合律师都不愿意自己出现张口结舌、无言可辩的问题。况且，旁听的群众就是在这种场合中评定一个律师业务水平的高低。所以，律师们在辩护之前，都要花费很多时间进行调查、阅卷、起草辩护词等。他与懂法的被告人亲属、熟人一样，都希望自己的辩护理由能够被采纳，起到作用。

### 226. 怎样委托辩护人？

委托辩护人有以下两种情况。

第一，由法律援助机构指派律师提供辩护。

(1)《刑事诉讼法》第 34 条规定，犯罪嫌疑人、被告人因经济困难或者其他原因没有委托辩护人的，本人及其近亲属可以向法律援助机构提出申请。对符合法律援助条件的，法律援助机构应当指派律师为其提供辩护。

(2) 犯罪嫌疑人、被告人是盲、聋、哑人，或者是尚未完全丧失辨认或者控制自己行为能力的精神病人，没有委托辩护人的，人民法院、人民检察院和公安机关应当通知法律援助机构指派律师为其提供辩护。

(3) 犯罪嫌疑人、被告人可能被判处无期徒刑、死刑，没有委托辩护人的，人民法院、人民检察院和公安机关应当通知法律援助机构指派律师为其提供辩护。

第二，由犯罪嫌疑人、被告人委托辩护人，或者由其监护人、近亲属代为委托辩护人，为其辩护。

根据《刑事诉讼法》第 32 条规定，犯罪嫌疑人、被告人在自己行使辩护权的同时，如果不具备法律援助条件，无法得到法律援助机构指派律师为其提供辩护的，可以委托一至二人作为辩护人。可以被委托为辩护人的有以下三种人：①律师；②人民团体或者犯罪嫌疑人、被告人所在单位推荐的人；

③犯罪嫌疑人、被告人的监护人、亲友。

虽然有三种人可以被委托为辩护人，但委托的方法不相同。

（1）如果委托律师担任辩护人，那么应该到律师事务所去聘请。律师事务所是律师的执业机构。到律师事务所去聘请律师，要按照规定向律师事务所交纳诉讼代理费。尽管国家规定了律师服务收费标准，但对于收费标准也允许当事人与律师进行协商。到律师事务所去聘请律师，既可以由律师事务所来安排律师，也可以点名聘请某位律师。有的当事人为了聘请高水平的、有名望的律师来担任辩护人，宁可多交费用，这也是允许的。各个律师事务所之间没有隶属关系，当事人也可以到外地、外省聘请律师。聘请律师要跟律师事务所签订委托合同。在合同中，应该表明当事人所交纳的费用和律师要承担哪个诉讼阶段的辩护任务等需要说明的事项。

（2）由犯罪嫌疑人、被告人的监护人、亲友担任辩护人。按照法律规定，犯罪嫌疑人、被告人还可以委托监护人、亲友来担任辩护人。所谓亲友，即亲戚朋友。而朋友的范围相当广泛，包括新朋友和老朋友甚至是现交的朋友。有人会问：委托在公安机关、检察院、法院工作的亲戚朋友担任辩护人是否可以？对这个问题不能随便说可以还是不可以，必须要有法律依据。《法官法》第17条规定："法官从人民法院离任后二年内，不得以律师身份担任诉讼代理人或者辩护人。法官从人民法院离任后，不得担任原任职法院办理案件的诉讼代理人或者辩护人。法官的配偶、子女不得担任该法官所任职法院办理案件的诉讼代理人或者辩护人。"《检察官法》第20条也有相同的规定："检察官从人民检察院离任后二年内，不得以律师身份担任诉讼代理人或者辩护人。检察官从人民检察院离任后，不得担任原任职检察院办理案件的诉讼代理人或者辩护人。检察官的配偶、子女不得担任该检察官所任职检察院办理案件的诉讼代理人或者辩护人。"

以上是针对法官、检察官在离任以后的情况规定的，当然，这不是说在职的公检法干警就可以担任辩护人或者诉讼代理人。

《刑事诉讼法》第28条规定："审判人员、检察人员、侦查人员有下列情形之一的，应当自行回避，当事人及其法定代理人也有权要求他们回避：①是本案的当事人或者是当事人的近亲属的；②本人或者他的近亲属和本案有利害关系的；③担任过本案的证人、鉴定人、辩护人、诉讼代理人的；④与本案当事人有其他关系，可能影响公正处理案件的。"根据这一条规定，如果允许在职的公检法干警担任辩护人或者诉讼代理人，当事人及其法定代理人以"他们与本案当事人有其他关系，可能影响公正处理案件"为理由，有权要求他们回避。正因为如此，人民法院不会允许在职的公检法干警担任辩护人或者诉讼代理人。

（3）由人民团体或者犯罪嫌疑人、被告人所在单位推荐的人担任辩护人。

不管由谁担任辩护人，辩护人接受犯罪嫌疑人、被告人委托后，应当及时告知办理案件的机关。

### 227. 怎样委托诉讼代理人？

根据《刑事诉讼法》第 44 条、第 45 条的规定，公诉案件的被害人及其法定代理人或者近亲属，附带民事诉讼的当事人及其法定代理人，自案件移送审查起诉之日起，有权委托诉讼代理人。自诉案件的自诉人及其法定代理人，附带民事诉讼的当事人及其法定代理人，有权随时委托诉讼代理人。

人民检察院自收到移送审查起诉的案件材料之日起三日以内，应当告知被害人及其法定代理人或者其近亲属、附带民事诉讼的当事人及其法定代理人有权委托诉讼代理人。人民法院自受理自诉案件之日起三日以内，应当告知自诉人及其法定代理人、附带民事诉讼的当事人及其法定代理人有权委托诉讼代理人。

根据《刑事诉讼法》第 32 条、第 45 条的规定，委托诉讼代理人可以有一至二人。下列的人可以被委托为诉讼代理人：①律师；②人民团体或者犯罪嫌疑人、被告人所在单位推荐的人；③犯罪嫌疑人、被告人的监护人、亲友。正在被执行刑罚或者依法被剥夺、限制人身自由的人，不得担任诉讼代理人。委托诉讼代理人的方法与委托辩护人的方法基本相同。

### 228. 辩护人与诉讼代理人有什么区别？

辩护人与诉讼代理人是两个不同的概念，二者的区别包括以下七个方面。

（1）诉讼任务不同。刑事辩护人承担的是辩护职能，即反驳控方控诉，证明犯罪嫌疑人、被告人无罪或罪轻，应减轻或免除刑事责任；而诉讼代理人的代理职责在于维护被代理人的合法权益。

（2）服务对象不同。刑事辩护服务于公诉案件的犯罪嫌疑人、被告人、自诉案件的被告人；刑事代理服务于公诉案件的被害人、自诉人和附带民事诉讼当事人。

（3）产生根据不同。刑事辩护人参加刑事诉讼，其根据是犯罪嫌疑人、被告人委托授权或法院的依法指定；而刑事代理人参加诉讼，只能是当事人及其法定代理人的委托和授权。

（4）诉讼地位不同。辩护人具有独立的诉讼地位，以自己名义进行辩护，不受被告人约束；而代理人不具有独立的诉讼地位，是附属于被代理人的，依被代理人意志从事活动。

（5）权利内容不同。刑事辩护人享有法律规定的会见权和通信权、调查取证权等广泛权利，有的权利甚至是犯罪嫌疑人和被告人也不享有的；而刑事代理人享有的权利由被代理人授予，而且不能超过被代理人的权限范围。

（6）权限范围不同。辩护人享有的权利是法律赋予的，不存在被告人授权问题，即使所谓的授权也仅仅是使辩护人参加诉讼；而代理人是否参加诉讼，在什么权限范围内从事活动都须授权决定。

（7）活动名义不同。辩护人调查取证、提交辩护词等活动中使用的是自己的名称；而刑事代理人进行诉讼活动使用的是被代理人的名称。

### 229. 怎样写辩护词？

辩护词，是指在刑事案件中，被告人的辩护人在法庭辩论阶段，针对起诉的指控或者是在二审诉讼中，针对一审的裁判情况，为被告人发表的系统性辩护意见。辩护词是当庭的口头发言，虽然可以在事先只是准备个发言提纲，但为了充分利用好法庭说话的机会，要把想在法庭上说的话全说出来，不能有遗忘，一般都要写一个内容完整、充实的辩护词。在法庭发言时，只是作适当补充和调整。发言后，应该将辩护词交给人民法院，以便合议庭在评议时考虑和入卷备查。有时二审不开庭审理，辩护词应当在合议庭评议案件之前递交给人民法院的主审法官。

不同的刑事案件，辩护词的内容也应该有所不同。从总体上看，辩护词要有针对性，要针对起诉指控或者一审裁判不正确的内容提出辩护意见。要注意依据法庭调查所确认的事实。要依据法律和政策提出辩护要求。辩护内容要简洁、清楚、中心突出。不说无关紧要的话，不在枝节问题上纠缠不休。要根据案情，有多少从轻或者减轻的情节，就在辩护词中写多少，不强词夺理。要求从轻处罚，要讲事实和法律依据。即使没有法律规定的从轻处罚情节，也可以找酌定从轻处罚情节。为了使读者了解辩护词的格式，给读者写辩护词带来方便，现列举司法实践中的两篇辩护词实例如下（一篇是普通公诉案件用的辩护词，另一篇是公诉案件附带民事诉讼的辩护词）。

**辩护词**

审判长、人民陪审员：

根据《中华人民共和国刑事诉讼法》第 32 条第 1 款第（1）项和《中华人民共和国律师法》第 25 条规定，××律师事务所接受了被告人史×之父史××的委托，指派我为被告人史×的辩护人，经被告人同意，为其故意伤害一案进行辩护。

在庭审前，我查阅了本案卷宗材料，会见了被告人。今天，又听取了庭审调查和国家公诉人发表的公诉词，对本案的情况有了全面了解。我们认为，本案事实清楚，证据确实。现只对被告人的处罚问题，提出以下辩护意见。

一、本案被告人与被害人都是同一个工厂的工人，又都是在共同饮酒之后，为了一件小事而口角打架，以致给被害人造成不应有的伤害。尽管被害人的伤属于重伤，但考虑到双方都是同厂工人，案件又发生在本厂内，对社会治安秩序的影响不是很大，危害程度也不是很大，不属于特别严重的恶性伤害案件，因此请法庭在量刑时，应该与社会上发生的严重恶劣的重伤害案件有所区别。

二、这起伤害案件的发生，其原因在于被害人郑××没有根据地诬赖被告人往他身上吐脏物。对此，被害人也完全承认。据被害人讲：他和被告人等五人一起饮酒之后，发现后背有吐的赃物，便问身旁人，可是谁也不承认是自己吐的。被害人就认为是被告人史×吐的，便斥责被告人："你也太不像话了，往我身上吐得多脏!"被告人否认。被害人竟肯定地说："别人不能吐，就是你吐的!"被告人遭诬赖而生气，在此情况下才与被害人发生口角并厮打起来，致被害人重伤。事实证明，如果被害人不诬赖被告人，是不会发生这起伤害案件的，不会引起被害人被伤害的后果。况且被害人后背的脏物，到现在也不知道是谁吐的，也没有任何人能证明是被告人吐的。所以，被害人无根据的诬赖行为，对引发本案是负有责任的。请法庭在量刑和处理民事赔偿问题时考虑这个重要因素。

三、被告人史×被捕后，在预审和庭审中，对犯罪事实供认不讳，态度较好，并且已经赔偿了被害人部分经济损失。本辩护人认为，认罪态度的好与坏、对经济损失的赔与不赔，在量刑时应该有明显反映。

以上三点辩护意见，请法庭在量刑时予以考虑，对被告人史×从轻处罚。

××律师事务所律师：赵××
××××年×月×日

### 辩护词

审判长、人民陪审员：

根据《中华人民共和国刑事诉讼法》第 32 条第 1 款第（1）项和《中华人民共和国律师法》第 25 条规定，××律师事务所接受了被告人尚××之父尚×的委托，指派我为被告人尚××的辩护人，经被告人尚××同意，为其故意伤害刑事附带民事一案进行辩护。

在庭审前，我会见了被告人尚××，并查阅了本案的卷宗和证据，对本案的案情有了全面了解。现对被告人尚××的量刑问题和给被害人李××的经济赔偿问题，提出以下辩护意见。

一、关于对被告人尚××的量刑问题。

被告人用刀刺伤被害人李××，事实清楚，证据确凿，毫无疑问其行为构成故意伤害罪，但对其如何量刑，应当考虑以下情节。

首先，在案件的起因上，被害人有严重过错。被害人李××骑自行车没有遵守右侧通行的规则，致使其自行车与被告人的自行车相撞。相撞后，被告人尚××与其争辩，指责其没右侧通行，让其负责给修自行车，这是正当的。在争辩中，被害人李××首先动手打人，应对此案结果的造成负有责任。由于在案件的起因上被害人存在两点重要错误，因此应当对被告人从轻处罚。

其次，被告人尚××是在遭到被害人李××的殴打之后，才扎了李××腹部。被告人尚××见到李××腹部出血，随即倒地后，便主动拦截车辆将李××送进附近医院救治。这些情节在量刑时应予考虑，希望人民法院能够对被告人从轻处罚。

二、关于附带民事诉讼的经济赔偿问题。

首先是关于赔偿范围问题。被害人李××被扎伤腹部，刺破肠壁，本来在附近的××县人民医院已经做了缝合手术，尽管后来伤势有所恶化，也没有必要去北京住院医治。附近的××市有许多设备先进的大医院。去北京的交通费多、陪护人多，这些费用都由被告人尚××赔偿，不仅不合理，也与法律规定相违背。况且，经查验卷宗，医药费收据中有买中药的，还有几张是买牛黄安宫丸的。被害人李××受体外伤，他却买了一些与治疗该伤情不相符的药品，这些不合理的药费收据共×张，合计人民币××元。根据《最高人民法院关于贯彻执行〈中华人民共和国民法通则〉若干问题的意见（试行)》第144条的规定，这些不合理的支出，不属于赔偿范围，应当由被害人自己承担，让被告人赔偿是不合理的，也是于法无据的。

其次是关于赔偿多少的问题。附带民事诉讼部分解决的是民事赔偿问题，应该适用民事法律。根据《中华人民共和国民法通则》第131条的规定，被害人李××对发生的损害由于有过错，对案件的起因有过错，因此，他应当承担一半的经济责任，从而应当减轻被告人尚××的民事赔偿责任。

以上两点意见，请人民法院在量刑和决定赔偿数额时给予充分考虑。

辩护人：××律师事务所律师毛××

××××年×月×日

### 230. 怎样写代理词？

刑事案件中的代理词，是指代理人接受诉讼当事人的委托，主要是被害人一方的委托，担任代理人参与诉讼活动，在法庭辩论阶段为维护委托人的权益，就案件事实、适用法律、辩明是非等方面所发表的代理意见形成的文字材料。

这里的代理人与辩护人相对应，代理词与辩护词相对应。国家有关部门尚没规定代理词的固定格式，但在司法实践中，对此已经约定俗成。书写这种文书时，不能超过代理权限，不能替被代理人提出非法要求和意见，不能侵害对方当事人的合法权益。提出的意见，要合理、合法，讲究分寸，以理服人，以法服人，不能挖苦对方当事人。现举一份在司法实践中因抗诉引起的二审刑事案件，在二审庭审中被害人的代理人所制作的代理词，供读者参考。

**代理词**

审判长、审判员：

根据法律规定，我受××律师事务所的指派，担任本案被害人张×的法定代理人张××的诉讼代理人，参加今天的法庭审理。在这之前，我认真仔细地查阅了本案的卷宗材料，并进行了必要的调查。结合本案事实，依照法律规定，就刑事附带民事部分发表如下代理意见。

首先，代理人对检察院的抗诉书和检察员发表的抗诉意见，表示完全赞同和支持。检察机关对本案事实的认定是客观公正的，是符合法律规定的。

被告人葛××，在发案时已经超过21周岁，一定会意识到用尖刀向他人腹部连续扎刺的严重后果。他在明知的情况下，对三名被害人竟连续扎刺18刀，致一人死亡，二人重伤的严重后果。以上事实说明了被告人葛××的行为已经触犯了《中华人民共和国刑法》第234条的规定，属情节特别恶劣，后果特别严重。

被害人张×生前是××市××高中的学生，被害时年仅18岁。18岁是多么令人羡慕的年龄，但是，从××××年×月×日他被害这天开始，人们再也不会听到、看到他的音容笑貌了。这一厄运，并非是自然的不可抗力所致，而是犯罪分子对他连刺3刀的结果。

被害人张×已于一年前通过了××市师范学院音乐系的专业课考试，再补习半年文化课就要步入大学的殿堂。他生前酷爱音乐，尤其擅长钢琴、手风琴演奏，曾荣获××市大禹杯手风琴比赛第一名。在其准备进入大学继续深造，梦想着将来成为一名出色的音乐家时，不料一切都成了泡影。

另外，本案的其他两名被害人，一个是21岁的孙×，当时正在办理留学日本的手续，已经交完了×万元的手续费，却不幸身受重伤；还有一个被害人叫王×，当时也报考了音乐学院，也是因为被刺3刀身受重伤而影响了他的美好前途。

人人都有美好的生活愿望，都有愉快生活的权利。在法制、文明的国家里，谁也无权擅自剥夺他人的生存权，谁也无权擅自损害他人的身体健康。让我们再想一想被害人张×的父母，儿子的死亡是张×的亲人们难以忍受的。原本平静、和睦、和谐的家庭，却因突然失去了儿子而变得悲惨至极。

人的生命是无法用金钱来衡量的，同样人的身体健康和幸福生活也是无法用金钱换取的。张×的死，给我的当事人带来了极大的精神伤害，这种心灵上的伤害，同样也是无法用金钱来衡量的。

人死不能复生。虽然我的当事人的内心已经达到难以忍受的悲痛，但对被告人并不是要"以牙还牙"，非让被告人偿命不可。因为我的当事人是相信国家法律的，也相信国家法律的公平和公正。

但是，对一个在同一时间、同一地点，用刀刺死一人，刺成重伤二人，共刺18刀的犯罪分子，法院只判其×年有期徒刑，并且丝毫未对被害人父母予以民事赔偿，这使当事人及所有相信法律公正、公平的人产生了怀疑。

另外，上述畸轻的量刑也与刑法罪刑相适应的原则相违背。

综上所述，根据《中华人民共和国刑事诉讼法》第99条第1款和《中华人民共和国刑法》第36条第1款的规定，我的当事人要求被告人赔偿其经济损失××万元。这其中包括×万元的抢救费、×万元的丧葬费及精神损害赔偿费。同时，请求××省高级人民法院按照《中华人民共和国刑法》第234条的规定，认定被告人葛××的犯罪行为情节特别恶劣，后果特别严重。即使被告人具备自首情节，也应予严惩。

××省高级人民法院

诉讼代理人：××律师事务所律师袁××

××××年×月×日

### 231. 简易程序与普通程序有什么区别？

所谓简易程序，就是程序简化，在审判程序方面要比适用普通程序更为简便。根据《刑事诉讼法》第213条、第214条的规定，适用简易程序审理案件，不受《刑事诉讼法》关于送达期限、讯问被告人、询问证人和鉴定人、出示证据、法庭辩论程序规定的限制。但在判决宣告前应当听取被告人的最后陈述意见。适用简易程序审理案件，人民法院应当在受理后 20 日以内审结；对可能判处的有期徒刑超过三年的，可以延长至一个半月。

### 232. 哪些刑事案件可以适用简易程序审理？

根据《刑事诉讼法》第 208 条规定，基层人民法院管辖的案件，符合下列条件的，可以适用简易程序审判：①案件事实清楚、证据充分的；②被告人承认自己所犯罪行，对指控的犯罪事实没有异议的；③被告人对适用简易程序没有异议的。人民检察院在提起公诉的时候，可以建议人民法院适用简易程序。

### 233. 哪些刑事案件不可以适用简易程序审理？

根据《刑事诉讼法》第 209 条和《最高人民法院关于适用〈中华人民共和国刑事诉讼法〉的解释》第 290 条的规定，具有下列情形之一的，不适用简易程序：①被告人是盲、聋、哑人；②被告人是尚未完全丧失辨认或者控制自己行为能力的精神病人；③有重大社会影响的；④共同犯罪案件中部分被告人不认罪或者对适用简易程序有异议的；⑤辩护人作无罪辩护的；⑥被告人认罪但经审查认为可能不构成犯罪的；⑦不宜适用简易程序审理的其他情形。

### 234. 被告人不知道法院适用简易程序审理案件是否可以？

不可以。根据《最高人民法院关于适用〈中华人民共和国刑事诉讼法〉的解释》第 289 条和第 294 条的规定，基层人民法院受理公诉案件后，经审查认为案件事实清楚、证据充分的，在将起诉书副本送达被告人时，应当询问被告人对指控的犯罪事实的意见，告知其适用简易程序的法律规定。被告人对指控的犯罪事实没有异议并同意适用简易程序的，可以决定适用简易程序，并在开庭前通知人民检察院和辩护人。对人民检察院建议适用简易程序审理的案件，也应该按照上述的规定处理。适用简易程序审理案件，审判长或者独任审判员应当当庭询问被告人对指控的犯罪事实的意见，告知被告人适用简易程序审理的法律规定，确认被告人是否同意适用简易程序。

### 235. 适用简易程序审理的案件，在开庭前可否采用口头通知的方法？

可以。根据《最高人民法院关于适用〈中华人民共和国刑事诉讼法〉的解释》第 292 条的规定，适用简易程序审理案件，人民法院应当在开庭三日前，将开庭的时间、地点通知人民检察院、自诉人、被告人、辩护人，也可以通知其他诉讼参与人。通知可以采用简便方式，但应当记录在案。

这里的“可以采用简便方式”，当然不能排除用口头通知的方法。

### 236. 适用简易程序怎样审理刑事案件？

根据《刑事诉讼法》和《最高人民法院关于适用〈中华人民共和国刑事诉讼法〉的解释》第十二章的规定，基层人民法院受理公诉案件后，经审查认为案件事实清楚、证据充分的，在将起诉书副本送达被告人时，应当询问被告人对指控的犯罪事实的意见，告知其适用简易程序的法律规定。被告人对指控的犯罪事实没有异议并同意适用简易程序的，可以决定适用简易程序，并在开庭前通知人民检察院和辩护人。对人民检察院建议适用简易程序审理的案件，依照上述规定处理；不符合简易程序适用条件的，应当通知人民检察院。

适用简易程序审理案件，人民法院应当在开庭三日前，将开庭的时间、地点通知人民检察院、自诉人、被告人、辩护人，也可以通知其他诉讼参与人。通知可以采用简便方式，但应当记录在案。适用简易程序审理案件，被告人有辩护人的，应当通知其出庭。适用简易程序审理案件，审判长或者独任审判员应当当庭询问被告人对指控的犯罪事实的意见，告知被告人适用简易程序审理的法律规定，确认被告人是否同意适用简易程序。

适用简易程序审理案件，可以对庭审作如下简化：①公诉人可以摘要宣读起诉书；②公诉人、辩护人、审判人员对被告人的讯问、发问可以简化或者省略；③对控辩双方无异议的证据，可以仅就证据的名称及所证明的事项作出说明；对控辩双方有异议，或者法庭认为有必要调查核实的证据，应当出示，并进行质证；④控辩双方对与定罪量刑有关的事实、证据没有异议的，法庭审理可以直接围绕罪名确定和量刑问题进行。判决宣告前应当听取被告人的最后陈述。适用简易程序审理案件，一般应当当庭宣判。

### 237. 什么是独任审判？

所谓独任审判，是指对于事实清楚、权利义务关系明确、争议不大的第一审简单案件，由一名法官独自审判。

“事实清楚”，是指当事人双方对争议的事实陈述基本一致，并能提供可靠的证据，无须法院调查即可判明事实、分清是非。“权利义务关系明确”，是指谁是责任的承担者，谁是权利的享有者，关系明确。“争议不大”，是指当事人对案件的是非、责任以及诉讼标的争执无原则分歧。中级以上法院不能适用独任审判，其中一个重要理由就是中级以上的法院审理的案件，绝大多数都是复杂、疑难案件，适用独任审判难以保证裁判的公正性。

独任审判在裁判文书上只写独任审判员和书记员的名字。独任审判对案件作出的裁判与合议庭审判所作出的裁判具有同等法律效力。独任审判的目的就是使案件迅速审结。

### 238. 遇到什么情况要变更审理程序？

根据《刑事诉讼法》第 215 条和《最高人民法院关于适用〈中华人民共和国刑事诉讼法〉的解释》第 298 条的规定，适用简易程序审理的案件，在法庭审理过程中，发现以下不宜适用简易程序情形的，应当决定中止审理，并按照公诉案件或者自诉案件的第一审普通程序重新审理：①被告人的行为可能不构成犯罪的；②被告人可能不负刑事责任的；③被告人当庭对起诉指控的犯罪事实予以否认的；④事实不清、证据不足的；⑤不应当或者不宜适用简易程序的其他情形。

### 239. 对未成年人犯罪案件怎样审理？

根据《刑事诉讼法》和《最高人民法院关于适用〈中华人民共和国刑事诉讼法〉的解释》的规定，下列案件由少年法庭审理：①被告人实施被指控的犯罪时不满 18 周岁、人民法院立案时不满 20 周岁的案件；②被告人实施被指控的犯罪时不满 18 周岁、人民法院立案时不满 20 周岁，并被指控为首要分子或者主犯的共同犯罪案件。

其他共同犯罪案件有未成年被告人的，或者其他涉及未成年人的刑事案件是否由少年法庭审理，由院长根据少年法庭工作的实际情况决定。

人民法院审理未成年人刑事案件，在讯问和开庭时，应当通知未成年被告人的法定代理人到场。法定代理人无法通知、不能到场或者是共犯的，也可以通知未成年被告人的其他成年亲属，所在学校、单位、居住地的基层组织或者未成年人保护组织的代表到场，并将有关情况记录在案。询问未成年被害人、证人，也适用前述的规定。

开庭审理时，被告人不满 18 周岁的案件，一律不公开审理。经未成年被告人及其法定代理人同意，未成年被告人所在学校和未成年人保护组织可以派代表到场。到场代表的人数和范围由法庭决定。到场代表经法庭同意，可以参与对未成年被告人的法庭教育工作。

审判时不满 18 周岁的未成年被告人没有委托辩护人的，人民法院应当通知法律援助机构指派律师为其提供辩护。未成年被害人及其法定代理人因经济困难或者其他原因没有委托诉讼代理人的，人民法院应当帮助其申请法律援助。

对未成年人刑事案件，人民法院决定适用简易程序审理的，应当征求未成年被告人及其法定代理人、辩护人的意见。上述人员提出异议的，不适用简易程序。

被告人实施被指控的犯罪时不满 18 周岁，开庭时已满 18 周岁、不满 20 周岁的，人民法院开庭时，一般应当通知其近亲属到庭。经法庭同意，近亲属可以发表意见。近亲属无法通知、不能到场或者是共犯的，应当记录在案。

开庭前和休庭时，法庭根据情况，可以安排未成年被告人与其法定代理人或者《刑事诉讼法》第 270 条第 1 款规定的其他成年亲属、代表会见。

人民法院应当在辩护台靠近旁听区一侧为未成年被告人的法定代理人或者《刑事诉讼法》第 270 条第 1 款规定的其他成年亲属、代表设置席位。审理可能判处五年有期徒刑以下刑罚或者过失犯罪的未成年人刑事案件，可以采取适合未成年人特点的方式设置法庭席位。

未成年被告人最后陈述后，法庭应当询问其法定代理人是否补充陈述。定期宣告判决的未成年人刑事案件，未成年被告人的法定代理人无法通知、不能到庭或者是共犯的，法庭可以通知《刑事诉讼法》第 270 条第 1 款规定的其他成年亲属、代表到庭，并在宣判后向未成年被告人的成年亲属送达判决书。

将未成年罪犯送监执行刑罚或者送交社区矫正时，人民法院应当将有关未成年罪犯的调查报告及其在案件审理中的表现材料，连同有关法律文书，一并送达执行机关。

犯罪时不满 18 周岁，被判处五年有期徒刑以下刑罚以及免除刑事处罚的未成年人的犯罪记录，应当封存。

### 240. 哪些案件不公开审理?

根据《刑事诉讼法》及其解释的规定，涉及国家秘密或者个人隐私案件，不公开审理。14 岁以上不满 16 岁未成年人犯罪的案件，一律不公开审理。16 岁以上不满 18 岁未成年人犯罪的案件，一般也不公开审理。对于当事人提出申请的确属涉及商业秘密的案件，法庭应当决定不公开审理。

对于不公开审理的案件，应当当庭宣布不公开审理的理由。

### 241. 怎样开庭审理公诉案件?

对于打刑事官司的人来说，怎样开庭审理公诉案件这个问题十分重要，因为了解了这个问题，有利于做好应诉准备。根据《刑事诉讼法》的规定，刑事案件由检察院起诉到法院后，法院对其审理，大致分六个步骤。

（1）审查立案。

人民检察院提起公诉后，人民法院对案件是否符合开庭审判的条件应当进行审查。根据《刑事诉讼法》及《最高人民法院关于适用〈中华人民共和国刑事诉讼法〉的解释》第181条的规定，人民法院对于公诉案件，决定是否受理，应当在七日内审查完毕。人民法院对提起公诉的案件进行审查的期限，计入人民法院的审理期限。

（2）审理前的准备。

开庭审理前，人民法院应当按照法律规定，做好各项准备工作。合议庭可以拟出法庭审理提纲，提纲一般包括下列内容：①合议庭成员在庭审中的分工；②起诉书指控的犯罪事实的重点和认定案件性质的要点；③讯问被告人时需了解的案情要点；④出庭的证人、鉴定人、有专门知识的人、侦查人员的名单；⑤控辩双方申请当庭出示的证据的目录；⑥庭审中可能出现的问题及应对措施。

（3）宣布开庭。

开庭审理前，书记员应当依次进行下列工作：①受审判长委托，查明公诉人、当事人、证人及其他诉讼参与人是否到庭；②宣读法庭规则；③请公诉人及相关诉讼参与人入庭；④请审判长、审判员（人民陪审员）入庭；⑤审判人员就座后，向审判长报告开庭前的准备工作已经就绪。

宣布开庭，是开庭审理的第一步，其具体内容是：审判长宣布开庭，传被告人到庭后，查明被告人的自然情况。

审判长宣布案件的来源、起诉的案由、附带民事诉讼当事人的姓名及是否公开审理；不公开审理的，应当宣布理由。还应该宣布合议庭组成人员、书记员、公诉人名单及辩护人、鉴定人、翻译人员等诉讼参与人的名单。应当告知当事人及其法定代理人、辩护人、诉讼代理人在法庭审理过程中依法享有的诉讼权利。

审判长应当询问当事人及其法定代理人、辩护人、诉讼代理人是否申请回避、申请何人回避和申请回避的理由。

根据法律规定，涉及国家秘密或者个人隐私的，不公开审理；涉及商业秘密，当事人提出申请的，法庭可以决定不公开审理。

根据最高人民法院制定的《中华人民共和国人民法院法庭规则》的规定，凡是公开审判的案件，都允许公民旁听。但精神病人、醉酒的人、未经人民法院批准的未成年人以及其他不宜旁听的人不得旁听案件审理。证人、鉴定人、有专门知识的人不得旁听对本案的审理。根据法庭场所和参加旁听人数等情况，需要时，人民法院将向旁听人员发放旁听证，旁听人员须持旁听证进入法庭。

旁听人员不得发言、提问。如对法庭的审判活动有意见，可以在闭庭后以书面形式向法院提出。根据《刑事诉讼法》第 194 条规定，在法庭审判过程中，如果旁听人员违反法庭秩序，审判长应当警告制止。对不听制止的，可以强行带出法庭；情节严重的，处以 1 千元以下罚款或者 15 日以下的拘留。罚款、拘留必须经院长批准。被处罚人对罚款、拘留的决定不服的，可以向上一级人民法院申请复议。复议期间不停止执行。

根据《刑事诉讼法》第 184 条的规定，人民法院审判公诉案件，人民检察院应当派员出席法庭支持公诉，但人民法院适用简易程序审判的，人民检察院可以不派员出席法庭。

根据法律规定，控辩双方的讯问、发问方式不当或者内容与本案无关的，对方可以提出异议，申请审判长制止，审判长应当判明情况予以支持或者驳回；对方未提出异议的，审判长也可以根据情况予以制止。

（4）法庭调查与法庭辩论。

审判长宣布法庭调查开始后，应当先由公诉人宣读起诉书；有附带民事诉讼的，再由附带民事诉讼原告人或者其法定代理人、诉讼代理人宣读附带民事起诉状。

起诉书指控的被告人的犯罪事实为两起以上的，法庭调查一般应当分别进行。在审判长主持下，被告人、被害人可以就起诉书指控的犯罪事实分别陈述。公诉人可以就起诉书指控的犯罪事实讯问被告人。经审判长准许，被害人及其法定代理人、诉讼代理人可以就公诉人讯问的犯罪事实补充发问；附带民事诉讼原告人及其法定代理人、诉讼代理人可以就附带民事部分的事实向被告人发问；被告人的法定代理人、辩护人，附带民事诉讼被告人及其法定代理人、诉讼代理人可以在控诉一方就某一问题讯问完毕后向被告人发问。讯问同案审理的被告人，应当分别进行。必要时，可以传唤同案被告人等到庭对质。

审判人员认为必要时，可以询问证人、鉴定人、有专门知识的人。向证人、鉴定人、有专门知识的人发问应当分别进行。证人、鉴定人、有专门知识的人经控辩双方发问或者审判人员询问后，审判长应当告知其退庭。

公诉人、当事人及其辩护人、诉讼代理人申请法庭通知有专门知识的人出庭，就鉴定意见提出意见的，应当说明理由。法庭认为有必要的，应当通知有专门知识的人出庭。申请有专门知识的人出庭，不得超过二人。有多种类鉴定意见的，可以相应增加人数。有专门知识的人出庭，适用鉴定人出庭的有关规定。

法庭审理过程中，当事人及其辩护人、诉讼代理人申请通知新的证人到庭，调取新的证据，申请重新鉴定或者勘验的，应当提供证人的姓名、证据的存放地点，说明拟证明的案件事实，要求重新鉴定或者勘验的理由。法庭认为有必要的，应当同意，并宣布延期审理；不同意的，应当说明理由并继续审理。延期审理的案件，符合《刑事诉讼法》第 202 条第 1 款规定的，可以报请上级人民法院批准延长审理期限。人民法院同意重新鉴定申请的，应当及时委托鉴定，并将鉴定意见告知人民检察院、当事人及其辩护人、诉讼代理人。

审判期间，公诉人发现案件需要补充侦查，建议延期审理的，合议庭应当同意，但建议延期审理不得超过两次。人民检察院将补充收集的证据移送人民法院的，人民法院应当通知辩护人、诉讼代理人查阅、摘抄、复制。补充侦查期限届满后，经法庭通知，人民检察院未将案件移送人民法院，且未说明原因的，人民法院可以决定按人民检察院撤诉处理。

人民法院向人民检察院调取需要调查核实的证据材料，或者根据被告人、辩护人的申请，向人民检察院调取在侦查、审查起诉期间收集的有关被告人无罪或者罪轻的证据材料，应当通知人民检察院在收到调取证据材料决定书后三日内移交。

在查清事实的基础上，开展法庭辩论。法庭辩论实际是对证据的质证。

（5）被告人最后陈述。

审判长宣布法庭辩论终结后，合议庭应当保证被告人充分行使最后陈述的权利。被告人在最后陈述中多次重复自己的意见的，审判长可以制止。陈述内容蔑视法庭、公诉人，损害他人及社会公共利益，或者与本案无关的，应当制止。在公开审理的案件中，被告人最后陈述的内容涉及国家秘密、个人隐私或者商业秘密的，应当制止。

（6）评议和宣判。

被告人最后陈述后，审判长应当宣布休庭，由合议庭进行评议。合议庭评议案件，根据已经查明的事实、证据和有关法律规定，在充分考虑控辩双方意见的基础上，确定被告人是否有罪、构成何罪，有无从重、从轻、减轻或者免除处罚情节，应否处以刑罚、判处何种刑罚，附带民事诉讼如何解决，查封、扣押、冻结的财物及其孳息如何处理等，并依法作出判决、裁定。

对第一审公诉案件，人民法院审理后，应当按照《最高人民法院关于适用〈中华人民共和国刑事诉讼法〉的解释》第 241 条、第 242 条、第 243 条规定，区分不同情况分别作出判决、裁定。

当庭宣告判决的，应当在5日内送达判决书。定期宣告判决的，应当在宣判前，先期公告宣判的时间和地点，传唤当事人并通知公诉人、法定代理人、辩护人和诉讼代理人；判决宣告后，应当立即送达判决书。判决书应当送达人民检察院、当事人、法定代理人、辩护人、诉讼代理人，并可以送达被告人的近亲属。判决生效后，还应当送达被告人的所在单位或者原户籍地的公安派出所，或者被告单位的注册登记机关。

宣告判决，一律公开进行。公诉人、辩护人、诉讼代理人、被害人、自诉人或者附带民事诉讼原告人未到庭的，不影响宣判的进行。

### 242. 怎样审理自诉案件？

人民法院对于自诉案件进行审查后，按照下列情形分别处理：①犯罪事实清楚，有足够证据的案件，应当开庭审判；②缺乏罪证的自诉案件，如果自诉人提不出补充证据，应当说服自诉人撤回自诉，或者裁定驳回。

自诉人经两次依法传唤，无正当理由拒不到庭的，或者未经法庭许可中途退庭的，按撤诉处理。法庭审理过程中，审判人员对证据有疑问，需要调查核实的，可以宣布休庭，对证据进行调查核实。人民法院调查核实证据，可以进行勘验、检查、查封、扣押、鉴定和查询、冻结。

人民法院审理自诉案件，可以进行调解；自诉人在宣告判决前，可以同被告人自行和解或者撤回自诉。但被害人有证据证明对被告人侵犯自己人身、财产权利的行为应当依法追究刑事责任，而公安机关或者人民检察院不予追究被告人刑事责任的案件不适用调解。

关于人民法院审理自诉案件的期限，被告人被羁押的，应当在受理后二个月以内宣判，至迟不得超过三个月。对于附带民事诉讼的案件，经上一级人民法院批准，可以延长三个月；因特殊情况还需要延长的，报请最高人民法院批准。人民法院改变管辖的案件，从改变后的人民法院收到案件之日起计算审理期限。对于被告人未被羁押的，应当在受理后六个月以内宣判。

### 243. 法庭调查哪些内容？

法庭在审理中，对与定罪、量刑有关的事实、证据，应当进行调查。除应当调查被告人是否具有法定量刑情节外，还应当根据案件情况，审查以下影响量刑的情节：①案件起因；②被害人有无过错及过错程度，是否对矛盾激化负有责任及责任大小；③被告人的近亲属是否协助抓获被告人；④被告人平时表现，有无悔罪态度；⑤退赃、退赔及赔偿情况；⑥被告人是否取得被害人或者其近亲属谅解；⑦影响量刑的其他情节。

审判期间，合议庭发现被告人可能有自首、坦白、立功等法定量刑情节，而人民检察院移送的案卷中没有相关证据材料的，应当通知人民检察院移送。审判期间，被告人提出新的立功线索的，人民法院可以建议人民检察院补充侦查。对被告人认罪的案件，在确认被告人了解起诉书指控的犯罪事实和罪名，自愿认罪且知悉认罪的法律后果后，法庭调查可以主要围绕量刑和其他有争议的问题进行。

对被告人不认罪或者辩护人作无罪辩护的案件，法庭调查应当在查明定罪事实的基础上，查明有关量刑事实。

### 244. 被告人的家属可否旁听不公开审理的案件?

不可以。根据《最高人民法院关于适用〈中华人民共和国刑事诉讼法〉的解释》第 186 条的规定，案件涉及国家秘密或者个人隐私的，不公开审理；涉及商业秘密，当事人提出申请的，法庭可以决定不公开审理。不公开审理的案件，任何人不得旁听，但法律另有规定的除外。

这里的“任何公民”，包括与审理该案无关的法院工作人员和被告人的近亲属，他们都不得旁听。审理未成年被告人的案件，适用相关规定，但未成年被告人的父亲或母亲在作为法定代理人时可参加法庭诉讼。

### 245. 哪些人可以旁听案件的审理?

根据最高人民法院制定的《中华人民共和国人民法院法庭规则》的规定，凡是公开审判的案件，都允许公民旁听。被告人的家属、亲戚、朋友，可以在旁听审判时与被告人见面。根据法庭场所和参加旁听人数等情况，需要时，人民法院将向旁听人员发放旁听证，旁听人员须持旁听证进入法庭。但下列人员不准参加旁听：①未成年人（经法院批准的除外）；②精神病人和醉酒的人；③其他不宜旁听的人。

### 246. 旁听人员在法庭上可否发表意见?

不可以。根据《中华人民共和国人民法院法庭规则》和《刑事诉讼法》的规定，旁听人员不得发言、提问。如对法庭的审判活动有意见，可以在闭庭后以书面形式向法院提出。在法庭审判过程中，如果旁听人员违反法庭秩序，审判长应当警告制止。对不听制止的，可以强行带出法庭；情节严重的，处以 1000 元以下的罚款或者 15 日以下的拘留。罚款、拘留必须经院长批准。被处罚人对罚款、拘留的决定不服的，可以向上一级人民法院申请复议。复议期间不停止执行。

### 247. 在诉讼中，被告人患了严重疾病怎么办？

根据《刑事诉讼法》第200条的规定，在审判过程中，自诉人或者被告人患有严重疾病，致使无法出庭的，人民法院应当裁定中止审理。由于其他不可抗拒的原因，使案件无法继续审理的，可以裁定中止审理。中止审理的原因消失后，应当恢复审理。中止审理的期间不计入审理期限。

被告人虽患有严重疾病，不能到庭，但神志清醒，体力能够承受审问，法院可以到被告人所在地去就地审判。如属公开审判的案件，可吸收少数人旁听，允许被告人或坐或卧，简化程序，抓住主要问题从速审结。

### 248. 在法庭上谁有权向被告人发问？

在审判长主持下，公诉人可以就起诉书中指控的犯罪事实讯问被告人；被害人及其诉讼代理人经审判长准许，可以就公诉人讯问的情况进行补充性发问；附带民事诉讼的原告人及其法定代理人或者诉讼代理人经审判长准许，可以就附带民事诉讼部分的事实向被告人发问；经审判长准许，被告人的辩护人及法定代理人或者诉讼代理人可以在控诉一方就某一具体问题讯问完毕后向被告人发问。审判人员认为有必要时，可以就某些必须查清的问题直接向被告人发问。

### 249. 在法庭上怎样质证？

《刑事诉讼法》第48条第3款规定，证据必须经过查证属实才能作为定案的依据。法庭上质证证据，应当在审判长的主持下，按照下列顺序进行：①公诉人发言；②被害人及其诉讼代理人发言；③被告人自行辩护；④辩护人辩护；⑤控辩双方进行辩论。

根据《刑事诉讼法》和《最高人民法院关于适用〈中华人民共和国刑事诉讼法〉的解释》第九章第二节的规定，法庭质证是在审判长主持下，公诉人可以就起诉书指控的犯罪事实讯问被告人。经审判长准许，被害人及其法定代理人、诉讼代理人可以就公诉人讯问的犯罪事实补充发问；附带民事诉讼原告人及其法定代理人、诉讼代理人可以就附带民事部分的事实向被告人发问；被告人的法定代理人、辩护人，附带民事诉讼被告人及其法定代理人、诉讼代理人可以在控诉一方就某一问题讯问完毕后，向被告人发问。讯问同案审理的被告人，应当分别进行。必要时，可以传唤同案被告人等到庭对质。

在控诉一方举证后，被告人及其法定代理人、辩护人可以提请审判长通知证人、鉴定人出庭作证，或者出示证据。控辩双方申请证人出庭作证，出示证据，应当说明证据的名称、来源和拟证明的事实。法庭认为有必要的，应当准许；对方提出异议，认为有关证据与案件无关或者明显重复、不必要，法庭经审查异议成立的，可以不予准许。

已经移送人民法院的证据，控辩双方需要出示的，可以向法庭提出申请。法庭同意的，应当指令值庭法警出示、播放；需要宣读的，由值庭法警交由申请人宣读。公诉人、当事人或者辩护人、诉讼代理人对证人证言有异议，且该证人证言对定罪量刑有重大影响，或者对鉴定意见有异议，申请法庭通知证人、鉴定人出庭作证，人民法院认为有必要的，应当通知证人、鉴定人出庭；无法通知或者证人、鉴定人拒绝出庭的，应当及时告知申请人。

证人具有下列情形之一，无法出庭作证的，人民法院可以准许其不出庭：①在庭审期间，身患严重疾病或者行动极为不便的；②居所远离开庭地点且交通极为不便的；③身处国外短期无法回国的；④有其他客观原因，确实无法出庭的。具有这些情形的，可以通过视频等方式作证。

控辩双方的讯问、发问方式不当或者内容与本案无关的，对方可以提出异议，申请审判长制止，审判长应当判明情况予以支持或者驳回；对方未提出异议的，审判长也可以根据情况予以制止。

公诉人、当事人及其辩护人、诉讼代理人申请法庭通知有专门知识的人出庭，就鉴定意见提出意见的，应当说明理由。法庭认为有必要的，应当通知有专门知识的人出庭。申请有专门知识的人出庭，不得超过二人。有多种类鉴定意见的，可以相应增加人数。有专门知识的人出庭，适用鉴定人出庭的有关规定。

举证方当庭出示证据后，由对方进行辨认并发表意见。控辩双方可以互相质问、辩论。当庭出示的证据，尚未移送人民法院的，应当在质证后移交法庭。法庭对证据有疑问的，可以告知公诉人、当事人及其法定代理人、辩护人、诉讼代理人补充证据或者作出说明；必要时，可以宣布休庭，对证据进行调查核实。

对公诉人、当事人及其法定代理人、辩护人、诉讼代理人补充的和法庭庭外调查核实取得的证据，应当经过当庭质证才能作为定案的根据。但是，经庭外征求意见，控辩双方没有异议的除外。有关情况，应当记录在案。

公诉人申请出示开庭前未移送人民法院的证据，辩护方提出异议的，审判长应当要求公诉人说明理由；理由成立并确有出示必要的，应当准许。辩护方提出需要对新的证据作辩护准备的，法庭可以宣布休庭，并确定准备辩护的时间。辩护方申请出示开庭前未提交的证据，参照适用前述的规定。

法庭审理过程中，当事人及其辩护人、诉讼代理人申请通知新的证人到庭，调取新的证据，申请重新鉴定或者勘验的，应当提供证人的姓名、证据的存放地点，说明拟证明的案件事实，要求重新鉴定或者勘验的理由。法庭认为有必要的，应当同意，并宣布延期审理；不同意的，应当说明理由并继续审理。延期审理的案件，符合《刑事诉讼法》第202条第1款规定的，可以报请上级人民法院批准延长审理期限。人民法院同意重新鉴定申请的，应当及时委托鉴定，并将鉴定意见告知人民检察院、当事人及其辩护人、诉讼代理人。

审判期间，公诉人发现案件需要补充侦查，建议延期审理的，合议庭应当同意，但建议延期审理不得超过两次。人民检察院将补充收集的证据移送人民法院的，人民法院应当通知辩护人、诉讼代理人查阅、摘抄、复制。补充侦查期限届满后，经法庭通知，人民检察院未将案件移送人民法院，且未说明原因的，人民法院可以决定按人民检察院撤诉处理。

人民法院向人民检察院调取需要调查核实的证据材料，或者根据被告人、辩护人的申请，向人民检察院调取在侦查、审查起诉期间收集的有关被告人无罪或者罪轻的证据材料，应当通知人民检察院在收到调取证据材料决定书后三日内移交。

### 250. 在法庭上，可否允许同案被告人当庭对质？

可以。对这个问题，法律不仅没有禁止性规定，《最高人民法院关于适用〈中华人民共和国刑事诉讼法〉的解释》第80条第1款第（7）项还明确规定，“要审查被告人的供述和辩解与同案被告人的供述和辩解以及其他证据能否相互印证，有无矛盾”。

对共同犯罪案件中的被告人，应当分别进行讯问。合议庭认为必要时，可以传唤共同被告人同时到庭对质。

### 251. 检察机关可不可以要求补充侦查？

可以。根据《刑事诉讼法》第198条第（2）项和《最高人民法院关于适用〈中华人民共和国刑事诉讼法〉的解释》第223条的规定，审判期间，公诉人发现案件需要补充侦查，建议延期审理的，合议庭应当同意，但建议延期审理不得超过两次。人民检察院将补充收集的证据移送人民法院的，人民法院应当通知辩护人、诉讼代理人查阅、摘抄、复制。补充侦查期限届满后，经法庭通知，人民检察院未将案件移送人民法院，且未说明原因的，人民法院可以决定按人民检察院撤诉处理。

**252. 被告人有自首或立功情节，但起诉和移送的证据材料中没有相关证据怎么办？**

根据《最高人民法院关于适用〈中华人民共和国刑事诉讼法〉的解释》第224条和第226条的规定，人民法院向人民检察院调取需要调查核实的证据材料，或者根据被告人、辩护人的申请，向人民检察院调取在侦查、审查起诉期间收集的有关被告人无罪或者罪轻的证据材料，应当通知人民检察院在收到调取证据材料决定书后三日内移交。合议庭发现被告人可能有自首、坦白、立功等法定量刑情节，而人民检察院移送的案卷中没有相关证据材料的，应当通知人民检察院移送。

审判期间，被告人提出新的立功线索的，人民法院可以建议人民检察院补充侦查。

**253. 法庭辩论按什么顺序进行？**

根据《最高人民法院关于适用〈中华人民共和国刑事诉讼法〉的解释》第229条的规定，法庭辩论应当在审判长的主持下，按照下列顺序进行：①公诉人发言；②被害人及其诉讼代理人发言；③被告人自行辩护；④辩护人辩护；⑤控辩双方进行辩论。

**254. 附带民事诉讼部分的辩论在什么时候进行？**

附带民事诉讼部分的辩论应当在刑事诉讼部分的辩论结束后进行。先由附带民事诉讼原告人及其诉讼代理人发言，然后由被告人及其诉讼代理人答辩。

**255. 在法庭辩论和最后陈述时，被告人又提出了新的事实或证据怎么办？**

根据《最高人民法院关于适用〈中华人民共和国刑事诉讼法〉的解释》第234条和第236条的规定，法庭辩论过程中，合议庭发现与定罪、量刑有关的新的事实，有必要调查的，审判长可以宣布暂停辩论，恢复法庭调查，在对新的事实调查后，继续法庭辩论。

被告人在最后陈述中提出新的事实、证据，合议庭认为可能影响正确裁判的，应当恢复法庭调查；被告人提出新的辩解理由，合议庭认为可能影响正确裁判的，应当恢复法庭辩论。

### 256. 一审公诉案件的审理期限是多长？

《刑事诉讼法》第202条规定，人民法院审理公诉案件，应当在受理后二个月以内宣判，至迟不得超过三个月。这里是指宣判，而不是合议庭作出评议决定。

对于可能判处死刑的案件或者附带民事诉讼的案件，以及交通十分不便的边远地区的重大复杂案件，重大的犯罪集团案件，流窜作案的重大复杂案件，犯罪涉及面广、取证困难的重大复杂案件，经上一级人民法院批准，可以延长三个月；因特殊情况还需要延长的，报请最高人民法院批准。

根据最高人民法院下发的《关于严格执行案件审理期限制度的若干规定》第10条、第11条规定，人民法院判决书的宣判、裁定书的宣告或者调解书送达最后一名当事人的日期为结案时间。如果需要委托宣判、送达的，委托宣判、送达的人民法院应当在审限届满前，将判决书、裁定书、调解书送达受托人民法院。受托人民法院应当在收到委托书后7日内送达。

人民法院改变管辖的案件，从改变后的人民法院收到案件之日起计算审理期限。

根据《最高人民法院关于适用〈中华人民共和国刑事诉讼法〉的解释》第223条规定，在庭审过程中，公诉人提出延期审理的建议，次数不得超过两次。根据《刑事诉讼法》第202条第3款的规定，人民检察院补充侦查的案件，补充侦查完毕移送人民法院以后，人民法院重新计算审理期间。

根据《最高人民法院关于严格执行案件审理期限制度的若干规定》第9条规定，下列期间不计入审限：①对被告人作精神病鉴定的期间；②因为另外委托、指定辩护人，法院决定延期审理的，自案件宣布延期审理之日起至第10日止准备辩护的时间；③公诉人发现案件需要补充侦查，提出延期审理建议后，合议庭同意延期审理的期间；④在二审期间，检察院查阅案卷超过7日后的时间；⑤因为当事人、诉讼代理人、辩护人申请通知新的证人到庭、调取新的证据、申请重新鉴定或者勘验，法院决定延期审理一个月之内的期间。

根据《最高人民法院关于适用〈中华人民共和国刑事诉讼法〉的解释》第七章规定，以月计算的期限，自本月某日至下月同日为一个月。期限起算日为本月最后一日的，至下月最后一日为一个月。下月同日不存在的，自本月某日至下月最后一日为一个月。半个月一律按15日计算。

申请上级人民法院批准延长审理期限，应当在期限届满15日前层报。有权决定的人民法院不同意延长的，应当在审理期限届满5日前作出决定。因特殊情况申请最高人民法院批准延长审理期限，最高人民法院经审查，予以批准的，可以延长审理期限一至三个月。期限届满案件仍然不能审结的，可以再次提出申请。

### 257. 遇有哪些情况可以延期审理？

根据《刑事诉讼法》第198条规定，在法庭审判过程中，遇有下列情形之一，影响审判进行的，可以延期审理：①需要通知新的证人到庭，调取新的物证，重新鉴定或者勘验的；②检察人员发现提起公诉的案件需要补充侦查，提出建议的；③由于申请回避而不能进行审判的。

### 258. 可以中止审理吗？

《刑事诉讼法》第200条规定，在审判过程中，有下列情形之一，致使案件在较长时间内无法继续审理的，可以中止审理：①被告人患有严重疾病，无法出庭的；②被告人脱逃的；③自诉人患有严重疾病，无法出庭，未委托诉讼代理人出庭的；④由于不能抗拒的原因。中止审理的原因消失后，应当恢复审理。中止审理的期间不计入审理期限。

### 259. 经过法庭审理，人民法院能作出哪些裁判？

根据《最高人民法院关于适用〈中华人民共和国刑事诉讼法〉的解释》第241条、第242条、第243条的规定，对第一审公诉案件，人民法院审理后，应当按照下列情形分别作出判决、裁定：

（1）起诉指控的事实清楚，证据确实、充分，依据法律认定指控被告人的罪名成立的，应当作出有罪判决；

（2）起诉指控的事实清楚，证据确实、充分，指控的罪名与审理认定的罪名不一致的，应当按照审理认定的罪名作出有罪判决；

（3）案件事实清楚，证据确实、充分，依据法律认定被告人无罪的，应当判决宣告被告人无罪；

（4）证据不足，不能认定被告人有罪的，应当以证据不足、指控的犯罪不能成立，判决宣告被告人无罪；

（5）案件部分事实清楚，证据确实、充分的，应当作出有罪或者无罪的判决；对事实不清、证据不足部分，不予认定；

（6）被告人因不满16周岁，不予刑事处罚的，应当判决宣告被告人不负刑事责任；

（7）被告人是精神病人，在不能辨认或者不能控制自己行为时造成危害结果，不予刑事处罚的，应当判决宣告被告人不负刑事责任；

（8）犯罪已过追诉时效期限且不是必须追诉，或者经特赦令免除刑罚的，应当裁定终止审理；

（9）被告人死亡的，应当裁定终止审理，根据已查明的案件事实和认定的证据，能够确认无罪的，应当判决宣告被告人无罪。

宣告判决前，人民检察院要求撤回起诉的，人民法院应当审查撤回起诉的理由，作出是否准许的裁定。

审判期间，人民法院发现新的事实，可能影响定罪的，可以建议人民检察院补充或者变更起诉；人民检察院不同意或者在七日内未回复意见的，人民法院应当就起诉指控的犯罪事实，依照前述的规定作出判决、裁定。

**260. 在审理中发现了未起诉的新事实怎么办？**

根据《最高人民法院关于适用〈中华人民共和国刑事诉讼法〉的解释》第243条的规定，审判期间，人民法院发现新的事实，可能影响定罪的，可以建议人民检察院补充或者变更起诉；人民检察院不同意或者在七日内未回复意见的，人民法院应当就起诉指控的犯罪事实进行审理，并依照法律规定作出裁判。

**261. 法院判决前检察院能否撤回起诉？**

根据《最高人民法院关于适用〈中华人民共和国刑事诉讼法〉的解释》第242条的规定，宣告判决前，人民检察院要求撤回起诉的，人民法院应当审查撤回起诉的理由，作出是否准许的裁定。

**262. 和解结案的刑事案件还会追究犯罪嫌疑人的刑事责任吗？**

根据《刑事诉讼法》第278条和第279条的规定，对于双方当事人和解的，公安机关、人民检察院、人民法院应当听取当事人和其他有关人员的意见，对和解的自愿性、合法性进行审查，并主持制作和解协议书。对于达成和解协议的案件，公安机关可以向人民检察院提出从宽处理的建议。人民检察院可以向人民法院提出从宽处罚的建议；对于犯罪情节轻微，不需要判处刑罚的，可以作出不起诉的决定。人民法院可以依法对被告人从宽处罚。

## 七、二审

### 263. 上诉是否会被加刑？

上诉不会被加刑，这是由《刑事诉讼法》第 226 条规定的。这一条是这样规定的："第二审人民法院审理被告人或者他的法定代理人、辩护人、近亲属上诉的案件，不得加重被告人的刑罚。第二审人民法院发回原审人民法院重新审判的案件，除有新的犯罪事实，人民检察院补充起诉的以外，原审人民法院也不得加重被告人的刑罚。人民检察院提出抗诉或者自诉人提出上诉的，不受前款规定的限制。"

《最高人民法院关于适用〈中华人民共和国刑事诉讼法〉的解释》第 325 条、第 326 条、第 327 条明确规定，审理被告人或者其法定代理人、辩护人、近亲属提出上诉的案件，不得加重被告人的刑罚，并应当执行下列规定：①同案审理的案件，只有部分被告人上诉的，既不得加重上诉人的刑罚，也不得加重其他同案被告人的刑罚；②原判事实清楚，证据确实、充分，只是认定的罪名不当的，可以改变罪名，但不得加重刑罚；③原判对被告人实行数罪并罚的，不得加重决定执行的刑罚，也不得加重数罪中某罪的刑罚；④原判对被告人宣告缓刑的，不得撤销缓刑或者延长缓刑考验期；⑤原判没有宣告禁止令的，不得增加宣告；原判宣告禁止令的，不得增加内容、延长期限；⑥原判对被告人判处死刑缓期执行没有限制减刑的，不得限制减刑；⑦原判事实清楚，证据确实、充分，但判处的刑罚畸轻、应当适用附加刑而没有适用的，不得直接加重刑罚、适用附加刑，也不得以事实不清、证据不足为由发回第一审人民法院重新审判。必须依法改判的，应当在第二审判决、裁定生效后，依照审判监督程序重新审判。人民检察院抗诉或者自诉人上诉的案件，不受上述规定的限制。人民检察院只对部分被告人的判决提出抗诉，或者自诉人只对部分被告人的判决提出上诉的，第二审人民法院不得对其他同案被告人加重刑罚。被告人或者其法定代理人、辩护人、近亲属提出上诉的案件，第二审人民法院发回重新审判后，除有新的犯罪事实，人民检察院补充起诉的以外，原审人民法院不得加重被告人的刑罚。

### 264. 上诉要交诉讼费吗？

上诉不交诉讼费，包括刑事附带民事诉讼案件和自诉案件。《诉讼费用交纳办法》第 2 条规定，当事人进行民事诉讼、行政诉讼，应当依照本办法交纳诉讼费用。因此，一切刑事案件均不在交诉讼费之列。

## 265. 怎样上诉?

上诉，就是具有上诉权的人，认为第一审人民法院所作的判决或者裁定有错误，在判决或者裁定还没有发生法律效力的时候，在法定期限内，要求上一级人民法院对本案进行第二次审理，并提出予以改判的诉讼请求。上诉人虽然可以直接向原审人民法院的上一级人民法院提出上诉，但一般应该向原审人民法院提出上诉，以便原审人民法院将该案的全部卷宗材料及上诉状一并交给上一级人民法院。

当事人及其法定代理人对判决不服，从接到判决书的第二天起算，在10日内有权提出上诉。对裁定不服，从接到裁定书的第二日起算，在5日内有权提出上诉。对附带民事判决或者裁定的上诉期限，按照刑事部分的上诉期限来确定。如果原审附带民事部分是单独另行审判的，上诉期限则按照民事案件规定的上诉期限执行。

## 266. 怎样写上诉状?

上诉要交上诉状。上诉状是有固定格式的，写上诉状必须按固定格式写，要注意以下两点。

(1) 要针对一审法院的判决或裁定提出上诉意见，而不应离开判决或裁定另提出别的问题。例如，对一审法院的判决不服，就要紧紧抓住对判决什么地方不服来写，是对认定事实不服，还是对法律适用不服，要从这些重要地方着手，不要在无关紧要的字、词上纠缠。

(2) 要写清究竟判错在哪些地方。有很多人在上诉状中这样写:“我认为原判是错误的，是不公平的”“这样判是毫无根据的，完全是歪曲事实”。这样写虽然讲了很多，但是没有说到点子上，究竟哪里是错误的，为什么是错误的没写清楚。这样的上诉理由，二审法院也很难采纳。

为了给读者写上诉状带来方便，我们从司法实践中选择一例如下，供参考。

### 刑事上诉状

上诉人（一审被告人）张××，男，××××年××月××日出生于××省××县，汉族，初中文化，农民，捕前住××省××县××乡××村。因涉嫌犯故意杀人罪于××××年×月×日被××××公安分局刑事拘留，同月×日被逮捕，现羁押于×××看守所。

上诉人因故意杀人一案，于××××年×月×日收到××市中级人民法院××××年×月×日（××××）×刑初字第××号刑事判决书，现因不服该判决对我的定罪与量刑，提出上诉。

上诉请求：请求二审法院撤销××市中级人民法院（××××）×刑初字第××号刑事判决书，并认定我的行为是正当防卫，依照法律规定宣告我无罪。

上诉理由：××××年×月×日，我在××饭店与朋友高××吃饭，席间，邻桌李××、王××因琐事与我朋友高××争吵，继而厮打起来，高××打不过他二人便向饭店外跑去，在这期间，我始终在旁边旁观并不断劝说"别打了"，但我本人并未动手。在高××跑到饭店外后，李、王二人便抄起饭店内的椅子对我进行殴打，当时我的头部被打得流血，身体因被不断殴打行动困难，生命受到严重威胁，在混乱中我跑出饭店逃命，摔倒在地上。李、王二人随后追上来并继续用椅子对我进行殴打，我感觉自己马上快要撑不住了，在我的生命安全受到严重侵害时，我只好从兜里掏出随身带的水果刀，胡乱扎了几刀。结果导致李××胸部受刺，失血过多而死亡。根据《中华人民共和国刑法》第20条规定，为了使本人或他人的人身、财产和其他权利免受正在进行的不法侵害，而采取的制止不法侵害的行为，对不法侵害人造成损害的，属于正当防卫，不负刑事责任。我在这一事件中始终没有动手打人，我是在李、王二人威胁到我生命的关键时刻进行的防卫行为。一审法院认定我故意杀人是错误的。我据此提出上诉，请二审法院查明事实，本着以事实为根据、以法律为准绳的原则，认定我的行为是正当防卫行为，是无罪的，并依法撤销××省××市（××××）×刑初字第××号刑事判决书中对我判处的无期徒刑和剥夺政治权利终身的刑罚，依法宣告我无罪。

此致

××省高级人民法院

附：本上诉状副本1份

上诉人：张××

××××年×月×日

### 267. 被害人或其家属对判决不服可以上诉吗？

对于刑事附带民事诉讼案件，被害人或者其家属可以针对民事赔偿部分提出上诉。对刑事部分被害人及其法定代理人没有上诉权。

被害人是犯罪行为的直接受害者，公正的法律应当赋予其必要的对人民法院尚未生效判决表达态度的诉讼权利。但是，如果赋予其上诉权，会导致下列后果出现：一是改变了原审案件的刑事诉讼关系及诉讼结构，使人民检察院在由被害人引起上诉的二审程序中的任务和地位及其与上诉人之间的相互关系难以界定；二是将导致出现相当多的不必要的上诉，增加二审法院不必要的工作负担；三是使上诉不加刑原则成为虚设，不利于保护被告人的权利。有鉴于此，《刑事诉讼法》才没有赋予被害人上诉权。但为了充分保护其权利，赋予其申请抗诉的权利。《刑事诉讼法》第218条规定，被害人及其法定代理人不服地方各级人民法院第一审的判决的，自收到判决书后五日以内，有权请求人民检察院提出抗诉。人民检察院自收到被害人及其法定代理人的请求后五日以内，应当作出是否抗诉的决定并且答复请求人。

### 268. 法院怎样审理共同犯罪中只有部分被告人上诉的案件？

共同犯罪案件，只有部分被告人提出上诉的，或者人民检察院只就部分被告人的判决提出抗诉的，第二审人民法院应当对全案进行审查，一并处理。如果提出上诉的被告人死亡，其他被告人没有提出上诉，第二审人民法院仍应当对全案进行审查，死亡的被告人不构成犯罪的，应当宣告无罪；审查后认为构成犯罪的，应当中止审理。对其他同案被告人仍应当作出判决或者裁定。

### 269. 怎样审理二审案件？

案件经上诉或抗诉后，第一审人民法院会将上诉状（或抗诉书）及案件的全部卷宗材料移送给第二审法院。第二审人民法院应当对这些卷宗材料进行总体审查，主要审查上诉或者抗诉的手续是否齐全，移送的材料是否合乎要求等。经过审查，如果认为应当报送的材料不齐全，则通知第一审人民法院及时补报；如果认为手续材料齐全，则开始对一审法院所作的判决裁定认定的事实和适用法律进行全面审理，而不受上诉或者抗诉范围的限制。

根据《刑事诉讼法》第223条的规定，第二审人民法院对下列案件，应当组成合议庭，开庭审理：①被告人、自诉人及其法定代理人对第一审认定的事实、证据提出异议，可能影响定罪量刑的上诉案件；②被告人被判处死刑的上诉案件；③人民检察院抗诉的案件；④其他应当开庭审理的案件。开庭审理上诉、抗诉案件，可以到案件发生地或者原审人民法院所在地进行。

人民检察院提出抗诉的案件或者第二审人民法院开庭审理的公诉案件，同级人民检察院都应当派员出席法庭。第二审人民法院应当在决定开庭审理后及时通知人民检察院查阅案卷。人民检察院应当在一个月以内查阅完毕。人民检察院查阅案卷的时间不计人审理期限。

二审法院对上诉案件要组成合议庭进行审理。如果二审法院认定的事实与第一审人民法院认定的事实没有变化，证据充分的，除了《刑事诉讼法》要求开庭的以外，可以不开庭审理。不开庭审理的，应当讯问被告人，听取其他当事人、辩护人、诉讼代理人的意见。在司法实践中，二审法院不开庭审理的案件占大多数。二审法院如果开庭审理上诉案件，开庭的程序与一审开庭的程序基本相同。

### 270. 法院怎样审理对附带民事诉讼案件的民事部分上诉的案件？

附带民事诉讼案件，只有附带民事诉讼的当事人和他们的法定代理人对附带民事部分提出上诉的，第一审刑事部分的判决，在上诉期满后即发生法律效力。应当送监执行的第一审刑事被告人是第二审附带民事诉讼被告人的，在第二审附带民事诉讼案件审结前，可以暂缓送监执行。

### 271. 二审法院审理后可以作出哪些判决或裁定？

根据《刑事诉讼法》第 225 条和第 227 条的规定，第二审人民法院对不服第一审判决的上诉、抗诉案件，经过审理后，应当按照下列情形分别处理：

（1）原判决认定事实和适用法律正确、量刑适当的，应当裁定驳回上诉或者抗诉，维持原判；

（2）原判决认定事实没有错误，但适用法律有错误，或者量刑不当的，应当改判；

（3）原判决事实不清楚或者证据不足的，可以在查清事实后改判；也可以裁定撤销原判，发回原审人民法院重新审判。

第二审人民法院发现第一审人民法院的审理有下列违反法律规定的诉讼程序的情形之一的，应当裁定撤销原判，发回原审人民法院重新审判：

（1）违反《刑事诉讼法》有关公开审判的规定的；

（2）违反回避制度的；

（3）剥夺或者限制了当事人的法定诉讼权利，可能影响公正审判的；

（4）审判组织的组成不合法的；

（5）其他违反法律规定的诉讼程序，可能影响公正审判的。

### 272. 二审的审理期限是多长？

根据《刑事诉讼法》第 232 条的规定，第二审人民法院对不服第一审判决的上诉、抗诉案件，应当在二个月以内审结。对于可能判处死刑的案件或者刑事附带民事诉讼案件以及有下列情形之一的，经省、自治区、直辖市高级人民法院批准或者决定，可以延长二个月：①交通十分不便的边远地区的重大复杂案件；②重大的犯罪集团案件；③流窜作案的重大复杂案件；④犯罪涉及面广，取证困难的重大复杂案件。因特殊情况还需要延长的，报请最高人民法院批准。最高人民法院受理上诉、抗诉案件的审理期限，由最高人民法院决定。

## 八、死刑复核

### 273. 对死刑案件怎样复核？

死刑复核程序，是人民法院对判处死刑的案件进行复查核准所遵循的一种特别审判程序。这种程序启动具有自动性，既不需要检察机关提起公诉或者抗诉，也不需要当事人提起自诉或上诉，只要二审法院审理完毕或者一审后经过法定的上诉、抗诉期，被告人没有提出上诉，检察机关没有提出抗诉，人民法院就应当将案件报送高级人民法院复核和报请最高人民法院核准。

根据《刑事诉讼法》第三编第四章和《最高人民法院关于适用〈中华人民共和国刑事诉讼法〉的解释》第15章规定，死刑由最高人民法院核准。

报请最高人民法院核准死刑案件，应当按照下列情形分别处理。

（1）中级人民法院判处死刑的第一审案件，被告人未上诉、人民检察院未抗诉的，在上诉、抗诉期满后十日内报请高级人民法院复核。高级人民法院复核死刑案件，应当讯问被告人。高级人民法院同意判处死刑的，应当在作出裁定后十日内报请最高人民法院核准；不同意的，应当依照第二审程序提审或者发回重新审判。

（2）中级人民法院判处死刑的第一审案件，被告人上诉或者人民检察院抗诉，高级人民法院裁定维持的，应当在作出裁定后十日内报请最高人民法院核准。

（3）高级人民法院判处死刑的第一审案件，被告人未上诉、人民检察院未抗诉的，应当在上诉、抗诉期满后十日内报请最高人民法院核准。

报请复核的死刑案件，应当一案一报。报送的材料包括报请复核的报告，第一、二审裁判文书，死刑案件综合报告各五份以及全部案卷、证据。死刑案件综合报告，第一、二审裁判文书和审理报告应当附送电子文本。同案审理的案件应当报送全案案卷、证据。曾经发回重新审判的案件，原第一、二审案卷应当一并报送。报请复核的报告，应当写明案由、简要案情、审理过程和判决结果。

复核死刑案件应当全面审查以下内容：①被告人的年龄，被告人有无刑事责任能力、是否系怀孕的妇女；②原判认定的事实是否清楚，证据是否确实、充分；③犯罪情节、后果及危害程度；④原判适用法律是否正确，是否必须判处死刑，是否必须立即执行；⑤有无法定、酌定从重、从轻或者减轻处罚情节；⑥诉讼程序是否合法；⑦应当审查的其他情况。

最高人民法院复核死刑案件，应当按照下列情形分别处理：①原判认定事实和适用法律正确、量刑适当、诉讼程序合法的，应当裁定核准；②原判认定的某一具体事实或者引用的法律条款等存在瑕疵，但判处被告人死刑并无不当的，可以在纠正后作出核准的判决、裁定；③原判事实不清、证据不足的，应当裁定不予核准，并撤销原判，发回重新审判；④复核期间出现新的影响定罪量刑的事实、证据的，应当裁定不予核准，并撤销原判，发回重新审判；⑤原判认定事实正确，但依法不应当判处死刑的，应当裁定不予核准，并撤销原判，发回重新审判；⑥原审违反法定诉讼程序，可能影响公正审判的，应当裁定不予核准，并撤销原判，发回重新审判。

最高人民法院裁定不予核准死刑的，根据案件情况，可以发回第二审人民法院或者第一审人民法院重新审判。

第一审人民法院重新审判的，应当开庭审理。第二审人民法院重新审判的，可以直接改判；必须通过开庭查清事实、核实证据或者纠正原审程序违法的，应当开庭审理。

高级人民法院依照复核程序审理后报请最高人民法院核准死刑，最高人民法院裁定不予核准，发回高级人民法院重新审判的，高级人民法院可以依照第二审程序提审或者发回重新审判。

死刑复核期间，辩护律师要求当面反映意见的，最高人民法院有关合议庭应当在办公场所听取其意见，并制作笔录；辩护律师提出书面意见的，应当附卷。

死刑复核期间，最高人民检察院提出意见的，最高人民法院应当审查，并将采纳情况及理由反馈最高人民检察院。

最高人民法院应当根据有关规定，向最高人民检察院通报死刑案件复核结果。

### 274. 怎样复核死缓案件？

死刑复核程序包括死缓复核程序。根据《刑事诉讼法》第三编第四章和《最高人民法院关于适用〈中华人民共和国刑事诉讼法〉的解释》第 15 章的规定，死刑缓期执行的案件由高级人民法院核准。

中级人民法院判处死刑缓期二年执行的第一审案件，被告人未上诉、人民检察院未抗诉的，应当报请高级人民法院核准。

报请复核的死刑缓期二年执行案件，应当一案一报。报送的材料包括报请复核的报告、裁判文书、死刑案件综合报告各五份以及全部案卷、证据。死刑案件综合报告和裁判文书及审理报告应当附送电子文本。同案审理的案件应当报送全案案卷、证据。曾经发回重新审判的案件，原第一、二审案卷应当一并报送。

高级人民法院核准死刑缓期二年执行的案件，应当由审判员三人组成合议庭。合议庭在审查时，应当提审被告人。高级人民法院核准死刑缓期二年执行的案件，按照下列情形分别办理。

（1）中级法院判处死刑缓期二年执行的第一审案件，被告人不上诉、人民检察院不抗诉的，在上诉、抗诉期满后，报请高级人民法院核准。高级人民法院审查后，同意判处死刑缓期二年执行的，作出予以核准的裁定；如果认为原判事实不清、证据不足，应当裁定发回原中级人民法院重新审判；如果认为原判过重，不同意判处死缓的，可以直接改判。高级人民法院核准判处死刑缓期二年执行的案件，只能作出核准或者不核准的决定，不能加重被告人的刑罚。

（2）中级法院判处死刑缓期二年执行的第一审案件，被告人上诉或者检察院抗诉的，由高级人民法院进行二审。高级人民法院二审后，同意判处死缓的，作出维持原判的裁定，此裁定立即生效，无须再经过核准程序。如果认为原判事实不清或者证据不足的，用裁定撤销原判，发回原审人民法院重新审判。如果原判认定事实正确，但适用法律有错误或者量刑不当，不需要判处死缓的，应当用判决直接改判；认为应当判处死刑立即执行的，应当区别对待。其中，如果属于人民检察院提出抗诉而由高级人民法院按照第二审程序审判，并依法改判死刑的案件，应当报请最高人民法院核准；如果只有被告人上诉的案件，高级人民法院必须遵从“上诉不加刑”原则，不得直接改判死刑立即执行。

（3）高级人民法院第一审判处死刑缓期二年执行的案件，被告人不上诉、人民检察院不抗诉的，在上诉、抗诉期满后判决即发生法律效力。

高级人民法院复核死刑缓期二年执行案件，不得加重被告人的刑罚。

### 275. 死刑复核程序有审限要求吗？

死刑复核程序是一种特殊程序。《刑事诉讼法》对按照一审程序、二审程序、审判监督程序审理的案件，都规定出一定的审限要求，并且规定在规定的时间内如果不能审结案件，必须履行申请延长审限的手续，需要审批，而对死刑复核程序《刑事诉讼法》没有规定审限。

## 九、申诉与再审

### 276. 什么是申诉?

在《刑事诉讼法》中没有申请再审的规定，但《刑事诉讼法》第 241 条规定了申诉的问题。也就是说，案件虽然经过二审而终审，但当事人如果认为法院的裁判有错误，仍然允许说话提意见，这便是申诉。

所谓申诉，是指当事人或其他有关人员，对已经发生法律效力的判决、裁定、调解、决定不服，可以依法向司法机关提出申诉，但是不能停止判决、裁定、调解、决定的执行。司法机关经过复查，认为原判决、裁定、调解、决定正确的，则通知驳回申诉；认为原判决、裁定、调解、决定有错误的，有关司法机关应按照法定程序撤销，予以重新处理。

### 277. 怎样申诉?

有权申诉也不能乱申诉。不按规定申诉，不仅影响有关部门的工作，而且不能收到理想的效果。为了收到成效，应该依法申诉。

根据《最高人民法院关于适用〈中华人民共和国刑事诉讼法〉的解释》第 17 章规定，向人民法院申诉，应当提交以下材料。①申诉状。应当写明当事人的基本情况、联系方式以及申诉的事实与理由。②原一、二审判决书、裁定书等法律文书。经过人民法院复查或者再审的，应当附有驳回通知书、再审决定书、再审判决书、裁定书。③其他相关材料。以有新的证据证明原判决、裁定认定的事实确有错误为由申诉的，应当同时附有相关证据材料；申请人民法院调查取证的，应当附有相关线索或者材料。

申诉不符合上述规定的，人民法院应当告知申诉人补充材料；申诉人对必要材料拒绝补充且无正当理由的，不予审查。

申诉由终审人民法院审查处理。但是，第二审人民法院裁定准许撤回上诉的案件，申诉人对第一审判决提出申诉的，可以由第一审人民法院审查处理。

上一级法院对未经终审法院审查处理的申诉，可以告知申诉人向终审法院申诉，或者直接交终审法院审查处理，并告知申诉人；案件疑难、复杂、重大的，也可以直接审查处理。

对未经终审法院及其上一级法院审查处理，直接向上级法院申诉的，上级法院可以告知申诉人向下级法院提出。

对死刑案件的申诉，可以由原核准的人民法院直接审查处理，也可以交由原审人民法院审查。原审人民法院应当写出审查报告，提出处理意见，层报原核准的人民法院审查处理。

申诉要注意以下问题。

(1) 要正确行使申诉权利，不要盲目依赖申诉。法律规定申诉不交诉讼费，但不能认为交上一张申诉书，能改判更好，不改也没什么损失。这样认识不对。

(2) 要找准接受申诉的部门，按照申诉的程序和规定进行，不宜直接向检察院、政法委员会、人大常委会、报社、电台、电视台和政府机关的信访部门或有关领导申诉。此外，还要注意文明申诉，不采用喊口号、拦车辆、堵交通等不恰当方式进行。

(3) 申诉要有法律依据和事实根据，不能提出无理要求。

### 278. 怎样写申诉状?

申诉状，也叫申诉书，是刑事诉讼的当事人、被害人及其家属或者其他相关人，对法院所作的已经发生法律效力的判决、裁定，认为有错误，向人民法院或者人民检察院提出申请，要求复查纠正时所用的书状。有人写的申诉状篇幅很长，但他人看不懂他不服哪个法院的哪份判决，看不清楚提出什么申诉要求。为了给读者写申诉书提供参考，我们从司法实践中选择一例如下。

**刑事申诉状**

申诉人李×（系原审被告人李××之父），男，××××年×月×日出生，汉族，辽宁省沈阳市人，系××工厂退休工人，现住××省××县××镇××街××号。

申诉人李×认为，××省××县人民法院××××年×月×日（××××）×刑初字第××号刑事判决确有错误，现提出申诉。

**请求事项**

请求××县人民法院对该案立案再审，依法改判，依法对被告人李××从轻判罚。

**事实与理由**

原审被告人李××于××××年×月×日在××街实施了抢劫。在本案尚未侦破前，公安机关因为原审被告人李××形迹可疑，用电话通过居民委员会传唤他到公安机关说清情况。我领着原审被告人到了公安机关后，公安人员对他进行了思想教育，宣传了坦白从宽的刑事政策。原审被告人李××在公安机关还没有对其采取强制措施的情况下，如实供述了自己的全部犯罪行为，并且提供了一些相关证据。此后公安机关才采取了拘留、逮捕等强制措施。当时的情况有公安机关的记录在案佐证。然而，××省××县人民法院的（××××）×刑初字第××号刑事判决，并没有对原审被告人李××的自首行为予以认定，在量刑方面没有从轻处罚。根据2010年12月22日《最高人民法院关于处理自首和立功若干具体问题的意见》的规定，原审被告人李××具有自首行为，而原审法院不予认定是错误的，对这样的错误判决我们无法接受。

综上，我们请求法院对此案立案再审，重新处理，根据法律规定认定原审被告人李××具有自首情节，正确适用法律，对原审被告人李××从轻处罚。

此致

××省××县人民法院

附：1. 原审人民法院刑事判决书复印件1份；

2. 2010年12月22日《最高人民法院关于处理自首和立功若干具体问题的意见》复印件1份。

申诉人：李×

××××年×月×日

**279. 什么是再审程序？**

再审程序，也叫审判监督程序，是指人民法院对已经发生法律效力的判决、裁定，发现确有错误，进行立案再审的程序。

关于刑事案件的提起再审，《刑事诉讼法》第242条和第243条规定了以下四种情况：①申诉符合立案重新审判条件的；②各级法院的院长发现本院已经发生法律效力的判决、裁定确有错误，需要再审的，由本院院长提交本院审判委员会讨论决定；③最高人民法院对各级人民法院、上级人民法院对下级人民法院已经发生法律效力的判决、裁定，如果发现确有错误，有权提审或者指令下级人民法院再审；④最高人民检察院对各级人民法院、上级人民检察院对下级人民法院已经发生法律效力的判决、裁定，发现确有错误，有权按照审判监督程序提出抗诉。

依照上述规定决定提起再审的，应有正式的司法文书，如决定提起再审裁定书、指令下级法院再审裁定书、抗诉书等。

适用审判监督程序审理的案件，必须是已经发生法律效力的判决、裁定，那么，哪些是发生法律效力的判决、裁定呢？根据法律规定，下列判决、裁定属于发生法律效力的判决、裁定：①已过法定期限没有上诉、抗诉的判决和裁定；②终审的判决和裁定；③最高人民法院核准的死刑判决和高级人民法院核准的死刑缓期二年执行的判决。

### 280. 怎样审理再审案件？

根据《刑事诉讼法》第三编第五章和《最高人民法院关于适用〈中华人民共和国刑事诉讼法〉的解释》第17章的规定，对案件再审的提起有以下一些情况。

（1）各级人民法院院长发现本院已经发生法律效力的判决、裁定确有错误的，应当提交审判委员会讨论决定是否再审。

（2）上级人民法院发现下级人民法院已经发生法律效力的判决、裁定确有错误的，可以指令下级法院再审；原判决、裁定认定事实正确但适用法律错误，或者案件疑难、复杂、重大，或者有不宜由原审人民法院审理情形的，也可以提审。上级法院指令下级法院再审的，一般应当指令原审人民法院以外的下级法院审理；由原审法院审理更有利于查明案件事实、纠正裁判错误的，可以指令原审法院审理。

（3）对检察院依照审判监督程序提出抗诉的案件，人民法院应当在收到抗诉书后一个月内立案。但是，有下列情形之一的，应当区别情况予以处理。①对不属于本院管辖的，应当将案件退回人民检察院。②按照抗诉书提供的住址无法向被抗诉的原审被告人送达抗诉书的，应当通知人民检察院在三日内重新提供原审被告人的住址；逾期未提供的，将案件退回人民检察院。③以有新的证据为由提出抗诉，但未附相关证据材料或者有关证据不是指向原起诉事实的，应当通知人民检察院在三日内补送相关材料；逾期未补送的，将案件退回人民检察院。决定退回的抗诉案件，人民检察院经补充相关材料后再次抗诉，经审查符合受理条件的，人民法院应当受理。

对人民检察院依照审判监督程序提出抗诉的案件，接受抗诉的人民法院应当组成合议庭审理。对原判事实不清、证据不足，包括有新的证据证明原判可能有错误，需要指令下级人民法院再审的，应当在立案之日起一个月内作出决定，并将指令再审决定书送达抗诉的人民检察院。

对决定依照审判监督程序重新审判的案件，除人民检察院抗诉的以外，人民法院应当制作再审决定书。再审期间不停止原判决、裁定的执行，但被告人可能经再审改判无罪，或者可能经再审减轻原判刑罚而致刑期届满的，可以决定中止原判决、裁定的执行，必要时，可以对被告人采取取保候审、监视居住措施。

依照审判监督程序重新审判的案件，人民法院应当重点针对申诉、抗诉和决定再审的理由进行审理。必要时，应当对原判决、裁定认定的事实、证据和适用法律进行全面审查。

原审人民法院审理依照审判监督程序重新审判的案件，应当另行组成合议庭。原来是第一审案件，应当依照第一审程序进行审判，所作的判决、裁定可以上诉、抗诉；原来是第二审案件，或者是上级人民法院提审的案件，应当依照第二审程序进行审判，所作的判决、裁定是终审的判决、裁定。对原审被告人、原审自诉人已经死亡或者丧失行为能力的再审案件，可以不开庭审理。

开庭审理的再审案件，再审决定书或者抗诉书只针对部分原审被告人，其他同案原审被告人不出庭不影响审理的，可以不出庭参加诉讼。

除人民检察院抗诉的以外，再审一般不得加重原审被告人的刑罚。再审决定书或者抗诉书只针对部分原审被告人的，不得加重其他同案原审被告人的刑罚。

人民法院审理人民检察院抗诉的再审案件，人民检察院在开庭审理前撤回抗诉的，应当裁定准许；人民检察院接到出庭通知后不派员出庭，且未说明原因的，可以裁定按撤回抗诉处理，并通知诉讼参与人。

人民法院审理申诉人申诉的再审案件，申诉人在再审期间撤回申诉的，应当裁定准许；申诉人经依法通知无正当理由拒不到庭，或者未经法庭许可中途退庭的，应当裁定按撤回申诉处理，但申诉人不是原审当事人的除外。

开庭审理的再审案件，系人民法院决定再审的，由合议庭组成人员宣读再审决定书；系人民检察院抗诉的，由检察人员宣读抗诉书；系申诉人申诉的，由申诉人或者其辩护人、诉讼代理人陈述申诉理由。

原判决、裁定事实不清或者证据不足，经审理事实已经查清的，应当根据查清的事实依法裁判；事实仍无法查清，证据不足，不能认定被告人有罪的，应当撤销原判决、裁定，判决宣告被告人无罪。对再审改判宣告无罪并依法享有申请国家赔偿权利的当事人，人民法院宣判时，应当告知其在判决发生法律效力后可以依法申请国家赔偿。

原判决、裁定认定被告人姓名等身份信息有误，但认定事实和适用法律正确、量刑适当的，作出生效判决、裁定的人民法院可以通过裁定对有关信息予以更正。

## 281. 法院对哪些申诉可以决定重新审判？

根据《刑事诉讼法》第 242 条和《最高人民法院关于适用〈中华人民共和国刑事诉讼法〉的解释》第 375 条的规定，当事人及其法定代理人、近亲属的申诉符合下列情形之一的，人民法院应当重新审判：

（1）有新的证据证明原判决、裁定认定的事实确有错误，可能影响定罪量刑的；

（2）据以定罪量刑的证据不确实、不充分、依法应当排除的；

（3）证明案件事实的主要证据之间存在矛盾的；

（4）主要事实依据被依法变更或者撤销的；

（5）认定罪名错误的；

（6）量刑明显不当的；

（7）违反法律关于溯及力规定的；

（8）违反法律规定的诉讼程序，可能影响公正裁判的；

（9）审判人员在审理该案件时有贪污受贿、徇私舞弊、枉法裁判行为的。

申诉不具有上述情形的，应当说服申诉人撤回申诉；对仍然坚持申诉的，应当书面通知驳回。

## 282. 再审案件经过审理后可以出现哪些结果？

根据《最高人民法院关于适用〈中华人民共和国刑事诉讼法〉的解释》第 389 条和第 390 条的规定，再审案件经过重新审理后，应当按照下列情形分别处理。

（1）原判决、裁定认定事实和适用法律正确、量刑适当的，应当裁定驳回申诉或者抗诉，维持原判决、裁定。

（2）原判决、裁定定罪准确、量刑适当，但在认定事实、适用法律等方面有瑕疵的，应当裁定纠正并维持原判决、裁定。

（3）原判决、裁定认定事实没有错误，但适用法律错误，或者量刑不当的，应当撤销原判决、裁定，依法改判。

（4）依照第二审程序审理的案件，原判决、裁定事实不清或者证据不足的，可以在查清事实后改判，也可以裁定撤销原判，发回原审人民法院重新审判。

（5）原判决、裁定事实不清或者证据不足，经审理事实已经查清的，应当根据查清的事实依法裁判；事实仍无法查清，证据不足，不能认定被告人有罪的，应当撤销原判决、裁定，判决宣告被告人无罪。

（6）原判决、裁定认定被告人姓名等身份信息有误，但认定事实和适用法律正确、量刑适当的，作出生效判决、裁定的人民法院可以通过裁定对有关信息予以更正。

### 283. 再审案件的审限是多长?

根据《刑事诉讼法》第 247 条规定，按照审判监督程序重新审判的案件，应当在三个月以内审结，需要延长期限的，不得超过六个月。

根据最高人民法院下发的《关于严格执行案件审理期限制度的若干规定》第 9 条规定，下列期间不计入审限：①对被告人作精神病鉴定的期间；②因为另外委托、指定辩护人，法院决定延期审理的，自案件宣布延期审理之日起至第 10 日止准备辩护的时间；③公诉人发现案件需要补充侦查，提出延期审理建议后，合议庭同意延期审理的期间；④在二审期间，检察院查阅案卷超过 7 日后的时间；⑤因为当事人、诉讼代理人、辩护人申请通知新的证人到庭、调取新的证据、申请重新鉴定或者勘验，法院决定延期审理一个月之内的期间。

## 十、执行

### 284. 徒刑和拘役怎样执行?

徒刑分有期徒刑和无期徒刑。依照《刑法》第 45 条、第 69 条规定，有期徒刑的期限除原判死缓或者无期徒刑减为有期徒刑的以外，为 6 个月以上 15 年以下。数罪并罚时，总和刑期没超过 35 年的，最高不超过 20 年；总和刑期超过 35 年的，最高不超过 25 年。

无期徒刑是剥夺犯罪分子终身人身自由、强制参加劳动、接受教育和改造的刑罚方法，是仅次于死刑的一种严厉的刑罚。

《刑事诉讼法》第 253 条规定，罪犯被交付执行刑罚的时候，应当由交付执行的人民法院在判决生效后 10 日以内，将有关的法律文书送达公安机关、监狱或者其他执行机关。

对被判处无期徒刑、有期徒刑的罪犯，由公安机关依法将该罪犯送交监狱执行刑罚。对被判处有期徒刑的罪犯，在被交付执行刑罚前，剩余刑期在三个月以下的，由看守所代为执行。对被判处拘役的罪犯，由公安机关执行。对未成年犯应当在未成年犯管教所执行刑罚。执行机关应当将罪犯及时收押，并且通知罪犯家属。

判处有期徒刑、拘役的罪犯，执行期满，应当由执行机关发给释放证明书。

## 285. 管制和剥夺政治权利怎样执行？

管制，是刑罚的一种，由公安机关负责执行。对于被判处管制同时剥夺政治权利的罪犯，由公安机关执行。执行期满，应当由执行机关通知本人，并向有关群众公开宣布解除管制或者恢复政治权利。

《刑法》第38条至第41条规定，管制的期限为三个月以上二年以下。判处管制，可以根据犯罪情况，同时禁止犯罪分子在执行期间从事特定活动，进入特定区域、场所，接触特定的人。对判处管制的犯罪分子，依法实行社区矫正。违反上述规定的禁止令，由公安机关依照治安管理处罚法的规定处罚。

被判处管制的犯罪分子，在执行期间，应当遵守下列规定：①遵守法律、行政法规，服从监督；②未经执行机关批准，不得行使言论、出版、集会、结社、游行、示威自由的权利；③按照执行机关规定报告自己的活动情况；④遵守执行机关关于会客的规定；⑤离开所居住的市、县或者迁居，应当报经执行机关批准。

对于被判处管制的犯罪分子，在劳动中应当同工同酬。管制的刑期，从判决执行之日起计算；判决执行以前先行羁押的，羁押一日折抵刑期二日。管制期满，执行机关应即向本人和其所在单位或者居住地的群众宣布解除管制。

《刑法》第54条至第58条规定，剥夺政治权利是剥夺下列权利：①选举权和被选举权；②言论、出版、集会、结社、游行、示威自由的权利；③担任国家机关职务的权利；④担任国有公司、企业、事业单位和人民团体领导职务的权利。

关于剥夺政治权利的期限，除被判处死刑、无期徒刑的犯罪分子应当剥夺政治权利终身以外，为一年以上五年以下。判处管制附加剥夺政治权利的，剥夺政治权利的期限与管制的期限相等，同时执行。对于危害国家安全的犯罪分子应当附加剥夺政治权利；对于故意杀人、强奸、放火、爆炸、投毒、抢劫等严重破坏社会秩序的犯罪分子，可以附加剥夺政治权利。

对于被判处死刑、无期徒刑的犯罪分子，应当剥夺政治权利终身。在死刑缓期执行减为有期徒刑，或者无期徒刑减为有期徒刑的时候，应当把附加剥夺政治权利的期限改为3年以上10年以下。附加剥夺政治权利的刑期，从徒刑、拘役执行完毕之日或者从假释之日起计算；剥夺政治权利的效力当然适用于主刑执行期间。

被剥夺政治权利的犯罪分子，在执行期间，应当遵守法律、行政法规和国务院公安部门有关监督管理的规定，服从监督，不得行使各项政治权利。

**286. 罚金和没收财产怎样执行?**

罚金由人民法院负责执行，罚金应在判决规定的期限内一次或者分期缴纳。期满无故不缴纳的，人民法院应当强制缴纳。经强制缴纳仍不能全部缴纳的，人民法院在任何时候，包括在判处的主刑执行完毕后，发现被执行人有可以执行的财产，应当缴纳。如果由于遭遇不能抗拒的灾祸缴纳罚金确有困难，犯罪分子可以向人民法院申请减少或者免除。人民法院查证属实后，可以裁定对原判决确定的罚金额予以减少或者免除。行政机关对被告人就同一事实已经处以罚款的，人民法院判处罚金时应予以折抵。

没收财产的判决，无论附加适用还是独立适用，都由人民法院执行；在必要时，可以会同公安机关执行。

**287. 缓刑怎样执行?**

缓刑不是一种刑罚。我国《刑法》规定的缓刑，是对原判刑罚有条件的不执行的一项刑罚制度。有条件的不执行，是指在缓刑考验期内不再犯罪，考验期满则原判的刑罚就不再执行。

《刑法》第72条至第77条规定，对于被判处拘役、3年以下有期徒刑的犯罪分子，同时符合下列条件的，可以宣告缓刑，对其中不满18周岁的人、怀孕的妇女和已满75周岁的人，应当宣告缓刑：①犯罪情节较轻；②有悔罪表现；③没有再犯罪的危险；④宣告缓刑对所居住社区没有重大不良影响。对于累犯和犯罪集团的首要分子，不适用缓刑。宣告缓刑，可以根据犯罪情况，同时禁止犯罪分子在缓刑考验期限内从事特定活动，进入特定区域、场所，接触特定的人。被宣告缓刑的犯罪分子，如果被判处附加刑，附加刑仍须执行。

拘役的缓刑考验期限为原判刑期以上一年以下，但是不能少于二个月。有期徒刑的缓刑考验期限为原判刑期以上五年以下，但是不能少于一年。缓刑考验期限，从判决确定之日起计算。

被宣告缓刑的犯罪分子，应当遵守下列规定：①遵守法律、行政法规，服从监督；②按照考察机关的规定报告自己的活动情况；③遵守考察机关关于会客的规定；④离开所居住的市、县或者迁居，应当报经考察机关批准。

被宣告缓刑的犯罪分子，在缓刑考验期内，应当撤销缓刑，需要收监执行的情形有三种：①被宣告缓刑的犯罪分子在缓刑考验期内犯新罪；②在考验期限内，发现漏罪没判，人民法院应撤销原判，把前罪和后罪所判处的刑罚加起来，按数罪并罚原则重新决定执行的刑罚；③被宣告缓刑的犯罪分子，在缓刑考验期内，违反法律、行政法规或者公安部门有关缓刑监管规定，情节严重的。

被宣告缓刑的犯罪分子，在缓刑考验期限内如果没犯新罪或者没有发现判决宣告以前还有其他罪没有判决的，缓刑考验期满，原判的刑罚就不再执行，并公开予以宣告。在缓刑考验期限内，如果犯新罪或者发现判决宣告以前还有其他罪没有判决的，应当撤销缓刑，对新犯的罪或者新发现的罪作出判决，把前罪和后罪所判处的刑罚，依照数罪并罚的规定，决定执行的刑罚。

根据《刑事诉讼法》第258条的规定，对被宣告缓刑的罪犯，依法实行社区矫正，由社区矫正机构负责执行。缓刑考验期从判决确定之日起计算。如判决前曾被羁押的，羁押期限不能折抵缓刑日期。

### 288. 什么是监外执行？

监外执行，是执行刑罚的一种方法，是指对具备法定情形的已决犯暂不羁押，交付一定机关监管的处理方法。

根据《刑事诉讼法》第258条规定，对于监外执行的罪犯，由居住地实行社区矫正，由社区矫正机构负责执行。监外执行期间，应当计入刑期。不符合暂予监外执行条件的罪犯通过贿赂等非法手段被暂予监外执行的，在监外执行的期间不计入执行刑期。罪犯在暂予监外执行期间脱逃的，脱逃的期间不计入执行刑期。罪犯在暂予监外执行期间死亡的，执行机关应当及时通知监狱或者看守所。

《刑事诉讼法》第254条规定，对于被判处有期徒刑或者拘役的罪犯，有以下三种情形之一的可以暂予监外执行：①有严重疾病，需要保外就医的；②怀孕或者正在哺乳自己婴儿的妇女；③对于被判处有期徒刑、拘役，生活不能自理，适用暂予监外执行不致危害社会的罪犯，也可暂予监外执行。对被判处无期徒刑的罪犯，如果是怀孕或者正在哺乳自己婴儿的妇女可以暂予监外执行。监外执行的情形消失后，刑期未满的，负责执行的公安机关以《监外罪犯变动情况通知单》形式，通知原关押监狱收监。原关押监狱收到通知后，应及时按收监程序将罪犯收监。对于人民法院决定暂予监外执行的罪犯应当予以收监的，由人民法院作出决定，将有关的法律文书送达公安机关、监狱或者其他执行机关。

发现有需要监外执行的情况有两种。一种是人民法院在审判时，发现了罪犯具有法定的需要暂予监外执行的情形，在判决时即可用裁定决定监外执行，并填写执行通知书，通知执行机关执行。一般不是先送到监狱，再由监狱提出监外执行意见。另一种情况是，在执行过程中，发现罪犯具有法定的需要暂予监外执行的情形，这时，由监狱或者看守所提出书面材料和意见，报请省、自治区、直辖市监狱管理机关审核批准，经批准后，方可监外执行。从司法实践看，后一种方法居多。

根据《最高人民法院关于适用〈中华人民共和国刑事诉讼法〉的解释》的规定，人民法院决定暂予监外执行的，应当制作暂予监外执行决定书，写明罪犯基本情况，判决确定的罪名和刑罚，决定暂予监外执行的原因、依据等，通知罪犯居住地的县级司法行政机关派员办理交接手续，并将暂予监外执行决定书抄送罪犯居住地的县级人民检察院和公安机关。

根据《刑事诉讼法》第256条的规定，不管是法院还是其他机关，批准暂予监外执行，都应将批准决定抄送人民检察院。人民检察院如认为暂予监外执行不当，应当自接到通知书之日起一个月内，将书面意见送交批准暂予监外执行的机关，批准暂予监外执行的机关接到人民检察院的书面意见后，应当立即进行重新核查。人民法院在一个月内作出重新核查结果。

《刑事诉讼法》第257条规定，对暂予监外执行的罪犯，有下列情形之一的，应当及时收监：①发现不符合暂予监外执行条件的；②严重违反有关暂予监外执行监督管理规定的；③暂予监外执行的情形消失后，罪犯刑期未满的。

另外，暂予监外执行的罪犯具有下列情形之一的，原作出暂予监外执行决定的人民法院，应当在收到执行机关的收监执行建议书后15日内，作出收监执行的决定：①不符合暂予监外执行条件的；②未经批准离开所居住的市、县，经警告拒不改正，或者拒不报告行踪，脱离监管的；③因违反监督管理规定受到治安管理处罚，仍不改正的；④受到执行机关两次警告，仍不改正的；⑤保外就医期间不按规定提交病情复查情况，经警告拒不改正的；⑥暂予监外执行的情形消失后，刑期未满的；⑦保证人丧失保证条件或者因不履行义务被取消保证人资格，不能在规定期限内提出新的保证人的；⑧违反法律、行政法规和监督管理规定，情节严重的其他情形。

人民法院收监执行决定书，一经作出立即生效。人民法院应当将收监执行决定书送交罪犯居住地的县级司法行政机关，由其根据有关规定将罪犯交付执行。收监执行决定书应当同时抄送罪犯居住地的同级人民检察院和公安机关。被收监执行的罪犯有不计入执行刑期情形的，人民法院应当在作出收监决定时，确定不计入执行刑期的具体时间。

### 289. 监外执行与缓刑有什么区别？

监外执行，是指被判处有期徒刑或者拘役的罪犯，由于患有严重疾病需要保外就医，或者妇女怀孕或者正在哺乳自己的婴儿等特殊情况，不适宜在监狱或其他劳动改造场所执行刑罚，可暂由罪犯原居住地的社区矫正机构负责执行的一种特殊刑罚执行方法。当监外执行的原因（如病愈、哺乳期满等）消失后，如果刑期未满，仍应收监执行；如刑期届满，则应及时释放。

缓刑，是指根据《刑法》规定，对被判处拘役、三年以下有期徒刑的犯罪分子，根据其犯罪情节和悔罪表现，如果暂缓执行刑罚确实不致再危害社会，就规定一定的考验期，暂缓执行刑罚，在考验期内，如果遵纪守法，原判刑罚就不再执行的一项制度。它是有条件的不执行所判决刑罚的一项制度。

监外执行与缓刑的区别如下。

（1）监外执行属于实刑，仅仅是因为罪犯存在特殊原因如重病等，不便在监狱执行，经批准，在监外执行刑罚。监外执行期间计入刑罚的总体时间。缓刑属于虚刑，在考验期内，如果出现需要撤销缓刑决定的情况，需要收监执行原判刑罚。

（2）监外执行适用于被判处有期徒刑和拘役的罪犯，缓刑适用的范围则小于监外执行，仅仅适用于被判处拘役、三年以下有期徒刑的犯罪分子。

（3）监外执行以有碍关押执行的法定情况为条件，而缓刑则是以不致再危害社会为条件。

（4）监外执行是在判决确定以后才适用的变通执行方法，在判决宣告和刑罚执行期间均可适用，并不具有考验期。而缓刑则是附条件的不执行原判决刑罚的制度，在判决刑罚的同时即可宣告。

（5）适用监外执行的条件一经消失，即应收监执行，差别只是执行的场所不同。而缓刑只有在考验期限内再犯新罪或者被发现漏罪，或者违反法律、法规或者有关规定的，才能撤销缓刑，收监执行刑罚，除此之外不再执行原判刑罚。

### 290. 什么是保外就医？

按照《监狱法》和其他有关法规规定，保外就医的条件是：①身患严重疾病，短期内有死亡危险的；②患有严重慢性疾病，长期医治无效的；③年老体弱，已失去社会危害可能性的；④身体残废，失去劳动能力的。罪犯符合上述条件之一的，监狱管理机关可以根据情况，批准其保外就医。但是，对于适用保外就医可能有社会危险的罪犯，或者自伤、自残的罪犯，判处死刑缓期二年执行尚未减刑的罪犯和罪恶重、民愤大、群众不同意的，不管其有何种严重疾病，均不得保外就医。

《刑事诉讼法》第 254 条第 4 款规定，对于罪犯确有严重疾病，必须保外就医的，由省级人民政府指定的医院开具证明文件，监狱或其他刑罚执行机关应提出书面意见，报省、自治区、直辖市监狱管理机关审批。

根据《监狱法》第 28 条规定，保外就医情形消失，如罪犯的疾病已经痊愈，刑期未满应予收监执行。

### 291. 死刑怎样执行?

死刑包括死刑立即执行和死刑缓期二年执行两种。根据《刑事诉讼法》和《最高人民法院关于适用〈中华人民共和国刑事诉讼法〉的解释》第 19 章第 1 节的规定，第一审人民法院在接到执行死刑命令后、执行前，发现有下列情形之一的，应当暂停执行，并立即将请求停止执行死刑的报告和相关材料层报最高人民法院：①罪犯可能有其他犯罪的；②共同犯罪的其他犯罪嫌疑人到案，可能影响罪犯量刑的；③共同犯罪的其他罪犯被暂停或者停止执行死刑，可能影响罪犯量刑的；④罪犯揭发重大犯罪事实或者有其他重大立功表现，可能需要改判的；⑤罪犯怀孕的；⑥判决、裁定可能有影响定罪量刑的其他错误的。

最高人民法院经审查，认为可能影响罪犯定罪量刑的，应当裁定停止执行死刑；认为不影响的，应当决定继续执行死刑。

最高人民法院在执行死刑命令签发后、执行前，发现有上述规定情形的，应当立即裁定停止执行死刑，并将有关材料移交下级人民法院。下级人民法院接到最高人民法院停止执行死刑的裁定后，应当会同有关部门调查核实停止执行死刑的事由，并及时将调查结果和意见层报最高人民法院审核。对下级人民法院报送的停止执行死刑的调查结果和意见，由最高人民法院原作出核准死刑判决、裁定的合议庭负责审查，必要时，另行组成合议庭进行审查。

最高人民法院对停止执行死刑的案件，应当按照下列情形分别处理：①确认罪犯怀孕的，应当改判；②确认罪犯有其他犯罪，依法应当追诉的，应当裁定不予核准死刑，撤销原判，发回重新审判；③确认原判决、裁定有错误或者罪犯有重大立功表现，需要改判的，应当裁定不予核准死刑，撤销原判，发回重新审判；④确认原判决、裁定没有错误，罪犯没有重大立功表现，或者重大立功表现不影响原判决、裁定执行的，应当裁定继续执行死刑，并由院长重新签发执行死刑的命令。

第一审人民法院接到最高人民法院执行死刑命令后，应当在七日内交付执行。在执行死刑三日前，应当通知同级人民检察院派员临场监督。死刑采用枪决或者注射等方法执行。采用注射方法执行死刑的，应当在指定的刑场或者羁押场所内执行。采用枪决、注射以外的其他方法执行死刑的，应当事先层报最高人民法院批准。

执行死刑前，指挥执行的审判人员对罪犯应当验明正身，讯问有无遗言、信札，并制作笔录，再交执行人员执行死刑。执行死刑应当公布，禁止游街示众或者其他有辱罪犯人格的行为。执行死刑后，应当由法医验明罪犯确实死亡，在场书记员制作笔录。负责执行的人民法院应当在执行死刑后 15 日内将执行情况，包括罪犯被执行死刑前后的照片，上报最高人民法院。

### 292. 死刑罪犯被执行前允许他会见家属吗？

根据《刑事诉讼法》和《最高人民法院关于适用〈中华人民共和国刑事诉讼法〉的解释》第 423 条的规定，第一审人民法院在执行死刑前，应当告知罪犯有权会见其近亲属。罪犯申请会见并提供具体联系方式的，人民法院应当通知其近亲属。罪犯近亲属申请会见的，人民法院应当准许，并及时安排会见。在会见时，应有审判人员和法警在场，并实行严密监视，确保安全。

### 293. 死刑罪犯的遗书、遗言、遗物、尸体应如何处理？

根据《刑事诉讼法》和《最高人民法院关于适用〈中华人民共和国刑事诉讼法〉的解释》第 428 条的规定，负责执行的人民法院在执行死刑后，对罪犯的遗书、遗言笔录，应当及时审查；涉及财产继承、债务清偿、家事嘱托等内容的，将遗书、遗言笔录交给家属，同时复制附卷备查；通知罪犯家属在限期内领取罪犯骨灰；没有火化条件或者因民族、宗教等原因不宜火化的，通知领取尸体；过期不领取的，由人民法院通知有关单位处理，并要求有关单位出具处理情况的说明；对罪犯骨灰或者尸体的处理情况，应当记录在案；对外国籍罪犯执行死刑后，通知外国驻华使、领馆的程序和时限，根据有关规定办理。

### 294. “死缓”怎样执行？

被判处死刑缓期二年执行的罪犯，交付执行时，第一审人民法院应当在判决、裁定生效后 10 日内，将判决书、裁定书、起诉书副本、执行通知书、结案登记表送达看守所，由公安机关将罪犯交付执行。

对被判处死刑缓期二年执行的罪犯，由公安机关依法将该罪犯送交监狱执行刑罚。执行机关应当将罪犯及时收押，并且通知罪犯家属。

《刑事诉讼法》第250条规定，被判处死刑缓期二年执行的罪犯，在死刑缓期执行期间，如果没有故意犯罪，死刑缓期执行期满，应当予以减刑，由执行机关提出书面意见，报请高级人民法院裁定；如果故意犯罪，应当由罪犯服刑地的中级人民法院依法审判，所作的判决可以上诉、抗诉。认定构成故意犯罪的判决、裁定发生法律效力后，应当层报最高人民法院核准执行死刑。最高人民法院核准执行死刑的，由罪犯服刑地的中级人民法院执行。

《刑法》第50条、第51条规定，判处死刑缓期执行的，在死刑缓期执行期间，如果没有故意犯罪，二年期满以后，减为无期徒刑；如果确有重大立功表现，二年期满以后，减为25年有期徒刑；如果故意犯罪，查证属实的，由最高人民法院核准，执行死刑。对被判处死刑缓期执行的累犯以及因故意杀人、强奸、抢劫、绑架、放火、爆炸、投放危险物质或者有组织的暴力性犯罪被判处死刑缓期执行的犯罪分子，人民法院根据犯罪情节等情况可以同时决定对其限制减刑。

死刑缓期二年执行的期间，从判决确定之日起计算。死刑缓期执行减为有期徒刑的刑期，从死刑缓期执行期满之日起计算。

### 295. 怎样减刑？

根据《最高人民法院关于办理减刑、假释案件具体应用法律若干问题的规定》的规定，被判处管制、拘役、有期徒刑、无期徒刑的犯罪分子，在执行期间，认真遵守监规，接受教育改造，确有悔改表现的，或者有立功表现的，可以减刑；有重大立功表现的，应当减刑。

有期徒刑罪犯在刑罚执行期间，符合减刑条件的，减刑幅度为：确有悔改表现，或者有立功表现的，一次减刑一般不超过一年有期徒刑；确有悔改表现并有立功表现，或者有重大立功表现的，一次减刑一般不超过二年有期徒刑。

有期徒刑罪犯的减刑起始时间和间隔时间为：被判处五年以上有期徒刑的罪犯，一般在执行一年六个月以上方可减刑，两次减刑之间一般应当间隔一年以上。被判处不满五年有期徒刑的罪犯，可以比照上述规定，适当缩短起始和间隔时间。确有重大立功表现的，可以不受上述减刑起始和间隔时间的限制。有期徒刑的减刑起始时间自判决执行之日起计算。

无期徒刑罪犯在刑罚执行期间，确有悔改表现，或者有立功表现的，服刑二年以后，可以减刑。减刑幅度为：确有悔改表现，或者有立功表现的，一般可以减为20年以上22年以下有期徒刑；有重大立功表现的，可以减为15年以上20年以下有期徒刑。无期徒刑罪犯经过一次或几次减刑后，其实际执行的刑期不能少于13年，起始时间应当自无期徒刑判决确定之日起计算。

死刑缓期执行罪犯减为无期徒刑后，确有悔改表现，或者有立功表现的，服刑二年以后可以减为25年有期徒刑；有重大立功表现的，服刑二年以后可以减为23年有期徒刑。死刑缓期执行罪犯经过一次或几次减刑后，其实际执行的刑期不能少于15年，死刑缓期执行期间不包括在内。死刑缓期执行罪犯在缓期执行期间抗拒改造，尚未构成犯罪的，此后减刑时可以适当从严。

被限制减刑的死刑缓期执行罪犯，缓期执行期满后依法被减为无期徒刑的，或者因有重大立功表现被减为25年有期徒刑的，应当比照未被限制减刑的死刑缓期执行罪犯在减刑的起始时间、间隔时间和减刑幅度上从严掌握。

判处管制、拘役的罪犯，以及判决生效后剩余刑期不满一年有期徒刑的罪犯，符合减刑条件的，可以酌情减刑，其实际执行的刑期不能少于原判刑期的二分之一。

有期徒刑罪犯减刑时，对附加剥夺政治权利的期限可以酌减。酌减后剥夺政治权利的期限，不能少于一年。判处拘役或者三年以下有期徒刑并宣告缓刑的罪犯，一般不适用减刑。如果在缓刑考验期限内有重大立功表现的，可以参照《刑法》第78条的规定，予以减刑，同时应依法缩减其缓刑考验期限。拘役的缓刑考验期限不能少于二个月，有期徒刑的缓刑考验期限不能少于一年。

被判处10年以上有期徒刑、无期徒刑的罪犯在刑罚执行期间又犯罪，被判处有期徒刑以下刑罚的，自新罪判决确定之日起二年内一般不予减刑；新罪被判处无期徒刑的，自新罪判决确定之日起三年内一般不予减刑。

老年、身体残疾（不含自伤致残）、患严重疾病罪犯的减刑，应当主要注重悔罪的实际表现。基本丧失劳动能力、生活难以自理的老年、身体残疾、患严重疾病的罪犯，能够认真遵守法律法规及监规，接受教育改造，应视为确有悔改表现，减刑的幅度可以适当放宽，起始时间、间隔时间可以相应缩短。

人民法院按照审判监督程序重新审理的案件，维持原判决、裁定的，原减刑裁定效力不变；改变原判决、裁定的，应由刑罚执行机关依照再审裁判情况和原减刑情况，提请有管辖权的人民法院重新作出减刑裁定。

### 296. 怎样假释？

根据《刑法》第81条及有关规定，被判处有期徒刑的犯罪分子，执行原判刑期二分之一以上，被判处无期徒刑的犯罪分子，实际执行13年以上，如果认真遵守监规，接受教育改造，确有悔改表现，没有再犯罪的危险的，可以假释。如果有特殊情况，经最高人民法院核准，可以不受上述执行刑期的限制。对累犯以及因故意杀人、强奸、抢劫、绑架、放火、爆炸、投放危险物质或者有组织的暴力性犯罪被判处10年以上有期徒刑、无期徒刑的犯罪分子，不得假释。对犯罪分子决定假释时，应当考虑其假释后对所居住社区的影响。

对于犯罪分子的假释，由执行机关向中级以上人民法院提出假释建议书。人民法院应当组成合议庭进行审理，对确有悔改或者立功事实的，裁定予以假释。非经法定程序不得假释。有期徒刑的假释考验期限，为没有执行完毕的刑期；无期徒刑的假释考验期限为10年。考验期限从假释之日起计算。

被宣告假释的犯罪分子，应当遵守下列规定：①遵守法律、行政法规，服从监督；②按照监督机关的规定报告自己的活动情况；③遵守监督机关关于会客的规定；④离开所居住的市、县或者迁居，应当报经监督机关批准。

对假释的犯罪分子，在假释考验期限内，依法实行社区矫正。如果没有应当撤销假释的情形，假释考验期满就认为原判刑罚已经执行完毕，并公开予以宣告。被假释的犯罪分子，在假释考验期限内犯新罪，应当撤销假释，实行数罪并罚。在假释考验期限内，发现被假释的犯罪分子在判决宣告以前还有其他罪没有判决的，应当撤销假释，实行数罪并罚。在假释考验期限内，有违反法律、行政法规或者国务院有关部门关于假释的监督管理规定的行为，尚未构成新的犯罪的，应当依照法定程序撤销假释，收监执行未执行完毕的刑罚。

根据《最高人民法院关于办理减刑、假释案件具体应用法律若干问题的规定》的规定，办理假释案件，判断“没有再犯罪的危险”，除符合《刑法》第81条规定的情形外，还应根据犯罪的具体情节、原判刑罚情况，在刑罚执行中的一贯表现，罪犯的年龄、身体状况、性格特征，假释后生活来源以及监管条件等因素综合考虑。

有期徒刑罪犯假释，执行原判刑期二分之一以上的起始时间，应当从判决执行之日起计算，判决执行以前先行羁押的，羁押一日折抵刑期一日。

对累犯以及因故意杀人、强奸、抢劫、绑架、放火、爆炸、投放危险物质或者有组织的暴力性犯罪被判处10年以上有期徒刑、无期徒刑的罪犯，不得假释。因为这些情形和犯罪被判处死刑缓期执行的罪犯，被减为无期徒刑、有期徒刑后，也不得假释。未成年罪犯的假释，可以比照成年罪犯依法适当从宽。

老年、身体残疾（不含自伤致残）、患严重疾病罪犯的假释，应当主要注重悔罪的实际表现。基本丧失劳动能力、生活难以自理的老年、身体残疾、患严重疾病的罪犯，能够认真遵守法律法规及监规，接受教育改造，应视为确有悔改表现，假释后生活确有着落的，除法律规定不得假释的情形外，可以依法假释。对身体残疾罪犯和患严重疾病罪犯进行假释，其残疾、疾病程度应由法定鉴定机构依法作出认定。

对死刑缓期执行罪犯减为无期徒刑或者有期徒刑后，符合假释条件的可以假释。罪犯减刑后又假释的间隔时间，一般为一年；对一次减去二年有期徒刑后决定假释的，间隔时间不能少于二年。罪犯减刑后余刑不足二年决定假释的，可以适当缩短间隔时间。

人民法院按照审判监督程序重新审理的案件，维持原判决、裁定的，原假释裁定效力不变；改变原判决、裁定的，应由刑罚执行机关依照再审裁判情况和原假释情况，提请有管辖权的人民法院重新作出假释裁定。

### 297. 亲属与罪犯可以会见吗?

《监狱法》第48条、第49条规定，罪犯在监狱服刑期间，按照规定，可以会见亲属、监护人。罪犯收受物品和钱款，应当经监狱批准、检查。在这个总原则的基础上，各省、自治区、直辖市甚至是许多监狱都制定了本地区甚至是本监狱的会见规定。如果要会见在监狱里服刑的罪犯，应该了解该监狱的详细规定，具体咨询当地监狱。一般来说，主要规定了以下一些内容。

(1) 罪犯会见亲属范围为罪犯的配偶、祖父母、外祖父母、父母、子女、孙子女、公婆、岳父母、儿媳、女婿、兄、弟、姐、妹、姐夫、妹夫、嫂子、弟媳、继父母、养子女、监护人等。每次会见亲属人数（成人）一般不超过三人。

(2) 一般来说，不是每日每时都允许会见，如有的安排每周的一、三、五早八点至下午五点；每月每名罪犯会见亲属一次，不允许频繁会见。每次会见时间为30分钟至1小时，需要延长时间必须经过批准。

(3) 罪犯亲属会见时必须持本人有效身份证明、当地公安机关出具的与罪犯的关系证明，如户口本等。

(4) 会见时，必须服从管理警察的安排，接受监督，并积极配合警察做好对罪犯的思想教育工作。会见中不得吵闹、不得交谈案情、录音、录像、照相。少数民族罪犯会见时，可以使用本民族语言；外籍犯可以使用本国语言或监狱指定的语言，并应有监狱管理部门的翻译在场。不准使用隐语、暗语、手势；不得传播不利于罪犯改造的消息，不准泄露监狱秘密；不准私自传带信件、物品、现金。

(5) 会见中禁止罪犯使用手机等移动通信工具。

(6) 罪犯在严管、隔离及禁闭期间，原则上不准会见亲属，如遇特殊情况必须经狱政管理科批准后方可会见；罪犯因有余罪、漏罪、又犯罪被隔离或审查的，禁止会见亲属。

(7) 会见中准予带入内衣、学习资料、文化用品。服刑人员亲属因服刑人员治病需要，可以携带适量药品。药品经会见室登记和监狱医务人员查验后，转交监区或分监区民警代为保管，供服刑人员专用。严禁带入刃具、各种工具、易燃易爆物品、腐蚀性物品、绳索、食物（含液体食物）、水果、饮料、外衣、外裤、假发、日用品、香烟、收音机、录音机、MP3、MP4、电脑、音像制品、通信工具、淫秽书刊、玩具、玻璃制品等物品。如因特殊原因需要带入的必须经狱政管理科批准后方可带入。罪犯会见亲属时收到的现金，必须交由警察登记后转入罪犯个人账户，并由警察开具三联单（监狱、罪犯及罪犯亲属各一份）。

(8) 不准超时、超会见范围、在规定会见时间以外或在会见室以外的地点进行会见；如因特殊原因需要会见的，必须经狱政管理科批准。

(9) 来监狱会见的亲属、监护人乘坐的车辆，不准进入监狱大门。

(10) 罪犯违反会见规定，视情节将予以罚分、加戴戒具、禁闭等处分。

有下列情形之一的，一般不会安排会见：①无身份证、与被会见人关系不明的；②无有效身份证件证明与服刑人员有亲属关系或者监护关系的；③需要审批，未按规定审批的；④有明显精神异常的；⑤醉酒的；⑥有其他不利于服刑人员改造情形的。

在会见中，有下列情况之一的会禁止会见：①使用隐语、暗语、或外语（有翻译在场会见外国籍罪犯除外）；②谈论有碍监管安全或罪犯改造内容的；③擅自将通信工具带入会见场所的；④有照相、录像、录音行为的；⑤私自传递手机、毒品、现金、信件等违禁物品的；⑥有其他违反会见管理规定情形的。

亲属与罪犯会见时需办理会见手续，对特殊情况来监会见罪犯的人员，需经主管监狱长批准后，方可办理一次性会见手续进行会见。

### 298. 罪犯可以与家人同宿和回家探亲吗?

《监狱法》第 57 条第 2 款规定，被判处有期徒刑的罪犯有下列情形之一，执行原判刑期二分之一以上，在服刑期间一贯表现好，离开监狱不致再危害社会的，监狱可以根据情况准其离监探亲：①遵守监规纪律，努力学习，积极劳动，有认罪伏法表现的；②阻止违法犯罪活动的；③超额完成生产任务的；④节约原材料或者爱护公物，有成绩的；⑤进行技术革新或者传授生产技术，有一定成效的；⑥在防止或者消除灾害事故中作出一定贡献的；⑦对国家和社会有其他贡献的。这一条是在押罪犯可以离监回家探亲的法律依据。但这一条是总的原则，在这个总原则的基础上，各省、自治区、直辖市甚至是许多监狱，都制定了本地区甚至是本监狱的罪犯回家探亲或者在监与亲属同宿的具体规定。

一般来说，罪犯有下列情形之一的，不得与家属会见同宿：①现实表现不好或严重不认罪的；②不符合刑期条件的；③家庭有重大变故，可能导致罪犯思想产生波动的；④患有精神病、急性疾病或传染病，尚未治愈的。

罪犯亲属须是罪犯的配偶、同性子女、幼小异性子女须由配偶带领，另外罪犯的父母、同性兄弟或姐妹也可会见同宿。罪犯亲属申请与罪犯会见同宿，须持本人身份证、户口簿、接见证等有效证件。罪犯配偶除持有以上证件外，还须持有结婚证、县级以上医院出具的身体健康检查证明和所在单位、街道出具的节育证明。

罪犯与国外及港澳台地区亲属或外籍亲属同宿，须经监狱管理局批准。会见同宿原则上每两月一次，每次1－3天，特殊情况不超过5天。会见同宿制度只限于关押男性罪犯的监狱，监狱不允许与女性罪犯会见同宿。

# 第三章　婚　姻

## 299. 怎样构成暴力干涉婚姻自由罪?

《刑法》第 257 条规定了暴力干涉婚姻自由罪。这种犯罪是指以殴打、捆绑、扣押、禁闭或者抢掠等暴力方法，干涉他人婚姻自由的行为。干涉婚姻自由的人，常常是父母、子女、兄弟姐妹，还有丈夫、妻子、奸夫、情妇，也有的是族人或者基层领导干部等。

任何一种犯罪都有它特有的四个构成要件，暴力干涉婚姻自由罪也不例外。一是这种犯罪侵犯了我国刑法所保护的他人婚姻自由权和人身权利。二是在客观方面，这种犯罪表现为使用暴力干涉他人婚姻自由的行为。当然，不是说只要有暴力就构成本罪，还必须分析使用暴力的程度与所造成的后果。三是犯这种罪的人，必须是达到刑事责任年龄、具有刑事责任能力的公民。四是在主观上是故意，即故意使用暴力来干涉他人婚姻自由。我们在判断干涉他人婚姻自由的行为是否构成犯罪时，要注意以下一些问题。

第一，要划分暴力干涉婚姻自由行为的罪与非罪的界限。对于干涉他人婚姻自由没有使用暴力，或者虽然使用了暴力，但情节轻微，如只是一般的打骂，暴力程度不足以对他人行使婚姻自由权造成实际危害，则不能以犯罪论处。我国《刑法》第 257 条第 2 款规定，暴力干涉他人婚姻自由，“致使被害人死亡的”，属于严重的暴力干涉他人婚姻自由，应当判处较重的刑罚。这里需要注意，一些被害人因为心胸狭窄想不开，仅因为一般的干涉行为，如一般的打骂就意外地发生了自杀的情况，这不属于《刑法》第 257 条第 2 款规定的“致使被害人死亡”，对这种情况是否要追究暴力干涉婚姻自由人的刑事责任，应当根据具体情节而定。

第二，暴力干涉婚姻自由的人对被害人使用了暴力，过失地对被害人身体造成了伤害、过失地致被害人死亡，或者因为使用了暴力干涉他人婚姻自由，对被干涉人可能会出现自杀这种现象应当想到而没有想到，或者虽然想到了，但认为这种现象不会轻易发生，从而没有采取相应的措施，最终导致出现了被干涉人自杀的现象，这些情况都应当认定为暴力干涉婚姻自由罪。如果暴力干涉婚姻自由的人故意将被干涉人打成重伤、重伤致死，或者是故意剥夺了被干涉婚姻自由人的生命，目的是使其无法行使婚姻自由权，这种行为远远超过了侵犯他人婚姻自由权的界限，应当根据案件的具体情况，分别定故意伤害罪、故意杀人罪，并依此来处罚。

第三，在干涉他人婚姻自由的情况中，还有一种形式就是采取“生米做成熟饭”的办法，以强奸他人逼其就范的手段企图达到迫使被害人与自己结婚、不能与他人结婚的目的。这种行为虽然也干涉了他人婚姻自由的权利，但侵犯的主要是被害人性的不可侵犯权利，应当以强奸罪追究刑事责任，而不再以暴力干涉婚姻自由罪定罪处罚。

第四，丈夫因为不同意妻子与自己离婚，对妻子实施暴力，鉴于夫妻之间的特定关系，丈夫虽然干涉了妻子的婚姻自由，但在一般情况下，不按暴力干涉婚姻自由罪追究刑事责任。如果情节严重，符合《刑法》规定的虐待罪等犯罪的要件，可以按虐待罪等犯罪追究刑事责任。

第五，还有一种特殊情况，就是对抢婚事件如何处理。对抢婚事件应当具体情况具体分析，根据不同性质正确处理。如果是因为向女方求婚遭到了拒绝，便纠集众人使用暴力，强行将女方劫持或者绑架到自己家中，强迫女方与自己结婚，这应当以暴力干涉婚姻自由罪追究刑事责任。若是由于种种原因，女方已经和男方办理了结婚登记手续，而后女方又不愿意与男方结婚，或者不愿与男方同居，男方使用暴力将女方抢到家中强行同居，对这种情况一般不以犯罪论处。

讲到这里，对这种犯罪有两点说明：一是犯本罪而没有引起被害人死亡的，根据法律规定，只有向法院起诉的人民法院才处理，如果没人向法院起诉，法院不应主动审理；二是如果本罪引起被害人死亡，由于后果严重，不适用刑法规定的“告诉才处理”的规定。

为了保护公民的婚姻自由权利，我国《刑法》第257条明确规定，犯本罪情节一般的，判处2年以下有期徒刑或者拘役。但告诉才处理，被害人不告诉的，法院不主动处理。致被害人死亡的，判处2年以上7年以下有期徒刑。

### 300. 怎样构成重婚罪?

重婚罪，是指有配偶而结婚的，或者明知他人有配偶而与之结婚的行为。

重婚罪四个构成要件如下。一是这种行为侵犯了我国婚姻法所规定的一夫一妻制度。二是在客观方面，表现为两种情况：一种是登记的重婚，也叫作法律婚姻，是指有配偶的人又与他人结婚，或者明知他人有配偶而与之结婚的行为；另一种是事实婚姻，是指有配偶的人又与他人以夫妻关系共同生活的行为，或者明知他人有配偶而与之以夫妻关系共同生活的行为。这里所说的“有配偶”，是指男女结婚以后，其夫妻关系没有依法解除。如果夫妻关系已经依法被解除了，或者是因为配偶已经死亡而夫妻关系自然消失的，则不再是有配偶的人。三是本罪的主体有两种：一种是有配偶的人，在夫妻关系存续期间，又与他人结婚了，或者以夫妻关系共同生活的人；另一种是虽然没有配偶，但明知对方有配偶，而与之结婚或者以夫妻关系共同生活的人。四是犯这种罪的人，在主观方面是故意。就是说，有配偶的双方在明知对方有配偶的情况下而结婚，或者是以夫妻关系共同生活，双方均构成重婚罪。如果有配偶的一方隐瞒了事实真相，欺骗没有配偶的人并且与其结婚，或者以夫妻关系共同生活，有配偶的一方构成重婚犯罪，被骗的一方不构成犯罪。如果没有配偶的人明知对方有配偶而与之结婚，或者以夫妻关系共同生活的，也构成重婚犯罪。

我们在认定重婚犯罪的时候，应当注意以下问题。

第一，应当分清重婚与通奸的不同。重婚，我们在前面已经讲过了。通奸，是指男女双方或者一方已经有配偶，而自愿发生两性关系的行为。通奸没有共同的经济生活，也不以夫妻关系相称，只是一种秘密行为。

第二，要分清重婚与非法同居的不同。事实婚姻的重婚行为，是指有配偶的人又与他人以夫妻关系共同生活，或者是明知他人有配偶而与之以夫妻关系共同生活的犯罪行为。这种犯罪行为不仅公开同居，还有共同的经济生活，这是一种事实上的非法婚姻关系。非法同居，是指没有婚姻关系的男女双方，在一定的时间内，公开或者秘密同居的行为。这种同居行为，不是单纯以满足性生活为目的，往往还有经济上或者生活中的某些特殊关系，但他们不以夫妻关系共同生活，别人也不认为他们是夫妻。这种关系比通奸更进一步，但还没有达到事实婚姻的程度。例如，某县政府机关干部于某已有配偶，但经常夜不归宿，编造开会、值班、公出等理由欺骗其妻，到一个独身女子家与其同居，长达 2 年之久。当地居民委员会认为，于某这种行为有损政府机关的形象，于是要求司法机关处理。县人民法院认定于某犯了重婚罪，并且判处了刑罚。于某提出上诉，认为自己并没有重婚，只是有通奸或者同居行为。二审人民法院经过审理和调查，没有人证实于某与那个单身女子是夫妻关系，认为他们的行为只是“猫洞来，狗洞去”见不得人的行为。由于缺乏他们是夫妻关系的证据，因此，二审人民法院撤销了一审法院的判决，宣告于某无罪，同时提出司法建议，建议于某所在单位给于某行政处分。这说明，通奸和同居不是犯罪行为，不能以犯罪惩处。

第三，因为自然灾害，被生活所迫，为了谋生而重婚，或者是因为受到虐待而外逃再婚，因为被拐骗而被贩卖以后再婚的，在一般情况下，不以重婚罪惩处。还有因为配偶长期外出下落不明，造成家庭生活严重困难而与他人又结婚的，一般也不以重婚罪论处。

我国《刑法》第 258 条规定，犯重婚罪，判处 2 年以下有期徒刑或者拘役。在处理重婚案件时，人民法院除了要依法对重婚的人追究刑事责任以外，对其形成的非法婚姻关系依法解除。

有的人自己有配偶还欺骗他人与其结婚，因为被骗者不知道对方已经有配偶，是受害人，其行为不构成重婚罪。根据 1992 年 11 月 7 日《最高人民法院研究室关于重婚案件中受骗的一方当事人能否作为被害人向法院提起诉讼问题的电话答复》之规定，因为受欺骗而重婚的人是重婚案件的被害人，有权利直接向人民法院提起诉讼，要求人民法院追究重婚案件被告人的刑事责任。

在现实生活中，有的重婚犯在重婚犯罪行为败露以后潜逃，是否可以一跑了之呢？不可以。根据 1989 年 8 月 16 日《最高人民法院研究室关于重婚案件的被告人长期外逃法院能否中止审理和是否受追诉时效限制问题的电话答复》之规定，重婚犯罪分子潜逃后，人民法院可以随时对他们追究刑事责任，不受追诉期限的限制。

### 301. 怎样构成破坏军婚罪？

所谓破坏军婚罪，是指明知是现役军人的配偶而与之同居或者结婚的行为。根据《国防法》第 59 条规定，“对现役军人的婚姻实行特别保护”。因此，我国《刑法》第 259 条第 1 款专门规定了破坏军婚罪这个罪名，对破坏军婚的行为进行严厉打击。

这种犯罪必须同时具备以下四个条件。一是侵犯了现役军人的婚姻、家庭关系。二是在客观方面，具有与现役军人的配偶同居或者结婚的行为。现役军人的配偶，是指与现役军人结婚的丈夫或者妻子，包括已经履行了婚姻登记手续但尚未举行结婚仪式的人。本罪中的同居，是指双方公开或者秘密地共同生活，而不是一般的一次、两次通奸行为。三是犯罪主体是一般主体，既可以是男的，也可以是女的，但对有错误的军人配偶，一般不作为本罪的主体，不以本罪处罚，而主要是靠批评教育。如果军人坚持要处分其配偶，并且提出离婚的，应当尊重军人的意见。因为刑法规定本罪的目的，主要是用法律保护军人婚姻。在特殊情况下，比如同居或者重婚的是现役军人与现役军人，一般不把现役军人当作犯罪主体来按破坏军婚罪处罚，可以按照重婚犯罪论处。四是主观方面是故意，也就是说，必须是明知对方是现役军人的配偶而与之同居或者结婚。

认定这种犯罪时，有以下一些问题应当注意。

第一，仅仅与军人配偶偶然有通奸行为，并没有一起共同居住和生活，属于不道德行为，不应当认为是犯罪；虽然没有与军人配偶公开以夫妻名义同居，但公开或者秘密共同居住生活，又不是偶然的一次两次，应当视为与军人配偶同居的破坏军婚罪；对于不知道是军人配偶而与之结婚的，不应当以本罪处罚，而应当以重婚罪论处。

第二，本罪与重婚罪不同。本罪尽管基本上也是重婚行为，但刑法将这种犯罪行为与重婚罪区分开，主要是对现役军人的婚姻关系进行特殊保护。本罪与重婚罪主要有以下区别：一是本罪侵犯的是现役军人的婚姻关系，而重婚罪侵犯的是一般的一夫一妻制的婚姻关系；二是本罪是与现役军人的配偶结婚或者同居的行为，而重婚罪是指有配偶而又重婚或者明知他人有配偶而与之结婚的行为；三是破坏军婚罪中的现役军人的配偶一般不能构成本罪，而重婚罪中的对方，只要符合构成要件，即可构成重婚罪。另外，破坏军婚罪的法定刑也重于重婚罪。

第三，对于利用职务上的权力，或者在工作单位、家庭中从属关系上的优势地位，采取胁迫手段，以下岗、阻碍招工、改变工种、停职降薪、收回住房、断绝生活来源等手段，迫使现役军人的妻子忍辱屈从，从而达到奸淫目的的行为，由于这种行为符合强奸罪的构成要件，应当以强奸罪定罪处罚。

根据《刑法》第 259 条第 1 款规定，犯破坏军婚罪的，判处 3 年以下有期徒刑或者拘役。

### 302. 怎样构成虐待罪？

所谓虐待罪，是指对共同生活的家庭成员经常用打骂、捆绑、冻饿、有病不给医治、强迫超体力劳作、限制自由等方式，从肉体和精神上摧残、折磨，情节恶劣的行为。这种犯罪是由我国《刑法》第 260 条规定的。

根据法律规定，构成这种犯罪，必须以虐待家庭成员情节恶劣为条件，而不是说只要有虐待行为就构成犯罪。这里所说的情节恶劣，一般是指：虐待的动机特别卑鄙，手段特别凶残；因为虐待引起伤残或者死亡的；虐待年老、年幼、患病或者残疾不能独立生活的人；长期虐待屡教不改的；等等。因为虐待引起被害人重伤、死亡，既包括虐待行为直接造成的伤亡，也包括被害人不堪忍受长期虐待而自杀造成的死亡或者重伤。需要注意的是，被害人的重伤或者死亡，不是行为人主观故意造成的，否则应以故意伤害罪或者故意杀人罪论处。

根据《刑法》第 260 条规定，对这种犯罪的处罚分以下两个档次。一是对构成本罪情节一般的，判处 2 年以下有期徒刑、拘役或者管制。对这种情况，告诉的才处理。也就是说，如果没有人向法院提起诉讼，人民法院不主动立案处理。二是致被害人重伤、死亡的，判处 2 年以上 7 年以下有期徒刑。

### 303. 怎样构成遗弃罪?

所谓遗弃罪，是指对年老、年幼、患病或者其他没有独立生活能力的人，负有扶养义务而拒绝扶养，情节恶劣的行为。这种犯罪是由我国《刑法》第 261 条规定的。

构成这种犯罪必须同时具备以下四个条件。一是侵犯了家庭成员之间的合法权益。二是在客观方面，具有对无独立生活能力的家庭成员，应当扶养而拒绝扶养，从而使被扶养人陷入极端困难的境地，生命和健康受到严重威胁和损害。其特点一般表现为应当做而不去做的不作为行为。三是犯这种罪的人是对被遗弃人依法负有扶养义务的、并且有扶养能力的人。四是在主观方面是故意。

为了打击这种犯罪行为，我国《刑法》第 261 条规定，对这种犯罪，判处 5 年以下有期徒刑、拘役或者管制。

### 304. 家庭暴力容易演变成哪些犯罪?

所谓家庭暴力，是指发生在家庭成员之间，以暴力手段严重侵犯人身权利或者占有财产的非法行为，主要表现有杀人、伤害、殴打、捆绑、禁闭、独占家庭共有财产和故意毁坏财物等。

家庭暴力的发生，一般有以下一些情况。一是夫妻之间发生矛盾，或者是感情破裂，互相摧残，或者父母对子女的伤害、杀害等。二是子女为了占有父母的财产，或者为了摆脱对父母的赡养，从而对父母产生的伤害。三是兄弟姐妹为了抢占父母的财产或者其继承权，互相推卸对父母的赡养责任而发生的严重暴力冲突。家庭暴力是导致社会不安定的因素之一，也是促使离婚率上升的一个重要方面。在家庭暴力方面常见的犯罪有两种，即故意伤害罪、故意杀人罪。

### 305. 夫妻之间存在强奸犯罪吗?

按照《刑法》第 236 条的规定，以暴力、胁迫或者其他手段强奸妇女的，则构成强奸罪。但是，鉴于夫妻之间的特殊关系，到目前为止，我们还没有见到在夫妻之间发生强奸案件。

在司法实践中有这样一起案件：丈夫想跟妻子发生性行为，妻子拒绝，丈夫使用了暴力手段。按照《刑法》第236条的规定，法院准备以强奸罪进行惩处，但是为了慎重起见，层层请示到最高人民法院。最高人民法院的答复是：鉴于夫妻之间的特殊关系，丈夫强行与妻子发生性行为，构成什么犯罪，就以什么犯罪惩处，例如，如果构成故意伤害罪则以故意伤害罪惩处，如果构成侮辱罪则以侮辱罪惩处；但在夫妻之间，丈夫强行与妻子发生性行为，不能以强奸罪惩处。

### 306. 结婚之前可以约定财产吗？

可以，因为《婚姻法》第19条有明确规定。对结婚之前财产的归属有约定应该提倡，免得日后有财产纠纷不好处理。

从目前的司法实践看，婚姻纠纷一般都伴有财产纠纷。又由于这种纠纷的证据不很充分，处理起来相当困难。因此，有必要把夫妻的财产问题说一说。

首先谈夫妻共同财产。根据我国《婚姻法》的规定，夫妻在婚姻关系存续期间所得的财产，归夫妻双方共同所有，双方另有约定的除外。关于夫妻共同财产的有关问题，我国《婚姻法》有明确规定，即在没有特殊约定的情况下，夫妻在婚姻关系存续期间所得的下列财产为夫妻共同财产。

一是工资、奖金。

二是生产、经营的收益。

三是知识产权的收益。即作品被采用、出版以后所取得的报酬，或者是允许他人使用而获得的报酬；专利权人转让专利权或者是许可他人使用其专利所取得的报酬；商标所有人转让商标权或者是许可他人使用其注册商标而取得的报酬。

四是因为继承或者赠予所得的财产。在这里需要说明一点，并不是所有的继承或者赠予所得的财产都是夫妻共同财产。如果在遗嘱或者赠予合同中，明确规定该财产只归夫妻双方中的一人所有，那么这种财产便不再属于夫妻共同财产。

五是夫妻一方个人财产在婚后产生的收益（不包括孳息和自然增值）。

六是其他应当归夫妻共同所有的财产。

在没有特别约定的情况下，根据《婚姻法》第18条规定，下列财产不属于夫妻共同财产，而是属于丈夫或者妻子一方的个人财产：一是夫妻一方所有的婚前财产；二是因为一方身体受到伤害而获得的医药费、残疾人生活补助费等费用；三是遗嘱或者赠予合同中，明确指出只归一方所有的财产；四是一方专用性的生活用品；五是其他应当归一方所有的财产。

### 307. 夫妻在约定财产时应注意哪些问题？

我国《婚姻法》第 19 条规定，夫妻可以约定婚姻关系存续期间所得的财产以及婚前财产归各自所有、共同所有或者是部分各自所有、部分共同所有。约定应当采用书面形式。没有约定或者约定不明的，分别按照《婚姻法》第 17 条关于夫妻共同财产和第 18 条关于夫妻一方独有财产的规定来处理。夫妻对婚姻关系存续期间所得的财产以及婚前财产的约定，对双方都具有约束力。

夫妻对婚姻关系存续期间所得的财产，约定归各自所有的，丈夫或者妻子一方对外所负的债务，第三者如果知道该约定的，则以丈夫或者妻子一方所有的财产来清偿，而另一方没有代偿义务。

根据《婚姻法》的规定，夫妻财产的约定是有条件的。

一是约定的主体必须是夫妻双方。不具有夫妻关系则不能适用这种约定，如非法同居者之间的财产就不适用这种约定。

二是约定必须是出于夫妻双方的自愿并且合法。例如，一方掌握了对方的违法行为的证据，胁迫对方与自己订立不利于对方的约定，这样的约定则无效。另外，约定必须合法，不能损害国家、集体、他人的利益。例如，丈夫把本属于夫妻共同所有的财产，约定为只归妻子个人所有，目的就是逃避丈夫因为经营不善而欠下的外债。这样的约定就损害了他人的利益，因此无效。

三是约定的对象，既包括丈夫或者妻子一方的婚前个人财产，也包括丈夫或者妻子双方在婚姻关系存续期间所得的财产。

四是约定的内容包括两方面：一方面夫妻可以约定，一方或者双方的婚前个人财产归夫妻共同所有，或者部分共同所有、部分各自所有；另一方面夫妻也可以约定婚姻关系存续期间所得的财产归夫妻双方共同所有，或者归各自所有，或者部分共同所有、部分各自所有。

五是约定的时间可以是婚前，也可以是婚后，这种约定订立以后也可以变更或者废止。

六是约定的方式只能采用书面形式，这是法律明确规定的。

关于夫妻间互相继承财产问题，我国《婚姻法》第 24 条第 1 款规定："夫妻有互相继承遗产的权利。"《继承法》规定，夫妻互为有第一顺序法定继承权的人。夫妻之间相互继承遗产应当注意以下问题。一是夫妻互为第一顺序法定继承人。其中一方去世后，任何人不得侵犯或者限制另一方对遗产继承。二是夫妻互相继承遗产时，应当首先对夫妻共同财产进行分割。在家庭共同财产中，划分出死者应当具有的财产，即遗产。夫妻之间的继承只能继承死者留下的遗产，不得将夫妻共同财产都作为遗产来继承，从而侵犯了生存一方的合法权益。三是夫妻间的继承权因为结婚而发生，因为离婚而消失。一方在离婚诉讼中死亡了，如果婚姻关系此时尚没被解除，另一方仍然享有配偶的继承权。四是夫妻登记结婚以后，但尚未同居或者是同居时间很短，在这时其中一方死亡，也应当承认另一方具有继承权。但对遗产份额的划分，应当根据时间的长短、尽义务的多少等具体情况来酌情处理。

### 308. 什么样的婚姻无效?

根据我国《婚姻法》的规定，有下列情形之一的，婚姻无效：①重婚的；②有禁止结婚的亲属关系的；③婚前患有医学上认为不应当结婚的疾病，婚后尚未治愈的；④未到法定婚龄的。无效婚姻不受法律保护。

因胁迫结婚的，受胁迫的一方可以向婚姻登记机关或人民法院请求撤销该婚姻。受胁迫的一方撤销婚姻的请求，应当自结婚登记之日起一年内提出。被非法限制人身自由的当事人请求撤销婚姻的，应当自恢复人身自由之日起一年内提出。

无效或被撤销的婚姻，自始无效。当事人不具有夫妻的权利和义务。

### 309. 离婚有哪些利弊?

婚姻是个人问题，由于婚姻自由，所以不管是结婚还是离婚，自己完全有权利自己处理。可是，在实践中问题往往不那么简单。对于结婚，可以说是个人问题，但对于离婚，往往不是个人问题，还涉及两个家庭以及子女的问题。所以在处理离婚问题时，不能不考虑对两个家庭和子女是否会带来伤害，对其他方面，例如社会舆论、离婚后的生活等许多方面，也要有周密的考虑，不能凭一时的“心血来潮”就草率作出决定。在提出离婚之前，不得不对离婚的利弊进行详细思考。

在一般情况下，离婚有以下好处。

第一，可以结束纷争，开始新的生活。离婚主要是夫妻之间产生了矛盾，发生了纠纷，而且又解决不了。双方在纷争、痛苦中生活，活得别扭，不开心，不幸福。离婚就会切除生活中这个隐隐作痛的肿瘤，开创新生活。

第二，夫妻感情破裂后，就产生了没完没了的纷争，出现说不清道不明的是非恩怨。离婚使一切都成为过去。离婚可以让人摆脱痛苦，以便集中精力学习、工作、创业。

第三，经过一次离婚，受到一次挫折，也就增加了一些经验，从而会使自己更成熟，更有利于处理好再婚的婚姻关系。

可是我们不能不看到，离婚的利弊相比，在大多数情况下，弊要远远大于利。因此说，离婚是人生婚姻中的一大不幸。其弊端具体表现在以下一些方面。

第一，子女受害最深，孩子是牺牲品。孩子是家庭中的“小皇帝”。“爷爷地位高，却没有孙子待遇好”。孙子虽然年纪小，却是家庭的轴心。我们常常看到这种现象：许多人活着，一切都是为了孩子。一旦父母离婚，支撑孩子的柱子断了，孩子的天塌了，孩子的地位、待遇、接受家庭的教育等立刻发生彻底变化。父母离婚的孩子普遍有一种被抛弃感。人们不难发现，父母离婚的子女，违法犯罪被送进监狱的、离家出走的、流落社会的，要比正常家庭中成长的孩子多得多。所以有些人本想离婚，但为了孩子，他们在忍耐中度日，在枯燥乏味的婚姻中生活，这是可以理解的。

第二，夫妻离婚，会给双方的父母带来无限忧虑与牵挂。离婚者的父母年龄最小也得在40岁以上。这样年龄的人思想观念与年轻人不完全一样。许多年轻人认为，夫妻关系处不好就离婚，另建家庭。可是许多中老年人不这样看问题。他们中的许多人都认为离婚不光彩。夫妻离婚，双方的父母对子女在生活上、下步婚姻的处理上会增添无限忧愁，生出许多牵挂，有的甚至还会忧虑成疾，不愈而死。

第三，容易引发不好的舆论。在婚姻中一直顺利的人往往会嘲笑婚姻坎坷者，有的甚至还会对其另眼相看。我们身边的人，有许多愿意关心他人私生活。你不让他关心他也要关心。他们总是在背后嘀嘀咕咕。我们还能听到这样一些话：“离婚没好人，好人不离婚”“寡妇门前是非多，不用划拉够一车”“一个巴掌拍不响，两个蛮人乱争讲”……这里哪有什么是非对错，况且俩人离婚了，谁来评判谁是谁非？夫妻之间只要有矛盾、有纠纷，一些人就会说“俩人没一个好货！”离婚后，谁敢保证再婚一定会白头偕老！再婚后如果再离三次两次的，你就是浑身是嘴，也无法向公众讲清其中的原委。所以，要离婚，对社会舆论完全不考虑也不对。

第四，很难保证再婚一定百分之百成功。离婚后，下步的生活怎么安排就摆在面前。如果终身不娶不嫁，生活中是否会遇到困难？年老了完全依靠子女照顾，会不会给子女添麻烦？没有子女的怎么办？如果再婚，一定百分之百成功吗？再婚的婚姻状况相当复杂，各种关系不易处理好。有人认为，我再婚随便另换一个就会比身边这个强。这种认识被实践证明是错误的。你认为另换一个就一定强，是因为你对另一个人不了解，如果真的处起来，许多人发现还不如身边这个好。

第五，离婚树立了一个知道内情的敌对面。许多人不愿意这样做。

总之，把离婚的利弊比较一下，在一般情况下，弊要大于利。当然，也有些时候，夫妻感情确已破裂，如再在一起生活，不仅严重影响工作，还有可能酿成凶杀案件，如果是这样，那只好离婚。

### 310. 怎样离婚?

离婚有两种方法。

一种是协议离婚，即双方都同意离婚，在子女的抚养、财产的分割等方面不存在争议，双方到婚姻登记机关去办理离婚登记手续，领取了离婚证明，婚姻关系也就解除了。这就像办理结婚登记手续一样。办理结婚登记手续，拿到的是一份结婚证明，从而确立了男女双方的婚姻关系；办理离婚登记手续，拿到的是一份离婚证明，从而解除了双方的婚姻关系。

另一种是诉讼离婚，就是用到法院打官司的方法来离婚。男女双方就离婚问题、离婚后子女抚养或者财产分割等问题不能达成协议，由一方向人民法院提起诉讼，人民法院用调解或者判决的方式，准许或者不准许离婚。

### 311. 怎样协议离婚?

协议离婚，夫妻双方要带着协议离婚书和相关证件，到户籍所在地的婚姻登记机关办理离婚登记手续。

协议离婚的手续简便，可以使双方能够友好地分手，避免在法庭上互相指责，以致产生更深的敌对情绪。用这种方式离婚，不追究离婚的具体理由和婚姻生活的细节，有利于保护个人隐私权，消除双方的对立情绪，因此，这是一种比较好的离婚方法。这种方式越来越广泛地被离婚者所接受。当然，这种协议离婚也有一些弊端，这就是有的当事人不考虑婚姻所承担的责任和社会利益而草率离婚，也容易使当事人为了逃避债务等问题而虚假离婚。

根据我国《婚姻法》第 31 条规定，到婚姻登记机关办理离婚登记必须具备以下条件。

一是男女双方必须有合法的夫妻身份。任何第三人都不能代替一方或者双方去登记离婚。凡是没有《结婚证》或者《夫妻关系证明书》的，则不能确认其夫妻身份，也就不能到婚姻登记机关去办理离婚手续。

二是双方当事人必须是完全的民事行为能力人。如果一方或者是双方当事人为限制民事行为能力人，或者是无民事行为能力人，婚姻登记机关不予受理。对于夫妻一方为无民事行为能力人或者限制行为能力人的离婚，应当到法院依照诉讼程序进行，并且由其法定代理人代为诉讼。

三是要求离婚的双方必须是出于自愿是真实的意思表示，意见必须一致，而不是虚假的，不是一方胁迫另一方离婚。如果有下列情形之一，婚姻登记机关经审查属实，将不予登记离婚：仅仅是由于双方一时之气，或者是感情冲动而离婚，并不是夫妻感情彻底破裂；一方用打骂、虐待、威吓的手段，胁迫另一方同意离婚；一方欺诈、哄骗另一方同意离婚；家长或者第三者胁迫一方同意离婚；双方为了各自的目的或者是共同的目的而恶意串通，虚假离婚。

四是到婚姻登记机关登记离婚，双方必须对子女的抚养问题作出恰当、合理安排，并且达成一致协议，没有争议。

五是双方必须对共同财产的分割作出适当的处理，没有争议。

六是到婚姻登记机关登记离婚，必须合乎国家法律规定，不能以此来逃避法律、逃避债务，从而达到个人目的。另外，双方对子女抚养、财产分割等方面，不仅有协议，没有争议，而且这种协议不得侵犯任何一方当事人的财产权利，不得危害国家、集体和他人的财产利益。

根据《婚姻登记条例》的规定，内地居民自愿离婚的，男女双方应当共同到一方当事人常住户口所在地的婚姻登记机关办理离婚登记。中国公民同外国人在中国内地自愿离婚的，中国内地居民同港、澳、台居民或者华侨在内地自愿离婚的，男女双方应当共同到内地居民常住户口所在地的婚姻登记机关办理离婚登记。

办理离婚登记的中国内地居民应当出具下列证件和证明材料：①本人的户口簿、身份证；②本人的结婚证；③双方当事人共同签署的离婚协议书。

办理离婚登记的港、澳、台居民或者华侨、外国人，除了应当出具本人的结婚证和双方当事人共同签署的离婚协议书以外，还应当出具本人的有效通行证、身份证，或者是有效护照或者其他有效国际旅行证件。

协议离婚书应当载明双方当事人自愿离婚的意思表示以及对子女抚养、财产及债务处理等事项协商一致的意见。

办理离婚登记的当事人有下列情形之一的，婚姻登记机关不予受理：①未达成离婚协议的；②属于无民事行为能力人或者限制民事行为能力人的；③其结婚登记不是在中国内地办理的。

婚姻登记机关应当对离婚登记当事人出具的证件、证明材料进行审查，并询问相关情况。对当事人确属自愿离婚，并且对子女抚养、财产、债务等问题达成一致处理意见的，应当当场予以登记，发给离婚证。

### 312. 如何写离婚协议书？

离婚协议书不像离婚起诉状那样有固定的格式。尽管如此，也不是说怎么写都可以。一般来说，它有以下三个组成部分：一是开头部分，要写明双方当事人的基本情况；然后是正文，写明双方要求离婚的原因；最后是尾部，双方要签名，写明具体时间。为了使读者了解这方面的常识，现列举实践中的离婚协议书实例如下，供参考。

**离婚协议书**

协议人：张震，男，××年××月××日出生，身份证号码××××，现住××市××区××街××巷××号。

协议人：陈玉兰，女，××年××月××日出生，身份证号码××××，现住××市××区××街××巷××号。

我们双方于××年××月××日在××市××区××婚姻登记处结婚登记，因性格不合，夫妻感情破裂，无法继续共同生活，经双方协商，对以下问题达成一致意见。

1. 我们双方自愿离婚。

2. 关于子女抚养问题：婚生一男孩张赢，现已成年，并结婚安家，不需我们抚养。

3. 关于财产分割协议如下。(1) 我们共同所有的财产全归儿子张赢所有。(2) 我们各自的财产，如工资卡、医疗卡、衣服、被褥、各自用的书籍等日常用品，归各自所有。(3) 现住房（××市××区××街××巷××号，建筑面积 93 平方米）由男方张震居住，但只有使用权没有所有权，无权出卖或者出租，如再婚或者亡故该房归儿子张赢。(4) 女方陈玉兰租房住。家庭夫妻现有共同存款 13.7 万元，其中张震分得 1.7 万元，余下的 12 万元归陈玉兰（这些钱包括双方各自应分得的 1.7 万元和租房用的房租；陈玉兰即使到其母亲家与其父母共同生活，也应该得到这笔房租）。

4. 我们没有债务、债权。

以上协议是我们自愿达成的，完全真实，如有虚假，愿意承担法律责任。离婚后，协议内容不能更改。如有一方不执行协议内容，责任自负，或者起诉到法院。

协议人签字：张　震　　　　××年××月××日

协议人签字：陈玉兰　　　　××年××月××日

### 313. 协议离婚后，一方不履行协议怎么办？

协议离婚应该有书面的离婚协议书，离婚协议书上面要有双方当事人签字，由婚姻登记部门审查盖章。经过婚姻登记部门审查以后，发给离婚证明，这就解除了双方的婚姻关系，离婚协议书也就具有法律效力。离婚后，如果一方不履行离婚协议，例如不按照协议的约定来支付子女抚养费，不按照协议的约定分割夫妻共同财产等，另一方可以向人民法院起诉，请求人民法院责令被告履行离婚协议。如果被告仍然不履行，只要离婚协议合法有效，人民法院就会作出判决，责令被告履行离婚协议。如果被告仍然不执行法院的判决，法院可以强制被告执行。

### 314. 协议离婚以后还需要再向法院起诉离婚吗？

不需要。协议离婚经过婚姻登记部门审查后，发给离婚证明，这就解除了双方的婚姻关系。离婚证明具有法律效力。

### 315. 怎样诉讼离婚？

诉讼离婚是常见的方法。对于离婚，男女双方很难意见完全一致，如：一个要离婚，一个可能不同意；对房子的归属、孩子归哪一方可能有争议；对财产如何分割意见不统一等。由于对这些问题有争议，只能到法院通过诉讼来解决。

男女双方就离婚问题或者离婚后子女抚养、财产分割等问题不能达成协议，由一方向人民法院提起诉讼，人民法院用调解或者判决的方式，准许或者不准许离婚。诉讼离婚必须符合以下要求。

第一，离婚诉讼只能由夫妻双方中的一方向人民法院提出离婚申请，其他任何第三者都不得以当事人的身份提出离婚诉讼。

第二，离婚诉讼只限于一方要求离婚，而另一方不同意或者是双方虽然都同意离婚，但对子女抚养、财产分割等问题不能协商一致；或者是对债务的性质以及清偿责任的分担发生争议；或者是因为一方要求对方给予经济帮助，另一方不同意或者不愿意按照对方要求给予帮助。对上述的这些问题，有的可能只对一项有争议，有的可能是同时几项都有争议，需要人民法院调解或者判决解决。当然，在这些问题中，是否解除婚姻关系是先决条件。只有在这个条件前提下，才能处理其他问题，所以这才叫作诉讼离婚。

夫妻双方中的任何一方，都可以向人民法院提起离婚诉讼，要求法院依法作出判决，这是法律赋予公民的诉讼权利。任何单位或个人，都不能以要求离婚的当事人必须持有单位介绍信等理由进行限制或者阻挠。至于现役军人提出离婚，法律有特别规定，这是特殊情况，应当按照有关规定来办理。

根据《婚姻法》第 34 条规定，女方在怀孕期间、分娩后一年内或者中止妊娠后六个月内，男方不得提出离婚。女方提出离婚的，或者人民法院认为确有必要受理男方离婚请求的，不在此限。这里值得注意的是，法律作出这样的规定，仅仅是适用于具有合法婚姻关系的当事人，而不适用于非法同居关系等其他非法婚姻关系。

到法院打离婚官司，人民法院首先要进行调解。在人民法院审判员的主持下，由双方当事人自愿协商，达成协议。调解即可以在一审阶段进行，也可以在二审阶段进行。调解的方法多种多样，调解方案可以由当事人提出，也可以由审判人员主动提出。离婚案件经过调解以后，会出现以下三种不同情况：

一是双方互相谅解，达成重归于好的协议，原告撤回离婚诉讼，人民法院将调解笔录存入卷中，此案即结案。

二是双方达成了离婚协议，对离婚、财产分割、子女安排、今后生活等许多问题不存在争议，人民法院按照调解协议的内容作出调解书。调解书送达给双方当事人后立即生效，没有上诉期。离婚调解书与离婚判决书具有同等的解除婚姻关系的法律效力。

三是调解无效，双方在离婚及其子女抚养、财产分割等问题上，没有达成协议，离婚诉讼继续进行，进入了判决阶段。这时，人民法院应该在查清案件事实、分清是非的情况下，根据案件的实际情况，依照《婚姻法》的规定，作出判决。凡是夫妻感情没有破裂或者没有完全破裂，虽然经过调解没有达成和好协议，但仍然可以判决不准离婚。如果夫妻双方的感情已经破裂，经过调解无效，可以判决准予离婚。对无行为能力人及限制行为能力人的离婚问题，要有法定代理人或者指定代理人参加诉讼。一审人民法院离婚判决书下达后，有 15 天的上诉期。超过 15 天，如果双方都没上诉，判决书发生法律效力。对于判决不准离婚，或者调解和好的离婚案件，如果没有新情况、新理由，原告在六个月之内不得起诉，即使起诉了，人民法院也不会受理。

人民法院的离婚判决书或者离婚调解书结束了双方的婚姻关系以后，当事人则不必再去其他单位办理离婚证明。当事人可以用判决书为依据，办理户口分户等事项，并且可以以此来证明自己的婚姻状况。

### 316. 夫妻一方失踪多年，另一方能否起诉离婚？

夫妻一方失踪多年，另一方起诉离婚有以下两种方法：一种是向法院提出申请，宣告离家出走人失踪，然后提起离婚诉讼；另一种是向法院提出申请，宣告离家出走人死亡，如果离家出走人被法院宣告死亡，那么婚姻关系就自然解除，不存在离婚问题。

关于宣告失踪问题，我国《民法通则》第20条、21条、22条有以下规定。

(1) 公民下落不明满2年的，利害关系人可以向人民法院申请宣告他为失踪人。

(2) 战争期间下落不明的，下落不明的时间从战争结束之日起计算。

(3) 失踪人的财产由他的配偶、父母、成年子女或者关系密切的其他亲属、朋友代管；代管有争议的，没有以上规定的人或者以上规定的人无能力代管的，由人民法院指定的人代管。

(4) 失踪人所欠税款、债务和应付的其他费用，由代管人从失踪人的财产中支付。

(5) 被宣告失踪的人重新出现或者确知他的下落，经本人或者利害关系人申请，人民法院应当撤销对他的失踪宣告。

《婚姻法》第32条第4款规定，一方被宣告失踪，另一方提出离婚诉讼的，应准予离婚。

关于宣告死亡的问题，我国《民法通则》第23条、24条、25条有以下规定。

公民有下列情形之一的，利害关系人可以向人民法院申请宣告他死亡。

(1) 下落不明满四年的。

(2) 因意外事故下落不明，从事故发生之日起满二年的。战争期间下落不明的，下落不明的时间从战争结束之日起计算。被宣告死亡的人重新出现或者确知他没有死亡，经本人或者利害关系人申请，人民法院应当撤销对他的死亡宣告。有民事行为能力人在被宣告死亡期间实施的民事法律行为有效。被撤销死亡宣告的人有权请求返还财产。依照继承法取得他的财产的公民或者组织，应当返还原物；原物不存在的，给予适当补偿。

### 317. 起诉离婚要注意哪些问题？

向法院起诉，对不同的案件法律有不同的要求，一般来说，应该注意以下问题。

(1) 打官司要依据法律和证据。因此，在打官司之前，要注意学习相关的法律、法规。如果有不清楚的地方，应该向律师或者有打官司经历的人请教。

（2）要根据诉讼法的规定，向有案件管辖权的法院提起诉讼。

（3）在起诉前，应该先决定是否聘请律师或者其他人作为诉讼代理人。

（4）打官司实际上是打证据，因此证据要充分。

（5）要按照规定的格式，写好起诉状。起诉时，需要向法院交诉讼费。

（6）被告要明确，诉讼请求要具体。比如要求离婚，要求抚养孩子，要求把房子判归自己，随后应该具体写明提出这种要求的理由和证据。

（7）根据法律规定和诉讼理由，通过对证据的分析，阐明自己的诉讼主张，以便使自己的诉讼主张得到法院支持。

**318. 起诉离婚要交多少诉讼费？**

到法院打官司要交诉讼费，这是法律规定的。对诉讼费的收费标准，2006年12月19日国务院发布的《诉讼费用交纳办法》有明确规定。这个规定在网络上可以查到。

离婚案件，每件交纳50元至300元。涉及财产分割的，财产总额不超过20万元的，不另外收费；超过20万元的部分，对超过部分按照0.5%交纳。

诉讼费由原告预交，至于最后如何负担，要由人民法院决定。一般的民事案件，诉讼费由败诉一方负担。离婚案件有其特殊性，不能确定哪一方完全的胜诉，或者哪一方完全的败诉。因此，根据《诉讼费用交纳办法》第33条规定，离婚案件诉讼费用的负担，由双方当事人协商解决；协商不成的，人民法院将根据双方当事人对婚姻、家庭、子女的态度，以及引起纠纷的原因、双方的经济状况等各方面来综合考虑，合理决定诉讼费用的负担问题。

根据《民事诉讼法》第118条第2款和《诉讼费用交纳办法》第44条、45条、46条、47条规定，当事人交纳诉讼费用确有困难的，可以按照规定，向人民法院申请缓交、减交或者免交。

在离婚案件中，符合下列情形之一的，人民法院应当准予免交诉讼费用：一是残疾人无固定生活来源的；二是最低生活保障对象、农村特困定期救济对象、农村五保供养对象或者领取失业保险金人员，无其他收入的；三是确实需要免交诉讼费用的其他情形。

当事人申请司法救助，符合下列情形之一的离婚案件，人民法院应当准予减交诉讼费用：一是因为自然灾害等不可抗力造成生活困难，正在接受社会救济，或者家庭生活经营难以为继的；二是属于国家规定的优抚、安置对象的；三是确实需要减交的其他情形。人民法院准予减交诉讼费用的，减交比例不得低于30%。

符合下列情形之一的离婚案件，人民法院应当准予缓交诉讼费用：一是正在接受有关部门法律援助的；二是确实需要缓交的其他情形。

当事人请求人民法院提供司法救助，应当在起诉或者上诉的时候，提交书面申请和足以证明其确有经济困难的证明材料。其中因为生活困难或者追索基本生活费用申请司法救助的，应当提供本人及其家庭经济状况符合当地民政、劳动和社会保障等部门规定的公民经济困难标准的证明。人民法院对当事人司法救助的请求，经审查，认为符合规定的，立案时应当准许当事人缓交诉讼费用。如果对方当事人败诉，诉讼费由对方当事人交纳；申请司法救助的当事人如果胜诉，可视其经济状况决定其减交、免交诉讼费。

### 319. 要离婚，向哪个法院起诉？

到法院起诉离婚，首先要选准案件归哪个法院管辖。到法院起诉离婚与到医院挂号治病不一样。有了病，可以到任何地方的任何医院去挂号、治疗，但到法院起诉离婚可就不同了。各级法院受理什么样的案件，法律有明确规定。到法院起诉离婚，一般不能选择法院，只能由有管辖权的法院来受理。

根据《民事诉讼法》第 17 条规定，一般的离婚案件，由户籍所在地的县、区基层人民法院管辖。而县、区人民法院又下设一些人民法庭，这些法庭代表着基层人民法院，它所作出的裁判，就是基层人民法院作出的裁判。所以当事人离婚，可以到附近的人民法庭去起诉。附近没有人民法庭的，到当地的县、区人民法院起诉。

如果遇到特殊情况怎么办？例如：夫妻双方要离婚，可是其中的一方恰好是当地基层人民法院民事庭的审判员，此案就归他管，或者是归他的同事管，或者是对方当事人的近亲属是该法院的主要领导人等。如遇这种情况，有可能影响本案的公正审理。或者是高级领导人要离婚，是不是也要到当地人民法院下属的人民法庭去起诉呢？对这个问题，《民事诉讼法》第 18 条第（2）项和第 38 条规定，如果是在本地区有重大影响的案件，要由中级人民法院管辖。有特殊情况，不能由基层人民法院管辖的，当事人在提交答辩状期间可以提出来。人民法院经过审查认为情况属实，可以由中级人民法院来指定别的基层人民法院审理。当然，中级人民法院也有权审理基层人民法院的案件。由中级人民法院审理或者是由中级人民法院指定的基层人民法院审理，必须有充分的理由。

离婚案件由当事人的户籍所在地法院管辖。如果户籍所在地与经常居住地不一致，就由经常居住地法院管辖。这里所说的“经常居住地”，是指离开户籍所在地连续居住一年以上的地方。

### 320. 两地生活的夫妻离婚应该向哪个法院起诉?

如果夫妻分居，一方在甲地居住一年以上，另一方在乙地居住一年以上，根据《民事诉讼法》第 21 条、第 22 条和有关司法解释的规定，要由被告所在地的法院管辖。因为在这类离婚案件中，原告比较主动，这样规定可尽量避免出现被告缺席情况，有利于人民法院在双方当事人都到庭的情况下审理案件，也可以限制原告滥用起诉权，减少被告因为应诉而受到的人力、财力上的损失。

遇到下列情况，可以由原告所在地法院管辖：①对不在中华人民共和国领域内居住的人提起的离婚诉讼，由原告住所地或者是经常居住地人民法院管辖；②对下落不明或者是宣告失踪的人起诉离婚，只能向原告所在地的人民法院起诉；③对于被监禁的人（包括已经被逮捕、被拘留的未决犯和正在监狱或者是其他劳动改造场所服刑的）提起离婚诉讼，由原告住所地人民法院管辖。

还有一种特殊情况，这就是夫妻常年在外打工、游医、四处飘荡，没有固定的经常居住地。最高人民法院有关司法解释规定："夫妻双方离开住所地超过一年，一方起诉离婚的案件，由被告经常居住地人民法院管辖；没有经常居住地的，由原告起诉时居住地人民法院管辖。"

### 321. 离婚怎样起诉? 怎样写离婚起诉状?

到法院起诉离婚，要递交正、副各一份的起诉状，还要交诉讼费。夫妻双方不在一地的，一方要求离婚，应当向对方所在地的人民法院提出离婚诉讼。如果对方是劳改犯、下落不明者或者是侨居国外的，可以向自己所在地的人民法院提出离婚诉讼，由所在地人民法院设法与对方取得联系或者酌情处理。离婚案件关系到当事人的切身利益，当法院通知当事人出庭时，当事人应当亲自到庭，讲明情况，提出自己的意见，便于法院把问题解决好。

到法院起诉离婚之前，对以下问题应该有充分考虑。

（1）起诉离婚要慎重。有些夫妻吵了几句嘴，就跑到法院要求离婚；还有的本不想离婚，只是为了吓唬对方，就到法院起诉离婚；也有的是互相叫号，互不服气，一个说："咱到法院离婚!"另一个就说："谁不去谁是狗熊!"这些都是不慎重的、不严肃的做法。离婚涉及一个人的一生的幸福，有子女的，还要涉及他们的利益，不能把这件事情当成儿戏，不能一不如意就离婚，不能把离婚当成口头禅。当然，态度要慎重，不等于无原则迁就，更不是说离婚就不好，而是说夫妻之间有了矛盾，是离婚还是不离婚，要从多方面考虑之后再做决定。

(2) 有第三者插足，不一定都得离婚。由第三者插足而导致离婚的，在目前的离婚案件中占的比例不小。其实，对这一问题应当区别对待。对许多婚外恋、通奸有据的，可以找对方和第三者的工作单位，由有关组织给予批评教育或者党纪、团纪、政纪处分。因为只要发现对方有婚外恋行为就离婚，再婚以后也很难保证对方一定没有这个问题，如果有，就再离婚吗？

(3) 有些人因为遭到丈夫或者妻子的虐待、伤害而提起离婚诉讼，要求离婚，还有人因为对方重婚而提出离婚，认为离婚是解决这些问题的唯一方法，这是错误的。根据我国《刑法》的规定，可以先到法院告对方的重婚、虐待、伤害等犯罪行为，在法院处理刑事问题以后，再根据对方的认罪态度考虑是否有必要提起离婚诉讼。

(4) 提起离婚诉讼不应该违背法律规定。根据《婚姻法》第27条规定，男方不得在女方怀孕期间和分娩后一年内提起离婚诉讼，法院认为男方确有提起离婚诉讼必要的除外。女方提出离婚诉讼的不受此限。根据《民事诉讼法》第124条第(7)项的规定，已经被法院判决不准离婚或者调解和好的，没有新的情况、新的理由，在六个月之内不得向法院再起诉离婚。

离婚起诉状，是指离婚当事人向人民法院提起诉讼时所提出的书面请求。向法院起诉离婚，应注意以下问题。

(1) 原告必须是夫妻双方中的一方，而不是其他第三人。

(2) 被告只能是婚姻关系中的另一方。如果说夫妻感情破裂是由第三者造成的，要追究第三者的法律责任，只能另案追究。

(3) 要向有管辖权的法院起诉。

在离婚起诉状中，应当写明以下内容。

(1) 在首部写明“起诉状”或者“离婚起诉状”。

(2) 要用单独的自然段写明双方的基本情况，如姓名、性别、年龄、民族、职业、工作单位和住所。为了使人民法院与其联系方便，还可以写或者另附联系电话和通讯地址及邮政编码。

(3) 在起诉状的“诉讼请求”一项中，要明确写出“要求离婚，请准许”之类的字样。对夫妻共同财产如何分割、孩子应当归哪一方监护抚养，要有明确的意见，不能笼统地写“请法院依法判决”。在提出具体意见时，要讲明提出这种意见的事实和理由。

(4) 写明诉讼请求所依据的事实及法律依据。这一部分要简明、扼要、全面。人民法院是否准许离婚，关键看夫妻感情是否已经破裂。因此，写离婚起诉状，就要紧紧围绕着“夫妻感情确已破裂”这个中心来写，与此无关的话，比如夫妻感情恶化的原因是由什么引起的，是否还有其他人挑拨等，不应当写，以防冲淡主要内容。起诉的目的是要求离婚，而不是要追究其他人的责任。

（5）写明有关证据和证据来源，证人姓名和住址。由于起诉状要向人民法院递交一式两份，其中一份法院存卷，另一份由人民法院送给对方当事人答辩用，因此有人这样考虑：如果把证人的姓名、住址完全写在起诉状上，对方就会知道，在法院审理此案时，对方有可能去找证人“做工作”，使问题不好处理。于是他们在这一项里只写“证据和证据来源，证人姓名和住址”，用括号注明“详情附后”。他们在起诉状之外，单独写一份交人民法院。如果受诉法院允许的话，当然也可以。

（6）尾部在“此致”二字之后，另起一行写明本起诉状致送法院的名称。还要由起诉人签字，写明起诉的年月日。随后写明附项。附项的内容有：本起诉状副本的份数；物证的名称和件数；书证的名称和件数等。现举离婚起诉状实例如下，供参考。

**离婚起诉状**

原告刘××，男，××××年×月×日出生，汉族，××市人，系××市××厂工人，现住××市××区××街××段××号。电话××××。

被告赵××，女，××××年×月出生，汉族，××省××县人，系××市××公司工人，户口在××市××区××街××段××号，经常居住地在××市××区××大街××号（连续居住3年以上）。电话××××。

**诉讼请求**

一、我坚决与被告赵××离婚，请准许；

二、女儿刘×归我监护抚养；

三、依法平均分割夫妻共同财产（财产清单附后），一台照相机应归我所有。

**事实与理由**

我与被告赵××于××××年×月经人介绍相识。由于相处时间不长，我对她了解不全面，但在我母亲的劝说和催促下，同年6月与她草率结婚。婚后生一女儿，取名刘×，今年10岁。从××××年×月份起，因为她常常夜不归宿，我们开始吵架。她把孩子推给我母亲照看，自己却不尽母亲的义务。当我问她为什么这样想来就来，想走就走时，她说：“我有我的自由，你有你的自由；我想什么时候走，这是我的自由，你管不着。”更严重的是，从××××年×月份起，她回娘家居住，至今已有3年。根据《中华人民共和国婚姻法》第32条第3款第（4）项的规定，这属于夫妻感情确已破裂，应当准许离婚。况且在这期间，我曾两次到她娘家接她，均被拒绝。我想以我的诚意换取她的诚意。最近，我又同我厂两名同志一起去接她，但又一次被她拒绝。不仅如此，她还在我不在家时，把凡是属于她用的衣物和被褥偷偷取走，并拿走了我结婚以前买的一台照相机。这些事实足以说明，我们的夫妻感情已经破裂，夫妻关系名存实亡。维持这样的夫妻关系，双方都痛苦，对双方都没有好处，所以向人民法院起诉，请求人民法院准予我与被告赵××离婚。

**证据和证据来源，证人姓名和住址**

赵××和我经常吵架，有我们的邻居宋××、李××能够证实，他们的住址是××市××区××街××段××号。

赵××回娘家居住，与我分居3年，有范××能够证实，他现住址是××市××区××大街××号。

我先后三次去赵××娘家接赵××回家，她均拒绝，对此有我单位的姜××能够证实，他的住址是××市××区××街××号。

此致

××省××市××区人民法院

起诉人：刘××

××××年×月×日

附：1. 起诉状副本一份；

2. 家庭共有财产清单一份。

**家庭共有财产清单**

坐落在××市××区××街×号的单居室住宅一处；

立佳电冰箱一台；

三洋牌彩电一台；

台式电脑一台；

落地式电风扇一个；

组合家具一套；

写字台一张；

双人床一张；

被褥三套；

白色毛毯一条；

三人各自用的棉衣、单衣总计70余件。

## 322. 离婚官司怎样应诉？

原告起诉离婚以后，人民法院便会把起诉状副本发送给被告，供被告答辩。如何应诉、如何答辩，这就要认真考虑。需要认真考虑的问题有以下几点。

（1）同意离婚还是不同意离婚。这是决定一切的中心问题。在这个问题上，不应该逞强、“叫号”、比高低，而要从夫妻感情是否已经破裂、是否有和好的可能等方面来考虑，还要考虑今后的生活、工作及子女利益等方面的利弊，方方面面都冷静想好了再拿定主意。

（2）如果不同意离婚，就要在怎样才能不离婚问题上下功夫。比如在答辩中，要阐述夫妻感情并没有破裂的事实，并用事实和证据来揭露对方在起诉中的谎言。还要指出对方提起离婚诉讼的原因。如系外来因素的干扰，应该要求排除干扰；如果是原告某种错误所致，应该要求法院对其批评教育；如果因为自己有错误所造成，应该真诚地认错，表示今后改正，并且争取夫妻和好；等等。除此以外，不要错过法院调解的机会，也可以私下请有关亲属、朋友、媒人或者其他人协助调解和好。

（3）如果同意离婚，就要在子女抚养、财产分割、住房的处理等问题上提出可能会使法院采纳的意见。比如自己想争取抚养孩子，想让法院把孩子判归自己监护抚养，需要通过答辩和法庭辩论等方式，充分讲清如果孩子判归自己，对孩子的抚养如何有利，如果归对方，对孩子的抚养如何不利等。这是因为把孩子判归哪一方监护抚养，主要取决于判归哪一方对孩子抚养更有利。

总之，不管自己同意离婚还是不同意离婚，都要从事实和法律两方面阐述自己的意见，要实事求是，态度真诚。

## 323. 怎样写离婚答辩状？

离婚答辩状，是指离婚案件的被告，在收到起诉状副本后，在法定的15天内，针对原告起诉的事实、理由、请求，进行回答和辩解所使用的法律文书。

写答辩状应当针对原告起诉状的内容来提出反驳的论点和论据，不能出现答非所问现象。有些被告因为被起诉了，一时来气，所用的语言刺激性很大，甚至用挖苦、辱骂等语言，这是不对的。答辩要依据证据和法律，不是靠气话和漫骂。由于人民法院是否谁许离婚，就看夫妻感情是否已经破裂，因此写答辩状应该围绕夫妻感情是否已经破裂这个中心来写。如果不同意离婚，应当写明为什么说夫妻感情没有破裂，要举出实例，拿出证据，用事实说话；如果同意离婚，在说明夫妻感情确已破裂的同时，要写明对子女抚养、财产分割等问题的意见。现举答辩状实例如下。

**离婚答辩状**

答辩人赵××，女，××××年×月出生，汉族，××省××县人，系××市××公司工人，现住××市××区××街××段××号。电话××××。

因刘××起诉要求离婚一案，现答辩如下。

看完了刘××的起诉状后，既感到意外，又感到痛心。感到意外的是他竟能屈服于他母亲而忍痛割爱提出离婚；感到痛心的是他不顾事实，颠倒黑白，把我与他母亲之间有矛盾说成是夫妻感情确已破裂。不管他在起诉状中怎样说，我要实事求是，用事实证明我们夫妻感情并没有破裂，在这种情况下离婚，不管对哪一方都是一种极大痛苦，而对10岁的孩子来说就更不幸。因此，我不同意离婚。现对起诉状中的所谓事实答辩如下。

××××年×月，我生下一女孩儿，系刘×。婆母陆××因为我生的是女孩，所以很不高兴，不仅常常给我冷脸看，还指桑骂槐。××××年×月份，我患病卧床，不能照料孩子，让婆母陆××给照看一下，她竟说："还不如老母猪，老母猪下一窝崽子也不用别人给照看!"当时刘××也听到了，他不但不制止，反而站在一旁笑。我与婆母讲理，刘××便站在他母亲一边和我吵架。我认为，孩子虽然是我生的，但我们与婆母住在一起，生活在一起，孩子是家庭的成员，婆母也有照看的义务。特别是在我患病，自己吃饭都有困难的情况下，她不给照料孩子是不对的。因此，我病愈后有几天故意没回家，迫使婆母给照料孩子。当然，现在看，我这样做是不对的。刘××问我为什么躲这个家，我说了许多理由，不单单是"我有我的自由……"这一句话，主要是说我忍受不了婆母的辱骂，让刘××租房子，我们自己分出去过。可是他母亲却说："你要滚自己滚，把孩子抱走，别拉拢我儿子。"由于刘××不去租房子，我又不愿天天忍受婆母的辱骂，才到娘家居住。我在娘家生活，需要穿衣盖被，我取走我自己用的衣服、被褥，没什么值得非议，更不应该说这就是夫妻感情"确已破裂"。我在娘家居住已有3年，这是事实，但在这期间，刘××有时也在我娘家住，而且我还给他织了毛衣、毛裤，买了棉鞋等用品，这也是事实。刘××在起诉状中不全面反映这些情况是不对的。我与刘××分居，只是因为没有房子，而不是《婚姻法》第 32 条第 3 款第（4）项规定的“因感情不和”。因此，原告刘××以此要求离婚不符合法律规定。刘××到我娘家来，有几次确实提到让我回去。前不久，他还和他们工厂的两名有关领导一同来到我母亲家，答应说可以给解决住房问题，我也当即表示，有了房子，我们三口人自己生活，我马上就回去。遗憾的是，我说的话和我没有回去的原因，在起诉状中均没有反映。我请求法院找到刘××单位的那两位同志，作一下调查，事情就会真相大白。至于我们单位组织职工旅游，我回家取来了照相机用，这就更谈不上是夫妻感情“确已破裂”，因为妻子使用丈夫的照相机，这是极为正常的事情。

总之，刘××的起诉状反映的问题不仅不全面，而且歪曲了事实。他不应该把婆媳之间有矛盾说成是夫妻感情“确已破裂”，更不应该以此为理由提出离婚。我请求法院查清情况，给予调解，对于夫妻感情没有破裂的，不应准予离婚。在这里需要说明的是，如果刘××同意我们与她母亲分开，那么房子可以由我去租，我们马上可以在一起生活，还可以每月给他母亲一定的赡养费。

此致

××××省××市××区人民法院

答辩人：赵××

××××年×月×日

附：本答辩状副本一份。

答辩虽然可以提出新的事实和理由，但主要应当针对起诉状所列事实和理由答辩。要在能讲清问题的前提下，写得越短越好，防止讲些无关紧要的话而冲淡主要内容。

离婚答辩状所阐述的意见，一般都是不同意离婚。如果同意离婚，在没有其他纠葛的情况下，双方去婚姻登记机关办理离婚登记手续就可以了，不必再到法院打官司。但个别的也有夫妻双方都同意离婚，只是在孩子的抚养和财产分割方面有争议，这才到法院打官司。那么，这种答辩状怎样写呢？我们也列举一例，供参考。

**离婚答辩状**

答辩人赵××，女，××××年×月出生，汉族，××省××县人，系×

×市××公司工人，现住××市××区××街××段××号。电话××××。

因刘××起诉要求离婚一案，现提出答辩如下。

对原告刘××提出离婚的要求，我表示同意。正像原告刘××在起诉状中所说的那样，我们的夫妻感情已经破裂，夫妻关系名存实亡，维持这样的夫妻关系，双方都痛苦，对双方及我们的孩子都没有好处，请法院准许我们离婚。但需要说明的是，夫妻感情破裂的责任并不在我。原告在起诉状中提出的所谓事实，有的是对事实进行了严重歪曲，有的是凭空捏造的，我不能接受。原告歪曲和捏造事实的目的，就是为了达到离婚的目的。既然我同意离婚，则不想在这些谁是谁非的问题上与原告进行纠缠。我只想对孩子的抚养与共同财产的分割提出以下答辩意见，希望根据《婚姻法》第39条的规定，“人民法院根据财产的具体情况，照顾子女和女方权益的原则判决”。

一、女儿刘×由我监护抚养。其理由是：女孩子逐渐长大，现在已经10岁，随母亲生活方便。另外，女儿在生活方面尚不能完全自理，特别是在穿衣服、日常生活等方面，需要母亲照顾。况且原告家庭中有严重的重男轻女思想，女儿在这样的家庭中生活不利于健康成长。

二、现住房屋由我和女儿刘×所有。我们现住房屋坐落在××区××段××号，三楼，建筑面积47平方米。该房是我们家庭的共有财产。目前市场价格约11万元左右。如果按家庭共有财产分割的话，原告刘××只能得到他的那一份额。如果将该房判归我和女儿刘×所有，不仅方便女儿刘×就近上学，也方便我就近上班。而原告刘××母亲家有房屋，他有地方居住。这所房屋归我和女儿所有，原告刘××则不用再负担子女抚养费，在财产、子女抚养费方面不再发生争执。

三、关于其他方面的家庭共有财产的分割意见。原告刘××所用的衣服、自行车、一套被褥归他所有。我和女儿刘×所用的衣服、自行车、被褥归我和女儿刘×所有。对于其他日用品，应该归我和女儿刘×所有。因为在离婚后，原告刘××不需要另拿子女抚养费，况且原告刘××回他母亲家生活，日用生活品他母亲家都齐全。

总之，希望人民法院准许我和原告刘××离婚，并根据《婚姻法》第39条的规定，将女儿刘×判归我监护抚养，将现住房屋判归我和女儿刘×所有。

此致

××××省××市××区人民法院

答辩人：赵××

××××年×月×日

附：本答辩状副本一份。

### 324. 打婚姻官司需要什么证据？

打官司提出自己的主张，就要围绕着这个主张来拿出证据，而不能空口说白话。因为能否判决离婚，一个重要标准就是看夫妻感情是否已经破裂，所以如果同意离婚，就要拿出证据来证明夫妻感情已经破裂；如果不同意离婚，就要拿出证据来证明夫妻感情没有破裂。如果说离婚当事人一方伪造债务证据、转移财产，也需要拿出证明伪造债务和转移财产等方面的证据。希望法院把孩子判归自己一方抚养，就要拿出证据来说明自己有条件，或者是抚养孩子的条件优越这样的证据。

总之，就是要围绕自己的主张来提出相应的证据。如果没有证据，法院很可能作出不利于自己的判决。

离婚诉讼，就是要法院判决准予离婚，或者不准许离婚，希望法院对夫妻共同财产作出合理分割，争取抚养孩子的一方希望法院把孩子判归自己，等等。要围绕着这些问题来提出有利于自己的证据。至于在婚姻纠纷当中，公公婆婆、岳父岳母或者其他人还有什么错误，在一般情况下，没有必要去争论这些问题，因此，也就没有必要在这方面花费很多的时间和精力去收集证据。

### 325. 对离婚案件法院为什么要先调解？

对离婚案件法院要先调解，其原因有两点。

（1）这是法律规定的。《婚姻法》第 32 条第 2 款规定：“人民法院审理离婚案件，应当进行调解。”《民事诉讼法》第 93 条也规定：“人民法院审理民事案件，根据当事人自愿的原则，在事实清楚的基础上，分清是非，进行调解。”离婚案件属于民事案件，当然要进行调解。

（2）这是由离婚案件的特殊性决定的。夫妻能不能离婚，主要看感情是否破裂，而感情是可以变化的。没有感情可以增进感情；感情濒于破裂，如果双方考虑到孩子的抚养等问题，愿意恢复，仍然可以得到恢复。况且，婚姻问题不单单是夫妻两个人的问题，还涉及子女的抚养、财产的分割、公房的承租使用，甚至会影响到双方的亲属以及工作单位等。对这样的案件由双方当事人协商解决，要比法院判决效果好。

### 326. 什么是公告送达？

公告送达，是指人民法院将需要送达的诉讼文书的有关内容以一定方式告知受送达人，经过法定期间即视为送达的诉讼行为。

《民事诉讼法》第 92 条规定，受送达人下落不明，或者用法律规定的其他方式无法送达的，公告送达。自发出公告之日起，经过 60 日，即视为送达。公告送达，应当在案卷中记明原因和经过。

法院采取公告送达的方式是：既可以在法院的公告栏、受送达人原住所地张贴公告，也可以在报纸上刊登公告。经过法定期限 60 日视为送达。采用公告送达的条件是：在采取其他送达方式，如直接送达、留置送达、委托送达、邮寄送达、转交送达等方式均无法送达的情况下，才可以启动公告送达。

简单地说，采取公告送达必须同时具备两个条件：一是受送达人下落不明，不仅对于一方当事人是下落不明，对于当地部门来说也是下落不明；二是采取其他送达方式均无效。

### 327. 离婚案件的当事人拒绝到庭，法院可以作出判决吗？

当事人分原告、被告。根据《民事诉讼法》第 143 条的规定，原告经传票传唤，没有正当理由拒不到庭的，可以按撤诉处理。如果被告拒不到庭，根据《民事诉讼法》第 144 条的规定，无正当理由拒不到庭的，在查清案件事实的基础上可以缺席判决。

### 328. 对离婚案件可以要求法院不公开审理吗？

根据《民事诉讼法》第 134 条第 2 款的规定，对离婚案件，如果当事人提出申请，要求不公开审理，法院则可以不公开审理。因此，离婚案件的当事人，如果认为案件会涉及夫妻生活中一些不便公开的情况，可以要求法院不公开审理。如果向法院提出要求不公开审理，应该向法院递交不公开审理申请书，写明提出这种要求的具体理由。

### 329. 法院在什么情况下会判决离婚？判决离婚的标准是什么？

对这个问题，《婚姻法》第 32 条有明确规定：对男女一方向法院起诉要求离婚的，人民法院应当进行调解；如感情确已破裂，调解无效，应准予离婚。

由此看来，夫妻感情如果“确已破裂”，法院调解和好无效，就会判决准许离婚。

根据《婚姻法》第 32 条规定，法院判决离婚的标准是夫妻感情“确已破裂”。因此，到法院起诉离婚的原告，应该拿出证明夫妻感情确已破裂的证据；被告如果不同意离婚，也应该向法院递交夫妻感情并没有破裂的证据。

### 330. 怎样认定夫妻感情确已破裂？

既然夫妻感情“确已破裂”就可以判决离婚，那么，怎样认定夫妻感情“确已破裂”呢？

对这个问题，我国《婚姻法》第32条第3款、《婚姻法》解释（三）第9条和《最高人民法院关于人民法院审理离婚案件如何认定夫妻感情确已破裂的若干具体意见》等规定有明确规定，凡属下列情形之一的，视为夫妻感情确已破裂，一方坚决要求离婚，经调解无效，可依法判决准予离婚。

（1）一方患有法定禁止结婚的疾病，或一方有生理缺陷及其他原因不能发生性行为，且难以治愈的。

（2）婚前缺乏了解，草率结婚，婚后未建立起夫妻感情，难以共同生活的。

（3）婚前隐瞒了精神病，婚后经治不愈，或者婚前知道对方患有精神病而与其结婚，或一方在夫妻共同生活期间患精神病，久治不愈的。

（4）一方欺骗对方，或者在结婚登记时弄虚作假，骗取结婚证的。

（5）双方办理结婚登记后，未同居生活，无和好可能的。

（6）包办、买卖婚姻，婚后一方随即提出离婚，或者虽共同生活多年，但确未建立起夫妻感情的。

（7）因为感情不和，分居2年以上的。在这种情况下，如果夫妻一方坚决要求离婚，经过调解无效，应当准予离婚。但应当注意：如果夫妻分居不是因为感情不和，而是因为婚后没有住房，或者是因为工作等其他原因而两地生活，不能以此来断定夫妻感情确已破裂，不能以此为由要求离婚。分居2年，不是离婚的绝对条件。不是说只要分居2年就是“夫妻感情确已破裂”，就一定准许离婚。如果虽然分居2年，但仍然有和好的可能，夫妻感情没有完全破裂，法院也可以判决不准离婚。

（8）一方与他人通奸，经教育仍无悔改表现，无过错一方起诉离婚，或者过错方起诉离婚，对方不同意离婚，经批评教育、处分，或在人民法院判决不准离婚后，过错方又起诉离婚，确无和好可能的。

（9）重婚或者与他人同居的。因为重婚或者与他人同居而提出离婚的，如果一方坚持离婚，经过调解无效，事实上已经无和好的可能，应据此认定为夫妻感情确已破裂，应当准许离婚。法院可以依照无过错方的请求，判令有过错方承担损害赔偿责任。在夫妻共同财产的分割等问题上，要重点考虑和保护无过错方的利益。值得注意的是，这里所说的有重婚或者与他人同居的现象，可以认定为夫妻感情确已破裂，但对偶尔发生的婚外性行为，法律没有规定是判断夫妻感情确已破裂的标准。

(10) 一方好逸恶劳、有赌博、吸毒等恶习屡教不改，夫妻难以共同生活的。

(11) 一方被依法判处长期徒刑，或其违法犯罪行为严重伤害夫妻感情的。

(12) 一方下落不明满 2 年，对方起诉离婚，经公告查找确无下落的。

(13) 实施家庭暴力或者虐待、遗弃家庭成员的。人民法院在处理这类离婚案件时，首先要批评实施家庭暴力或者虐待、遗弃家庭成员的行为人，与此同时，也要尽可能地调解和好，不予离婚；如果经过教育仍然不改，另一方又不肯谅解，离婚态度坚决，可据此判断为夫妻感情确已破裂，应当准许离婚。

(14) 夫妻双方因是否生育发生纠纷，致使感情确已破裂，一方请求离婚的，法院经调解无效，应准许离婚。

(15) 因其他原因导致夫妻感情确已破裂的。如双方性格不合、志趣不同、在经济方面经常产生纠纷的，经过调解无效，可以依法判决准许离婚。

### 331. 可以委托他人代替自己打离婚官司吗?

人民法院审理离婚案件，适用《民事诉讼法》的一般规定，因此，打离婚官司的人可以委托代理人。但是，又由于离婚案件与一般的民事案件不同，法院判决准予离婚或者不准离婚，取决于夫妻感情是否确已破裂，而对夫妻感情这一特殊问题，代理人往往把握不准，更无法就具体情节进行陈述、辩论和说明。因此，《民事诉讼法》第 62 条作了特殊规定："离婚案件有诉讼代理人，本人除不能表达意思的以外，仍应出庭；确因特殊情况无法出庭，必须向人民法院提交书面意见。"

### 332. 没登记而结婚的如何离婚?

没登记而结婚，这样的婚姻不受法律保护，因此也就不存在离婚问题。法院对这样的婚姻不会作出准许离婚或者不准离婚的判决。

如果对方不同意分开，或者是对于双方非法同居的问题没有处理完毕，其中的一方不可以与他人另行结婚，因为这容易构成重婚犯罪。

对于没登记而结婚的，如果"离婚"，可向法院提起诉讼，要求解除同居关系，划分共同财产，对孩子抚养问题依法进行判决。

对这个问题，1989 年 12 月 13 日最高人民法院在《关于人民法院审理未办结婚登记而以夫妻名义同居生活案件的若干意见》当中已经作出具体规定。

(1) 在 1986 年 3 月 15 日《婚姻登记办法》施行之前，没有配偶的男女，未办结婚登记手续，即以夫妻名义同居生活，群众也认为是夫妻关系的，一方向法院起诉“离婚”，起诉时双方都符合结婚的法定条件，可以认定为事实婚姻关系，按事实婚姻关系处理；起诉的时候，如果一方或者双方不符合结婚的法定条件，应该认定为非法同居关系，并将按照非法同居关系处理。

(2) 在 1986 年 3 月 15 日《婚姻登记办法》施行之后，没有配偶的男女，没有办理结婚登记手续即以夫妻名义同居生活，群众也认为是夫妻关系，一方向法院起诉“离婚”，如同居时双方都符合结婚的法定条件，可以认定为事实婚姻关系，按一般的离婚案件处理；同居的时候，如果一方或者双方不符合结婚的法定条件，应该认定为非法同居，并按照非法同居处理。

### 333. 法院判决不准离婚，可以再起诉吗？

法院判决不准离婚，如果不服，可以在法定期限内上诉。

在法定期限内没上诉，判决发生法律效力。根据我国《民事诉讼法》第 124 条第 (7) 项的规定，凡是经人民法院调解和好，原告撤诉或者按照撤诉处理的离婚案件以及人民法院判决不准离婚的案件没有新情况、新理由的，原告在 6 个月内又起诉的，人民法院不予受理。这就意味着，人民法院审理的离婚案件，判决不准离婚的，法律并不剥夺原告的重新起诉权利，但是，起诉权一般应于 6 个月之后行使，6 个月内重新起诉的，法院一般不予受理。法律作这样的规定，是为了提供给双方当事人一个进一步考虑的期间，看双方能否互相谅解，重归于好，继续维持婚姻家庭关系。

但是，如果感情确已破裂，无法挽回的，法律也尊重当事人的意愿，赋予原告在一定条件下再起诉的权利。因此，法律还规定，如果在调解和好、原告撤诉或者法院不准离婚后，夫妻关系、家庭关系发生重大变故，出现新情况、新问题，即便是在 6 个月之内，原告也可以凭新的理由重新提出离婚诉讼请求，法院应当承认和保护当事人的诉讼权，受理其离婚请求。如果超过了 6 个月的，原告的离婚诉讼权不受任何影响。

### 334. 谁先提出离婚谁吃亏的说法对吗？

不对，这种说法没有法律根据。但是，在群众中为什么会出现这种说法呢？这是因为谁先提出离婚，就说明谁离婚的心情比较迫切。由于离婚案件是民事案件，人民法院审理民事案件的原则是首先进行调解，由于先提出离婚的那一方离婚的心情迫切，在调解时往往让步。由于让步，在分得的夫妻共同财产方面或者是其他方面可能要吃亏，这种吃亏往往是他认可的，法律没有规定谁先提出离婚谁吃亏。

《婚姻法》规定，如果夫妻感情确已破裂，无法再继续共同生活，夫妻任何一方都有权提出离婚。谁是原告、谁是被告，不影响离婚时对财产的处理。关于家庭财产的处理，《婚姻法》第39条规定，离婚时，对夫妻的共同财产，由夫妻双方协议处理。如果协议不成，法院在判决离婚的同时，以照顾女方和子女利益、照顾无过错一方为原则，同时考虑到财产的具体情况、双方各自的经济收入、离婚后对子女的抚养等方面，将财产一并判处。

### 335. 女方在怀孕期间，男方一定不能提出离婚诉讼吗？

不一定。我国《婚姻法》第34条虽然规定，女方在怀孕期间、分娩后1年内或中止妊娠后6个月内，男方不得提出离婚，女方提出离婚的除外。但这一条同时还规定，人民法院认为确有必要受理男方离婚请求的，也可以受理男方提出的离婚诉讼。这里关键是看人民法院是否认为确有必要受理男方提出的离婚请求。

如果女方严重损害了男方的权益，导致男方必须提出离婚，解除婚姻关系，例如，女方在中止妊娠手术后，与第三人通奸，并且携带家私私奔，甚至有伙同奸夫谋杀丈夫的可能，证据确凿，已经造成夫妻感情破裂，男方起诉离婚是允许的。

对于女方在怀孕期间，夫妻二人达成了离婚协议，这样是否允许呢？我们认为，这不违反《婚姻法》第34条的规定，因为既然达成了离婚协议，这表明女方也要离婚，况且达成了离婚协议，可以直接到民政部门的婚姻登记机关办理离婚手续，而不需要向法院提起离婚诉讼。

### 336. 在离婚诉讼中，原告要提供哪些证据？

离婚诉讼是民事诉讼，在所有的民事诉讼中，原告负有举证责任。如果拿不出证据，就有可能败诉。

向法院提出离婚诉讼，一般要拿出以下几方面的证据。

（1）要拿出证据来证明夫妻感情已经彻底破裂。因为法院判决离婚的标准，就看夫妻感情是否已经彻底破裂，有没有和好的可能。原告既然要离婚，就得拿出证据来证明夫妻感情已经破裂，没有和好的可能。可是，在离婚诉讼中，有的原告不是提出这样的证据，而是提出了公公、婆婆或者是岳父、岳母有哪些过错，这些证据不是来证明夫妻感情已经破裂的，这样举证是错误的。

（2）要用证据来证明夫妻关系存续期间共同财产的数额、范围，并且应该说明存放的地点以及存放的方式等，还要提出夫妻共同财产的分割理由，比如对离婚问题对方有过错，对家庭的贡献以及作出的牺牲等。

（3）要提供抚养子女的能力方面的证据。

（4）如果要求对方进行婚姻损害赔偿和经济帮助，也要提供对方有过错或者是自己这一方生活困难的证据。没有证据而只是提出要求，就要承担举证不力的后果。

### 337. 离婚时，夫妻一方隐瞒财产或者伪造债务怎么办?

这个问题在不少的离婚诉讼中都存在。我国《婚姻法》第 47 条规定，离婚时，一方隐藏、转移、变卖、损毁夫妻共同财产，或者伪造债务企图侵占另一方财产的，分割夫妻共同财产时，对有这方面行为的可以少分或者不分。不仅如此，离婚以后，另一方发现一方有上述行为，还可以向人民法院提起诉讼，请求再次分割夫妻共同财产。而且，这一行为是妨害民事诉讼的行为，人民法院可以依照《民事诉讼法》的规定予以制裁，对构成犯罪的，要依法追究刑事责任。

要注意的是，向法院提出一方隐藏、转移、变卖、损毁夫妻共同财产要有证据，要用证据说话，而不能靠猜测。一方虽然有这方面行为的可能，但作为另一方没有证据，让法院听信自己没有证据的述说，就要求得到法院的支持，这也是很困难的。

### 338. 离婚时，一方转移财产怎么办?

在离婚过程中，有时会发生当事人争抢、转移、毁坏、隐藏财产的现象，人民法院如果认为有必要，可以根据当事人的申请，对双方争议的财产采取诉讼保全措施。

根据《婚姻法》解释（三）第 4 条规定，一方有隐藏、转移、变卖、毁损、挥霍夫妻共同财产或者伪造夫妻共同债务等严重损害夫妻共同财产利益行为的，在婚姻关系存续期间，另一方可以请求法院分割共同财产。

《婚姻法》第 47 条还规定：离婚时，一方隐藏、转移、变卖、损毁夫妻共同财产，或者伪造债务，企图侵占另一方财产的，分割夫妻共同财产时，对隐藏、转移、变卖、损毁夫妻共同财产或者伪造债务的一方，可以少分或者不分。离婚后，另一方发现一方有上述行为的，可以向人民法院提起诉讼，请求再次分割夫妻共同财产。人民法院对妨害民事诉讼的行为，将依照民事诉讼法的规定予以制裁。

### 339. 哪些财产是夫妻共有财产？

我国《婚姻法》第17条规定："夫妻在婚姻关系存续期间所得的下列财产，归夫妻共同所有：①工资、奖金；②生产、经营的收益；③知识产权的收益；④继承或赠予所得的财产，但本法第十八条第三项规定的除外；⑤其他应当归共同所有的财产。"

夫妻对共同所有的财产，有平等的处理权。

我们在确定夫妻共同财产的时候，要注意以下问题：一是夫妻的婚前财产和双方约定为个人所有的财产，不属于夫妻共同财产的范围；二是复员、转业军人的医疗费归其本人所有；三是在确定夫妻共同财产的时候，应当将夫妻共同财产和家庭共同财产、其他家庭成员财产加以区别。

### 340. 哪些财产是家庭财产？

所谓家庭财产，是指家庭成员共同所有的财产，它既包括夫妻共有财产，也包括父母子女的财产、祖父母孙子女的财产、兄弟姐妹的财产。总之，家庭财产主要有以下几种：一是夫妻双方婚前各自所有的财产；二是夫妻在婚姻关系存续期间所得的夫妻共同财产；三是未成年子女的财产；四是父母、祖父母以及兄弟姐妹的财产。

所要注意的是，夫妻离婚分割夫妻共有财产，不能把家庭成员的财产当成夫妻共有财产来分割而侵犯了他人的利益。

### 341. 哪些财产属于夫妻单方财产？

根据我国《婚姻法》第18条规定，在没有特别约定的情况下，下列财产不属于夫妻共同财产，而属于丈夫或者妻子一方的个人财产。

(1) 一方的婚前财产。婚前财产既包括丈夫或者妻子单独享有所有权的财产，也包括丈夫或者妻子一方与他人共同享有所有权的财产；既包括婚前个人劳动所得的财产，也包括通过继承、受赠和其他合法渠道而获得的财产；既包括现金、有价证券，也包括购置的物品等。

(2) 一方因身体受到伤害获得的医疗费、残疾人生活补助费等费用。在婚姻关系存续期间，夫妻一方的身体健康受到了伤害，依法获得的医疗费、残疾人生活补助费等费用，同样也只能归受到伤害的本人所有。

(3) 在遗嘱或者赠予合同中，明确指出只归一方所有的财产。公民可以立遗嘱将个人财产指定由继承人中的一人或者是数人来继承，也可以将个人的财产赠给继承人以外的人。如果被继承人在遗嘱中、赠予人在赠予合同中，明确指明了其遗产只归已婚的丈夫或者妻子一方来继承或者是受遗赠，这种指定是完全合法有效的。那么，这种方式继承和受赠予的财产，只能归丈夫或者妻子一方所独有。

（4）一方专用性的生活用品。一方专用的生活用品，是指婚后，以夫妻共同财产购置的供丈夫或者妻子个人使用的生活消费品，如衣服、饰物等。由于这类财产在使用价值方面具有特殊性，不是夫妻双方通同或者是共用的生活用品，所以应当属于丈夫或者妻子一方个人所有。

（5）其他应当归一方所有的财产。

夫妻对婚姻关系存续期间所得的财产约定归各自所有的，夫或妻一方对外所负的债务，第三人知道该约定的，以夫或妻一方所有的财产清偿。

认定夫妻个人财产应注意以下问题。一是原来是属于夫妻一方的婚前个人财产，在婚姻关系存续期间，虽然已经投入了婚姻家庭生活来使用，但这种财产并没有销毁或者灭失，仍然是夫妻一方的个人财产。二是夫妻一方将婚前个人财产投入到婚姻家庭生活中来使用，并且已经被消耗掉或者是已经损毁、灭失的，在这种情况下，也不得主张用夫妻共同财产来加以补偿或者抵偿。

### 342. 离婚时，对夫妻共同财产怎样分割？

这个问题比较复杂，涉及许多方面，不是用一句话两句话就能讲清楚的。我国《婚姻法》对这个问题有比较原则性的规定。

《婚姻法》第39条规定：“离婚时，夫妻的共同财产由双方协议处理；协议不成时，由人民法院根据财产的具体情况，按照顾子女和女方权益的原则判决。夫或妻在家庭土地承包经营中享有的权益等，应当依法予以保护。”

在离婚诉讼中，对财产所有权如果发生争议，主张权利的一方负举证责任，应当提供证据，如应当提供婚前购买财物的发票、证明人等。如果举不出证据，法院又收集不到证据，对属于个人财产还是属于夫妻共同财产查不清楚，对这样的财产就推定为夫妻共同财产，按夫妻双方共有来处理。

离婚时，分割夫妻共同财产应遵循以下原则。

（1）坚持男女平等原则。在一个家庭中，夫妻两方的收入可能不完全一样，但不能因为一方的收入低或者是没有收入而减少或者不分给他财产。

（2）坚持照顾女方和子女利益的原则。

（3）坚持有利于生产和生活需要的原则。对于不宜分割的生产资料，应当注意保持它的完整性，从而确保它的使用价值。如果该项财产价值较大，应给予对方相应的经济补偿，或者在分割其他共同财产时，使对方适当多分一些。

（4）坚持照顾无过错一方的原则。由于一方有过错而引起离婚的案件，在分割财产时，要照顾无过错一方的利益，多分给一些财产。

（5）坚持不损害国家、集体和他人利益的原则。

人民法院判决分割财产时，一般考虑以下一些因素。

（1）考虑物品的经济价值和使用价值。对于不宜分割的财产，如果分给一方所有，应该在其他方面给予另一方适当补偿。

（2）考虑当事人的学习和工作需要。

（3）考虑生活的需要。如果夫妻是在两地分居，在两地分别管理、使用的财产归各自所有。如果双方所分财产相差悬殊，差额部分由多分得财产的一方以与差额相当的财产抵偿给另一方或者是折价补偿。

（4）适当考虑财产的来源。

在夫妻关系存续期间，一方从事个体经营或者承包经营的，其收入为夫妻共有财产，债务应当以夫妻共有财产来清偿。

夫妻离婚时，对于知识产权的分割情况有以下两种。

（1）婚姻关系存续期间，夫妻一方或者双方已经实际取得或者已经明确可以取得的财产性收益，是夫妻共同财产，在离婚时原则上应当均等分割。

（2）离婚时，知识产权还没有取得经济利益，则该知识产权归创作者所有，但可以根据具体情况，给予另一方适当照顾。对此《最高人民法院关于人民法院审理离婚案件处理财产分割问题的若干具体意见》第15条有明确规定。

根据《婚姻法》解释（三）第13条规定，离婚时夫妻一方尚未退休、不符合领取养老保险金条件，另一方请求按照夫妻共同财产分割养老保险金的，人民法院不予支持。婚后以夫妻共同财产缴付养老保险费，离婚时一方主张将养老金账户中婚姻关系存续期间个人实际缴付部分作为夫妻共同财产分割的，人民法院应予支持。

军人的伤亡保险金、伤残补助金、医药生活补助费属于个人财产。人民法院审理离婚案件，涉及分割发放到军人名下的复员费、自主择业费等一次性费用的，以夫妻婚姻关系存续年限乘以年平均值，所得数额为夫妻共同财产。这里所说的“年平均值”，是指将发放到军人名下的上述费用总额按具体年限均分得出的数额。其具体年限为人均寿命70岁与军人入伍时实际年龄的差额。

夫妻双方分割共同财产中的股票、债券、投资基金份额等有价证券以及未上市股份有限公司股份时，协商不成或者按市价分配有困难的，人民法院可以根据数量按比例分配。

人民法院审理离婚案件，涉及分割夫妻共同财产中以一方名义在有限责任公司的出资额，另一方不是该公司股东的，按以下情形分别处理。

（1）夫妻双方协商一致将出资额部分或者全部转让给该股东的配偶，过半数股东同意、其他股东明确表示放弃优先购买权的，该股东的配偶可以成为该公司股东。

（2）夫妻双方就出资额转让份额和转让价格等事项协商一致后，过半数股东不同意转让，但愿意以同等价格购买该出资额的，人民法院可以对转让出资所得财产进行分割。过半数股东不同意转让，也不同意以同等价格购买该出资额的，视为其同意转让，该股东的配偶可以成为该公司股东。

用于证明上述的过半数股东同意的证据，可以是股东会决议，也可以是当事人通过其他合法途径取得股东的书面声明材料。

人民法院审理离婚案件，涉及分割夫妻共同财产中以一方名义在合伙企业中的出资，另一方不是该企业合伙人的，当夫妻双方协商一致，将其合伙企业中的财产份额全部或者部分转让给对方时，按以下情形分别处理。

（1）其他合伙人一致同意的，该配偶依法取得合伙人地位。

（2）其他合伙人不同意转让，在同等条件下行使优先受让权的，可以对转让所得的财产进行分割。

（3）其他合伙人不同意转让，也不行使优先受让权，但同意该合伙人退伙或者退还部分财产份额的，可以对退还的财产进行分割。

（4）其他合伙人既不同意转让，也不行使优先受让权，又不同意该合伙人退伙或者退还部分财产份额的，视为全体合伙人同意转让，该配偶依法取得合伙人地位。

夫妻以一方名义投资设立独资企业的，人民法院分割夫妻在该独资企业中的共同财产时，应当按照以下情形分别处理。

（1）一方主张经营该企业的，对企业资产进行评估后，由取得企业一方给予另一方相应的补偿。

（2）双方均主张经营该企业的，在双方竞价基础上，由取得企业的一方给予另一方相应的补偿。

（3）双方均不愿意经营该企业的，按照《个人独资企业法》等有关规定办理。

夫妻在婚姻关系存续期间，以个人财产出资经营的，离婚时出资部分的权益归个人所有。但另一方为该财产的经营管理作出较多贡献的，应当给以适当补偿。属于个人婚前的财产，实物仍然存在的，原则上归个人所有。但是，如果属于个人财产的实物在夫妻共同生活期间消费掉的，也不再补偿。因此在离婚时，原实物所有人无权主张这部分财产的权利。

离婚时，对大操大办的结婚费用，不得向另一方追索。即使追索，法院也不予支持。支出一方无权要求追索，而另一方也无义务偿还。这是因为法律不支持结婚时大操大办。

根据《婚姻法》解释（三）第16条规定，夫妻之间订立借款协议，将夫妻共同财产出借给一方从事个人经营活动或用于其他个人事务的，应视为双方约定处分夫妻共同财产的行为，离婚时可按照借款协议的约定处理。

《婚姻法》第47条还规定：离婚时，一方隐藏、转移、变卖、损毁夫妻共同财产，或者伪造债务，企图侵占另一方财产的，分割夫妻共同财产时，对隐藏、转移、变卖、损毁夫妻共同财产或者伪造债务的一方，可以少分或者不分。离婚后，另一方发现一方有上述行为的，可以向人民法院提起诉讼，请求再次分割夫妻共同财产。人民法院对妨害民事诉讼的行为，将依照《民事诉讼法》的规定予以制裁。

根据《婚姻法》解释（三）第17条、第18条规定，夫妻双方均有《婚姻法》第46条规定的过错情形，一方或者双方向对方提出离婚损害赔偿请求的，人民法院不予支持。离婚后，一方以尚有夫妻共同财产未处理为由，向法院起诉请求分割的，经审查该财产确属离婚时未涉及的夫妻共同财产，人民法院应当依法予以分割。

对于一方婚前给付对方财物数额较大，结婚后一年内起诉要求离婚的，人民法院判决离婚时，根据当事人的请求，综合考虑给付财物方有无过错以及双方其他实际情况等因素，判决接受财务一方予以部分或者全部返还。如果一方给付金钱用于购置家庭共同财产的，在财产分割时，可以考虑给付方适当多分。将财物给付对方亲属或者他人的，如果所给付财物未用于结婚或者所给付金钱未用于购置家庭共同财产，给付方与实际占有财物的受益人之间的返还财产纠纷另案处理。

根据《婚姻法》解释（三）第10条规定，夫妻一方婚前签订不动产买卖合同，以个人财产支付首付款并在银行贷款，婚后用夫妻共同财产还贷，不动产登记于首付款支付方名下的，离婚时该不动产由双方协议处理。不能达成协议的，人民法院可以判决该不动产归产权登记一方，尚未归还的贷款为产权登记一方的个人债务。双方婚后共同还贷支付的款项及其相对应财产增值部分，由产权登记一方对另一方进行补偿。

对于结婚时购置的归一方专用的物品是否认为是夫妻共同财产，要根据具体情况处理，一般分以下两种情况。

(1) 价格不高的物品。如结婚时双方共同购置的、供个人专用的生活用品、图书资料等个人的专用财产，可以视为夫妻个人财产，归其个人所有。

(2) 贵重物品。在结婚时购置的为一方专用，离婚时双方争执不下，一方认为是夫妻共同财产，而另一方则认为应当属于个人财产。比如像女方佩戴的贵重首饰和男方用的轿车、摩托车、生产资料等。这些物品虽然属于个人专用，但由于其价格昂贵，如归个人所有，有失公平，因此，应当视为夫妻共同财产而合理分割。

夫妻在婚姻关系存续期间，因为赠予得到的财产归夫妻共同所有。但如果在赠予合同中明确规定这项财产只归夫或者妻一方所有的，则为夫妻一方所有的财产。夫妻双方婚前财产一般都归个人所有，但如果是在结婚登记以前，双方合资筹办的结婚用品，则视为夫妻按份的共有财产。

根据《婚姻法》解释（三）第 15 条规定，婚姻关系存续期间，夫妻一方作为继承人依法可以继承的遗产，在继承人之间尚未实际分割，起诉离婚时，另一方请求分割的，人民法院应当告知当事人在继承人之间实际分割遗产后另行起诉。

夫妻离婚在分割共同财产时，不能把未成年子女的财产当作夫妻共同财产而分割。所谓未成年子女的财产，是指不满 18 周岁的公民，依法占有、使用、收益和处分的财产。未成年人的财产一般通过以下一些渠道取得：

(1) 通过法定义务人所尽的抚养义务而获得的财产；

(2) 通过受赠而得到的财产；

(3) 通过创作活动对其智力成果所享有的财产权；

(4) 通过自己特殊技能而获得的财产；

(5) 国家政策明确规定给未成年人的财产；

(6) 通过获奖而得到的财产；

(7) 通过继承遗产得到的财产；

(8) 因为人身伤害享有追偿权而获得的财产。

人民法院在审理离婚案件时，在确定夫妻感情确已破裂的基础上，应当明确子女跟随哪一方生活，然后由这一方代理未成年人保护其合法财产，从而切实保护未成年人的合法权益。

根据《婚姻法》解释（三）第 11 条和第 12 条的规定，一方未经另一方同意出售夫妻共同共有的房屋，第三人善意购买、支付合理对价并办理产权登记手续，另一方主张追回该房屋的，人民法院不予支持。夫妻一方擅自处分共同共有的房屋造成另一方损失，离婚时另一方请求赔偿损失的，人民法院应予支持。

婚姻关系存续期间，双方用夫妻共同财产出资购买以一方父母名义参加房改的房屋，产权登记在一方父母名下，离婚时，另一方主张按照夫妻共同财产对该房屋进行分割的，人民法院不予支持。购买该房屋时的出资，可以作为债权处理。

在离婚过程中，有时会发生当事人争抢、毁坏、隐藏财产的现象，人民法院如果认为有必要，可以根据当事人的申请，对双方争议的财产采取诉讼保全措施。

对于不能分割或者是将来才可能取得财产权益，则可以判令取得该项财产的一方给付另一方适当的补偿。

根据《婚姻法》解释（三）第4条规定，一方有隐藏、转移、变卖、毁损、挥霍夫妻共同财产，或者伪造夫妻共同债务等严重损害夫妻共同财产利益行为的，一方负有法定扶养义务的人患重大疾病需要医治，另一方不同意支付相关医疗费用的，对这些情况，在婚姻关系存续期间，一方请求分割共同财产的，法院应予支持。

夫妻离婚在分割共同财产时，首先要由双方协商解决，有时双方对同一物品有争执，经过协商不能达成一致意见，这就需要法院用判决的方式来确定。

### 343. 对家庭贡献大的，离婚时可以要求多分财产吗？

不可以。在婚姻关系存续期间，双方的收入都属于夫妻共同财产，不能认为哪方的收入只归哪一方自己所有，更不能分出谁应该多占有，谁应该少占有。当然，双方另有约定的除外。夫妻对共同所有的财产，根据《婚姻法》第17条的规定，双方有平等的处分权。因此，在离婚时，对家庭贡献大、积累多的一方要求多分财产，因为没有法律依据而不会得到允许。至于在调解当中，对方同意了这种要求，这属于谦让，而不是法律规定的。

### 344. 有过错的一方是否会少分得财产？

对于离婚时如何分割财产，《婚姻法》第39条作出了规定，即“由双方协议处理；协议不成时，由人民法院根据财产的具体情况，按照顾女方和子女利益的原则判决”。至于对有过错的一方是否要少分财产，对无过错的一方是否要进行照顾，这要根据有关的法律规定和具体情况来处理。一般来说，应当分两种情形分别处理。

（1）对方有过错，但离婚不是因为这种过错引起的，那么，对有过错的一方不应该因为有过错而要少分得财产。比如，一方因为工作不好，产品质量不合格，受到了批评，甚至受到了行政处分；或者是因为犯罪被判处了刑罚。根据有关规定，不应该对有过错的一方少分财产，也不应该对无过错的一方进行特殊照顾。

(2) 对方有过错，并且离婚是因为这种过错直接引起的，那么，在分割财产的时候，对有过错的一方应该少分，对无过错的一方应该照顾。比如，一方因为婚外恋导致了另一方提出离婚。根据有关法律规定，在分割财产的时候，对无过错的一方要予以照顾，对有过错的一方当然少分割财产。

### 345. 房屋能判给哪一方？

在离婚案件中，对于房屋如何处理，要根据不同情况，按以下一些方法来处理。

(1) 对夫妻共有房屋的处理。

双方争议的房屋由一方婚前承租、婚后用共同财产取得房屋所有权，产权证办在一方名下的，应当认定为夫妻共同财产。当事人结婚后，父母出资为夫妻双方购置的房屋，应当视为对夫妻双方的赠予，但有证据证明赠予一方的情况除外。离婚时，如果房屋是夫妻共有的财产，则按照夫妻共有财产来分割。对不宜分割使用的，应当根据双方住房的情况，按照照顾子女或者无过错方的原则，分给夫妻中的一方所有。分得房屋的一方对另一方应当给予相当于该房屋一半价值的补偿。如果双方的条件基本相同，应当本着照顾女方的原则来处理。

婚姻关系存续期间，当事人根据有关福利政策购买房屋取得所有权，离婚时，双方对房屋价值及归属无法达成协议的，人民法院可以委托鉴定机构对房屋的市价进行评估，由取得房屋一方给予另一方相应补偿。双方均要求取得房屋所有权的，可以在评估基础上，由双方竞价取得。

(2) 夫妻个人所有房屋的处理。

当事人结婚前，父母出资为双方购置的房屋，应视为对自己子女的个人赠予，但有证据证明房屋为赠予夫妻双方的情况除外。夫妻双方居住的房屋，如果是夫妻当中一方婚前个人财产，或者是婚后约定由一方所有的财产，离婚时，仍然判归该方所有。离婚时的另一方确实没有房屋居住，可以判其暂时居住 2 年，或者是由享有房屋产权的一方给予其住房的一次性经济帮助。

(3) 夫妻取得部分产权房屋的处理。

夫妻共同出资而取得了部分产权的房屋，在离婚时，分得了房屋部分产权的一方，应当按照所有房屋产权的比例，按照离婚当时当地同类住房的市场价格，给予对方一半价值的补偿。对夫妻双方都争房屋部分产权的，如果双方同意，或者是双方经济、住房条件基本相同，也可以采取竞价的方式来解决。

(4) 对父母出资购买不动产的处理。

根据《婚姻法》解释（三）第7条规定，婚后由一方父母出资为子女购买的不动产，产权登记在出资人子女名下的，视为只对自己子女一方的赠予，该不动产应认定为夫妻一方的个人财产。

由双方父母出资购买的不动产，产权登记在一方子女名下的，该不动产可认定为双方按照各自父母的出资份额按份共有，但当事人另有约定的除外。

根据《婚姻法》解释（三）第10条、第11条、第12条的规定，夫妻一方婚前签订不动产买卖合同，以个人财产支付首付款并在银行贷款，婚后用夫妻共同财产还贷，不动产登记于首付款支付方名下的，离婚时该不动产由双方协议处理。如不能达成协议，人民法院可以判决该不动产归产权登记一方，尚未归还的贷款为产权登记一方的个人债务。双方婚后共同还贷支付的款项及其相对应财产增值部分，离婚时应根据《婚姻法》第39条第1款规定的原则，由产权登记一方对另一方进行补偿。

一方未经另一方同意，出售夫妻共同共有的房屋，第三人善意购买、支付合理对价并办理产权登记手续，另一方主张追回该房屋的，人民法院不予支持。夫妻一方擅自处分共同共有的房屋造成另一方损失，离婚时，另一方请求赔偿损失的，人民法院应予支持。

婚姻关系存续期间，双方用夫妻共同财产出资购买以一方父母名义参加房改的房屋，产权登记在一方父母名下，离婚时，另一方主张按照夫妻共同财产对该房屋进行分割的，人民法院不予支持。购买该房屋时的出资，可以作为债权处理。

(5) 夫妻共同居住公房的承租问题。

根据1996年2月5日法发（1996）4号《最高人民法院关于审理离婚案件中公房使用、承租若干问题的解答》的规定，具有下列情形之一的，离婚以后，夫妻双方都可以承租：

(1) 婚前一方承租的公房，婚姻关系存续5年以上的；

(2) 婚前由一方承租的本单位的房屋，离婚时，双方均为本单位职工的；

(3) 一方婚前借款投资建房取得的公房承租权，婚后双方共同偿还借款的；

(4) 婚后一方或者双方申请取得公房承租权的；

(5) 婚前一方承租的公房，婚后因为该承租房屋拆迁而取得房屋承租权的；

(6) 夫妻双方单位投资联建或者联合购置的公有房屋；

(7) 一方将其承租的本单位的房屋，交回本单位或者是交给另一方单位后，而另一方单位另给调换房屋的；

(8) 婚前双方均租用公房，婚后合并调换住房的；

(9) 有其他应当认为夫妻双方均有承租情形的。

如果夫妻双方共同居住的房屋是承租的公房，离婚时，对公房承租权的处理比较复杂。在实践中，人民法院要根据不同情况，本着以下原则处理。

(1) 双方当事人协商一致的原则。就是具体的承租方法，由双方当事人协商。这种协商包括当事人之间协商和在人民法院主持下调解协商两种。双方当事人协商一致的，经人民法院审查，只要没有违反法律和社会公德，而且有利于矛盾的解决，人民法院应当予以认可。

(2) 本着照顾女方和子女利益，照顾抚养子女一方的原则。

(3) 坚持照顾残疾人和生活困难一方的原则。

(4) 照顾无过错一方。

(5) 照顾公房单位一方利益的原则。这主要是指离婚案件中涉及的公房是一方单位的自管房，在确认该房的承租权时，可以优先考虑属于该单位职工的一方。当然，在适用这个原则时，可以根据情况灵活掌握。

在实践中，对于公房承租，可以采取以下一些具体方法来处理。

(1) 隔断分开。就是双方所争议的房屋使用面积比较大，可以隔开，由双方分别承租一部分。

(2) 用一处调换为两处。这主要是双方不愿意相邻居住，或者是房屋结构不宜隔断分别居住，可以限期由当事人自行调换分开，分别承租。当事人所在的单位或者是房管部门应当给予支持。逾期不能调换的，人民法院可以根据情况来裁判。

(3) 由房地产部门和单位帮助解决。这主要适用于有条件的单位和个人。单位或者房管部门如果另外有房，可以另行安排一处，现有住房由一方来承租居住。

(4) 适用经济补偿的方法。就是上述的各种方法均不适用，或者是一方自愿自行另找住房的，可以将现有公房归一方承租，由这一方对另一方的住房给予经济补偿。这种补偿要考虑到双方的收入、子女的抚养等情况。

处理离婚案件中的公房承租问题，人民法院一般应注意以下问题。

(1) 注意征询有关单位的意见。人民法院处理这类案件，应当尊重并且征询产权单位的意见，结合案件的具体情况，使案件的处理尽可能公正合理，同时也使人民法院的判决能够得到顺利执行。

（2）程序上要合法。在当事人起诉的时候，就公房承租权提出主张了，一审法院应当对这个问题与婚姻问题合并审理。如果一审法院对这个请求没处理，当事人在二审期间仍然坚持，二审人民法院可以根据当事人自愿的原则进行调解。如果调解不成，应当发回一审法院重新审理，而不能针对这个问题一审终审。当事人在一审中没有提出公房承租权的请求，但在二审期间却提出来了，二审人民法院可以根据当事人自愿的原则，进行调解。如果调解不成，应当告知当事人对此问题另行起诉。

### 346. 夫妻共同生活欠的债务怎样清偿？

离婚中的债务分各种情况，处理的方法也各有不同。

（1）关于夫妻共同债务的清偿。

我国《婚姻法》第41条规定：夫妻离婚时，原来为夫妻共同生活所负的债务，应当共同偿还。共同财产不足清偿的，或者财产归各自所有的，由双方协议清偿；协议不成时，由人民法院判决。这里所说的夫妻共同债务，包括以下内容：

一是夫妻为了共同生活或者是履行抚养、赡养义务所负的债务；

二是个体工商户、农村承包经营户夫妻双方共同经营所欠的债务，以及一方从事经营，其收入主要用于家庭共同生活所欠的债务；

三是在婚姻关系存续期间，一方因为分家析产所分得的债务；

四是夫妻一方受到另一方的虐待，无法共同生活而离家出走，出走方为了日常生活的开支及治疗疾病、抚养子女所欠的债务。

（2）关于夫妻个人债务的清偿。

所谓夫妻个人债务，是指夫妻一方在婚前所负债务以及婚后与共同生活无关，为了满足个人需要或者为资助个人亲友所负的债务，或者是由夫妻双方约定应当由个人清偿的债务。一方单独所负的债务，依法应当由该方个人清偿。按照最高人民法院的有关规定，下列债务属于个人债务：

一是夫妻双方约定的由个人负担的债务，但为了逃避义务而约定的则没有法律效力；

二是一方未经对方同意，擅自资助与其没有抚养义务关系的亲朋好友所负的债务；

三是一方没有经过对方同意，独自筹资从事经营活动，其收入也没用于共同生活所负的债务；

四是一方因为个人实施违法行为所负的债务；

五是一方为了满足私欲而挥霍所负的债务；

六是婚姻关系存续期间，双方因为关系恶化而分居生活，一方从事经营所负的债务，其收入也没用于家庭共同生活的；

七是一方婚前所欠个人债务。

(3) 关于个体工商户、专业户债务的清偿。

在实践中，关于个体工商户、专业户离婚时的债务如何处理，要根据具体情况来分别对待。一般的处理办法如下。

一是个体工商户、专业户一方从事合法经营所形成的债务，无论其配偶是否参与了经营，都要以家庭共同财产来抵偿。但应当注意，无论财产是否足以抵债，都要保留其家庭成员生活必需用品和必要的生产工具。对这一点，《最高人民法院关于贯彻执行〈中华人民共和国民法通则〉若干问题的意见（试行）》第 43 条有明确规定。

二是个体工商户、专业户从事非法经营所形成的债务，如果配偶一方对另一方在其经营中的违法行为并不知道，或者是知道后极力劝阻或者反对的，由此产生的债务应当由非法经营的一方承担债务责任，不能从夫妻共同财产中来扣除。

三是个体工商户、专业户无论从事合法经营还是非法经营，都由夫妻双方直接经营的，或者是一方虽然没参与直接经营，但对配偶一方的非法经营活动明明知道却不加制止，即使其本人没有进行经营活动，也应当视为家庭经营，对此引发的债务，应当按照夫妻共同债务来处理。

### 347. 夫妻一方欠的债，离婚时由谁偿还？

《婚姻法》第 41 条规定："离婚时，原为夫妻共同生活所负的债务，以共同财产偿还。如该项财产不足清偿时，由双方协议清偿；协议不成时，由人民法院判决。"根据这一规定，要确定夫妻一方欠的债由谁偿还，首先要弄清楚为什么要欠这笔债，借来的钱做什么用了。如果是用于共同生活，那么，夫妻具有偿还的义务，应该共同偿还；如果是一方单独的债，并且由其个人挥霍花销，则应该由其本人偿还。

### 348. 离婚后孩子随哪方生活？

《婚姻法》第 36 条第 2 款、第 3 款规定："离婚后，父母对子女仍有抚养和教育的权利和义务。离婚后，哺乳期内的子女，以随哺乳的母亲抚养为原则。哺乳期后的子女，如双方因抚养问题发生争执不能达成协议时，由人民法院根据子女的权益和双方的具体情况判决。"人民法院在处理子女抚养问题时，要坚持有利于子女身心健康，保障子女的合法权益这个基本原则，在这个前提下，再结合父母双方的抚养能力和抚养条件来妥善解决。

两周岁以下的子女，一般随母方生活，但有以下几种特殊情况也可以随父方生活。

（1）母方患有久治不愈的传染性疾病或者是其他严重疾病，子女不宜与其共同生活。

（2）母亲有抚养条件但不尽扶养义务，而父方要求子女随其生活。

（3）哺乳期快满，母方坚持不抚养，而父方又积极要求抚养，并且抚养的条件较好。

（4）在不危害子女身心健康的条件下，双方协议子女随父方生活。

（5）因为其他原因，子女确实无法随母方生活，如母方的经济能力、生活环境明显对抚养子女不利；母方品行欠佳或者违法犯罪，不利于抚养子女；子女从出生后，一直由父方喂养等。

对于两周岁以上的子女，如果父母双方都要求随其生活，对其中一方有如下情形之一的，可予优先考虑。

（1）已经做过绝育手术或者因为其他原因丧失了生育能力。

（2）子女随其生活时间较长，改变生活环境对子女健康成长明显不利。

（3）没有其他子女，而另一方有其他子女。

（4）子女随其生活，对子女成长有利，而另一方患有久治不愈的传染性疾病或者其他严重疾病，或者有其他不利于子女身心健康的情形，不宜与子女共同生活的。

（5）父方与母方抚养子女的条件基本相同，双方均要求子女与其共同生活，但子女单独与祖父母或者外祖父母共同生活多年，而且祖父母或者外祖父母要求并且有能力帮助子女照顾孙子女或者外孙子女的，可以作为子女随父方或者母方生活的优先条件予以考虑。

（6）父母双方对10周岁以上的未成年子女随父方或者是随母方生活发生争执的，如果子女作出了愿意随某一方生活的表示，应当尊重其意见，并作为优先考虑的情节。

除了上述这些情况以外，在有利于保护子女利益的前提下，父母双方协议轮流抚养子女，也是准许的。

### 349. 子女的抚养费如何分担？

关于承担子女抚养费的数额问题，《婚姻法》第37条规定："离婚后，一方抚养的子女，另一方应负担必要的生活费和教育费的一部或全部，负担费用的多少和期限的长短，由双方协议；协议不成时，由人民法院判决。关于子女生活费和教育费的协议或判决，不妨碍子女在必要时向父母任何一方提出超过协议或判决原定数额的合理要求。”

关于子女抚养问题，对以下一些问题应该了解。

一是子女抚养费的数额。根据实际和法律的规定来确定子女抚养费数额。给付抚养费的一方有固定收入的，抚养费一般可以按照其每月总收入的20%至30%的比例给付；负担两个以上子女抚育费的，比例可以适当提高，但一般不得超过每月总收入的50%。没有固定收入的，抚养费的数额可以根据当年总收入或者同行业平均收入，参照上述的比例来确定。有特殊情况，可以适当提高或者降低上述比例。

二是关于子女抚养费的给付期限。抚养费的给付期限，一般至子女18周岁为止。16周岁以上不满18周岁，如果以其劳动收入为主要生活来源，并且能够维持当地一般生活水平的，父母可以停止给付抚养费。尚没有独立生活的成年子女有下列情形之一的，父母又有给付能力的，仍然应当负担必要的抚养费：丧失劳动能力或者虽然没有完全丧失劳动能力，但其收入不足以维持生活的；尚在学校读书的；确实没有独立生活能力和条件的。

三是关于子女抚养费的给付方法。子女抚养费应当定期给付，有条件的也可以一次性给付。在农村，可以按照收益季度或者年度给付。对于一方没有经济收入或者下落不明，可以用其财物折抵子女抚养费。

人民法院在处理离婚案件时，判决男女双方离婚，对子女抚养费的数额、给付的期限以及给付的办法等，均应该明确、具体地在判决书或者调解书中写明。

在夫妻离婚以后，无论哪一方带孩子，一旦孩子生了大病，都很难独自承担孩子的医疗费。同时，离婚后子女是否会患重病，如果患了重病需要多少医疗费，往往很难预测。因此，除了在离婚时，双方已经予以考虑以外，不妨碍子女在必要时向父母任何一方提出超出协议或者判决确定数额的合理要求，即离婚时确定的抚养费标准可以变动。

关于如何处理子女抚养问题，除了《婚姻法》有明确规定以外，1993年11月3日《最高人民法院关于人民法院审理离婚案件处理子女抚养问题的若干具体意见》规定得十分具体，也可以从网络上查阅。

### 350. 离婚后，一方没有收入如何支付子女的抚养费？

对这个问题，《最高人民法院关于人民法院审理离婚案件处理子女抚养问题的若干具体意见》第9条有明确规定：一方没有经济收入或者下落不明，可以用其财物折抵子女抚养费。只要是属于应当支付抚养费的一方的财产，都可以用来折抵子女的抚养费。

### 351. 变更子女抚养关系的条件是什么？

根据1993年11月3日《最高人民法院关于人民法院审理离婚案件处理子女抚养问题的若干具体意见》第16条、第17条的规定，父母离婚时确定的子女跟随一方生活，后来因为情况发生变化，一方要求变更子女抚养关系，只要具有下列情形之一的，法院会依法予以支持：

（1）与子女共同生活的一方因为患严重疾病或者因为伤残，无力继续抚养子女的；

（2）与子女共同生活的一方不尽抚养义务或者有虐待子女行为的，或者其与子女共同生活对子女身心健康确有不利影响的；

（3）10周岁以上未成年子女愿意随另一方生活，该方又有抚养能力的；

（4）有其他正当理由需要变动的。

另外，父母双方协议变更子女抚养关系，不管是否具备上述理由，均应准许。

### 352. 离婚时确定的子女抚养费以后可以改变吗？

可以改变。具有下列情形之一的，子女可以要求增加生活费：①物价调整，使原定的数额不足以维持子女的生活需要；②子女升学，实际需要超过了原定的数额；③子女患有疾病，抚养子女的一方无力支付全部医疗费用；④有给付义务的父方或母方，经济收入增多，子女与其生活水平相差悬殊。

遇到上述情况之一的，子女可以向父母一方提出超过原协议或者判决的数额，父母一方应当依照法律规定自觉增加。要求增加子女抚养费，有识别能力的子女可以直接与父亲或者母亲商量，也可以由离婚的双方协商解决。如果协商不成，抚养子女的一方可以作为子女的法定代理人参加诉讼，向人民法院请求增加子女的抚养费。

夫妻离婚以后，由于各种情况会不断变化，对离婚时确定的子女抚养费，除了可以要求增加以外，因为有特殊情况，也可以请求减免抚养费。

减少或者免除抚养费是有条件的，一般应该有以下一些情况。

（1）有给付义务的父方或者母方，由于长期患病或者丧失劳动能力，失去了经济来源，确实无力按照原协议或者判决确定的数额给付子女抚养费，而抚养子女的一方又能够负担大部分子女生活费用的，经给付一方的请求，可以减少或者免除给付子女抚养费。

（2）有给付义务的一方，因为犯罪被投入监狱改造，无力给付抚养费的，可以减少或者免除其给付。

（3）抚养子女的一方再婚，其配偶愿意负担其子女的生活费和教育费的一部或者全部，原来有给付义务的生父或者生母，可以减少或者免除给付子女抚养费。

还有一点需要说明，就是夫妻离婚以后，未成年子女侵害了他人的权益，给他人造成了经济损失，同该子女共同生活的一方应当承担民事责任，赔偿他人的经济损失。如果独立承担民事责任确有困难，未与子女共同生活的一方也有共同承担民事责任的义务。对此，《最高人民法院关于贯彻执行〈中华人民共和国民法通则〉若干问题的意见（试行）》第158条有明确规定。

如果夫妻离婚是基于自愿到婚姻登记机关办理了离婚登记手续，并对子女抚养和财产分割问题也达成了协议，过了一段时间之后，因为情况的不断变化，仅就子女抚养问题要求变动，如果双方协商不成，可以就此问题向人民法院提起诉讼。人民法院将依法受理，并且作出正确判决。

### 353. 对方拒不按法院判决给付抚养费怎么办？

对这个问题要根据具体情况，按照下列办法处理。

（1）根据《民事诉讼法》第236条第1款规定，发生法律效力的民事判决，由第一审人民法院执行。因此，一方当事人首先可以向一审法院反映这一情况，由人民法院对不执行判决的一方进行教育、警告，促使其履行抚养子女的义务。

（2）对方如果不听劝告，不接受教育，仍然拒不执行判决，根据《婚姻法》第35条规定，一方当事人可以向第一审人民法院提出申请，要求强制执行。强制执行的办法有：一是提取、扣留被申请人的储蓄存款或者工资等劳动收入；二是查封、扣押、冻结、变卖被申请人的财产。

（3）为了使执行工作顺利进行，又不违反法律规定，要充分注意到被申请人履行抚养子女义务的能力。因为《民事诉讼法》第243条第1款明确规定，强制执行“应当保留被执行人及其所扶养家属的生活必要费用”。判决书中规定的对方应付的抚养费数额是在离婚时确定的，经过了一段时间以后，对方的经济情况可能发生变化。这种变化有两种，一种是比原来富裕了；另一种是不如原来富裕，甚至是相差很大，以至于刚刚能够维持自己的生活。如果发生了这样的变化，对方提出执行原判决有困难，要求减少抚养费的负担，应该事实求是地适当变动。这种适当变动的前提，当然应该是对方经济情况变化较大，而不是有了稍微的变化。子女抚养费的变动方法，应当根据现在的经济情况，双方协商；协商不成，由人民法院依法确定。

## 354. 离婚后承担子女抚养费到何时为止？

关于承担子女抚养费的期限问题，如果在离婚时，双方有协议，或者法院判决有明确规定的，则按照协议或者判决的规定办理；没有协议、判决中也没有规定的，一般要承担到子女有了劳动收入，能够独立生活为止。

对这个问题，《最高人民法院关于人民法院审理离婚案件处理子女抚养问题的若干具体意见》当中有明确规定：抚养的给付期限，一般至子女18周岁为止；16周岁以上不满18周岁，以其劳动收入为主要生活来源，并且能够维持当地一般生活水平的，父母可以停止给付抚养费。尚未独立生活的成年子女有下列情形之一的，父母又有给付能力的，仍然应该负担必要的抚养费：①丧失劳动能力或者虽然没有完全丧失劳动能力，但其收入不足以维持生活的；②尚在学校读书的；③确实没有独立生活能力和条件的。

## 355. 一方可以探望归对方监护抚养的子女吗？

《婚姻法》第38条第1款规定，夫妻离婚后，不直接抚养子女的父亲或者母亲有探望子女的权利，另一方有协助探望的义务。即使是因为某种原因而不能支付抚育费，仍然有探望的权利；即使已经再婚，也有探望的权利。

探望既包括见面、短期的共同生活，也包括互通书信、互通电话、赠送礼物和照片等。关于探望的方式、时间等问题，由当事人协商，如果协商不成，也可以由人民法院判决。

根据我国《婚姻法》第38条第3款规定，当事人在履行生效判决、裁定或者调解书的过程中，如果一方请求对方中止行使探望权，人民法院在征询双方当事人的意见以后，认为确实需要中止探望权的，应当依法作出判决，中止对方探望。如果不利于子女身心健康的情形已经消失，就应当允许恢复探望权的行使。既然探望权的中止是由人民法院的判决确认的，那么，它的恢复也应当由人民法院以判决的形式来确认。父亲或者母亲探望子女，不利于子女身心健康，是指以下一些情形：一是不直接抚养子女的一方，是无民事行为能力人或者是限制民事行为能力人；二是不直接抚养子女的一方患有重病，不适合行使探望权；三是行使探望权的一方当事人，对子女有侵权行为或者犯罪行为，严重损害未成年子女利益。

在现实生活中，由于种种原因，离婚后某些随子女共同生活的一方，认为子女随自己共同生活，就是自己的子女，与对方无关。由于在离婚过程中对对方的怨恨更加强化，因此，极力阻止子女与对方交往。面对这样的问题怎么办？根据2001年12月27日《最高人民法院关于适用〈中华人民共和国婚姻法〉若干问题的解释（一）》第24条的规定，人民法院作出生效的离婚判决中没有涉及探望权的，当事人就探望权问题可以单独提起诉讼，人民法院应当受理。对于拒不执行有关探望子女的判决和裁定的一方，由人民法院依法强制执行，即对拒不履行协助另一方行使探望权义务的有关人和单位，分别采取拘留、罚款等强制措施。

### 356. 监护抚养子女的一方可以擅自更改子女姓名吗？

夫妻离婚后，女方把自己直接抚养的子女的姓氏改随自己，而男方则坚持要求子女随父姓，在双方争执不下时，有的男方就以拒付抚养费相威胁。父母离婚以后，抚养子女的一方没有征得另一方的同意，单方面决定变更子女的姓名，这种做法是不妥当的；另一方据此就拒绝给付子女生活费和教育费，这也是错误的。任何一方都不能以另一方更改子女的姓名为由，拒绝给付子女生活费和教育费。如果一方坚决拒付，另一方可以依照《婚姻法》第25条的规定，申请法院强制执行。

父母离婚以后，在变更子女姓名问题上应该慎重。一般可以采取以下一些办法来处理：一是子女如果年幼，不能表达自己的意思，夫妻双方经过协商一致以后，才可以变更子女原来的姓名；二是夫妻双方协商不成，而子女又不能表达自己的意思，一般应该沿用原来的姓名；三是子女已经有辨别能力，并且能够充分表达自己的意思，可以由子女自行决定是随父姓还是随母姓。那种离婚以后子女随谁生活就随谁的姓氏的想法和做法，是没有法律依据的。

### 357. 离婚后一方再婚，另一方仍然需要支付子女抚养费吗？

离婚后监护抚养子女的一方另行结婚，这是他的合法权利，至于子女，仍然是父母双方的。生父母对子女的抚养、教育义务不发生任何改变，原配偶仍然应当支付抚养费。如果新的配偶愿意承担继子女生活费和教育费的一部或者全部，那么，原配偶就可能减少或者免除原有的经济负担，但这不是法律规定的。也就是说，法律没有规定再婚配偶必须代替原配偶抚养子女。再婚配偶是否承担抚养费，取决于他的自愿。

### 358. 孩子给他人造成损害，没有监护抚养的另一方有赔偿责任吗？

《婚姻法》第23条规定：“父母有保护和教育未成年子女的权利和义务。在未成年子女对国家、集体或他人造成损害时，父母有承担民事责任的义务。”父母虽然离婚了，但当未成年子女对国家、集体或者他人造成损害时，仍然有承担民事责任的义务。如果未成年子女对国家、集体或者他人造成较大的损害，监护抚养子女的一方有责任赔偿，但没有监护抚养子女的一方也有责任赔偿。至于各自应该赔偿多少，双方可以协商解决，如果协商不了，可以诉至法院。

**359. 没结婚对非婚生子女是否有抚养教育义务?**

所谓非婚生子女，是指没有婚姻关系的父母所生的子女。我国《婚姻法》第25条明确规定，非婚生子女享有与婚生子女同等的权利，任何人不得加以危害和歧视。不直接抚养非婚生子女的生父或生母，应当负担子女的生活费和教育费，直至子女能独立生活为止。据此，直接抚养非婚生子女的一方，有权要求非婚生子女的父亲或者母亲负担非婚生子女的抚养费。如果遭到拒绝，可以向人民法院提起诉讼，法院会依法作出判决。

**360. 夫妻离婚，在经济方面还有赔偿对方的问题吗?**

《婚姻法》第46条规定，有下列情形之一，导致离婚的，无过错方有权请求赔偿：一是对方重婚；二是对方与他人同居；三是实施家庭暴力；四是虐待、遗弃家庭成员的。

具体来说，因为对方的过错导致离婚而遭受经济上和精神上的损害，可以要求有过错的一方予以赔偿。提出离婚损害赔偿应当具备以下一些条件。

(1) 一方重婚或者与他人同居，实施家庭暴力，具有虐待、遗弃行为的。

(2) 因为上述行为而导致法院判决离婚。也就是说，损害赔偿应该以离婚为原因，如果没有达到离婚的程度而是在婚内损害，则不应该单独提起夫妻之间的损害赔偿。

(3) 受害方受到了损害。受害方因为对方的“重婚”“与他人同居”“实施了家庭暴力”“虐待”“遗弃”行为，而给自己造成了损害。这种损害包括财产损害和精神损害两种。财产损害又分为实际损失和可得利益的损失两种。实际损失，是指现存财产和利益的减少。可得利益的损失，是指无过错方应当得到的或者能够得到但却没有得到的利益。精神损害，是指由于对方的损害行为，导致受害人反常的精神状况，例如精神上的痛苦。

(4) 请求人无过错。如果双方都有上述的“重婚”“与他人同居”“实施家庭暴力”“虐待”“遗弃”这些行为中的一种或者数种过错行为，那么，双方都没有损害赔偿的请求权，而不是双方都有请求损害赔偿的权利，在相当的数额范围内互相抵消。

这里需要说明，有权提起离婚损害赔偿请求的，只能是在离婚诉讼中有过错一方的配偶；只能要求有过错的配偶赔偿，也就是只能把有过错的配偶列为被告，而不能把“第三者”等其他人列为被告，要求其赔偿。人民法院判决不准离婚的案件，对当事人提出的离婚损害赔偿请求不予支持。在婚姻关系存续期间，当事人不提起离婚诉讼，单独提起损害赔偿请求的，人民法院不予受理。

根据2001年12月27日《最高人民法院关于适用〈中华人民共和国婚姻法〉若干问题的解释（一）》的规定，如果无过错方作为原告提起离婚诉讼，人民法院应当告知其有提起离婚损害赔偿请求权。如果提出请求赔偿，必须与离婚诉讼同时提出。如果原告不提出，视为其对这一权利的放弃，以后也丧失了请求赔偿的权利。如果有过错的一方是原告到法院提起离婚诉讼，无过错的一方为被告，被告不同意离婚，也没有提起损害赔偿请求，可以在离婚后一年内，单独提出离婚损害赔偿。在一审时如果没提出，在二审时才提出来，人民法院应当进行调解。对于调解不成的，应当告知当事人在离婚后的一年内，可以另行提起离婚损害赔偿诉讼。

关于赔偿的范围，2001年12月27日《最高人民法院关于适用〈中华人民共和国婚姻法〉若干问题的解释（一）》第28条有明确规定，即离婚损害赔偿，包括物质损害赔偿和精神损害赔偿。涉及精神损害赔偿的，适用《最高人民法院关于确定民事侵权精神损害赔偿责任若干问题的解释》的有关规定，即因为下列人格权遭受侵害，向人民法院起诉请求赔偿精神损害的，人民法院应当依法受理：一是对生命权、健康权、身体权进行侵害的；二是侵害姓名权、肖像权、名誉权、荣誉权的；三是侵害人格尊严权、人身自由权。违反社会公共利益、社会公德而侵害他人隐私或者其他人格利益的，受害人以此为由，向人民法院起诉，请求赔偿精神损害的，人民法院应当依法受理。

因为侵权致人精神损害，但没有造成严重后果，受害人请求赔偿精神损害的，一般不予支持。人民法院可以根据具体情况，判令侵权人停止侵害、恢复名誉、消除影响、赔礼道歉。因为侵权致人精神损害，造成严重后果的，人民法院除了判令侵权人承担停止侵害、恢复名誉、消除影响、赔礼道歉等民事责任外，还可以根据受害人一方的请求，判令其赔偿相应的精神损害抚慰金。精神损害抚慰金包括以下内容：一是致人残疾的，为残疾赔偿金；二是致人死亡的，为死亡赔偿金；三是其他损害情形的精神抚慰金。

精神损害的赔偿数额，根据以下因素来确定：一是侵权人的过错程度，法律另有规定的除外；二是侵害的手段、场合、行为方式等具体情节；三是侵权行为所造成的后果；四是侵权人的获利情况；五是侵权人承担责任的经济能力；六是受诉法院所在地平均生活水平。

关于物质损害赔偿的数额，主要包括以下一些内容。

(1) 人身伤害直接损失的赔偿费。这主要包括以下几项：一是医疗费；二是与医疗有关的交通费、住宿费；三是伙食补助费和营养费；四是伤残用具费；五是特殊医疗费，这主要是指康复医疗费；六是诉讼费和伤残鉴定费等。

(2) 人身伤害间接损失的赔偿费。这包括以下几项：一是误工费；二是伤残生活补助费；三是抚养损害赔偿费，即因为受害方致残，使其抚养的人丧失抚养的权利，加害方应当向被抚养人支付必要的生活费。

### 361. 夫妻离婚，在经济方面还有帮助对方的问题吗？

有，这是帮助，跟上述的经济赔偿不是一回事。离婚时，一方有困难，另一方即使没有过错，也要给予帮助。关于这个问题，《婚姻法》第42条是这样规定的："离婚时，如一方生活困难，另一方应从其住房等个人财产中给予适当帮助。具体办法由双方协议；协议不成时，由人民法院判决。"根据这一规定，离婚时，一方对另一方的经济帮助应当符合以下三个条件。

(1) 这种帮助有严格的时间限制。一方生活困难，是指依靠个人的财产和离婚时分得的财产无法继续维持当地基本生活水平。一方生活困难是离婚时存在的困难，而不是离婚以后其他任何时候发生的任何困难都可以要求对方帮助。如果一方年轻有劳动能力，生活困难是暂时的，则另一方可以给予短期的或者是一次性的经济帮助。如果结婚多年，一方年老或者病残，失去了劳动能力，而且又没有生活来源，另一方则应当在居住或者生活方面给予长远的妥善安排。

(2) 提供帮助的一方必须有经济能力，即仅限于力所能及的程度。受帮助的一方另行结婚以后，对方即终止帮助行为。原定的经济帮助执行完毕以后，又要求继续给予帮助的，法院一般不予支持。

(3) 不能将一方给予另一方的经济帮助与夫妻共同财产的分割相提并论。

根据2001年12月27日《最高人民法院关于适用〈中华人民共和国婚姻法〉若干问题的解释（一）》第27条的规定，一方离婚后没有住处的，属于生活困难。离婚时，一方以个人财产中的住房对生活困难者进行帮助的形式，可以是房屋的居住权或者是房屋的所有权。

### 362. 夫妻之间相互继承遗产应当注意哪些问题？

夫妻一方死亡，需要对其遗产进行处理的，首先要分清哪些是夫妻共同财产或者是家庭财产，哪些是家庭财产中属于死者的那一部分。把这个问题弄清楚了，要处理死者遗产，只能处理属于他的那一部分。

对死者遗留的这部分遗产，死者的配偶、子女、公婆或者岳父母，都属于第一顺序的法定继承人，有平等的继承权。至于各继承人继承的份额多少，应当根据具体情况而定。由于未成年子女需要抚养，首先要考虑他们的利益；如果公婆或者岳父母年老体弱，无劳动收入，应该从赡养老人的社会风尚考虑，使他们优先多得一些遗产；如果公婆或者岳父母经济条件比较富裕，而配偶及其子女困难比较大，公婆或者岳父母除了要留点遗物作为纪念以外，可以放弃继承权。

继承人对继承问题如果发生争议要协商解决，自己协商不成可以请有关单位及其基层调解组织帮助解决，当然也可以诉至法院。

陪嫁财产是一种赠予财产。陪嫁财产被女儿带到新的家庭，其所有权便从父母那里转移到女儿。对于陪嫁财产由谁来继承的问题，根据《继承法》第 10 条第 1 款规定，配偶、子女、父母有平等的继承权。因此，这些陪嫁财产应当由其丈夫、孩子及妻子的父母共同来继承。但是，根据《继承法》第 13 条第 2 款、第 3 款的规定，依据具体的实际情况，如果结婚时间不长，或者妻子父母已丧失了劳动能力，又没有其他生活来源，考虑到这些陪嫁物品原来是妻子父母的财产，而且他们对其女儿又尽到了主要扶养义务，在分割遗产时，对他们应当适当予以照顾。

### 363. 军人怎样离婚？

我国《婚姻法》第 33 条规定，现役军人的配偶要求离婚，必须得到军人同意，但是如果军人一方有重大过错的除外。

对军人一方提出的离婚或者是双方都是现役军人的离婚，一般应当先经过当事人所在部队团以上的政治机关审查、调解；在调解和好无效时，由部队政治机关提出处理意见，出具证明，方可到地方婚姻登记机关登记离婚，或者是向被告方户籍所在地的人民法院提出离婚诉讼，一般由被告部队团以上政治机关所在地的人民法院管辖。人民法院受理这样的案件以后，按照一般的离婚案件处理。

现役军人的配偶提出离婚，如果是由于第三者破坏造成的，第三者如果构成犯罪，应当依法追究其刑事责任。对此，我国《刑法》有明确规定：明知是现役军人的配偶而与之同居或者结婚的，处 3 年以下有期徒刑或者拘役；利用职权、从属关系，以胁迫手段奸淫现役军人妻子的，按照强奸罪处罚；如果明知是现役军人的配偶而与之长期通奸，破坏军人的婚姻家庭，造成军人夫妻关系破裂的严重后果，应当构成破坏军婚罪，须依法惩处。

### 364. 涉外婚姻怎样离婚？

涉外离婚的情况比较复杂，要根据不同情况，用不同的方法处理。

第一，中国公民同外国人在中国离婚。

(1) 中国公民和外国人，无论是双方自愿离婚，还是一方要求离婚，一律按诉讼程序办理，任何单位和个人都无权办理离婚手续，不经过法院判决的离婚是无效的。如果双方自愿离婚，当事人应当先向我国有管辖权的法院起诉离婚。

(2) 在原告、被告中，至少有一方必须是在我国境内有户籍或者有居所并且连续居住满一年以上。如果被告是在国外定居的，那么原告必须在我国境内，由原告向其户籍所在地或者居住地的法院起诉。如果原告是在国外定居的，被告在我国境内，由原告向被告户籍所在地或者居所地的法院起诉。

(3) 涉外离婚案件的当事人，如果不在我国境内居住，不能亲自到我国人民法院参加诉讼，可以委托我国公民、律师或者居住在我国境内的外国人担任诉讼代理人进行诉讼活动，但其本人必须向人民法院递交同意离婚或者不同意离婚的书面意见。外国人一方从国外寄交或托交的书面意见，应当经过其所在国公证机关公证，并且经过我国驻该国使、领馆认证，或者履行我国与该所在国订立的有关条约规定的证明手续以后，才具有法律效力。

(4) 外国法院作出的发生法律效力涉及我国公民的离婚判决书，需要我国人民法院承认和执行的，可以由中国当事人一方持该离婚判决书以及经过证明无误的中文译本，向有管辖权的我国法院申请承认其效力。经过法院审查，如果该外国法院的离婚判决不违反我国法律的基本原则、国家主权、国家安全和社会公共利益，裁定承认其效力。否则，裁定驳回申请。该裁定为一审终审，不得上诉。

(5) 中国公民与外国人在外国离婚的，原则上按照居住国的法律办理，但不得违反中国主权、安全和社会公共利益，否则，不能取得在中国的法律效力。

第二，我国驻外机关工作人员在国外离婚。

男女双方当事人依法向我国驻外使、领馆（包括代办处）申请登记，不需要双方回到国内来申请登记。我国驻外机关对这种情况，原则上先由本单位进行调解，尽可能地做好思想工作，争取调解和好。如果双方都同意离婚，经过我国驻外使、领馆审查，认为双方确属自愿离婚，符合我国的法律规定，即可准许离婚登记，并发给离婚证明，不必再转回国内办理离婚手续。如果一方坚决要求离婚，而另一方不同意，这就超出了使、领馆婚姻登记的范围，经过调解无效后，应当由国内的法院来办理。

第三，出国留学生或者其他出国人员的离婚。

(1) 一方在国内，而另一方在国外。

对这种情况，如果是双方自愿要求离婚，并且对子女抚养和财产处理等问题没有争议，双方可以到国内一方户籍所在地或者居住地的婚姻登记机关办理离婚登记手续。如果在国外的一方不能回国办理，或者是双方对离婚有争议，无论哪一方提出离婚，均应当向国内一方户籍所在地或者居住地的人民法院起诉。如果国外的一方因为特殊原因，不能回国起诉、应诉的，应当办理授权委托书，委托国内的亲友或者律师作为诉讼代理人代为诉讼，并且向人民法院提交对离婚、财产处理和子女抚养的书面意见书。其委托书和意见书都应当经过我国驻该国使、领馆的认证或者公证。我国在该国没有设立使、领馆的，由当地爱国华侨团体来证明。

国内一方在与国外一方失去联系的情况下提出离婚诉讼的，可以通过国外一方在国内的亲友送递离婚起诉书副本，让国外一方应诉。如果国外一方没有亲属在国内，或者不知其地址，联系不上，人民法院可以根据《民事诉讼法》关于公告送达的规定，用公告的形式送达。自公告发出之日起，经过60天即视为送达。不管国外一方是否应诉，都不影响人民法院的审理。假如人民法院依法缺席判决离婚，判决书仍然需要公告送达，送达期满后，还需要经过60天的上诉期。这样，整个离婚诉讼的时间至少需要一年两个月。

(2) 双方都在国外。

对这种情况，如果双方自愿离婚，原来在国内登记结婚的，双方可以回国内向原结婚登记机关申请办理离婚手续。如果原来在我国驻外使、领馆登记结婚的，可以向原来办理结婚登记的我国驻外使、领馆办理离婚手续。如果一方要求离婚，而另一方不同意，或者双方虽然同意离婚，但对子女抚养或者财产分割有争议，应当向国内被告出国前最后户籍所在地或者居所地的人民法院提出离婚诉讼。如果因为特殊情况，无法回国起诉、应诉的，应当办理授权委托书，委托国内的亲友或律师作为诉讼代理人代为诉讼，并且向人民法院提交对离婚、子女抚养和财产处理的书面意见书。委托书和意见书都应当经过我国驻该国使、领馆的认证或者公证，没有使、领馆的，应当由当地爱国华侨团体证明。

第四，华侨离婚。

根据我国有关法律的规定，男女双方自愿离婚的，并且对子女抚养和财产分割等问题已经作了妥善处理，不存在争议，那么双方可以到结婚登记机关去申请离婚登记。如果只有一方要求离婚，或者一方不能到婚姻登记机关去申请离婚，这可以由有关部门进行调解，或者直接向国内一方户口所在地的人民法院提起离婚诉讼。

华侨离婚有两种情况。第一种是华侨在国外提出离婚，这还分两种情况：一是双方都居住在国外，二是居住在国外的华侨提出与国内的配偶离婚。第二种情况是国内配偶在国内提出与国外华侨离婚。由于情况不同，处理的方法也不同。现就一些具体的离婚办法简述如下。

（1）华侨在国外提出离婚。

男女双方都居住在国外提出离婚的，原则上应当向居住国居所地有关机关申请办理离婚手续。如果当事人办理结婚登记是在国内，因种种原因国外居住地有关机关不受理时，双方可以回到国内，向原结婚登记机关或者是结婚登记地人民法院申请办理离婚手续。如果因为特殊情况不能回国，可以办理授权委托，委托国内的亲友或者律师作为代理人代为办理，并且向国内原结婚登记机关或者结婚登记地的人民法院提交离婚、子女抚养、财产处理的意见书，由该婚姻登记机关办理或者由人民法院来审理。委托书和意见书都应当经过我国驻外使、领馆认证和直接公证。如果原来是我驻外使、领馆登记结婚的，申请离婚时，双方在其他方面没有争议的，可以向原经办结婚登记的我国驻外使、领馆办理离婚手续。如果双方在其他方面有争议，则应该向出国前最后户籍所在地或者居住地的人民法院起诉。如果双方已经迁居其他国家，还是按上述的规定来办理。有关法律文书需要经居住国公证机关公证，经我国驻该国的使、领馆认证。如果双方原来是在国外婚姻登记机关办理的结婚登记，其离婚请求只能由原来外国结婚登记机关或者有关机关来处理，国内有关机关不予受理。但如果双方已经回国居住，并且要求离婚的，应当向现在户籍所在地的婚姻登记机关或者人民法院提出。

在国外的华侨提出与国内的配偶离婚，双方必须到国内一方户口所在地的婚姻登记机关申请登记离婚，或者到国内一方户口所在地的中级人民法院起诉。如果因为特殊情况不能回国办理，国外华侨可以委托国内的亲友或者律师作为代理人代为办理。具体的方法如前所述。

（2）国内配偶提出与国外华侨离婚的。

国内配偶提出与国外华侨离婚，办理离婚手续和中国公民与外国人的离婚手续基本相同。也就是说，如果男女双方自愿离婚，双方应当亲自到国内配偶一方户口所在地的市、县级的婚姻登记机关办理离婚登记手续。如果国外华侨不能回国，国内配偶一方必须持有国外华侨同意离婚的证件（此证件必须经过外国公证机关公证，经过我国驻该国的使、领馆认证），到市、县一级的婚姻登记机关办理离婚登记手续。如果国外华侨不同意离婚，或者虽然同意离婚，但对子女抚养和财产处理问题有争议，国内配偶一方可以向户口所在地的中级人民法院起诉。国外华侨无法应诉出庭的，必须向我国人民法院提交离婚、子女抚养、财产处理的书面意见书。书面意见书必须经过所在国公证机关的公证，并且经过我国驻该国使、领馆的认证，也可以由我国驻外使、领馆直接公证。如果提出离婚的理由充足，经审查属实，一般应当准予离婚。如果国外华侨不同意，经过调解和好无效，也可以判决离婚。

涉港澳离婚虽然不是涉外离婚，但也是一种特殊情况的离婚。香港、澳门同胞与内地公民在香港、澳门离婚可适用当地的法律，在不违反我国婚姻法的基本原则和国家利益的前提下承认其效力。

如果香港、澳门同胞与内地公民要求在内地离婚，应当适用中华人民共和国的法律来办理。如果夫妻双方原来在内地结婚，后来定居在香港或者澳门，因为特殊原因，双方回内地要求离婚，由婚姻登记机关或者婚姻登记地的人民法院依法办理。

### 365. 对造成离婚后果的第三者怎样处理？

有些家庭的破碎，夫妻的离婚，是由第三者的插足造成的。因此，第三者应该受到法律制裁。

然而，《最高人民法院关于适用〈中华人民共和国婚姻法〉若干问题的解释（一）》第29条规定：“承担婚姻法第四十六条规定的损害赔偿责任的主体，为离婚诉讼当事人中无过错方的配偶。”这条司法解释便排除了对第三者的起诉。也就是说，起诉第三者，让其承担责任赔偿，没有法律依据。离不离婚是夫妻之间的事，第三者充其量是个诱因。把夫妻感情破裂的责任强加在第三者身上，并以此让其承担拯救家庭的责任和赔偿责任于法无据。

根据法律规定，在离婚案件中，无过错方只能向自己有过错的配偶提出损害赔偿，而没有权利要求第三者承担损害赔偿责任。

如果有确凿的证据能够证明第三者因为重婚或者同居等破坏他人家庭的行为构成了犯罪，可以到法院起诉或者到其他司法机关检举、控告，要求追究第三者的重婚罪、破坏军婚罪等刑事责任。

### 366. 对妨害民事诉讼的人可以采取哪些强制措施？

根据《民事诉讼法》第十章的规定，为了确保审判工作顺利进行，对妨害民事诉讼的，可以根据不同情况，分别采取以下强制措施。

（1）人民法院对必须到庭的被告，经两次传票传唤，无正当理由拒不到庭的，可以拘传。

（2）对违反法庭规则的人，可以予以训诫，责令退出法庭或者予以罚款、拘留。对哄闹、冲击法庭，侮辱、诽谤、威胁、殴打审判人员，严重扰乱法庭秩序的人，依法追究刑事责任；情节较轻的，予以罚款、拘留。

（3）诉讼参与人或者其他人有下列行为之一的，人民法院可以根据情节轻重予以罚款、拘留；构成犯罪的，依法追究刑事责任：①伪造、毁灭重要证据，妨碍人民法院审理案件的；②以暴力、威胁、贿买方法阻止证人作证或者指使、贿买、胁迫他人作伪证的；③隐藏、转移、变卖、毁损已被查封、扣押的财产，或者已被清点并责令其保管的财产，转移已被冻结的财产的；④对司法工作人员、诉讼参加人、证人、翻译人员、鉴定人、勘验人、协助执行的人，进行侮辱、诽谤、诬陷、殴打或者打击报复的；⑤以暴力、威胁或者其他方法阻碍司法工作人员执行职务的；⑥拒不履行人民法院已经发生法律效力的判决、裁定的。人民法院对有上述规定的行为之一的单位，可以对其主要负责人或者直接责任人员予以罚款、拘留；构成犯罪的，依法追究刑事责任。

（4）当事人之间恶意串通，企图通过诉讼、调解等方式侵害他人合法权益的，人民法院应当驳回其请求，并根据情节轻重予以罚款、拘留；构成犯罪的，依法追究刑事责任。

（5）被执行人与他人恶意串通，通过诉讼、仲裁、调解等方式逃避履行法律文书确定的义务的，人民法院应当根据情节轻重予以罚款、拘留；构成犯罪的，依法追究刑事责任。

（6）有义务协助调查、执行的单位有下列行为之一的，人民法院除责令其履行协助义务外，并可以予以罚款：①有关单位拒绝或者妨碍人民法院调查取证的；②有关单位接到人民法院协助执行通知书后，拒不协助查询、扣押、冻结、划拨、变价财产的；③有关单位接到人民法院协助执行通知书后，拒不协助扣留被执行人的收入、办理有关财产权证照转移手续、转交有关票证、证照或者其他财产的；④其他拒绝协助执行的。人民法院对有上述规定的行为之一的单位，可以对其主要负责人或者直接责任人员予以罚款；对仍不履行协助义务的，可以予以拘留；并可以向监察机关或者有关机关提出予以纪律处分的司法建议。

根据《民事诉讼法》的规定，对个人的罚款金额，为人民币10万元以下。对单位的罚款金额，为人民币5万元以上100万元以下。

拘留的期限，为15日以下。被拘留的人，由人民法院交公安机关看管。在拘留期间，被拘留人承认并改正错误的，人民法院可以决定提前解除拘留。

拘传、罚款、拘留必须经院长批准。拘传应当发拘传票。罚款、拘留应当用决定书。对决定不服的，可以向上一级人民法院申请复议一次。复议期间不停止执行。采取对妨害民事诉讼的强制措施必须由人民法院决定。任何单位和个人采取非法拘禁他人或者非法私自扣押他人财产追索债务的，应当依法追究刑事责任，或者予以拘留、罚款。

### 367. 上诉要注意哪些问题？上诉的期限是多长？

上诉要注意以下问题。

（1）上诉要靠事实、证据和法律，不能靠侥幸。如果认为一审法院所作出的判决或者裁定，确实违反了法律规定，或者是采用的证据不正确，认定的事实有错误，不仅可以上诉，而且应该上诉。但不能怀着侥幸心理，一审法院所作出的判决和裁定本来不存在问题也提出上诉。人民法院所作出的判决和裁定是十分严肃的，如果没有违反法律，认定的事实没有错误，上级法院是不会改变下级法院的判决和裁定的。

（2）要明确向哪个法院上诉。上诉人既可以向原审人民法院提出，也可以直接向原审人民法院的上一级人民法院提出。由于上一级人民法院收到上诉人的上诉状以后，还需要将其转给第一审人民法院，由第一审人民法院连同该案的全部卷宗一起报送给第二审人民法院，因此上诉向一审法院提出为好。上诉案件只能由第一审人民法院的上一级人民法院管辖，因此，上诉不能越过原审人民法院的上一级法院而向其他法院提出上诉，上诉人没有选择第二审人民法院的权利。目前一般的做法是：上诉人写好上诉状以后在法定的期限内，向一审人民法院递交。一审人民法院出具上诉证明，当事人拿到上诉证明向二审法院交纳上诉费。二审法院收到上诉费后开出收据，当事人将收据交给第一审人民法院，一审法院见到二审法院的上诉费收据以后，在法定期限内，将案件的全部卷宗材料连同上诉人的上诉状一起移交给二审人民法院。当然，也有的要把上诉费直接交给一审法院，一审法院将上诉费和全部卷宗、材料一起送交第二审法院。

（3）要由有上诉权的人在上诉期限内上诉。第一审人民法院宣告判决或者裁定以后，应当给当事人一段时间考虑到底上诉还是不上诉。当然这种考虑的时间不能过长，对上诉的期限，因案件的性质不同诉讼法有不同的规定。不管是哪种案件，逾期不提起上诉的，人民法院的第一审判决或者裁定就发生了法律效力，当事人即使不服，也必须执行，不能再上诉。

（4）要针对一审的判决或者裁定提出上诉。认为一审法院的判决或者裁定存在什么错误，自己提出什么主张，应当在上诉状中写清楚。不应该对判决或者裁定以外的问题上诉。对具体的上诉方法，包括上诉期限、上诉状的写法、诉讼费用的缴纳等问题，第一审人民法院在宣告判决或者裁定的时候，一般都向当事人及其代理人说明。当事人或者诉讼代理人也可以主动咨询，将各方面的问题了解清楚，然后认真考虑是否有必要提出上诉。

(5) 法院对案件作出判决，都是根据证据作出的。如果认为法院的判决不正确，也应该注意在证据方面阐述理由，或者向人民法院提出新证据。

(6) 要交上诉费。对于应该交多少上诉费，国务院发布的《诉讼费用交纳办法》有明确规定。

对案件的判决和裁定的上诉期限，诉讼法有不同的规定。《民事诉讼法》第164条规定，当事人对判决不服，有权在判决书送达之日起15日内向上一级人民法院提出上诉。当事人对裁定不服，有权在裁定书送达之日起10日内向上一级人民法院提出上诉。

在上诉期内，允许当事人变更自己的意见。也就是说，在上诉期内，当事人即使表示不上诉，经过考虑以后，只要没过上诉期，还可以提出上诉；即使提出了上诉，经过考虑以后，也允许撤回上诉。在上诉期满以后，上诉人要求撤回上诉的，应当由第二审人民法院进行审查。如果认为原判认定的事实和适用法律都正确，裁判适当，应当准予上诉人撤回上诉。如果认为原判事实不清，证据不足，或者裁判不当，应当不准许撤回上诉，并且按照二审程序进行审理。

### 368. 怎样写上诉状？

为了保证上诉状的质量，最高人民法院对各种案件的上诉状都规定了固定格式，上诉人制作上诉状必须严格按照规定的格式来制作。

按照格式规定，上诉状一般分以下四部分。

(1) 首部。

在这部分里要写明上诉状的标题，一般是写“民事上诉状”，也可以直接写作“上诉状”。随后要写明当事人的基本情况。除了要写明上诉人的基本情况以外，还要写被上诉人的基本情况。所谓基本情况，就是要写明当事人的姓名、性别、年龄、民族、职业或者工作单位和职务、住所。住所如果与经常居住地不一致时，要写经常居住地。当事人如果是法人，还要写明法人的名称和住所，并写明其法定代表人的姓名及职务；当事人如果是不具备法人条件的其他组织，要写明其名称和住所，写明其主要负责人的姓名及职务。如果有委托代理人的，应当写明其姓名、性别、职业或者工作单位和职务、住所。如果考虑到法院与其联系方便，也可以写电话号码。

在这之后，要写明案由、原审人民法院的名称、原判决或者裁定的时间、文书的字号以及判决或者裁定的名称，作上诉的表示等内容。这一段一般可以表述为："上诉人因××一案，不服×××人民法院××××年×月×日所作的（年度）××××字第××号第一审判决（或者裁定），特向你院提起上诉。现将上诉的请求和理由分述如下。"

（2）上诉请求。

这一部分要写得既简明扼要又必须具体，不能含糊其辞，如不能写"请求上一级人民法院照顾，适当变更原判决""请求上一级人民法院依法作出公正判决"，或者是写"请求上一级人民法院给我做主"等空洞的话。因为上诉人要求的"照顾""公正""做主"等，不仅没有法律依据，而且也不具体。双方当事人到法院打官司，法院为什么要照顾其中的一方呢？怎样裁判才叫公正？怎样才是为当事人做主？在上诉状中应该把这些问题写得清楚具体。

（3）上诉理由。

这一部分是上诉状的重点。上诉状与起诉状的不同之处，就在于起诉状是全部论说对方当事人怎样无理、怎样违法，而上诉状是写明第一审人民法院的裁判在哪些问题上存在错误。上诉状不是起诉状的改头换面，它的指向是针对第一审人民法院的判决或者裁定，如果不是这样，而是对起诉状的照抄照摘，这就不能被上一级人民法院所采纳。

针对原审裁判不服的理由，不外乎从以下两方面来论证：①针对原判认定事实错误进行论证，指出第一审人民法院所认定的证据存在哪些问题；②对原审人民法院适用法律不当进行论证，应该具体说明违反了哪条法律。

总之，上诉理由部分，既要有事实根据，又要有法律依据。上诉状写得好不好，不在于篇幅长短，也不在于用词是否有力，而在于是否有事实和法律依据。有人错误地认为，上诉状写得很长，把问题写得很全面，这就是一份好的上诉状，其实不然。如果无关紧要的话写得太多，就会冲淡主要内容。上诉状的根本特点是它的针对性强，重点突出。

（4）尾部。

在这一部分里，要写明致送法院的名称，即在"此致"之后，另起一行顶格写"××中级人民法院""××高级人民法院"等。接着写明附项，具体写明本上诉状的副本多少份，附证据多少件，还有证人名单等情况。最后写明上诉人的姓名，打印的上诉状要由上诉人亲笔签名，注明制作本上诉状的日期。

为了使读者能够写出规范的上诉状，现选取司法实践中一份民事案件的上诉状范例，供读者参考。

## 民事上诉状

上诉人（一审被告）王××，女，××××年×月×日出生，汉族，××省××市人，系××市××厂工人，现住××市××区××街××号。

被上诉人（一审原告）孙××，男，××××年×月×日出生，汉族，××省××市人，系××市××公司工人，现住××市××区××街××号。

上诉人因离婚一案，不服××市××区人民法院××××年×月×日作出的（××××）×民初字第××号民事判决，现提出上诉。

### 上诉请求

请求撤销原判，判决不准离婚。

### 上诉理由

原判决认为：原、被告的婚姻，是由双方父母包办的，没有感情基础，婚后因为家务琐事而吵闹不止，女方毫无根据地怀疑男方另有所恋，并去信咒骂与男方有来往的女同志。不仅如此，还多次到男方单位吵闹，影响男方工作，遂使双方感情日益破裂。现男方提出离婚，调解无效。经调查，证实双方感情确已破裂，无法和好，故依法判决离婚。

我认为，原判认定的事实不正确，其判决也是错误的。我与被上诉人结婚，虽然由双方父母做主，但我们二人也都同意，并无勉强之意，这不能叫"父母包办"。我们订婚后，双方不断约会，彼此印象很好；婚后也一度挺好，并生有一女孩儿。原审判决认定"无感情基础"，这是没有根据的。后来，我们确实因为生活琐事争吵过，但这不是离婚的依据，不能一有争吵就判离婚。所谓"女方毫无根据地怀疑男方另有所恋"，这更是不顾事实之谈。我手中有三封书信为证，是被上诉人在初中读书时一位女同学给他写的。信中"亲爱的""很想你""常常梦见你"等词语明明白白地说明，他们之间不是一般的同志、同学关系。我给她女同学去信，指责她的行为、用语会影响我们家庭的和睦，这是正当的；我找到孙××的单位，向其组织反映他的情况，希望组织及时帮助他，这也是必要的，对孙××不往邪路上迈步是有好处的。原审不查详情，只听一面之词，遂作出了错误判决。

根据上述情况，我认为，如果能依据事实批评孙××婚外恋的错误，指出其危害，他是能够放弃错误思想，改善夫妻关系的。一审人民法院在我们夫妻感情没有破裂的情况下，不作认真调解，轻易判决我们离婚，这与《中华人民共和国婚姻法》第三十二条第二款的规定是不相符的。至于我的缺点，我愿改正。

此致

××市中级人民法院

附：本上诉状副本一份。

上诉人：王××
××××年×月×日

**369. 二审的审理方式有哪些？**

我国《民事诉讼法》第169条规定："第二审人民法院对上诉案件，应当组成合议庭，开庭审理。经过阅卷、调查和询问当事人，对没有提出新的事实、证据或者理由，合议庭认为不需要开庭审理的，可以不开庭审理。"这一规定表明，每个经审查符合上诉条件的上诉案件，人民法院都可以根据案情，选择以下一种方式来进行审理。

（1）书面审理。即对事实核对清楚，认为不需要开庭审理的案件，可以进行判决。《民事诉讼法》对不开庭审理规定了严格的条件。一是案件必须由合议庭审理，不能由独任审判员审理。二是合议庭通过阅卷调查。调查可以由合议庭全体成员进行，也可以由合议庭指定一个成员与书记员进行。调查人员应向合议庭报告调查情况。三是必须询问当事人，并听取当事人陈述。四是全部案件事实核对清楚后，由合议庭评议决定，认为不需开庭审理的，径行判决。

（2）开庭审理。开庭审理是一般情况下人民法院通常采用的二审审理方式。

**370. 上诉案件的处理结果有哪些？**

根据《民事诉讼法》第170条规定，第二审人民法院对上诉案件，经过审理，按照下列情形，分别作出不同的处理，具体有以下几种。

（1）第二审人民法院对上诉案件审查后，认为原判认定事实清楚，适用法律正确，上诉请求不能成立的，应当驳回上诉，维持原判决或者裁定。

（2）第二审人民法院对上诉案件审查后，如果认为原判决认定事实或者适用法律有错误的，以判决、裁定方式改判。

（3）如果认为原判决认定事实不清，裁定撤销原判，发回原审法院重审，或者查清事实后改判。

（4）原判决遗漏当事人或者违法缺席判决等严重违反法定程序的，裁定撤销原判决，发回原审人民法院重审。原审法院对发回重审的案件作出判决后，当事人提起上诉的，第二审人民法院不得再次发回重审。

第二审人民法院对不服第一审人民法院裁定的上诉案件的处理，一律使用裁定。

第二审人民法院审理上诉案件，可以进行调解。调解达成协议，应当制作调解书，由审判员、书记员署名，加盖人民法院印章。调解书送达后，原审人民法院的判决即视为撤销。

第二审人民法院判决宣告前，上诉人申请撤回上诉的，是否允许，由第二审人民法院裁定。

### 371. 离婚后可以复婚吗?

可以。男女双方离婚，肯定有离婚的理由和原因。离婚后，由于事情都在不断变化，有时在已经离婚的男女二人之间会出现导致离婚的原因消除，这使离婚后又复婚的较多。这是因为复婚有以下好处。

（1）有利于孩子的成长。对于已经有了孩子的夫妻二人来说，复婚最大的受益者是孩子。因为现实证明，离婚以后，孩子只能跟随父母的一方生活，缺乏完整的、正常的家庭教育。不管是升学、就业，还是一般的日常教育，父母离婚的孩子都明显不如在正常家庭中成长的孩子。从这一点上来讲，如果能复婚，对孩子来说，当然是很有益了。

（2）有了互相了解的基础。两人以前在一起共同生活了一段时间，对方的脾气、性格、为人、处世等各方面都已经了解，复婚后双方一般能迅速适应。由于对方的缺点毛病很难改正，只有针对性地有所让步，才能够避免新矛盾的产生。

（3）便于结束因离婚而带来的精神痛苦。两人离婚后，虽然可以不再发生纠纷，减少了麻烦，但应当说，离婚是人生中的不幸。在生活中看看电影、看看电视，或者听到了别人的有关话题，容易引起自己的回忆或联想，从而再度陷入婚姻悲剧的阵痛。复婚了，以前不愉快的一页翻过去，重新生活，对许多人来说，要比与他人重新组建家庭好一些。

（4）离婚者最不爱听的话是“离婚没好人，好人不离婚”“一个巴掌拍不响”之类的话，特别是当今因为婚外恋而离婚的人较多，而婚外恋是公认的缺乏社会道德的行为，不少人就会因此而对所有离婚的人产生怀疑：他是不是因为婚外恋而离婚？由于这些不正确舆论的存在，离婚者不仅再婚步履艰难，而且常常遭到一些人背地里指指点点。虽然完全可以不必理会这些，但也应当承认，还是不受他人背后议论好。

任何事情有利也有弊，复婚的弊病也很突出，不容忽视。准备复婚者必须了解以下问题。

(1) 俗话说，“江山易改，本性难移”，这说明一个人的缺点很难改正，即使对方完全认识了自己的缺点，甚至表示愿意改正，但真正改起来也十分困难。因此，复婚者不要把希望放在对方可以改正缺点这种梦想上，而应当从自己这方面做起，彻底改变自己，适应对方，就是自己先有“彻底投降，完全适应对方”这样的思想准备。

(2) 容易使矛盾更加激化。复婚的双方如果没有“彻底投降”的思想准备，总是希望对方“投降”，总认为自己最正确，这样的复婚仍是很危险的。由于人不容易改掉自己的缺点，这就决定了复婚后有可能再度产生过去已经出现的纠纷。但复婚后，再离婚、再复婚，这也不可行。有些人复婚后出现了凶杀案，原因就是走到了离婚的边缘，但迫于再离婚会引起舆论的指责而继续维持婚姻关系又很困难，在走投无路的情况下，杀人便成了性格暴躁、没有法制观念者的选择。

(3) 复婚者因不忘前隙，容易再度争论以前纠纷中的对与错，双方一揭起陈年伤疤，就会再点“战争”的烟火。

纵观全部利弊，一般来说，在还有复婚的可能，双方都肯让步，都能原谅对方的过去，都可能改正自己、从而适应对方的情况下，复婚才是可行之举。

### 372. 复婚要办哪些手续?

从法律上讲，对复婚不提倡、不反对。如果复婚，复婚者也还是要按照《婚姻法》关于结婚问题的规定，实行双方的完全自愿，不受他人干涉，男女平等的原则；必须遵守一夫一妻的婚姻制度。离婚后已经再婚的，在再婚的婚姻关系没有解除之前不能复婚，否则便会因为重婚而被追究法律责任。

男女双方复婚应当到婚姻登记机关办理登记手续，交出离婚证明或者人民法院关于准许离婚的裁判文书。婚姻登记机关经过审查，如果双方符合结婚的条件，准予登记，并发给结婚证，从而重新确立婚姻关系。未经登记，没有取得结婚证的复婚，是非法婚姻关系，法律不承认也不予保护。

### 373. 为什么要重视再婚问题?

由于现在再婚者比较多，再婚后离婚率也比较高，所以事实告诉人们应该重视再婚问题。

再婚者应该注意调整自己，适应对方。

(1) 再婚“三件宝”大度、忍让、戒斗不可少。这是因为再婚后遇到的问题比较复杂。比如怎样正确对待双方各自的亲生子女及亲属，如何抚育双方的亲生子女，夫妻如何处理各自的婚前财物等。再婚者双方年龄相对较大，双方都可能存在忌讳别人提及的缺陷。夫妻如果发生口角，若有一方首先揭起对方的陈年伤疤，以揭短为快，那么很容易使矛盾激化，从而发生纠纷、争斗。再婚的初期夫妻关系相对脆弱，一旦发生纠纷、争斗，新的婚姻也不会长久。

(2) 应当像关心爱护自己亲生子女那样，关心爱护对方的子女。子女是再婚后家庭中的敏感问题。这个问题处理得如何，直接影响到家庭关系的稳定和夫妻间的感情。

(3) 要调整自己的生活习惯，以便适应新家。再婚者与以前配偶共同生活时，已经形成了固定的生活模式，养成了一定的生活习惯。前一个家庭破碎以后，再婚另建新家，与从来没在一起生活过的新配偶在一起生活，生活模式和习惯可能与对方不相同。这就需要一个婚后磨合期，双方最好都不要去要求对方改掉以往的生活习惯而适应自己，而应当努力主动改变自己的生活习惯，从而适应对方，适应新家。

(4) 往日虽然可以回味，但今日婚姻应当珍惜。有人习惯把原先配偶的长处与再婚配偶的短处相比较，越比越觉得再婚配偶还不如以前的配偶，于是精神不振，甚至心灰意冷，这时会感到再婚家庭不十分理想。这种情绪的不断积累不利于新家庭的巩固，所以必须学会珍惜当下的婚姻。

### 374. 再婚要办理哪些手续？

再婚、复婚、结婚，这三个法学术语的内容尽管不完全一样，但也有相同之处，这就是男女双方都应当严格遵守我国婚姻法关于结婚原则和结婚条件的规定，应当亲自到婚姻登记机关去履行结婚登记手续，从法律上确认夫妻关系，从而使婚姻关系受国家法律保护。至于是否举行婚礼，这完全由双方当事人自己决定。

目前，有些再婚者，特别是年龄大一些的再婚者，不履行结婚登记手续，两人完全处于一种试婚状态，像临时搭伙过日子一样，能过多长时间就过多长时间，如果因为性格不合等原因分手，免得去办理离婚手续。当事人只看到了省事的一面，可是没有看到这种非法婚姻关系会带来许多麻烦的另一面。

例如，有一对老年人再婚，老太太嫁到了老头儿家之后，两人在一起生活了五年，本来各方面条件都很好，他们也曾经想过要补办登记手续，但考虑到已经一起生活挺长时间了，不登记也照常可以在一起生活，也就一直没有登记。一日，老头儿突然因患脑血栓住进了医院，老太太只好在身旁照顾，五个月后，老头儿死亡，于是婚姻关系结束。这时，老头儿的亲生子女赶老太太走，让她倒出房屋，说这房子是老头儿的，老头儿的子女有继承权，而老太太因为没有和老头儿履行结婚登记手续，他们是非法婚姻关系，不存在继承遗产问题。老太太认为，自己与老头儿已经在一起生活了五年，而且在老头儿患病住院期间是她精心照料的，老头儿一死就赶她走，这不合情理。这种现象，确实在情理上讲不通，但在法律上就能讲得通。因为没有履行结婚登记手续的婚姻是非法婚姻，男女双方确实没有互相继承遗产的权利。

有的再婚者担心，履行了再婚登记手续，再婚后万一婚姻不长久，会在财产分割上带来麻烦。其实，这种担心没有必要。我国《婚姻法》第 19 条规定："夫妻可以约定婚姻关系存续期间所得的财产以及婚前财产归各自所有、共同所有或部分各自所有、部分共同所有。"结婚者（包括再婚）可以用书面形式对财产进行约定。这种约定，既可以在婚前约定，也可以在再婚后约定，当然，约定后双方还可以修改。这样就可以避免一些分割财产方面的争议。

到婚姻登记机关办理登记手续，不仅使婚姻关系合法有效，受国家法律保护，而且登记机关将按照婚姻法和有关法律的规定，对双方当事人是否具备结婚条件进行审查。这样可以防止不具备结婚条件的人与他人再婚。例如，对方如果与他人的婚姻关系没有解除，就不能再婚。履行结婚登记手续有利于保护婚姻当事人的合法权益。

### 375. 在婚姻纠纷中，为什么要预防凶杀案？

我们提出这个问题，主要是从以下两方面考虑。

一是在现实生活中，确实存在着这样的现象，由于夫妻之间发生了纠纷、口角，随后就闹离婚。在离婚诉讼中发生了故意伤害、故意杀人案件。有的不仅仅是杀害了对方，甚至杀害了对方的父母、亲属，让人触目惊心。

二是婚姻纠纷旷日持久，有的打起了离婚官司，一连数月没有结果，而且这两人由于婚姻关系没解除，仍然还在一起生活，摩擦不断，矛盾升级，容易出现凶杀案。因此我们说，夫妻感情出现了问题，如果还能够在一起继续生活，那就要让步、容忍，在一起好好过日子；如果实在过不下去，就好说好散，摆脱痛苦，寻找新生活。

# 第四章 合 同

## 376. 预防合同纠纷的措施有哪些？

打官司是被逼无奈的选择，即使能胜诉，也还是不打为好。为了避免产生合同纠纷，就要高度重视预防合同纠纷的产生。预防合同纠纷要从签订合同开始，因为许多合同官司就是由于在签订合同时留下了隐患。预防合同纠纷应该采取以下措施。

（1）应当严格审查对方当事人的主体资格。订立合同时，首先应当审查对方当事人是否具备合同的主体资格，如果不具备，签订的合同就会隐藏巨大风险。因此，如果当事人是自然人的，应当审查其身份证件，确定其是否具有行为能力；如果当事人是法人或其他组织，应当审查其营业执照以及营业执照是否经过年检；如果对方当事人委托代理人来签合同，还应当审查代理人是否具有授权委托书等证明文件。

（2）了解对方当事人的资信情况。资信情况关系到对方当事人是否具有履约能力的问题。

（3）尽管合同分书面和口头合同，但为了预防合同纠纷，要采用书面形式，而且要尽可能把合同写得详细，不留漏洞，不能漏掉合同的主要条款。

（4）合同条款应当明确、详尽，避免使用含混不清的用语。尤其是涉及合同的履行、违约责任等方面，一定要写清楚。需知这些方面的内容决定着将来合同官司的胜负。

（5）保存证据。由于在合同纠纷诉讼中，当事人对自己提出的主张负有举证责任，因此，证据的保存至关重要。在各种证据中，要特别注意保存好合同书和履行合同过程中的票据。

（6）对于重要的合同，可以经过公证。

（7）如果有证据证明对方当事人可能会丧失履行合同的能力，可以通知对方提供担保。

（8）如果对方没有履约能力或者无履行合同的诚意，可以根据合同法的有关规定，要求解除合同，追究对方的违约责任。

（9）警惕合同陷阱。尤其要详细审查格式合同的每一条款，自己一方没有百分之百把握能够履行的，不能签订。

### 377. 订立合同应当遵循哪些原则？

为了避免合同纠纷，不打合同官司，订立合同应当遵循以下原则。

（1）平等原则。《合同法》第3条规定："合同当事人的法律地位平等，一方不得将自己的意志强加给另一方。"即不允许任何主体有凌驾于他人之上的优越地位。

（2）自愿原则。《合同法》第4条规定："当事人依法享有自愿订立合同的权利，任何单位和个人不得非法干预。"

（3）公平原则。《合同法》第5条规定："当事人应当遵循公平原则确定各方的权利和义务。"

（4）诚实信用原则。《合同法》第6条规定："当事人行使权利、履行义务应当遵循诚实信用原则。"即不得滥用权利及规避法律或合同规定的义务。

（5）合法原则。《合同法》第7条规定："当事人订立、履行合同，应当遵守法律、行政法规，尊重社会公德，不得扰乱社会经济秩序，损害社会公共利益。"

### 378. 签合同的当事人应当具备哪些条件？

《合同法》第9条规定："当事人订立合同，应当具备相应的民事权利能力和民事行为能力。"由此可见，订立合同的当事人应当具备以下条件：①具有民事权利能力；②具有民事行为能力。无民事行为能力人和限制民事行为能力人只能独立从事特定的民事活动，其他民事活动由其法定代理人代理进行。

法人的民事行为能力和民事权利能力在时间和范围上都是一致的，始于法人成立，终止于法人消灭，在法人的存续期间始终存在。

### 379. 合同一般包括哪些条款？

根据《合同法》第12条规定，合同一般包括以下条款。

（1）当事人的名称或者姓名和住所。

（2）标的。合同标的是指合同当事人双方的权利和义务共同指向的对象。

（3）数量。数量是合同标的的具体化，直接确定当事人双方权利、义务的大小和程度。

(4) 质量。质量是指合同标的的内在素质和外观形态的综合指标。当事人就质量没有约定或约定不明的，可以协议补充；不能达成补充协议的，按照合同有关条款或者交易习惯确定；仍不能确定的，按照国家标准、行业标准履行；没有国家标准、行业标准的，按照通常标准或者符合合同目的的特定标准履行。

(5) 价款或者报酬。价款或者报酬是标的的价金，也是一方取得标的所应支付的代价。价款或者报酬约定不明确的，不影响合同的成立和效力。根据《合同法》的有关规定，价款或报酬不明确的，可以协议补充；不能达成补充协议的，按照合同有关条款或者交易习惯确定；据此不能确定的，按照订立合同时履行地的市场价格履行；依法应当执行政府定价或者政府指导价的，按照规定履行。

(6) 履行的期限、地点和方式。履行的期限是对合同履行的时间要求，是权利主体行使请求权的时间界限，是确认合同是否按期履行或迟延履行的客观标准。履行地点是履行合同义务和接受履行的地点。履行方式是指当事人采用什么样的方式和手段来履行合同规定的义务，往往是根据合同的内容不同而不同。根据《合同法》的有关规定，当事人就履行期限没有约定或者约定不明确的，可以协议补充；不能达成补充协议的，按照合同有关条款或者交易习惯确定；仍不能确定的，债务人可以随时履行，债权人也可以随时要求履行，但应当给对方必要的准备时间。当事人就履行地点没有约定或约定不明确的，可以协议补充；不能达成补充协议的，按照合同有关条款或者交易习惯确定；仍不能确定的，给付货币的，在接受给付一方的所在地履行，交付不动产的，在不动产所在地履行；其他标的，在履行义务一方的所在地履行。当事人就履行方式没有约定或者约定不明确的，可以协议补充；不能达成补充协议的，按照合同有关条款或者交易习惯确定；仍不能确定的，按照有利于实现合同目的的方式履行。

(7) 违约责任。违约责任是当事人不履行或不适当履行合同规定的义务所应承担的法律责任。一般而言，双方当事人未规定违约责任条款不影响合同的成立。

(8) 争议解决的方法。可供当事人选择的解决争议的方式主要有和解、调解、仲裁、诉讼，其中具有实质意义的是仲裁和诉讼。

当事人还可以根据具体情况，在合同或者协议中约定其他有关事项。

### 380. 合同成立应当具备哪些要件？

根据《合同法》的有关规定，合同成立的法律要件有下面三个。

(1) 合同具有双方或者多方当事人。合同通常是双方当事人签订的，但也有一些合同是三方或者三方以上当事人订立的。

(2) 合同具备必要的条款。

(3) 当事人通过要约和承诺的方式达成合意。所谓合意，是指当事人意思表示达成一致。合同成立只要求当事人就合同的必要条款协商一致，至于当事人的意思表示是否真实、合同的内容是否合法，属于合同是否有效的问题，与合同成立无关。

### 381. 什么是“陷阱合同”?

“陷阱合同”十分可怕，必须警惕。所谓陷阱合同，是指为了进行诈骗而签订的合同。有的陷阱合同，只是在合同中某一个条款中设下陷阱，使对方难以履行。利用陷阱合同诈骗他人钱财的人会以对方不履行合同为名，向法院起诉，骗取对方因为不能履行合同而支付的违约金。

比如，有的用人单位在劳动合同中设下了陷阱条款，不少人由于不注意，或者是因为工作不好找而委屈认可，害怕指出合同中的某些条款不合理而找不到工作，不小心掉进用人单位的劳动合同陷阱。因此，人们对陷阱合同一定要提高警惕，以免上当受骗。

用陷阱合同诈骗他人钱财，主要有以下一些方法。一是设下押金陷阱。例如，有的用人单位利用劳动者求职心切的心理，向劳动者收了押金、风险金、培训费、保证金等各种名目、数额不等的金钱，劳动者稍有违反规定的行为，用人单位即扣留这部分押金。二是设立霸王条款。例如，有的劳动合同条款明显向用人单位倾斜，根本不与劳动者协商，也不向劳动者讲明。合同只从企业的利益出发，规定用工单位的权利和劳动者的义务，而很少或者根本不规定用工单位的义务和劳动者的权利。用人单位在合同中设下的免责霸王条款会对劳动者十分不利。

### 382. 哪些合同无效?

《合同法》第52条规定，有下列情形之一的，合同无效：①一方以欺诈、胁迫的手段订立合同，损害国家利益；②恶意串通，损害国家、集体或者第三人利益；③以合法形式掩盖非法目的；④损害社会公共利益；⑤违反法律、行政法规的强制性规定。

根据《合同法》第53条规定，合同中的下列免责条款无效：①造成对方人身伤害的；②因故意或者重大过失造成对方财产损失的。

提供格式条款一方免除其责任、加重对方责任、排除对方主要权利的，该条款无效。

### 383. 什么是合同变更？合同变更应具备哪些要件？

所谓合同变更，是指合同成立后，在没有履行或没有完全履行之前，由于实现合同的条件发生变化，双方当事人经过协商取得一致，对原合同的内容进行修改、补充或完善。合同的变更实际上是合同内容的变更。《合同法》第77条规定："当事人协商一致，可以变更合同。法律、行政法规规定变更合同应当办理批准、登记等手续的，依照其规定。"

合同变更应当具备以下要件。

(1) 已经存在合法有效的合同关系。合同变更是在原合同的基础上，由当事人对其非实质性内容加以改变。如果原合同关系已经消灭或被撤销等，就不存在合同变更的问题。

(2) 必须有合同内容的变更。合同变更是合同内容的变更，因为合同内容发生变化是合同变更不可或缺的条件。

(3) 必须依据法律的规定或当事人的约定变更。依法成立的合同对当事人具有法律约束力，当事人不得擅自变更或解除合同，非依法律规定或当事人约定，不得擅自变更合同。

根据《合同法》第54条规定，下列合同，当事人一方有权请求人民法院或者仲裁机构变更或者撤销。

(1) 因重大误解订立的合同。

(2) 显失公平的合同。一方当事人利用优势或者利用对方没有经验，致使双方的权利与义务明显违反公平、等价有偿原则的，可以认定为显失公平。

(3) 因欺诈订立的合同。

(4) 受胁迫而订立的合同。

(5) 因乘人之危而订立的合同。

可撤销合同一旦被撤销即发生溯及力，使合同自始不发生法律效力。当然，撤销权人可以请求撤销合同，使之自始归于无效，也可以要求变更合同内容，使之继续有效。当事人请求变更的，人民法院或仲裁机构不得撤销。

### 384. 合同权利转让应当具备哪些要件？

合同权利转让，是指不改变合同的内容，债权人将其在合同中享有的权利的全部或部分转让给第三人。《合同法》第79条规定，债权人可以将合同的权利的全部或部分转让给第三人。

合同权利转让应当具备以下要件。

(1) 让与人和受让人须就合同权利转让事宜达成有效协议，该协议是一种以权利转让为内容的合同。

(2) 被转让的合同权利是根据有效的合同产生，并且债权转让不改变债权的内容。

(3) 被转让的合同权利具有可转让性。合同债权原则上具有可转让性，但根据合同的性质、按照当事人约定以及依据法律规定不得转让的债权不得转让。其中根据合同的性质不得转让的权利一般包括：根据特殊的信任关系而产生的合同权利，以当事人的能力为基础的合同权利，有特定目的的债权等。

债权人转让其合同权利不需要债务人同意，只要满足以上条件就发生合同权利转让的法律效果。但债权人转让权利时，应当通知债务人，未经通知，该转让对债务人不发生法律效力，债务人仍然可以向原合同债权人履行义务。债权人转让权利的通知未经受让人同意不得撤销。

### 385. 解除合同的方式有哪些?

所谓解除合同，是指合同生效后，当事人通过协议或一方行使法定或约定的解除权的方式，终止合同权利义务关系的行为。合同解除分为协议解除合同和行使解除权解除合同两种。

(1) 协议解除合同。即当事人协商一致，以签订新合同的方式解除原合同的行为。根据《合同法》第 93 条规定，当事人协商一致，可以解除合同。

(2) 行使解除权解除合同。行使解除权解除合同分为行使约定解除权解除合同和行使法定解除权解除合同。行使约定解除权解除合同，是指当事人在协商一致的基础上，预先在合同中约定一方解除合同的权利，当约定的条件具备时，享有解除权的一方可以通知对方解除合同。行使法定解除权解除合同，是指合同生效后，没有履行或者没有完全履行完毕之前，当事人在法律规定的解除条件出现时，行使解除权而使合同关系消灭。

根据《合同法》第 94 条规定，有下列情形之一的，当事人可以解除合同：①因不可抗力致使不能实现合同目的；②在履行期限届满之前，当事人一方明确表示或者以自己的行为表明不履行主要债务；③当事人一方迟延履行主要债务，经催告后在合理期限内仍未履行；④当事人一方迟延履行债务或者有其他违约行为致使不能实现合同目的；⑤法律规定的其他情形。

### 386. 违约责任的免责事由有哪些?

违约责任的免责事由分为法定免责事由和约定免责事由。

（1）法定免责事由。法定免责事由即由法律直接规定，不需要当事人约定即可援引的免责事由，根据《合同法》第117条的规定，主要是指不可抗力，包括地震、海啸等重大自然灾害和战争、动乱等社会异常事件。发生不可抗力后，需要根据不可抗力对履行产生的影响决定免除责任的情况。例如，不可抗力导致合同未能履行的，如果不可抗力产生的影响消失后，仍然可以履行合同并且履行合同仍然能够实现合同目的的，违约方应对方要求仍然负有履行合同的义务；如果不可抗力导致合同根本无法履行或者即使履行也无任何意义的，违约方无须承担履行合同义务的责任，也无须承担损害赔偿等责任；法律特别规定不可抗力不能免责的，即使发生了不可抗力也不能免除违约责任；迟延履行后发生不可抗力的，不能免除违约责任。

（2）约定免责事由。即当事人在合同中约定的免除、限制一方或双方将来责任的事由。下列免责条款的效力不应当予以确认：一方以欺诈、胁迫的手段订立免责条款，损害国家利益的；当事人恶意串通订立免责条款损害国家、集体或者第三人利益的；免责条款以合法形式掩盖非法目的的；免责条款损害社会公共利益的；免责条款违反法律、行政法规的强制性规定的；免责条款免除因故意或者重大过失给对方造成财产损失责任的；免责条款免除造成人身损害责任的。此外，如果免责条款是以格式条款的形式定入合同，提供格式条款一方免除其责任、加重对方责任、排除对方主要权利的条款无效；经营者的格式合同、通知、声明店堂告示中含有对消费者不公平的、不合理的规定，或者减轻、免除其损害消费者合法权益应当承担的民事责任的规定，其内容无效。

### 387. 违约责任的承担方式有哪些？

根据《合同法》的规定，违反合同承担法律规定的或合同约定的违约责任有以下几种方式。

（1）继续履行。即由人民法院或者仲裁机关作出要求继续履行的判决或下达特别履行命令，强迫债务人在指定期限内履行合同债务。

（2）支付违约金。即合同当事人在合同中约定的，债务人不履行或者不适当履行合同义务时，向对方当事人支付一定数额金钱。

（3）损害赔偿。即因合同一方当事人的违约行为而给对方当事人造成财产损失时，违约方向对方支付经济补偿。

（4）支付定金。即合同当事人为了确保合同的履行，依据法律规定或者当事人的约定，由当事人一方按照合同标的额的一定比例，给付对方当事人金钱。

（5）其他补救措施。

### 388. 什么是定金？

定金，是指合同的一方当事人为了担保合同的履行，预先向对方当事人支付的一定数额的金钱。定金应当以书面形式约定，否则合同不成立；但是，一方给付定金对方接受的，合同成立。定金从实际交付之日起生效。

定金分为以下几种。

（1）立约定金。即当事人为保证以后正式订立合同而专门设立的定金。交付定金后，如果一方不与另一方订立合同，就要受到定金罚则的制裁。

（2）证约定金。即为证明合同关系的成立而设立的定金，以防止一方以合同未成立为由而违反约定。

（3）成约定金。即以交付定金作为主合同成立的要件，一方当事人不交付定金，主合同不成立。

（4）违约定金。即在接受定金以后，一方当事人不履行主合同义务，按照定金罚则予以制裁。我国《合同法》规定的定金主要是违约定金。

（5）解约定金。即当事人为保留单方解除主合同的权利而交付的定金。一方当事人在交付解约定金后，可以放弃定金而解除合同；接受定金的一方如果愿意加倍返还定金的，可以解除合同。这种定金的特点在于通过定金的放弃和加倍返还而给予当事人解除合同的权利或机会。

### 389. 定金在什么情况下适用？定金与违约金是否可以并罚？

定金主要适用于不履行合同的情形。不完全履行合同是否可以适用定金，应当视法律规定和当事人的约定而定。如果法律规定或者当事人约定不适当履行、部分履行等也适用定金的，应当依约定。

《合同法》第116条规定："当事人既约定违约金，又约定定金的，一方违约时，对方可以选择适用违约金或者定金条款。"这一规定否定了违约金与定金的并罚，即非违约方对于违约金和定金的适用只能选择其一，而不能同时并用。如果合同没有特别约定其设定的是解约定金，作为合同履行的担保和一种责任形式，支付定金后不能免除违约方继续履行合同的义务。当事人适用定金条款不足以弥补所受损害时，执行定金后，仍可以请求赔偿损失。当事人既约定定金，又约定损害赔偿金的，定金和损害赔偿金的并用，不能超过受害人实际遭受的全部损失。

### 390. 解决合同纠纷的途径有哪些?

由于利益关系和客观情况的不断变化,在履行合同中容易产生纠纷。对合同纠纷的处理主要有以下四种方式。

(1)协商解决。这是解决合同争议最重要的方法,如果协商不成,根据合同约定的方式解决。

(2)第三人调解。

(3)如果合同约定了仲裁条款,或者是双方愿意用仲裁的方式解决,应将争议提交仲裁委员会仲裁解决。根据《仲裁法》第58条的规定,如果仲裁裁决有违法情形,可向法院起诉,要求撤销仲裁裁决。仲裁裁决撤销后,可向法院起诉解决合同争议。

(4)如果合同没有约定仲裁条款,可直接向法院起诉解决。

### 391. 打合同官司应具备哪些条件?

根据《合同法》和《民事诉讼法》的规定,打合同官司必须符合以下条件。

(1)原告必须是与案件有直接利害关系的公民、法人和其他组织。当事人因故不能起诉的,可以委托代理人代为起诉。

(2)必须有明确的被告。被告明确有两层含义:一是被告的基本情况必须清楚;二是被告必须实际存在,已经死亡的自然人或者是已经被注销的法人或其他组织的不能作为被告。

(3)必须有具体的诉讼请求和事实根据。具体的诉讼请求是指向法院起诉要求解决的问题。当事人必须明确、具体地提出要求对方承担民事责任的方式,包括要求承担违约责任、赔偿损失、支付应当支付的费用或者修理、重作、更换、退货、补足商品数量、退还货款等。当事人提出的诉讼请求要有事实根据,其中既包括合同争议的事实,即纠纷是如何发生的,争议的内容等,还包括合同争议的证据事实,即能证明合同纠纷案件的一切材料。当事人对自己提出的主张要有证据。

(4)属于人民法院受理民事诉讼的范围和受诉人民法院管辖。如果是重大案件,比如标的额大,可以由中级人民法院管辖。

当事人向人民法院提起诉讼,除应具备以上条件外,还应当符合以下要求:①当事人之间须未订立仲裁条款或事后也未达成仲裁协议,否则人民法院不予受理;②原告应当向人民法院提交起诉状,并按照对方当事人的数量提交起诉状副本;③应当在诉讼时效内提起诉讼;④按规定缴纳诉讼费。

### 392. 合同纠纷案件举证责任怎样承担?

《最高人民法院关于民事诉讼证据的若干规定》第 5 条、第 7 条有以下规定。

(1) 在合同纠纷案件中，主张合同关系成立并生效的一方当事人对合同订立和生效的事实承担举证责任，主张合同关系变更、解除、终止、撤销的一方当事人对引起合同关系变动的事实承担举证责任。对合同是否履行发生争议的，由负有履行义务的当事人承担举证责任。对代理权发生争议的，由主张有代理权一方当事人承担举证责任。

(2) 在法律没有具体规定，无法确定举证责任时，人民法院可以根据公平原则和诚实信用原则，综合当事人举证能力等因素确定举证责任的承担。

### 393. 合同官司应当向何地法院起诉?

根据《民事诉讼法》及有关法律的规定，当事人可按以下规定确定起诉的人民法院。

(1) 因合同纠纷提起的诉讼，要按照合同的约定，向约定的法院起诉。合同的双方当事人在不违背级别管辖和专属管辖规定的条件下，可以在书面合同中协议选择被告住所地、合同履行地、标的物所在地人民法院管辖。合同没有约定的，一般由被告住所地或者合同履行地人民法院管辖。被告是自然人的，被告所在地就是被告住所地，即其户籍所在地。被告住所地与经常居住地不一致的，由经常居住地的人民法院管辖。经常居住地是指自然人离开户籍所在地至起诉时连续居住 1 年以上的地方。同一诉讼的几个被告住所地、经常居住地在两个以上人民法院辖区的，各人民法院都有管辖权。被告是法人的，以它的主要办事机构为住所；被告是其他非法人组织的，其主要办事机构为住所，无办事机构的，注册登记地的人民法院有管辖权。

(2) 因保险合同纠纷提起的诉讼，由被告住所地或者保险标的物所在地人民法院管辖。如果保险标的物是运输工具或者运输中的货物，由被告住所地或者运输工具登记注册地、运输目的地、保险事故发生地人民法院管辖。

(3) 因铁路、公路、水上、航空运输和联合运输合同提起的诉讼，由运输始发地、目的地或者被告所在地人民法院管辖。其中水上运输和水路运输合同纠纷由海事法院管辖。

(4) 因不动产纠纷提起的诉讼，由不动产所在地人民法院管辖。

### 394. 合同纠纷诉讼应当在什么期间内提起？

由于法律有诉讼时效的规定，因此，提起诉讼如果超过诉讼时效期间就不会胜诉。合同纠纷的诉讼时效根据不同情况，分别适用普通诉讼时效、特别诉讼时效和最长诉讼时效的规定。

（1）普通诉讼时效。《民法通则》第135条规定："向人民法院请求保护民事权利的诉讼时效期间为2年，法律另有规定的除外。"根据这一规定，在法律没有特别规定的情况下，合同纠纷当事人向人民法院请求保护合同权利的诉讼时效期间为2年。

（2）特别诉讼时效。因国际货物买卖合同和技术进出口合同争议提起诉讼的期间为4年；因海上货物运输向承运人要求赔偿的诉讼时效期间为1年；延付或者拒付租金、寄存财物被丢失或者毁损的、身体受到伤害要求赔偿的诉讼时效期间为1年。

（3）最长诉讼时效。即不论权利人从什么时候知道其权利被侵害，从侵害事实发生之日起超过20年的，都视为诉讼时效届满，人民法院不再予以保护。当事人向人民法院提起诉讼，请求法律保护的最长诉讼时效期间是20年。如果当事人从知道其权利受侵害之日起到最长诉讼时效期间的20年止，期间不足普通诉讼时效期间的2年或特别诉讼时效期间的1年的，也只能在权利被侵害之日起的20年内向人民法院请求法律保护。如果诉讼时效期间届满后，权利人有正当理由向人民法院提起诉讼时，人民法院可以将法定时效期间予以延长。

我国法律将当事人的诉权分为起诉权和胜诉权。起诉权是向人民法院提起诉讼而发动民事诉讼程序的权利，是程序意义上的权利；胜诉权是保护实体权利的诉权，即起诉后能够胜诉的权利。诉讼时效届满后，权利人仍然可以行使自己的起诉权，人民法院受理后可以审查是否存在诉讼时效完成的事实以及是否存在诉讼时效延长的理由，然后再决定是否否定其胜诉权。

### 395. 诉讼时效期间从何时开始计算？

《民法通则》第137条规定："诉讼时效期间从知道或者应当知道权利被侵害时起计算。"《最高人民法院关于贯彻执行〈中华人民共和国民法通则〉若干问题的意见（试行）》第168条规定："人身损害赔偿的诉讼时效期间，伤害明显的，从伤害之日起算，伤害当时未曾发现，后经检查确诊并能证明是由侵害引起的，从伤势确诊之日起算。"上述规定表明，权利人知道或者应当知道其权利受到侵害之日，就是诉讼时效期间开始计算之日。所谓权利人知道或者应当知道其权利受到侵害，是指权利人知道或者应当知道其权利受到侵害的事实，并且知道或者应当知道侵权人是谁。知道其权利受到侵害是权利人现实地知道了其权利受到了侵害；应当知道，是权利人有条件知道其权利受到了侵害，因未尽必要的注意而不知道。

## 396. 如何交纳案件受理费?

根据《诉讼费用交纳办法》的规定，当事人进行合同纠纷诉讼应当向人民法院交纳以下诉讼费用。

(1) 财产案件，根据诉讼请求的金额或者价额，按照下列比例分段累计交纳：①不超过1万元的，每件交纳50元；②超过1万元至10万元的部分，按照2.5%交纳；③超过10万元至20万元的部分，按照2%交纳；④超过20万元至50万元的部分，按照1.5%交纳；⑤超过50万元至100万元的部分，按照1%交纳；⑥超过100万元至200万元的部分，按照0.9%交纳；⑦超过200万元至500万元的部分，按照0.8%交纳；⑧超过500万元至1000万元的部分，按照0.7%交纳；⑨超过1000万元至2000万元的部分，按照0.6%交纳；⑩超过2000万元的部分，按照0.5%交纳。

(2) 劳动争议案件，每件交纳10元。

如果有其他费用，也需要交纳。如：①勘验、鉴定、公告、翻译（当地通用的民族语言、文字除外）费；②证人、鉴定人、翻译人员在人民法院决定日期出庭的交通费、住宿费、生活费和误工补贴费；③采取诉讼保全措施的申请费和实际支出的费用；④执行判决、裁定或者调解协议所实际支出的费用；⑤依法复制本案庭审材料所需的费用。

诉讼费由原告预交，最后如何负担由人民法院决定。合同纠纷案件的诉讼费一般由败诉一方负担。当事人交纳诉讼费用确有困难的，可以按照规定，向人民法院申请缓交、减交或者免交。缓交、减交、免交诉讼费的，由当事人或者其法定代理人向人民法院提出申请，说明具体的困难情况以及具体请求。是否缓交、减交、免交，由人民法院经过审查以后决定。如果经过审查认为不属于确有困难，不予批准的，当事人仍然要按照规定交纳诉讼费。

这里所说的“确有困难”是指有下列情况之一：①当事人是没有固定生活来源的残疾人；②当事人因为自然灾害或者其他不可抗力造成生活困难，正在接受国家救济或者生产经营难以维持的；③当事人根据有关规定，正在接受法律援助的；④人民法院认为具有其他特殊情况，应当进行司法救助的。

### 397. 如何进行财产保全?

如果财产可能出现被转移、隐匿、毁灭等情形，可能对当事人的权益造成损害或使判决不能执行或者难以执行时，人民法院可以根据利害关系人的申请或主动采取财产保全措施。财产保全因启动的方式不同可以分为依申请采取的财产保全和法院主动采取的财产保全，因采取的时间不同可分为诉前财产保全和诉讼中财产保全。

诉前财产保全，是利害关系人因情况紧急，不立即申请财产保全将会使其合法权益受到难以弥补的损害的，可以在起诉前向财产所在地的人民法院申请采取财产保全的措施。申请人应当提供担保，不提供担保的，驳回申请:人民法院接受申请后，必须在 48 小时内作出裁定，裁定采取财产保全措施的，应当立即开始执行。申请人在人民法院采取保全措施后 15 日内不起诉的，人民法院应当解除财产保全。在人民法院采取诉前财产保全后，申请人可以向采取诉前财产保全的人民法院或者其他有管辖权的人民法院起诉。

当事人在诉讼中申请财产保全的，人民法院采取财产保全措施，可以责令申请人提供担保；申请人不提供担保的，驳回申请。人民法院接受申请后，对情况紧急的，必须在 48 小时内作出裁定；裁定采取财产保全措施的，应当立即开始执行。对当事人不服一审判决提出上诉的案件，在第二审人民法院接到报送的案件之前，当事人有转移、隐匿、出卖或者毁损财产等行为，必须采取财产保全措施的，由第一审人民法院依当事人申请或依职权采取。第一审人民法院制作的财产保全裁定，应及时报送第二审人民法院。

涉外财产保全只能根据当事人申请而采取，法院不能主动采取。人民法院裁定准许诉前财产保全后，申请人应当在 30 日内提起诉讼。逾期不起诉的，人民法院应当解除财产保全。

财产保全的范围仅限于请求的范围或与本案有关的财物，当事人提供担保的，提供担保的数额应相当于请求保全的数额。申请财产保全有错误的，申请人应当赔偿被申请人因财产保全所遭受的损失。由此发生的诉讼由采取财产保全措施的人民法院管辖。

### 398. 当事人能否向人民法院申请先予执行?

可以，但要符合条件。所谓先予执行，是人民法院在审理合同纠纷案件的过程中，因当事人一方生产或生活上的迫切需要，在作出判决前，裁定一方当事人给付另一方当事人一定的财物，或者立即实施或停止某种行为，并立即执行的措施。裁定先予执行实际上是在判决确定前，实现未来判决确定的部分实体权利。如果先予执行的案件关系到一方当事人的基本生活需要，不先行给付一定的金钱，其生活就会发生困难的，当事人可以向人民法院申请先予执行。

根据《民事诉讼法》第 106 条和第 107 条的规定，人民法院对下列案件，根据当事人的申请，可以裁定先予执行：

(1) 追索赡养费、扶养费、抚育费、抚恤金、医疗费用的；

(2) 追索劳动报酬的；

(3) 因为情况紧急需要先予执行的（对于合同纠纷的案件来说，需要先予执行的往往是由这种原因所促成）。

当事人提出申请后，是否先予执行由人民法院作出裁定。裁定先予执行的条件是：①提起诉讼必须具有给付内容，属于给付之诉；②当事人必须提出书面申请，即提交先予执行申请书；③权利义务关系明确，不需要作调查研究，就可以判明享有权利的当事人和承担义务的当事人；④一方当事人确实属于解决生活、生产的急需，待作出判决、裁定、调解书后，就无法解决实际问题；⑤有先予执行的可能，即履行义务的一方当事人有支付能力，如果目前不能履行义务，就不能裁定先予执行；⑥先予执行申请必须在人民法院作出判决、裁定、调解以前提出。

人民法院可以责令申请人提供担保，申请人不提供担保的，驳回申请。申请人败诉的，应当赔偿被申请人因为先予执行所遭受的财产损失。

### 399. 法院审理合同纠纷案件的程序如何？

对于在法院打合同官司的人来说，了解人民法院审理合同纠纷的程序十分重要，从而做好充分准备。人民法院审理合同纠纷案件，适用《民事诉讼法》的有关规定，依照以下程序进行。

(1) 起诉与受理。起诉是公民、法人或者其他组织认为自己的合同权益受到侵害，或者与他人发生争议，以自己的名义，请求人民法院行使审判权，以维护自己合法权益。人民法院对当事人的起诉经审查后，认为符合法定条件必须受理，不得以任何理由拒绝和推诿。人民法院决定受理的案件，应当在当事人起诉的 7 日内立案。对于不符合起诉条件的，也应当在 7 日内裁定不予受理；原告对裁定不服的，可以上诉。

(2) 审理前的准备。①送达起诉状副本和答辩状副本。人民法院应当在立案之日起 5 日内，将起诉状副本送达被告，被告在收到起诉状之日起 15 日内答辩；被告提出答辩状的，人民法院应当在收到之日起 5 日内将答辩状副本送达原告。被告不提出答辩的，不影响人民法院审理。②告知当事人权利和合议庭组成人员。人民法院对决定受理的案件，应当在受理案件通知书和应诉通知书中向当事人告知有关的诉讼权利和义务，或者口头告知。合议庭组成人员确定后，应在3日内告知当事人。③审核诉讼材料，调查收集必要的证据。

(3) 审理。人民法院依照下列程序对合同纠纷案件进行审理。首先，法庭调查。法庭调查按下列顺序进行：当事人陈述；告知证人权利义务，证人作证，宣读未到庭的证人证言；出示书证、物证和视听材料；宣读鉴定结论；宣读勘验笔录。其次，法庭辩论。法庭辩论按下列顺序进行：原告及其诉讼代理人发言；被告及其诉讼代理人答辩；第三人及其诉讼代理人发言或者答辩；互相辩论。再次，法庭辩论终结，由审判长按照原告、被告、第三人的先后顺序征询各方最后意见。最后，评议。合议庭坚持民主集中制，少数服从多数的原则进行评议。评议不公开进行，评议情况由书记员制作笔录，由合议庭成员签名。

(4) 宣判。评议后能当庭宣判的，可以当庭宣判，判决书应当在10日内发送当事人；不能当庭宣判的，可以定期宣判，宣判后判决书立即送发当事人。宣判一律公开进行，并告知当事人有上诉的权利，以及上诉期限和上诉法院。

## 400. 合同纠纷案件是否可以调解结案？

根据《民事诉讼法》的规定，民事案件首先应该进行调解。合同纠纷案件是民事案件，当然也要首先进行调解。合同纠纷诉讼过程中，在人民法院的主持下，当事人就合同争议进行协商，自愿达成协议的，人民法院可用调解方式终结合同纠纷诉讼。

调解可以在答辩期满后裁判作出前的任何诉讼阶段进行。人民法院也可以在征得各方当事人同意后，在答辩期满前进行调解。人民法院进行调解，可以由审判员一人主持，也可以由合议庭主持，并尽可能就地进行。人民法院可以邀请与当事人有特定关系或者与案件有一定联系的企业、事业单位、社会团体或者其他组织，以及具有专门知识、特定社会经验、与当事人有特定关系并有利于促成调解的个人协助调解工作，且经各方当事人同意，人民法院可以委托上述单位或个人对案件进行调解。调解达成协议后，人民法院应当予以确认。当事人申请不公开调解的，人民法院应当准许。调解时，当事人各方应当同时在场，根据需要也可以对当事人分别做调解工作。当事人可以自行提出调解方案，主持调解的人也可以提出调解方案供当事人协商时参考。调解是在双方当事人自愿的基础上进行的，因此，当事人有权不同意调解。

对不需要制作调解书的调解协议，当事人各方同意在调解协议上签名或者盖章后生效，经人民法院审查确认后，应当记入笔录或者将协议附卷，并由当事人、审判人员、书记员签名或者盖章后即具有法律效力。当事人请求制作调解书的，人民法院应当制作调解书送达当事人。当事人拒收调解书的，不影响调解协议的效力。调解协议生效后，与生效的判决具有同等的法律效力，当事人不得以同一事实和理由再行起诉。一方不履行调解协议的，另一方可以向人民法院申请执行。

## 401. 提起反诉的条件是什么?

合同纠纷案件中的反诉，是指被告为了抵消或者并吞原诉而向原告提出的反告诉。提起反诉是被告的一项重要诉讼权利，是被告维护自己合法权益的一种重要手段。反诉成立后，原告已经提起的诉讼叫“本诉”或“原诉”。反诉应由原诉人民法院管辖。在反诉中，反诉人处于原告地位，享有原告的各种诉讼权利。即使本诉的原告撤诉，反诉也不会终止。

提起反诉应当具备以下条件：①反诉必须针对原告提起，而不能对原告以外的其他人提起；②反诉只能向审理本诉的人民法院提起；③反诉只能在本诉提起后至合议庭评议前提出；④反诉必须与本诉基于同一事实。

被告提起反诉应当向人民法院提交反诉状。

## 402. 申请人民法院强制执行应具备哪些条件?

当事人向人民法院申请强制执行应当具备以下条件。

(1) 具有生效的法律文书，主要是指人民法院作出的生效的判决书、裁定书和调解书，仲裁机关的裁决书，公证机关赋予强制执行效力的债权文书等。

(2) 执行的根据必须具有给付的内容，即合同一方当事人应当交付给另一方当事人一定的财产、金钱或履行一定的义务，具有可执行性。

(3) 合同一方当事人在生效判决规定的期限内，没有自觉履行合同义务。

(4) 在法定期限内提出执行申请。根据《民事诉讼法》第239条的规定，申请执行的期限为2年。该期限从法律文书规定履行期间的最后日起算；法律文书规定分期履行的，从规定的每次履行期间的最后一日起算；法律文书没有规定履行期间的，从法律文书生效之日起计算。

人民法院对当事人的申请应从速执行。如有法定不予执行的事由，应出具不予执行裁定书。法院根据当事人申请采取执行措施后，被执行人仍不能偿还债务的，应当继续履行义务。债权人发现被执行人有其他财产的，可以随时请求人民法院执行，不受时间限制。

### 403. 当事人应当向哪个法院申请执行？

根据《民事诉讼法》和有关司法解释规定，当事人可以依据生效的法律文书向以下人民法院申请执行：

（1）发生法律效力的民事判决、裁定，由第一审人民法院执行；

（2）人民法院在审理民事案件中作出的财产保全和先予执行裁定，由审理案件的审判庭负责执行；

（3）人民法庭审结的案件，由人民法庭负责执行；

（4）仲裁机构作出的国内仲裁裁决、公证机关依法赋予强制执行效力的公证文书，由被执行人住所地或被执行的财产所在地人民法院执行；

（5）法律规定由人民法院执行的其他法律文书，由被执行人住所地或被执行的财产所在地人民法院执行。

### 404. 申请执行应当提供哪些材料？

申请执行应当提供下列文件或证件。

（1）申请执行书。申请执行书中应当载明申请执行的理由、事项、执行标的以及申请执行人所了解的被执行人的财产状况。

（2）生效的法律文书副本。

（3）申请执行人的身份证明。公民个人申请的，应当出示居民身份证；法人申请的，应当提交法人营业执照副本和法定代理人身份证明；其他组织申请的，应当提交营业执照副本和主要负责人身份证明。申请执行人委托代理人代为申请执行的，应当向人民法院提交经委托人签字或盖章的授权委托书，写明委托事项和代理人的权限。

（4）继承人或权利承受人申请执行的，应当提交继承或权利承受的证明文件。

（5）其他应当提交的文件或证件。

# 第五章 债 务

## 405. 怎样避免债务纠纷？

发生债务纠纷是很麻烦的，不仅要花费很多时间和精力来处理，也影响团结与和睦。要避免债务纠纷，就要通过一些方法来确保产生债务的时候，要了解对方的资信情况，包括对方的资金实力情况等。债务合同要完备，债权人应当通过适当的方式来确保债权的实现。

根据《民法通则》第 89 条规定，可以采用下列方式担保债务的履行。

（1）可以找个保证人来担保债务的履行。法律规定，保证人向债权人保证债务人履行债务，债务人不履行债务的，按照约定，由保证人履行或者承担连带责任；保证人履行债务后，有权向债务人追偿。

（2）可以由债务人或第三人提供抵押物来抵押，确保债务的履行。债务人不履行债务时，债权人有权依照法律的规定，以抵押物折价或者以变卖抵押物的价款优先得到偿还。

（3）可以要求对方给付定金。法律规定，当事人一方在法律规定的范围内，可以向对方给付定金。债务人履行债务后，定金应当抵作价款或者收回。给付定金的一方不履行债务的，无权要求返还定金；接受定金的一方不履行债务的，应当双倍返还定金。

（4）可以按照合同约定，占有对方的财产。即对方如果超过约定期限给付应付款项，就占有留置的财产。依照法律规定，以留置财产折价或者以变卖该财产的价款优先得到偿还。

总结上述几条，可以看出，公民在日常生活中保证债务履行的方式有抵押、质押、保证、定金等几种方式。抵押和质押是比较复杂的法律问题，需要办理一系列的手续，如抵押登记等，因此，如果要办理抵押或质押，最好找律师或者法律工作者进行咨询。实践中，采用保证人保证的方式最好。

另外，从实践中看，许多债务纠纷和债务官司，都是由于在产生债务的时候，债权人害怕影响团结而没有要求对方留下字据，或者是虽然有借款协议，但借款协议写得不详细、不具体，以致到最后打起了官司，伤害了团结，这样的教训是应该汲取的。

### 406. 哪些情况不宜通过打官司解决债务纠纷？

不是一有债务纠纷就可以到法院打官司的。实践证明，下列情况下一般不宜通过诉讼方式解决。

（1）证据不足且缺乏法律依据。这种情况胜诉的可能性非常小，这是因为法院审理案件主要依据证据认定事实，如果没有证据就谈不上胜诉。

（2）虽然有可能胜诉，但对方经济条件差，基本上没有履行能力，即所谓的“要钱没有，要命一条”，这种情况会导致判决如同一纸空文，胜诉方得不到实际利益。

（3）要核算诉讼成本，如果诉讼成本过高，甚至高于能够要回来的钱，这种不划算的官司还是不打为好。

（4）能够自行和解的尽量自行和解。毕竟和为贵是中国人的传统，更何况一些借款等纠纷经常发生在熟人之间，如果能够自行和解，把钱要回，还是不伤和气为好。

### 407. 打债务官司可能会遇到哪些诉讼风险？

打官司不是人人都能胜诉。在打债务官司之前，最好了解一下最高人民法院下发的《人民法院民事诉讼风险提示书》，知道可能发生的诉讼风险，以便避免风险的发生。常见的民事诉讼风险如下。

（1）起诉不符合条件。当事人起诉不符合法律规定条件的，人民法院不会受理，即使受理也会驳回起诉。当事人起诉不符合管辖规定的，案件将会被移送到有权管辖的人民法院审理。

（2）诉讼请求不适当。当事人提出的诉讼请求应明确、具体、完整，对未提出的诉讼请求人民法院不会审理。当事人提出的诉讼请求要适当，不要随意扩大诉讼请求范围；无根据的诉讼请求，除得不到法院支持外，当事人还要负担相应的诉讼费用。

（3）逾期改变诉讼请求。当事人增加、变更诉讼请求或者提出反诉，超过人民法院许可或者指定期限的，可能不被审理。

（4）超过诉讼时效。当事人请求人民法院保护民事权利的期间一般为二年（特殊的为一年等不同规定）。原告向法院起诉后，被告提出原告的起诉已超过法律保护期间的，如果原告没有对未超过法律保护期间的事实提供证据证明，其诉讼请求不会得到法院支持。

（5）授权不明。当事人委托诉讼代理人代为承认、放弃、变更诉讼请求，进行和解，提起反诉或者上诉等事项的，应在授权委托书中特别注明。没有在授权委托书中明确、具体记明特别授权事项的，诉讼代理人就上述特别授权事项发表的意见不具有法律效力。

（6）不按时交纳诉讼费用。当事人起诉或者上诉，不按时预交诉讼费用，或者提出缓交、减交、免交诉讼费用申请未获批准仍不交纳诉讼费用的，人民法院将会裁定按自动撤回起诉、上诉处理。当事人提出反诉，不按规定预交相应的案件受理费的，人民法院将不会审理。

（7）申请财产保全不符合规定。当事人申请财产保全，应当按规定交纳保全费用而没有交纳的，人民法院不会对申请保全的财产采取保全措施。当事人提出财产保全申请，未按人民法院要求提供相应财产担保的，人民法院将依法驳回其申请。申请人申请财产保全有错误的，将要赔偿被申请人因财产保全所受到的损失。

（8）不提供或者不充分提供证据。除法律和司法解释规定不需要提供证据证明外，当事人提出诉讼请求或者反驳对方的诉讼请求，应提供证据证明。不能提供相应的证据或者提供的证据证明不了有关事实的，可能面临不利的裁判后果。

（9）超过举证时限提供证据。当事人向人民法院提交的证据，应当在当事人协商一致并经人民法院认可或者人民法院指定的期限内完成。超过上述期限提交的，人民法院可能视其放弃了举证的权利，但属于法律和司法解释规定的新的证据除外。

（10）不提供原始证据。当事人向人民法院提供证据，应当提供原件或者原物，特殊情况下也可以提供经人民法院核对无异的复制件或者复制品。提供的证据不符合上述条件的，可能影响证据的证明力，甚至可能不被采信。

（11）证人不出庭作证。除属于法律和司法解释规定的证人确有困难不能出庭的特殊情况外，当事人提供证人证言的，证人应当出庭作证并接受质询。如果证人不出庭作证，可能影响该证人证言的证据效力，甚至不被采信。

（12）不按规定申请审计、评估、鉴定。当事人申请审计、评估、鉴定，未在人民法院指定期限内提出申请或者不预交审计、评估、鉴定费用，或者不提供相关材料，致使争议的事实无法通过审计、评估、鉴定结论予以认定的，可能对申请人产生不利的裁判后果。

（13）不按时出庭或者中途退出法庭。原告经传票传唤，无正当理由拒不到庭，或者未经法庭许可中途退出法庭的，人民法院将按自动撤回起诉处理；被告反诉的，人民法院将对反诉的内容缺席审判。被告经传票传唤，无正当理由拒不到庭，或者未经法庭许可中途退出法庭的，人民法院将缺席判决。

(14) 不准确提供送达地址。适用简易程序审理的案件，人民法院按照当事人自己提供的送达地址送达诉讼文书时，因当事人提供的己方送达地址不准确，或者送达地址变更未及时告知人民法院，致使人民法院无法送达，造成诉讼文书被退回的，诉讼文书也视为送达。

(15) 超过期限申请强制执行。向人民法院申请强制执行的期限，双方或者一方当事人是公民的为一年，双方是法人或者其他组织的为六个月。期限自生效法律文书确定的履行义务期限届满之日起算。超过上述期限申请的，人民法院不予受理。

(16) 无财产或者无足够财产可供执行。被执行人没有财产或者没有足够财产履行生效法律文书确定义务的，人民法院可能对未履行的部分裁定中止执行，申请执行人的财产权益将可能暂时无法实现或者不能完全实现。

(17) 不履行生效法律文书确定义务。被执行人未按生效法律文书指定期间履行给付金钱义务的，将要支付迟延履行期间的双倍债务利息。被执行人未按生效法律文书指定期间履行其他义务的，将要支付迟延履行金。

### 408. 怎样降低债务官司败诉的风险？

降低败诉风险，除了要注意上面提到的几个问题外，还要讲求打官司的经济效益。所谓打官司的经济效益，就是指不但要胜诉，而且要充分考虑到可能得到的实际利益。不能因为打一场债务官司，付出的反而比得到的多，即使胜诉，从经济利益上讲，还是“赔了本”。所以说，对当事人而言，应当尽可能花费较少的人力、物力、财力、时间等诉讼成本而打赢官司。还要使判决书或调解书得以执行，使判决书、调解书的内容化为具体的钱或物，并且得到的要大于支出，这才是真正的胜诉。

### 409. 打官司之前怎样核算“官司成本”？

预先核算“官司成本”可以使我们对是否应该打官司有正确的认识，避免发生“赢了官司赔了钱”的现象。

所谓“官司成本”，是指当事人因打官司而支付的相关费用和代价。这包括两方面。

(1) 有形的费用。如案件受理费（即诉讼费）、律师费、交通费、鉴定费、差旅费、评估费、审计费、公告费、文书复印费等。当然，不是说所有的官司都要用这些费用，况且有些费用是由败诉方来承担，但许多费用一般都是由原告先行垫付。如果胜诉后，败诉方没有履行能力，判决执行后胜诉方拿到的钱还抵不上这些费用，那就是“官司成本”大于实际利益了。

(2) 无形的费用。如时间、精力等。这些也是钱，而且往往比金钱更宝贵。打官司时对这方面的支出不得不考虑。

### 410. 什么是债权人、债务人？

到法院打债务官司，要了解债权人与债务人的基本概念。在债的法律关系中，权利主体是债权人，义务主体为债务人。通俗地讲，享有权利的人就是债权人，负有义务的人就是债务人。举个例子，甲把钱借给乙，甲乙之间就形成债权债务关系，在这个关系里，甲是债权人，乙是债务人。

### 411. 怎样签订借款合同？

许多人在借款时并不签订借款合同，因为借款多发生在熟人之间，出借人往往碍于情面，不好意思让对方写个借条，更别提签订合同了。这就为日后发生债务纠纷埋下了种子。因一时的不好意思而没签订借款合同导致使日后不得不撕破脸皮打官司。

稍有社会经历的人都知道，“钱到他人手，要等他人有”。借钱的时候，对方是“喜笑颜开，千谢万谢”，还钱的时候，则常常是“冷若冰霜，躲躲闪闪”，甚至是怒目圆睁，恶言相对。因此奉劝大家，无论是向别人借款，还是借款给别人，应该写个借条、欠条或者签份合同，以免发生争议或者发生争议时没有依据可查。

《合同法》第 197 条规定：“借款合同采用书面形式，但自然人之间借款另有约定的除外。借款合同的内容包括借款种类、币种、用途、数额、利率、期限和还款方式等条款。”这条规定说明了借款合同应当采用的方式以及主要条款。当事人在签订借款合同时，应当参照这条规定进行。尽量把借款合同订立得完善些，这样就可以有效地避免日后发生债务纠纷影响和睦与团结。

### 412. 借款没有约定利息和返还期限怎么办？

根据《合同法》第 211 条规定，自然人之间的借款合同对支付利息没有约定或者约定不明的，视为不支付利息。

根据《合同法》第 205 条规定，借款人应当按照约定的期限支付利息。对支付利息的期限没有约定或者约定不明确，依照《合同法》第 61 条的规定，经过协商订立补充协议。协商不成，仍不能确定，借款期间不满一年的，应当在返还借款时一并支付；借款期间一年以上的，应当在每届满一年时支付，剩余期间不满一年的，应当在返还借款时一并支付。

此外，根据《最高人民法院关于贯彻执行〈民法通则〉若干问题的意见》第121条规定："公民之间的借贷款，双方对返还期限有约定的，一般应按约定处理；如果没有约定，出借人随时可以请求返还，借方应当根据出借人的请求及时返还；暂无力返还的，可以根据实际情况责令其分期返还。"

### 413. 可以把债权、债务转让给他人吗?

可以。但是，债权、债务的转让须符合一定条件。根据《合同法》第80条规定："债权人转让权利的，应当通知债务人。未经通知，该转让对债务人不发生效力。债权人转让权利的通知不得撤销，但经受让人同意的除外。"《合同法》第84条规定：债务人将合同的义务全部或者部分转移给第三人的，应当经债权人同意。

### 414. 什么是债的担保?

债的担保，是指为了保证债权人利益的实现而规定以第三人的信用或者财产保障债务人履行义务、债权人实现权利的制度。

《民法通则》第89条规定，依照法律的规定或者按照当事人的约定，可以采用下列方式担保债务的履行。

(1) 人的担保，是指在债务人的全部财产之外又附加第三人，第三人以自己的财产作为债权实现的总担保。保证人向债权人保证债务人履行债务，债务人不履行债务的，按照约定，由保证人履行或者承担连带责任；保证人履行债务后，有权向债务人追偿。

(2) 物的担保，是指以债务人或第三人的特定财产作为抵偿债权的标的，在债务人不履行其债务时，债权人可以将财产变价，并从中优先受偿的制度。物的担保主要有抵押、质押、留置等。广义的物的担保还包括所有权保留。所有权保留，是在分期付款买卖中，标的物的所有权不因交付而转移，而是随着买受人付清全部价款而转移，从而使买受人积极支付价款，保障出卖人获得全部价款的制度。

(3) 金钱担保，是指当事人一方在法律规定的范围内，可以向对方给付定金。该金钱的返还与丧失与债务履行与否联系在一起，使当事人双方产生心理压力，从而促其积极履行债务，保障债权实现。其主要方式有定金、押金。债务人履行债务后，定金应当抵作价款或者收回。给付定金的一方不履行债务的，无权要求返还定金；接受定金的一方不履行债务的，应当双倍返还定金。

(4) 按照合同约定，一方占有对方的财产，对方不按照合同给付应付款项超过约定期限的，占有人有权留置该财产，依照法律的规定以留置财产折价或者以变卖该财产的价款优先得到偿还。

### 415. 借款时有保证人的，可以向保证人要钱吗？

这要看借款时的约定。如果约定保证人承担一般保证责任，那么只能先向借款人要钱，经法院判决执行后，借款人仍不能偿还的，才能找保证人要钱；如果约定保证人承担连带保证责任，那么，出借人既可以向借款人要钱，也可以向保证人要钱。实践中大多数的情况为未约定是哪种方式的保证，这种情况按连带责任保证处理。

《最高人民法院关于贯彻执行〈中华人民共和国民法通则〉若干问题的意见（试行）》第110条规定："保证人为二人以上的，相互之间负连带保证责任。但是保证人与债权人约定按份承担保证责任的除外。"关于连带保证责任的承担，《最高人民法院关于适用〈中华人民共和国担保法〉若干问题的解释》第20条规定："连带共同保证的债务人在主合同规定的债务履行期届满没有履行债务的，债权人可以要求债务人履行债务，也可以要求任何一个保证人承担全部责任。连带共同保证的保证人承担保证责任后，向债务人不能追偿的部分，由各连带保证人按其内部约定的比例分担。没有约定的，平均分担。"关于按份共同担保，《最高人民法院关于适用〈中华人民共和国担保法〉若干问题的解释》第21条规定："按份共同保证的保证人按照保证合同约定的保证份额承担保证责任后，在其履行保证责任的范围内对债务人行使追偿权。"

关于是连带还是按份共同保证的认定，《最高人民法院关于适用〈中华人民共和国担保法〉若干问题的解释》第19条规定："两个以上保证人对同一债务同时或者分别提供保证时，各保证人与债权人没有约定保证份额的，应当认定为连带共同保证。连带共同保证的保证人以其相互之间约定各自承担的份额对抗债权人的，人民法院不予支持。"

### 416. 在诉讼前应当做好哪些准备？

诉讼前做好充分的准备，才能为将来的诉讼活动奠定良好的基础，才能使自己始终立于不败之地。诉讼前应当做好以下几方面的工作。

（1）如果委托律师代理诉讼，须签订聘请律师协议和授权委托书，并缴纳律师费。此外，还要与律师多进行沟通，如实向律师陈述案件事实。

（2）按以下顺序及时向法院提供证据材料。若聘请律师，则可以先向律师提供，由律师进行分类整理，选择提交。①当事人的身份证明，包括身份证复印件，如当事人死亡或不具有完全民事行为能力，则还需法定继承人或法定代理人（如配偶、父母、子女、兄弟姐妹等）的身份证及户口簿复印件；如果是单位的，要提交法定代表人身份证明。②相关证据的复印件，包括借条、借款凭证、合同文本、付货凭证、还款协议等，最好将证据逐一编号，并列一个清单，使之一目了然。③相关费用单据和清单，最好分类整理好。④其他材料，如有关专家的意见、证人证言、鉴定结论等。需要注意的是，证据必须说明证据的来源；书证须提交原件，提交原件确有困难的，可以提交复制品、照片、副本或节录本。

(3) 如果想申请诉前财产保全或证据保全，最好收集到对方当事人财产状况的线索，了解将保全的证据及财产的相关情况。

**417. 打官司之前发现欠款人要转移财产怎么办?**

不少债务人在与债权人产生纠纷后，得知债权人要到法院起诉，心知自己没理，又想躲避债务，于是想尽一切办法转移财产。对这样的行为原告该怎么办?

在合同纠纷进行诉讼程序前，为防止对方当事人财产或者有争议的诉讼标的物毁损灭失，债权人必须认真考虑诉前财产保全。

所谓诉前财产保全，是指在起诉前，人民法院根据利害关系人的申请，对被申请人的财产采取的强制性措施。根据《民事诉讼法》第101条的规定，采取诉前财产保全措施应当具备下列条件。

(1) 必须是情况紧急。即债务人马上要转移或者处分财产，而债权人来不及起诉，需要马上采取保全措施，否则，申请人的财产权得不到保障，难以实现。

(2) 必须是与被申请一方存在民事权益争议的人提出，人民法院不能依职权主动进行诉前财产保全。

(3) 申请人必须提供担保，申请人不提供担保的，人民法院应当驳回申请。为了保证被申请人的合法权益不受侵害，故要求申请人提供相应额度的财产担保，在因其申请行为而给被申请人造成损失时，用该担保财产偿还。

财产保全申请一般由当事人以书面形式向法院提出，以口头形式提出的，人民法院将记录在卷，并由申请人签字盖章。申请人在人民法院采取诉前保全的强制措施后15日内不起诉的，人民法院解除财产保全。财产保全裁定一经作出，即发生法律效力，如果当事人不服，可以向作出财产保全的人民法院申请复议一次，复议期间，不停止裁定的执行。财产保全采取查封、扣押、冻结或法律规定的其他方法。财产保全限于请求的范围，或与本案有关的财产。财产保全申请有错误的，申请人应当赔偿被申请人因财产保全所遭受的损失。

所以说，如果在起诉前发现被告有可能转移财产，就要立刻到法院申请财产保全。

### 418. 债务官司应向哪个级别的法院起诉?

《民事诉讼法》第 17 条至第 20 条分别规定：“基层人民法院管辖第一审民事案件，但本法另有规定的除外；中级人民法院管辖重大的涉外案件、在本辖区内有重大影响的案件、最高人民法院确定由中级人民法院管辖的案件；高级人民法院管辖在本辖区内有重大影响的案件；最高人民法院管辖在全国范围内有重大影响的案件和认为应由本院管辖的案件。”

根据上述规定，债务纠纷案件一般情况下应当由基层法院管辖，但是，如果在诉讼当事人中有外国人或香港、澳门、台湾同胞且案件重大的，应向中级法院起诉；如果案件影响重大，也可向高级人民法院和最高人民法院起诉。因此，只有数额巨大（每个省都按诉讼标的对基层院、中院、高院的管辖进行了划分），或者在当地的影响范围特别广时，才可向高级人民法院起诉。最高人民法院一般不受理一审案件。

### 419. 欠款人不在本地该向哪个法院起诉?

通常情况下，原告应当向被告所在地的人民法院起诉，这也就是在确定管辖法院时常常说的“原告就被告”原则。

被告所在地首先是指被告的住所地，也就是被告的户口簿上所记载的居住地址。但是，生活中还经常出现公民的实际居住地点与户口簿记载的地址不同的情况，如果公民到起诉时已经在目前的居住地连续居住一年以上，那就应当向这个地方的法院起诉。

在“原告就被告”原则之外，还存在着不少例外。在合同纠纷中，当事人还可以在合同履行地的法院起诉。同时，法律还规定，为了方便合同纠纷的解决，合同双方当事人可以在书面合同中约定打官司的法院，但只限于在与合同相关联的地方的法院起诉，即被告住所地、合同履行地、合同签订地、原告住所地、标的物所在地的人民法院。需要特别注意的是，这种约定法院管辖的做法只适用于合同纠纷，而不适用于其他的民事纠纷。

如果两个以上的法院都有管辖权，那么，原告可以选择其中任何一个法院起诉。

## 420. 打债务官司要注意哪些问题？

打债务官司要注意以下问题。

（1）法院审理案件采取不告不理原则。对于债务纠纷，当事人不向法院起诉，法院不主动立案审理。因此，当事人如果认为自己的合法权益遭到侵害，应主动向法院提起诉讼，请求法院依法处理。

（2）要向有案件管辖权的法院起诉。对案件的管辖问题，法律有明确规定。当事人不能想向哪个法院起诉就向哪个法院起诉，法院也不能想收哪个案件就收哪个案件。

（3）起诉要递交诉状。诉状格式要符合要求，层次要清楚，重点要突出。

（4）打官司都想取胜，其根本所在是事实和法律。因此，当事人打官司，要在向法院讲清事实方面下功夫。应向法院提供证据和证据线索。要通过起诉或答辩、法庭调查、法庭辩论等活动，把应该讲的话全部讲出来。还要注意学习法律，把话讲到点子上。只有把握住事实，又掌握有关法律，才可能胜诉。

（5）开庭审理是整个诉讼的中心环节，每一步都不应疏忽。特别是在法庭核对证据阶段，对于有利于对方但不符合事实的假证，必须及时揭露、批驳，并应提供新的证据来予以否定。需知证据是法院定案的依据，在证据问题上疏忽了，就会使自己陷于被动局面。当然，对这个问题要实事求是，不能无理辩三分。如果不利于自己的证据确凿属实，也应承认。因为真的终究是真的，不会因为自己进行反驳就会变成假的。

（6）要注意案外和解的作用。如果因为某种原因，错过了法院调解的机会，也可委托亲友、代理人或其他人从中协调，尽力争取和解。用和解的方式结案，对双方都有好处。

## 421. 打债务官司有哪些忌讳？

打债务官司有以下忌讳应该注意。

（1）忌遇到纠纷就起诉。提起诉讼并非是解决纠纷的唯一途径，为了避免经济上的支出，节省时间和精力，有的可以用调解的方式解决。

（2）忌把精力不是用在学习法律、收集证据上，而是用在找关系、花钱行贿等方面。忌听信他人不负责任地瞎指挥、出点子。

（3）忌只要诉讼就聘请律师。虽然聘请律师有许多优点，但由于聘请律师要交纳一定的代理费用，会增加诉讼成本，因此对一些案情简单、当事人自己就可陈述清楚、没有必要由他人代理的诉讼，或者由其近亲属即可代理的诉讼，则没有必要聘请律师。

（4）忌超过诉讼时效起诉。当事人在知道权利受侵害后，如果确需通过诉讼程序解决，应及时起诉，至少要在法定的诉讼时效期内起诉。除法律另有规定的，债权人向法院起诉时效期间为二年。如果在法定起诉的期间内不起诉，即丧失获得诉讼的胜诉权，会使自己的债权失去法律的保护。

（5）忌庭审中不服从法院指挥。在诉讼中，当事人应当服从法院的指挥进行诉讼活动。另外，当事人要按照法院签发的开庭传票中指定的开庭日期到庭，如不按时到庭，将会承担一定的法律后果。

（6）忌无证据起诉。《民事诉讼法》规定：当事人对自己提出的主张，有责任提供证据，即“谁主张，谁举证”。如果对自己提出的主张举不出证据加以证明，就有可能败诉。尽管法律也规定了法院有调查收集证据的职责，那也只是为了查明案件的客观事实，并非是为了证明当事人的主张。因此，当事人对自己的主张明知无证据的，就要慎重起诉。

（7）忌滥用诉讼权利。为保证当事人的合法权益在诉讼中得到平等的保护，确保诉讼机制的公正运行，法律赋予了当事人广泛的诉讼权利。这些权利包括变更、放弃诉讼请求权，撤回起诉权，申请回避权，提供证据权，陈述权，辩论权，自行和解权，要求重新调查、鉴定和勘验权等。这些诉讼权利贯穿于诉讼过程的各个阶段，当事人必须按照《民事诉讼法》规定的方式、时间、程序等正确行使，不得滥用。否则，会承担不利的法律后果。

（8）忌妨碍民事诉讼。在诉讼中，当事人必须遵守纪律规定，严格按照法定程序进行诉讼活动。在庭审中，要自觉服从审判人员的组织、指挥，尊重对方当事人和其他诉讼参与人的诉讼权利。在其他诉讼活动中，不得阻碍人民法院行使职权。如果违反法庭纪律，或者妨碍民事诉讼，人民法院有权依法实施训诫、罚款、拘留等相应的强制措施。

（9）忌轻易放弃法庭调解。在诉讼中，当事人有权请求人民法院依法适用调解的方式解决他们之间的纠纷。如果能达成调解协议，则会缩短诉讼过程，降低诉讼成本，减轻诉讼负担；如果调解无效，法院将依法审理判决。

（10）忌盲目上诉。对第一审法院作出的判决、裁定不服，在法定期限内有权上诉，但当事人行使上诉权时，应对一审法院的裁判结果有正确认识，要搞清楚法院的裁判是否违法。如果明知一审法院的裁判是公正的，仍意气用事，执意上诉，结果只能是增加自己的诉讼负担，对自己更加不利。有人打官司不够认真，认为自己一定能胜诉，即使败诉了还可以上诉，二审再败诉了还可以申请再审，这种想法是错误的。

（11）忌不履行判决确定的义务。对已发生法律效力的判决书、裁定书、调解书以及其他具有执行效力的法律文书所确定的义务，应当按期履行。如果拒绝履行义务，法院将会依法采取强制执行措施，如对被执行人的财产依法查封、扣押、冻结、拍卖、变卖，还可以根据情况轻重，予以罚款、拘留，构成犯罪的，还要依法追究刑事责任。

### 422. 欠款企业改制更名或者与其他企业合并了该告谁?

企业法人分立的，即原主体分离成几个新主体的，因分立前的民事活动导致合同纠纷，则以分立后的企业为共同被告，即分离后的新主体之间负有连带责任，对于过去的债务谁都有义务清偿。如果分离后几个主体订有内部协议，对债务分担订有比例，这样也不能以此对抗债权人。债权人对几个分立后的主体均有权主张债权。如果企业更名或者原企业与其他企业合并了，那么，债权债务由更名后或合并后的企业承担。

如果是在诉讼的过程中，企业合并或者关闭了，法院要及时变更诉讼当事人。企业合并的，由合并后的新企业作为诉讼当事人，即要找合并或吞并后的新企业，原主体所负的债务应由合并后的企业清偿。企业关闭后，由其主管单位和清算人（单位）作为诉讼当事人。

### 423. 欠款企业被撤销了该告谁?

如果欠款企业被撤销了，也就是合同纠纷主体发生了变化，这种情况下要分别处理：

(1) 有营业执照，但无法人执照的，债务应当由其开办单位负责清偿，或其主管部门负责；

(2) 原来具有法人资格后又被撤销的，看是谁给撤销的，谁撤销谁负责清偿，一般情况下是其主管部门负责；

(3) 法人非依法设立的分支机构，或者虽依法设立，但没有领取营业执照的分支机构，以设立该分支机构的法人为清偿单位。

### 424. 乡、镇、村企业欠款，可以告乡、镇、村政府吗?

根据《乡镇企业法》第11条第1款规定，乡镇企业依法实施独立核算，自主经营，自负盈亏。由此可见，乡、镇、村的企业欠款或者倒闭的，所欠债务只能由该企业自行负责，而不能以乡、镇、村政府为被告。

### 425. 夫妻一方欠钱可以让另一方还吗?

在夫妻关系存续期间，丈夫或者妻子以自己或者以家庭名义对外借款，后来夫妻二人离婚。债权人无论找到谁，谁都不愿意自己承担原来的债务。那么，向谁讨要欠款呢?

根据《婚姻法》第41条规定，离婚时，原为夫妻共同生活所负的债务，应当共同偿还。共同财产不足清偿的，或者财产归各自所有的，由双方协议清偿，协议不成由法院判决。根据该条规定，人民法院在双方离婚时，一般会对夫妻双方的对外债务进行判决，以确定夫妻双方各自应承担多少债务。但是，实践中常常遇到这样的情况：夫妻在离婚时，债权人并不知晓，而且夫妻双方对债务也没有进行处理，法院由于不知情对此也未判决，等到债权人知道离婚的事实时，再找谁要钱也要不回来了。或者还会遇到这样的情况：债权人找到妻子，妻子说："离婚时我们已经协议好了，所有债务都由男方来还，与我无关。"遇到上述情况，债权人同样可以依据《婚姻法》的有关规定来维护自己的合法权益。如果是夫妻共同生活所负的债务，可以要求夫或妻任何一方来偿还，而且可以要求其偿还全部数额。因为夫妻双方对婚姻关系存续期间的共同债务都负有清偿义务。

生活中常常还会遇到这样的情况：夫妻双方对外借款，往往是一方出面，借条上签的是夫或妻一方的名字，或者实际上只是夫或妻一方对外借款，但出借人以为是一方代表夫妻双方来借款的。这两种情况如何处理？对此，《最高人民法院关于适用〈中华人民共和国婚姻法〉若干问题的解释》(二)第24条规定："债权人就婚姻关系存续期间夫妻一方以个人名义所负债务主张权利的，应当按夫妻共同债务处理。但夫妻一方能够证明债权人与债务人明确约定为个人债务，或者能够证明属于《婚姻法》第19条第3款规定情形的除外。"

《婚姻法》第19条第3款规定："夫妻对婚姻关系存续期间所得的财产约定归各自所有的，夫或妻一方对外所负的债务，第三人知道该约定的，以夫或妻一方所有的财产清偿。"通过上述规定我们可以看出，如果债权人不知道夫妻之间曾经约定财产各自所有、债务分别负担，这时即使是夫或妻以个人名义对外借款，那么也要由夫妻共同来偿还。立法这样规定主要是从实际情况出发，因为在生活中夫妻在家事上对外是相互代理的，一方的行为应当视为对另一方行为的代理。当然，法律这样规定也有利于保护债权人的利益。债权人到法院起诉时，可以以夫妻双方为共同被告。

### 426. 为什么在打官司过程中收集证据尤为重要?

证据是诉讼的核心和灵魂。打官司要以事实为依据，而案件事实只能够通过证据来证明，也就是说，"法律只相信证据"，没有证据便赢不了官司。

在债务纠纷诉讼中，当事人要证实自己的诉讼主张，反驳对方的诉讼主张，最终实现自己的诉讼请求，关键就是要准确、全面地收集证据。根据《民事诉讼法》及有关司法解释的规定，除特殊情况实行举证责任倒置外，如果当事人对自己的主张不能提供证据或者提供的证据不能证明自己的主张，将导致法院作出对自己不利的裁判。所以在打官司前，要认真分析研究收集证据及有关证据保全问题，不但要根据自己的诉讼请求去收集对自己有利的证据，而且要有所准备，对有关证据进行诉前证据保全。

## 427. 打债务官司应当准备哪些证据?

要想打好债务纠纷官司，在向法院起诉时，必须提供下列证据。

(1) 证明当事人诉讼主体资格的证据。当事人为自然人的，应提交其身份证明资料，如身份证或户口本等。当事人为法人或其他组织的，应提交主体登记资料，如工商营业执照副本或由工商登记机关出具的工商登记清单、社团法人登记证等。当事人名称在诉争的法律关系发生后曾有变更的，应提交变更登记资料。

(2) 证明债权债务关系存在的证据，比如借款合同、借款协议、借条、欠条、还款承诺书等。

(3) 证明已还款的证据，比如收条或各次还本付息的付款凭证。

(4) 诉讼请求金额的计算依据，包括本金余额的计算清单、利息金额的计算清单等。

另外，对原告、被告来说，双方的举证内容也略有不同。我国民事诉讼一般情况下实行“谁主张，谁举证”原则，因此，双方对于己方主张的事实都有证明的义务。作为债务纠纷的原、被告，双方举证的要求也不同。

原告应提供下列证据。

(1) 能证明与被告之间存在债权的证据材料，如合同、借条、收据、欠条等。

(2) 自己已履行义务而被告逾期不履行义务的证据，如钱款在何日何地通过什么方式交给了被告，而被告到期仍不归还，最好能提供与债权、债务人无关系的证明人。

(3) 如有担保人或介绍人，必须要提供担保人或介绍人的姓名、性别、年龄、工作单位、家庭住址，若是单位担保，须提供单位名称、地址、法定代表人等情况。

(4) 提供有关被告不履行义务的原因的证据。

被告主要提供足以证明债务已经履行或者已经发生变更、取消的证据材料。双方如果提供的是带有伪造、欺骗性质的材料，则要承担法律责任。

### 428. 有理无证怎么办？

打官司一般实行“谁主张，谁举证”的原则，当事人对自己提出的主张负有举证责任。在现实生活中，有些债权人由于过于相信对方或者自己的疏忽大意，没有及时留下可靠的证据或者将证据遗失。如借款没有订立书面合同，也没有见证人，或者自己不慎将借条丢失等。在这些情况下，有些当事人明明有理，但是因为证据不足，极有可能要承担败诉的法律后果。因此，如果遇到这种情况最好先不要打官司，而是采取调解的方式解决，或者暂时搁置，利用发送催款书等方式先保住诉讼时效，一旦事实搞清楚了，找到证据，再进行诉讼。

### 429. 收集证据应注意哪些问题？

根据《民事诉讼法》及《最高人民法院关于民事诉讼证据的若干规定》，在民事诉讼中，当事人提供证据应当注意以下问题。

（1）收集证据应迅速及时，以免时过境迁导致证据灭失。

（2）当事人所收集的证据，必须与案件事实有内在联系，而且应客观真实，以使收集的证据能起到证明的效力。

（3）当事人收集证据的途径、方式、方法等必须合乎法律的要求。以损害他人合法权益或违反法律禁止性规定的方法取得的证据，不能作为认定案件事实的依据。不能伪造证据和篡改证据。

（4）当事人在收集书证、物证时，应尽量收集原件、原物；收集原件、原物确实有困难的，再收集复印件、照片、副本、节录和复制品。

（5）当事人可以自行收集证据，也可以委托律师或其他诉讼代理人进行证据的收集工作。

### 430. 公民之间借款没有借条怎么办？

公民之间借款没有借条，也没有任何其他证据，如果对方赖账不还款怎么办？这种情况比较难办，但也不是没有办法。比如，可以让借款人先还一小部分，在收到这一小部分钱时，双方可以写个条子，条子的内容为出借人收到多少钱，还有多少钱没还等，双方签名后各执一份，可以作为证据使用。如果对方存在恶意不想还钱，可采用电话录音或有证人在场的情况下双方见面，说明情况，这样证人的证言可以间接作为证据使用。上述这些方法对于恶意不还款又精通法律的人来说，可能起不到太大作用。如果借款人矢口否认曾借过钱，出借人又没有证据证明，出借人很有可能因为没有证据而承担败诉的后果，要不回来钱。因此，出借钱款的人一定要保留相应的证据，这样才能使自己的合法权益受到保护。

### 431. 借款给他人进行非法活动可以受法律保护吗？

我国法律明确规定，出借人明知借款人是为了进行非法活动而借款的，其借贷关系不受法律保护，借贷合同也不受法律保护，对行为人还要处以罚款、拘留，甚至追究刑事责任。

### 432. 乘人之危签订的借款合同有效吗？

借款人在危难的时候急于借款，此时出借人乘人之危，与借款人签订了对借款人非常不公平的合同。在这种情况下签订的合同属于违背真实意图的借贷合同。法律规定，一方以欺诈、胁迫等手段或者乘人之危，使对方在违背真实意图的情况下所签订的借贷合同应为可撤销的合同。此时，受损害方有权请求人民法院或者仲裁机构对这样的合同给予变更或者撤销。

需要注意的是，根据《合同法》第 55 条第（1）项的规定，申请合同变更和撤销的期限为 1 年。

### 433. 欠款人资不抵债怎么办？

欠款人如果是独立核算、自主经营、自负盈亏的企业，其所欠的债务只能由该企业自行负担。如果欠款人破产，债权人可以通过参与破产程序申报债权来保护自己的债权。

### 434. 企业破产后，欠的钱就要不回来了吗？

根据《最高人民法院关于贯彻执行〈中华人民共和国民法通则〉若干问题的意见（试行）》第 59 条、第 60 条规定，企业法人解散或者被撤销的，应当由人民法院组织清算小组进行清算。企业法人宣告破产的，应当有人民法院组织有关机关和有关人员成立清算组织进行清算。清算组织是以清算企业法人债权、债务为目的而依法成立的组织。它负责对终止的企业法人的财产进行保管、清理、估价、处理和清偿。对涉及终止企业法人债权、债务的民事诉讼，清算组织可以用自己的名义参加诉讼。以逃避债务为目的而成立的清算组织，其实施的民事行为无效。

## 435. 债权人在什么情况下可以申请支付令？

不是所有的债务官司都需要经过法院开庭审理。《民事诉讼法》第214条规定，债权人请求债务人给付金钱、有价证券，符合下列条件的，可以直接向有管辖权的基层人民法院申请支付令，让债务人支付：

（1）债权人与债务人没有其他债务纠纷，债务关系明确的；

（2）支付令能够送达债务人的。

申请支付令应当按以下程序进行。

（1）债权人向有管辖权的基层人民法院提出申请。申请书应当写明请求给付金钱或者有价证券的数量和所依据的事实、证据。

（2）人民法院自收到债权人申请后的5日内，通知债权人是否受理。

（3）人民法院受理的，经审查债权债务关系明确、合法的，应当在受理之日起15日内向债务人发出支付令；如果申请不成立，则裁定驳回申请。

（4）债务人自收到支付令之日起15日内清偿债务，或者向人民法院提出书面异议。如果债务人在此期间既未履行债务也未提出异议，债权人可以向人民法院申请执行。债务人提出异议的，人民法院应当裁定终结督促程序，支付令自行失效，债权人可以向人民法院提起诉讼。

## 436. 当事人怎样提管辖异议？

所谓“管辖异议”，是指在人民法院受理民事案件后，被告向法院提出对本案行使管辖权的意见，目的是排除该院管辖。

被告对法院的管辖权如果有异议，应当在收到起诉状副本之日起15日内，即在答辩期间，向正在受理该案的人民法院提出。人民法院对当事人提出的异议，应当审查。异议成立的，裁定将案件移送有管辖权的人民法院，异议不成立的，裁定驳回。如果对裁定不服的，可以向上一级人民法院提起上诉。

我国《民事诉讼法》第37条第2款规定：“人民法院之间因管辖权发生争议，由争议双方协商解决；协商解决不了的，报请它们的共同上级人民法院指定管辖。”

## 437. 法院对债务纠纷案件怎样调解？

根据《民事诉讼法》第9条规定，“人民法院审理民事案件，应当根据自愿和合法的原则进行调解；调解不成的，应当及时判决。”因此，法院审理民事案件，首先要进行调解。调解遵循两条原则。一是当事人自愿原则。如果当事人不同意调解，法院不能强迫调解，同时，在调解过程中，法院也不能强迫当事人对不能达成共识的事项进行认可。二是合法原则。调解活动在程序上要合法，调解协议的内容也不能违反国家法律规定。

对调解未达成协议的，人民法院应当继续审理。对达成协议的，应当让双方当事人在调解协议上签字，并根据情况决定是否制作调解书。双方当事人达成调解协议，在不需要制作调解书的情况下，双方当事人、书记员、审判人员在调解笔录上签名或者盖章之后，调解即具有法律效力。而需要制作调解书的，自双方当事人签收之后才发生法律效力。在调解书送达前，任何一方或者双方反悔而拒不签收的，则调解不成立，法院应当对案件继续审理。调解书生效后，产生与生效判决相同的法律效力。需要注意的是，调解结案的不得上诉。

### 438. 债务人失踪的执行案件应如何处理？

依据法律规定：被执行人下落不明的，必须公告送达执行通知书。送达期间，应及时对被执行人的财产采取查封、冻结或扣押等执行措施并进行公告。进行财产评估等前期处理工作亦可同时进行。

### 439. 怎样查明被执行人财产状况？

查明被执行人的财产状况，主要靠以下几个途径。

（1）申请执行人举证。即由申请执行人提供被执行人的财产状况和线索。比如，申请执行人手中可能有双方曾经往来账的票据等，这些票据上面就有对方当事人的账号、开户行信息。

（2）被执行人应当如实向法院报告自己的财务状况。

（3）人民法院在执行中，有权向被执行人、有关机关、社会团体、企业事业单位或公民个人调查了解被执行人的财产状况，对调查所需要的材料可以进行复制、抄录或拍照，但应当依法保密。

（4）其他人可以向人民法院举报当事人的财务线索。

### 440. 拒不履行判决将承担什么法律后果？

对人民法院作出的已经发生法律效力的判决、裁定或调解书，当事人必须履行。如果一方拒绝履行，对方当事人可以向人民法院申请执行。人民法院通知其履行后，对方如果仍然不履行，人民法院可以采取强制执行措施。在强制执行中，如果被执行人拒不执行，甚至以暴力、威胁方法予以阻碍，人民法院可以根据《民事诉讼法》第111条和《刑法》第313条规定，对其进行罚款、拘留直至判处 3 年以下有期徒刑、拘役、罚金或者剥夺政治权利。

### 441. 申请再审有时间限制吗？

根据《民事诉讼法》第 205 条规定，申请再审应当在民事判决、裁定、调解书发生法律效力后 6 个月内提出。

### 442. 怎样以新的证据申请再审？

根据《民事诉讼法》第 199 条的规定，当事人对已经发生法律效力的判决、裁定，认为有错误，可以向上一级人民法院申请再审；当事人一方人数众多或者当事人双方为公民的案件，也可以向原审人民法院申请再审。申请再审是当事人的一项诉讼权利，但申请再审不是把“二审终审制”变成了“三审终审制”。也就是说，当事人可以申请再审，但不是说只要申请再审了人民法院就必须再审。

根据《民事诉讼法》第 200 条规定，人民法院启动再审程序是有条件的。只有符合应该再审的条件，人民法院才能再审。而应当立案再审的一个重要条件之一，就是“有新的证据，足以推翻原判决、裁定的”。

所谓“新的证据”，根据《最高人民法院关于民事诉讼证据的若干规定》，是指原审庭审结束后新发现的证据。申请再审人以有新的证据证明原民事裁判认定的事实确有错误为由申请再审的，应当在申请再审时提出。经审查，如果申请再审人申请再审提供的证据系其在原审中应当提供而且能够提供但不提供或者故意隐瞒证据直至申请再审时才提供的，不能作为再审程序中的“新的证据”。

### 443. 对提出再审请求有什么限制？

对民事案件申请再审，是针对人民法院已经发生法律效力的判决、裁定、调解书认为有错误而提出的，故民事案件申请再审人提出再审请求不得超出原审诉讼请求。申请再审人在民事再审案件审理过程中不得变更、增加诉讼请求或者提出反诉（原审已反诉的除外）。

### 444. 哪类再审案件应当交纳诉讼费？

根据《诉讼费用交纳办法》第 9 条规定，对于一般的再审案件，当事人不交纳案件受理费。但是，下列情形除外：①当事人有新的证据，足以推翻原判决、裁定，向人民法院申请再审，人民法院经审查决定再审的案件；②当事人对人民法院第一审判决或者裁定未提出上诉，第一审判决、裁定或者调解书发生法律效力后又申请再审，人民法院经审查决定再审的案件。

### 445. 申请再审应提交哪些材料?

申请再审应当提交下列材料。

(1) 再审申请书，应当载明当事人的基本情况，申请再审的具体请求和依据的事实与理由，并应按照原审对方当事人的人数提交再审申请书副本。

(2) 原一二审判决书、裁定书等法律文书，经过人民法院复查或再审的，应当附有驳回通知书、再审判决书或裁定书;

(3) 以有新的证据证明原裁判认定的事实确有错误为由申请再审的，应当同时附有证据目录、证人名单和主要证据复印件或照片；需要人民法院调查取证的，应当向人民法院提出书面申请并附有证据线索。

# 第六章　损害赔偿

### 446. 确定实际损害应当注意哪些问题？

确定实际损害应当注意以下问题。

（1）侵权行为所侵害的客体，都是法律规定的民事主体享有的民事权利和利益，超出法律规定意旨的利益损害，不应予以赔偿。

（2）确定实际损害赔偿必须依据相当因果关系，只有在违法行为与损害后果之间具有本质的必然联系时才有赔偿责任。与行为无因果关系的损害，不应列入损害赔偿范围。

（3）在必要时，应当考虑加害人主观过错的轻重。这是因为加害人主观过错的轻重对侵害后果有重要影响，也会涉及精神损害赔偿范围的大小。

### 447. 哪些情况下可以免除侵权行为人的赔偿责任？

免除赔偿责任也称免责。一般情况下，行为人的侵权行为给他人造成损害的，都应当承担赔偿责任，但在以下特殊情况中，可以免除赔偿责任。

（1）职务侵权行为，也称依法执行职务，是指依照法律的授权或者法律的规定，在必要时，因行使职权而损害他人的财产和人身的行为。为了保护社会的公共利益和公民的合法权益，法律允许工作人员在必要时执行自己的职务，“损害”他人的财产和人身。在这种情况下，由于这种职务侵权行为是一种合法行为，所以，完成有关行为的人是“有权造成损害”的，对造成的损害不负赔偿责任。但是，如果执行职务不当而造成损害时，就应当负赔偿责任。

（2）正当防卫，即在公共利益、他人或本人的人身或者其他利益遭受不法侵害时，行为人所采取的防卫措施。正当防卫是一种保护性措施，是一种合法行为，对于因此而造成的损害，防卫人不负赔偿责任。但如果正当防卫超过必要限度，即防卫过当，造成不应有损害的，应当承担适当的赔偿责任。

（3）紧急避险，即为了公共利益、自身或者他人的合法利益免受更大的损害，在不得已的情况下采取的造成他人少量损失的紧急措施。紧急避险是一种合法行为，是在两种合法利益不可能同时都得到保护的情况下，不得已而采用的牺牲其中较轻的利益，保全较重大利益的行为。因紧急避险造成损害的，由引起险情发生的人承担民事责任。如果危险是由自然原因引起的，紧急避险人不承担民事责任，或者承担适当的民事责任。但是，因紧急避险采取措施不当或者超过必要限度造成不应有的损害的，紧急避险人应当承担适当的民事责任。

(4) 受害人承诺，即受害人容许他人侵害其权利，自己自愿承担损害后果，且不违背法律和公共道德的一种意思表示。权利人自己侵害自己的权利，只要不违背法律和善良风俗，视为行使权利的行为。权利人允许他人侵害自己的权利，一般情况中法律未作禁止性规定。

(5) 自助行为，即权利人为保护自己的权利，在情况紧迫而又不能及时请求国家机关予以救助的情况下，对他人的财产或者自由采取扣押、拘束或其他相应措施，而为法律或社会公德所认可的行为。行为人在实施自助行为之后，必须立即向有关机关申请援助，请求处理。行为人无故申请迟延，应立即释放债务人或把扣押的财产归还给债务人，造成损害的还应负赔偿责任。行为人的自助行为如果不被有关国家机关事后认可，则必须立即停止侵害，并对受害人负赔偿责任。

(6) 受害人过错，即损害的发生或扩大不是由于加害人的过错，而是由于受害人的过错或者故意而发生。加害人是否因受害人有过错而一律免责，应当视具体情况而定。其原则是：如果受害人的过错是损害发生唯一原因的，加害人免责；如果受害人对损害的发生有故意或者重大过失，加害人只具有轻微过失的，加害人免责；如果受害人对损害的发生有故意或过失，加害人也有过错的，则构成混合责任，对于加害人只可以减轻责任，而不能作为免除责任的理由。

(7) 第三人过错，即除受害人和加害人以外的第三人，对受害人损害的发生或扩大具有主观上的故意或过失。第三人过错的法律后果是第三人承担赔偿责任，亦即减轻或者免除加害人的赔偿责任。当第三人过错是损害发生的唯一原因时，第三人过错是免责的事由。如果损害纯粹是由第三人的过错造成的，没有过错的加害人应当免责，由第三人承担赔偿责任。

(8) 不可抗力，即不能预见、不能避免并不能克服的客观情况，包括不受当事人意志左右、支配的自然现象和社会现象，如地震、洪水、台风、海啸、泥石流、滑坡、战争等。只有在损害完全是由不可抗力引起的情况下，才表明被告的行为与损害结果之间毫无因果关系，同时表明被告没有过错，应被免责。当然，法律对行为人由于不可抗力造成他人损害的民事责任另有规定的，则应当按照有关规定进行处理。

(9) 意外事件，即非因当事人的故意或过失，而是由于当事人意志以外的原因而偶然发生的事故。如果损害完全是由意外事件引起的，被告应被免责。

### 448. 怎样确定混合过错中双方当事人的民事责任?

混合过错，是指对于损害的发生，加害人和受害人均有过错。《民法通则》第131条规定："受害人对于损害的发生也有过错的，可以减轻侵害人的民事责任。"加害人和受害人对损害的发生都有过错，发生过失相抵的法律后果。过失相抵会减轻加害人的赔偿责任，受害人对因自己的过错而造成的那一部分损害承担责任。只要有混合过错，并符合过失相抵的条件，法院可以不待当事人主张，而依职权减轻加害人的赔偿责任。

确定混合过错中双方当事人的各自责任，实行过失相抵有两个步骤。一是过错比较，即比较双方当事人过错程度的轻重，以决定责任的承担和责任的范围，然后按照各自过错的比例确定双方当事人各自应承担的责任比例。二是原因力比较，即在过错相当的时候，或者需要进一步分清责任的时候，根据原因力的轻重，适当调整责任份额，最终确定赔偿责任。

### 449. 当事人双方对造成的损害均无过错，应由谁承担民事责任?

对发生的损害结果，当事人双方如果都没有过错，民事责任的承担适用公平责任原则，即根据当事人的财产状况及其他状况，由双方分担民事责任。对此《侵权责任法》第24条有明确规定。

《民法通则》第132条也规定："当事人对造成损害都没有过错的，可以根据实际情况由当事人分担民事责任。"《最高人民法院关于贯彻执行〈中华人民共和国民法通则〉若干问题的意见(试行)》第157条规定："当事人对造成损害均无过错，可以责令对方或者受益人给予一定的经济补偿。"这些规定涉及的就是公平责任，也是确定公平责任的法律依据。由此可见，当事人双方对造成的损害均无过错的，人民法院在审理这类案件时，应当根据具体情况，确定由双方当事人分担民事责任。

### 450. 损害赔偿纠纷可通过哪些途径解决?

损害赔偿纠纷可以通过以下途径解决。

(1) 双方协商。赔偿纠纷当事人双方可以在自愿、平等、互谅的基础上，依据法律、法规的规定，按照损害程度和实际结果，分清是非、明确责任，解决纠纷，由侵权责任人或其责任承担者承担相应的赔偿责任。

（2）申请有关机关调解。受害人一方或侵权行为人一方可以接受或主动申请行政机关调解；双方不愿调解的、调解不成或者调解达成协议后一方反悔的，受害人一方可以向人民法院提起诉讼，请求侵权行为人承担赔偿责任；侵权行为人也可以向人民法院起诉，要求减少赔偿金数额。经行政机关调解，受害人与侵权人达成协议后，如果侵权人反悔，拒不履行或者不按期履行支付赔偿金义务的，受害人可依双方签订的赔偿调解协议，向人民法院提出按督促程序向侵权一方发出支付令。人民法院受理后，15日内发出支付令。侵权人应当自收到支付令之日起15日内，支付赔偿金或者向人民法院提出书面异议。15日内不提出异议又不履行支付令的，受害人可以向人民法院申请执行支付令规定的赔偿金。如果侵权人在15日内以书面形式提出异议，支付令会因法院裁定终结督促程序而自行失效。但受害人仍可以依法提起诉讼。

（3）申请仲裁。当事人可以根据双方达成的仲裁协议，就侵权赔偿纠纷申请仲裁委员会仲裁。通过仲裁的方式解决民事赔偿纠纷，应当出于当事人双方自愿，而且必须有双方达成的仲裁协议。仲裁委员会作出的仲裁裁决为终局裁决。当事人一方不履行裁决的，另一方当事人可以依照民事诉讼法的有关规定向人民法院申请强制执行。

（4）提起诉讼。最后一个途径就是到法院打官司，通过法院的审判来确定侵权人应当承担的赔偿责任。这是在其他途径无法或不能解决纠纷的情况下，最终可以选择通过向人民法院提起诉讼来解决纠纷。当然，当事人不愿通过其他方式解决纠纷时，也可以直接向人民法院提起诉讼。

### 451. 向人民法院提起赔偿诉讼是否有期间限制？

侵权行为的受害人向人民法院请求依诉讼程序强制义务人履行义务，不仅有期间限制，而且如果在法定期间内不主张权利将会导致胜诉权丧失的法律后果。

损害赔偿纠纷案件的受害人向人民法院提起诉讼，根据不同情况，分别适用普通诉讼时效、特别诉讼时效和最长诉讼时效。

《民法通则》第135条规定的普通诉讼时效是二年，法律另有规定的除外。

《民法通则》第136条规定的特别诉讼时效是1年，包括以下几种情况：①身体受到伤害要求赔偿的；②出售质量不合格的商品未声明的；③延付或者拒付租金的；④寄存财物被丢失或者毁损的。此外，《最高人民法院关于贯彻执行〈中华人民共和国民法通则〉若干问题的意见（试行）》第 176 条规定："法律、法规对索赔时间和对产品质量等提出异议的时间有特殊规定的，按特殊规定办理。"

《民法通则》第 137 条规定的最长诉讼时效是 20 年，即不论权利人从什么时候知道其权利被侵害，从侵害事实发生之日起超过 20 年的，都视为诉讼时效届满，人民法院不再予以保护。

### 452. 提起损害赔偿诉讼应当具备哪些条件？

根据《民事诉讼法》第 119 条等有关规定，向人民法院提起损害赔偿诉讼应当具备以下条件。

（1）原告必须是与本案有利害关系的公民、法人和其他组织。原告必须是因侵权行为而使民事权利受到侵害的公民、法人和其他组织。当事人因故不能起诉的，可以委托代理人代为起诉。

（2）必须有明确的被告。原告必须能明确地说明侵权行为人是谁，谁应当对其遭受的损害承担民事赔偿责任。如果不能提出明确的被告，则会无人应诉，也无法进行诉讼，人民法院也将无从审理。

（3）必须有具体的诉讼请求和事实根据。原告必须明确、具体地提出要求被告承担民事责任的方式，如要求停止侵害、消除影响、赔礼道歉、赔偿损失、返还财产、恢复原状、消除影响、恢复名誉等。此外，提出的诉讼请求要有事实根据。当事人对自己提出的主张负有举证责任。

（4）属于人民法院受理民事诉讼的范围和受诉人民法院管辖，即依照《民事诉讼法》的规定，人民法院有权处理原告的诉讼请求。原告必须向有管辖权的人民法院起诉。

### 453. 因侵权纠纷提起的诉讼应由哪个人民法院管辖？

确定侵权纠纷诉讼应由哪个人民法院管辖，必须分别确定其地域管辖和级别管辖。

（1）地域管辖。《民事诉讼法》第 28 条规定："因侵权行为提起的诉讼，由侵权行为地或者被告住所地人民法院管辖。"这一规定明确了因侵权行为提起诉讼的地域管辖。从地域管辖来看，一般以"原告就被告"为原则，即在一般情况下，应当向被告所在地的人民法院提起诉讼。被告是法人的，以它的主要办事机构为住所；被告是其他非法人组织的，其主要办事机构为住所，无办事机构的，注册登记地法院为管辖法院。对某些特定的争议，《民事诉讼法》还规定了特殊地域管辖，涉及损害赔偿的主要有：因铁路、公路、水上和航空运输事故请求损害赔偿提起的诉讼，由事故发生地或者车辆船舶最先达到地、航空器最先降落地或者被告所在地人民法院管辖；因船舶碰撞或者其他海事损害事故请求损害赔偿提起的诉讼，由碰撞发生地、碰撞船舶最先到达地、加害船舶被扣留地或者被告住所地人民法院管辖；因产品质量造成他人财产、人身损害所引起的诉讼，消费者可以选择产品制造地、损害发生地的人民法院管辖。

（2）级别管辖。从级别管辖来看，基层人民法院管辖第一审侵权纠纷案件，但案情复杂、诉讼标的额较大、在当地影响大的案件也可以由中级人民法院管辖。中级人民法院管辖的第一审侵权纠纷案件包括重大涉外案件、在本辖区有重大影响的案件和最高人民法院确定由中级人民法院管辖的案件。高级人民法院管辖在本辖区有重大影响的第一审侵权纠纷案件。最高人民法院管辖在全国有重大影响的以及认为应当由自己审理的第一审侵权纠纷案件。

将上述地域管辖和级别管辖的内容结合起来，即可以确定侵权纠纷案件的具体管辖法院。

### 454. 赔偿案件怎样交纳诉讼费？

根据《诉讼费用交纳办法》的规定，当事人提起赔偿诉讼，应当向人民法院交纳以下费用。

（1）案件受理费。

①侵害姓名权、名称权、肖像权、名誉权、荣誉权的案件，每件交纳100元至500元。涉及损害赔偿，赔偿金额不超过5万元的，不另行交纳；超过5万元至10万元的部分，按照1%交纳；超过10万元的部分，按照0.5%交纳。②财产案件，根据诉讼请求的金额或者价额，按照下列比例分段累计交纳：不超过1万元的，每件交纳50元；超过1万元至10万元的部分，按照2.5%交纳；超过10万元至20万元的部分，按照2%交纳；超过20万元至50万元的部分，按照1.5%交纳；超过50万元至100万元的部分，按照1%交纳；超过100万元至200万元的部分，按照0.9%交纳；超过200万元至500万元的部分，按照0.8%交纳；超过500万元至1000万元的部分，按照0.7%交纳；超过1000万元至2000万元的部分，按照0.6%交纳；超过2000万元的部分，按照0.5%交纳。③侵害专利权、著作权、商标权等知识产权民事案件，没有争议金额或者价额的，每件交纳500元至1000元；有争议金额或者价额的，按照财产案件的标准交纳。④劳动争议案件每件交纳10元。⑤行政案件按照下列标准交纳：商标、专利、海事行政案件每件交纳100元，其他行政案件每件交纳50元。

（2）其他费用。

当事人向法院起诉除了要交纳上述案件受理费以外，如果发生以下费用也应交纳：申请费，证人、鉴定人、翻译人员、理算人员在人民法院指定日期出庭发生的交通费、住宿费、生活费和误工补贴。

诉讼费由原告预交，最后如何负担，由人民法院决定。赔偿纠纷案件的诉讼费一般由败诉一方负担。

根据《民事诉讼法》第 118 条第 2 款规定，当事人交纳诉讼费用确有困难的，可以按照规定，向人民法院申请缓交、减交或者免交。这里所说的交纳诉讼费确有困难，一般是指下列情况之一：①当事人是没有固定生活来源的残疾人；②当事人因为自然灾害或者其他不可抗力造成生活困难，正在接受国家救济或者生产经营难以维持的；③当事人根据有关规定，正在接受法律援助的；④人民法院认为具有其他特殊情况，应当进行司法救助的。对于诉讼费的缓交、减交、免交，要由当事人或者其法定代理人向人民法院提出申请，要说明具体的困难情况以及具体请求。是否缓交、减交、免交，要由人民法院经过审查以后决定。如果经过审查认为不属于确有困难，不予批准的，当事人仍然要按照规定，交纳诉讼费。

## 455. 赔偿案件当事人应当向人民法院提供哪些证据？

一般损害赔偿案件是谁主张谁举证。特别侵权损害赔偿案件是举证责任倒置，即双方当事人都负有举证责任。

损害赔偿案件中常见的证据有下面这些。

（1）能够证明受害人与侵权行为人及其责任者之间存在相关法律关系的证明。如乘坐交通工具的凭证，购买商品或接受服务的发票、收据，医疗挂号和诊疗记录凭证，就某种权利义务达成的合同文本等。

（2）能够证明侵权事实和损害后果的证据。如能够证明侵权行为人在何时、何地实施了何种违法行为，以及这种行为给自己造成了损害后果的证据材料，具体为验伤单、现场勘验或鉴定证明、现场照片、目击者证言、证人名单、假冒他人商标的产品、医疗费收据、修复被损坏财产的费用单据、工资收入证明、被毁损财产的价值证明、有关产品的过去市场占有份额或销售额证明等。

（3）能够证明侵权行为的违法性和侵权行为人及其责任人主观过错的证据。这种证据一般不需要请求赔偿的一方以具体载体的形式提出，只要能够证明侵权行为存在，并证实该行为是违法的，就可以证明侵权行为人及其责任人主观上的过错。在已经采取合理注意或者可靠防范措施责任后仍造成的侵权损害、无民事行为能力人实施的侵权损害、因不可抗力或者意外事件导致的侵权损害以及因正当防卫造成的损害中，受害人要求行为人承担赔偿责任，而行为人要排除自己的赔偿责任的，则必须对自己是否具有法律规定的无过错条件加以证明。这些证据具体为：采取了哪些合理注意或哪些可靠的防范措施的事实，可以说明或认定其无民事行为能力或责任能力的文书和事实，发生过不可抗力或意外事件的有关记录和说明等。

（4）与本案有关的其他证据材料。

不需要当事人提出证据的情况有：①一方当事人对另一方当事人的陈述明确表示承认的；②众所周知的事实和自然规律及定理，如自然灾害、战争等；③根据法律规定和已知事实，能推定出的另一事实；④已为人民法院发生法律效力的裁判所确认的事实；⑤已为合法有效的公证书证明的事实。

当事人提供上述证据的形式可以是物证、书证、证人证言、当事人承认、视听资料、所在单位领导的意见等。物证应当提交原物，书证应当提交原件。提交原物或原件确有困难的，可以提交复制品、照片、副本、节录本。提交外文书证必须附有中文译本。提交的视听资料必须真实。当事人一时不能提交证据的，人民法院应当根据具体情况，指定其在合理期限内提交。当事人在合理期限内提交确有困难的，应在指定期限届满之前，向人民法院申请延期。延长的期限，由人民法院决定。

### 456. 赔偿案件的被告是否可以反告原告？

被告可以反诉。被告提起反诉必须符合以下条件：①必须针对原告提起，而不能对原告以外的其他人提起；②必须与本诉基于同一事实；③只能在本诉提起后至合议庭评议前提出；④只能向审理本诉的人民法院提起。

被告提起反诉应当向人民法院提交反诉状。反诉状是被告反告原告的书面依据，也是人民法院对本诉和反诉适用同一诉讼程序合并审理的依据。反诉状的格式与起诉状大致相同，具体包括以下内容。

（1）名称。写明“民事反诉状”或“反诉状”。

（2）当事人的基本情况。写明反诉人（本诉被告）、被反诉人（本诉原告）的姓名、性别、年龄、民族、籍贯、职业、工作单位、地址等。如果是法人、非法人团体提起反诉时，应写明自己的名称、所在地、法定代表人姓名、职务。有诉讼代理人的，应写明代理人的姓名、所在单位和代理权限。

（3）反诉请求。反诉请求的提出必须与原告本诉请求基于同一事实和同一争议内容，列出反诉的事实，并以证据证明反诉请求的合理性、合法性。

（4）写明致送的人民法院，反诉人签名或盖章，注明时间，并在附项中写明反诉状副本及有关证据材料的份数。

### 457. 人身伤害的赔偿费用有哪些?

根据《民法通则》第 119 条和《最高人民法院关于审理人身损害赔偿案件适用法律若干问题的解释》等有关规定，一般伤害涉及以下赔偿费用。

(1) 医疗费。医疗费具体包括挂号费、医药费、治疗费、检查费、住院费、护理费以及其他医疗费用。

(2) 与医疗有关的交通费、伙食补助费。交通费包括受害人本人和护理人员的必要交通费。对陪护人员过多或受害人不安心医院治疗，多次往返回家的不必要交通费用，不应列入赔偿范围。住院期间的伙食补助费，应比照国家工作人员出差补助费认定并列入赔偿范围。

(3) 残疾者生活补助费等费用。

(4) 误工减少的收入。误工减少的收入包括受害人本人和护理人员的误工损失。

(5) 造成死亡的，应当支付丧葬费、死者生前扶养的人必要的生活费等费用。

### 458. 财产损害的赔偿范围如何确定?

全部赔偿是侵权损害赔偿的基本规则。侵权行为人承担财产损害赔偿的数额，应当以行为所造成的财产或财产利益的实际损失价值为标准，无论损失多少，全部赔偿。

确定财产损害的赔偿范围应注意以下几点。

(1) 只能以财产损失的多少作为唯一标准，而不能以行为人的过错程度、认错态度或行为的损害程度等作为确定赔偿范围的依据，对于财产损失必须全部赔偿。

(2) 全部赔偿，包括直接损失和间接损失。直接损失是指行为人的加害行为直接造成的受害人的财产损坏、减少、灭失等，间接损失是指行为人的加害行为造成的受害人物质性可得利益的减少或丧失。直接损失应当全部赔偿，《民法通则》中的提法叫折价赔偿；对于间接损失，由于在正常情况下，受害人本应当得到这些利益，只是由于加害人的侵害才使得这些可得利益没有得到，这种损失在本质上与直接损失没有什么区别，也是损失，所以也应当赔偿。

(3) 所赔偿的损失只能是合理的损失，对由于受害人的原因而扩大的赔偿范围，加害人不承担赔偿责任，而应当由受害人自己承担损失。

（4）全部赔偿时，必须从全部损失中扣除新生利益，实行损益相抵。

### 459. 财产损害赔偿的方法有哪些？

对不同的财产损害行为以及侵权行为造成的不同形式、不同程度的损害，要采用不同方法进行赔偿。

（1）折价赔偿。对实物损害不能恢复原状、不能返还原物时，将物所遭受的损害折成现金，以金钱予以赔偿。折价赔偿适用于侵害财产所造成的直接财产损失的赔偿。折价赔偿通常被理解为金钱赔偿。将财产利益折合成金钱，以金钱赔偿，应当视为折价赔偿。折价赔偿的关键是计算损失，按照计算方法，计算出直接损失和间接损失后，再计算出实际损失数额，以金钱全部赔偿。

（2）实物赔偿。实物赔偿较为简便易行，只要是以同一种类、同等质量的实物赔偿，即可视为达到全部赔偿的目的。需要注意的是，赔偿的实物往往是新购置的种类物，而被侵害的财产则大多是已经使用过的物品，因此，必须考虑折旧的问题，以避免赔偿范围过大的情况发生。如果进行实物赔偿，特别是在确定折旧差价时，双方争议过大，不能达成一致，一般不使用这种方法，而采用折价赔偿的方法更为适当。

### 460. 什么是精神损害赔偿？对哪些侵权行为可以要求精神损害赔偿？

精神损害赔偿，是指公民由于人格权受到不法侵害，导致精神痛苦，因此要求侵害人以一定数额金钱予以抚慰的法律制度。精神损害赔偿是对人格权保护的有效措施之一，它以公民人格受到不法侵害为前提，以产生精神损害痛苦为基本条件，以用一定数额的金钱对受害人予以抚慰为目的。

《民法通则》第120条第1款规定：“公民的姓名权、肖像权、名誉权、荣誉权受到侵害的，有权要求停止侵害，恢复名誉，消除影响，赔礼道歉，并可以要求赔偿损失。”该条第2款同时规定：“法人的名称权、名誉权、荣誉权受到侵害的，适用前款规定。”《最高人民法院关于审理名誉权案件若干问题的解答》第10条规定：“公民、法人因名誉权受到侵害要求赔偿的，侵权人应当赔偿侵权行为造成的经济损失；公民提出精神损害赔偿要求的，人民法院可以根据侵权人的过错程度、侵权行为的具体情节、给受害人造成精神损害的后果等情况酌定。”

受害人并不是对所有的侵害民事权利违法行为都可以要求精神损害赔偿。根据《最高人民法院关于确定民事侵权精神损害赔偿责任若干问题的解释》第8条规定，因侵权致人精神损害，但未造成严重后果，受害人请求赔偿精神损害的，一般不予支持，人民法院可以根据情形判令侵权人停止侵害、恢复名誉、消除影响、赔礼道歉。

因侵权致人精神损害，造成严重后果的，人民法院除判令侵权人承担停止侵害、恢复名誉、消除影响、赔礼道歉等民事责任外，可以根据受害人一方的请求判令其赔偿相应的精神损害抚慰金。

根据《最高人民法院关于确定民事侵权精神损害赔偿责任若干问题的解释》的规定，自然人因下列人格权利遭受非法侵害，起诉请求赔偿精神损害的，人民法院应当依法予以受理。

（1）生命权、健康权、身体权。

（2）姓名权、肖像权、名誉权、荣誉权。

（3）人格尊严权、人身自由权。

（4）违反社会公共利益、社会公德侵害他人隐私或者其他人格利益，受害人以侵权为由向人民法院起诉请求赔偿精神损害的。

（5）非法使被监护人脱离监护，导致亲子关系或者近亲属间的亲属关系遭受严重损害，监护人向人民法院起诉请求赔偿精神损害的。

（6）自然人死亡后，其近亲属因下列侵权行为遭受精神痛苦，向人民法院起诉请求赔偿精神损害的，人民法院应当依法予以受理：①以侮辱、诽谤、贬损、丑化或者违反社会公共利益、社会公德的其他方式，侵害死者姓名、肖像、名誉、荣誉；②非法披露、利用死者隐私，或者以违反社会公共利益、社会公德的其他方式侵害死者隐私；③非法利用、损害遗体、遗骨，或者以违反社会公共利益、社会公德的其他方式侵害遗体、遗骨。

（7）具有人格象征意义的特定纪念物品，因侵权行为而永久性灭失或者毁损，物品所有人以侵权为由，向人民法院起诉请求赔偿精神损害的，人民法院应当依法予以受理。

### 461. 确定精神损害赔偿金数额应考虑哪些因素？

根据《最高人民法院关于确定民事侵权精神损害赔偿责任若干问题的解释》第10条规定，人民法院在审理精神损害赔偿案件时，在遵循抚慰为主、补偿为辅，允许法官自由裁量和适当限制等基本原则的前提下，综合考虑以下因素。

（1）受害人的精神损害程度，即侵害行为所造成的后果。受害人的精神损害程度是法官在确定精神损害赔偿金数额时首先考虑的因素。

（2）侵权人的过错程度。精神损害案件中的过错程度对确定赔偿金数额具有重要意义。一般来说，故意或重大过失的侵害给受害人造成的精神损害大，受害人的痛苦大，怨恨深；而一般的或者轻微过失的侵害给受害人造成的精神损害则相对较小，受害人比较容易宽恕侵权人，或容易与其达成谅解。这就使得过错程度成为确定精神损害赔偿金时不可被忽视的一个重要因素。

（3）侵权的具体情节。这包括侵权的手段，行为的方式、方法，侵权的场合、次数，侵权持续的时间等。

（4）侵权人承担责任的能力。精神损害赔偿金额如果超出了侵权人承担责任的能力，也就失去了实际执行的意义。考虑侵权人承担责任的能力时，应当明确侵权人是自然人还是法人，侵权目的是营利还是非营利，出于营利或牟利目的的实施的侵权行为是否获利以及获利多少等。

（5）受害人的经济状况。如果受害人的经济状况较好，可以正常确定赔偿金数额；如果受害人经济状况较差，赔偿金数额可适当提高。

（6）当地的平均生活水平。通常情况下，侵权人和受害人往往在同一地区，考虑受诉法院所在地平均生活水平，就是参考了当地的平均生活水平，在这种标准上确定赔偿数额，可以在当地基本生活标准的基础上，使受害人的合法权益得到切实的维护，同时又使人民法院的判决能够切实执行。

确定精神损害赔偿金除了考虑以上因素外，还可以考虑侵权人的认错态度。如果侵权人态度诚恳，主动向受害人表示歉意，会使受害人得到心理上的抚慰，减轻精神痛苦，据此可以减少精神损害赔偿金的数额。

法律、行政法规对残疾赔偿金、死亡赔偿金等有明确规定的，适用法律、行政法规的规定。

具体确定精神损害赔偿金时应遵循以下原则。

（1）抚慰为主，补偿为辅原则。

（2）允许法官自由裁量原则。在审理损害赔偿案件中，法官应当有适当的自由裁量的权利。其法律依据是《最高人民法院关于贯彻执行〈中华人民共和国民法通则〉若干问题的意见（试行）》第150条规定：确定赔偿金的数额，人民法院“可以根据侵权人的过错程度、侵权行为的具体情节、后果和影响确定其赔偿责任”。

（3）适当限制原则。即对精神损害赔偿数额作出限定，确定具体数额时，既要考虑赔偿金是以金钱方式对受害人精神痛苦的抚慰，又要认识到这种抚慰功能是有限的；既要考虑受害人的受损程度以及侵权人的经济承受能力，又要考虑当地的经济发展水平，以保证确定合理的赔偿数额。

## 462. 构成污染环境致人损害民事责任应具备哪些条件？

环境污染包括大气污染、水污染、海洋污染、固体废弃物污染和噪声污染等。构成环境污染致人损害民事责任的条件如下。

（1）必须具有污染环境的行为。污染环境的行为包括作为和不作为两种。认定污染环境的行为是否违法，不能仅以是否违反法律规定为标准。凡是造成环境污染危害的，都是污染环境的行为。因此，现行《环境保护法》没有规定的污染环境的行为和没有超过国家规定的排污标准的污染环境的行为，只要是造成了污染损害的，均应构成侵权行为。

（2）污染环境造成的损害事实客观存在。环境污染损害具有复杂性和潜伏性，受害人往往不能及时发现，从致害到爆发要经历一个较长的阶段。另外，环境污染损害还具有持续性，环境污染损害并不因污染物的停止排放而立即消除。环境污染还具有广泛性，损害事实通常导致直接损害和间接损害的后果，或物质损害和精神损害的后果。

（3）污染环境的行为与损害事实之间有因果关系。凡能认定环境污染行为与损害事实之间存在必然因果关系或相当因果关系的，加害人均应当承担赔偿责任。

根据 2015 年 6 月 1 日《最高人民法院关于审理环境侵权责任纠纷案件适用法律若干问题的解释》的规定，因污染环境造成损害，不论污染者有无过错，污染者应当承担侵权责任。污染者不得以排污符合国家或者地方污染物排放标准为由不承担责任。

两个以上污染者共同实施污染行为造成损害，被侵权人根据《侵权责任法》第 8 条规定，可以请求污染者承担连带责任。

两个以上污染者分别实施污染行为，造成同一损害，每一个污染者的污染行为都足以造成全部损害，被侵权人根据《侵权责任法》第 11 条规定，可以请求污染者承担连带责任。

两个以上污染者分别实施污染行为，造成同一损害，每一个污染者的污染行为都不足以造成全部损害，被侵权人根据《侵权责任法》第 12 条规定，可以请求污染者承担责任。

两个以上污染者分别实施污染行为，造成同一损害，部分污染者的污染行为足以造成全部损害，部分污染者的污染行为只造成部分损害，被侵权人根据《侵权责任法》第 11 条规定，请求足以造成全部损害的污染者与其他污染者就共同造成的损害部分承担连带责任并对全部损害承担责任的，人民法院应予支持。

根据《侵权责任法》第 68 条规定，被侵权人可以分别或者同时起诉污染者、第三人。被侵权人请求第三人承担赔偿责任的，人民法院应当根据第三人的过错程度确定其相应赔偿责任。污染者不得以第三人的过错污染环境造成损害为由不承担责任或者减轻责任。

需要说明的是，根据《侵权责任法》第 66 条规定，因污染环境发生纠纷，污染者应当就法律规定的不承担责任或者减轻责任的情形及其行为与损害之间不存在因果关系承担举证责任。如果不能举证，将承担不利后果。

同时具备以上条件的污染环境行为，构成环境污染致人损害赔偿责任。

### 463. 污染环境致人损害的应承担怎样的民事责任？

《民法通则》第 124 条规定："违反国家保护环境防止污染的规定，污染环境造成他人损害的，应当依法承担民事责任。"《环境保护法》也有类似的规定：造成环境污染危害的，有责任排除妨害，并对直接损害的单位和个人赔偿损失。这些规定表明，污染环境致人损害的，应当承担排除危害和赔偿损失的民事责任。

根据《侵权责任法》第 67 条、第 68 条的规定，两个以上污染者污染环境，污染者承担责任的大小，根据污染物的种类、排放量等因素确定。因第三人的过错污染环境造成损害的，被侵权人可以向污染者请求赔偿，也可以向第三人请求赔偿。污染者赔偿后，有权向第三人追偿。

缴纳排污费、超标排污费的单位或个人，不得免除赔偿损失的责任。

根据 2015 年 6 月 1 日《最高人民法院关于审理环境侵权责任纠纷案件适用法律若干问题的解释》第 6 条、第 7 条规定，被侵权人根据《侵权责任法》第 65 条规定，请求赔偿的，应当提供证明以下事实的证据材料：一是污染者排放了污染物；二是被侵权人的损害；三是污染者排放的污染物或者其次生污染物与损害之间具有关联性。污染者举证证明下列情形之一的，人民法院应当认定其污染行为与损害之间不存在因果关系：一是排放的污染物没有造成该损害可能的；二是排放的可造成该损害的污染物未到达该损害发生地的；三是该损害于排放污染物之前已发生的；四是其他可以认定污染行为与损害之间不存在因果关系的情形。

根据 2015 年 6 月 1 日《最高人民法院关于审理环境侵权责任纠纷案件适用法律若干问题的解释》第 15 条规定，被侵权人起诉请求污染者赔偿因污染造成的财产损失、人身损害以及为防止污染扩大、消除污染而采取必要措施所支出的合理费用的，人民法院应予支持。

### 464. 环境污染损害赔偿纠纷可通过怎样的途径解决？

根据《环境保护法》第 57 条、第 58 条及有关规定，环境污染损害赔偿纠纷可通过以下途径解决。

（1）公民、法人和其他组织发现任何单位和个人有污染环境和破坏生态行为的，有权向环境保护主管部门或者其他负有环境保护监督管理职责的部门举报。公民、法人和其他组织发现地方各级人民政府、县级以上人民政府环境保护主管部门和其他负有环境保护监督管理职责的部门不依法履行职责的，有权向其上级机关或者监察机关举报。可以首先通过调解的方法得到解决，得到赔偿。

（2）对污染环境、破坏生态，损害社会公共利益的行为，符合下列条件的社会组织可以向人民法院提起诉讼：一是依法在设区的市级以上人民政府民政部门登记；二是专门从事环境保护公益活动连续五年以上且无违法记录。提起诉讼的社会组织不得通过诉讼牟取经济利益。

（3）遭受环境污染损害，受到损失的，依照《民法通则》第 124 条等规定，可以持证据直接向人民法院起诉，要求造成环境污染损害的个人或单位承担排除危害和赔偿经济损失的责任。

### 465. 污染环境致人损害的赔偿范围如何确定？

环境污染损害的特殊性决定了其损失的计算要比普通侵权困难得多。如环境侵权所损害的舒适权、宁静权等非财产性权利，很难确定经济上的损失额。人们受技术水平和认识能力的局限，对于环境污染给人群、动植物以至于整个生态系统造成的潜在危害，也很难作出确切的评价。在一般情况下，环境污染损害造成的实际损失被作为承担民事赔偿责任的必要条件，也是确定赔偿范围的重要依据。

环境污染致人损害赔偿的范围应当包括直接损失和间接损失。间接损失也是损失，如果不赔偿，让受害人自己承担没有道理。直接损失是指受害人因污染而导致现有财产的减少或丧失，如农作物减产、鱼虾苗死亡等。间接损失是指受害人在正常情况下应当得到，但因环境污染而未能得到的那部分收入，如工人因污染致病住院治疗而使工资收入减少。在确定赔偿范围时，既要考虑受害人遭受的物质损失，即经济利益上的损失，也要适当考虑受害人受到的精神损害。

### 466. 环境污染损害赔偿的诉讼时效期间有多长？

2015 年 6 月 1 日《最高人民法院关于审理环境侵权责任纠纷案件适用法律若干问题的解释》第 17 条规定，被侵权人提起诉讼，请求污染者停止侵害、排除妨碍、消除危险的，不受《环境保护法》第 66 条规定的时效期间限制。《环境保护法》第 66 条是这样规定的：提起环境损害赔偿诉讼的时效期间为3年，从当事人知道或者应当知道其受到损害时起计算。

可是，如果提起诉讼，不是请求污染者停止侵害、排除妨碍、消除危险，而是要求赔偿，那么，《环境保护法》第66条的规定仍然适用，即提起环境损害赔偿诉讼的时效期间为3年。

# 第七章　国家赔偿

## 467. 国家赔偿的条件和类型有哪些？

根据《国家赔偿法》第 2 条规定，国家机关和国家机关工作人员行使职权，有《国家赔偿法》规定的侵犯公民、法人和其他组织合法权益的情形，造成损害的，受害人有依法取得国家赔偿的权利。国家要依照《国家赔偿法》及其他有关法律的规定，承担赔偿责任。

国家赔偿的条件是：①职务行为的主体必须是执行国家职务的国家机关及其工作人员；②职务行为主体违法执行职务；③有人身权或财产权的损害事实发生；④违法职务行为与损害后果之间有因果关系。

国家赔偿责任有以下两种类型。

（1）行政赔偿责任。即国家行政机关及其工作人员行使行政职权时，侵犯公民、法人和其他组织合法权益造成损害的赔偿责任。

（2）刑事赔偿责任。即行使侦查、检察、审判、监狱管理职权的机关行使职权时，侵犯公民、法人和其他组织合法权益造成损害的赔偿责任。

## 468. 行政赔偿的范围如何确定？

根据《国家赔偿法》第 3 条、第 4 条的规定，行政赔偿的范围如下。

（1）侵犯人身权的赔偿范围是：①违法拘留或者违法采取限制公民人身自由的行政强制措施；②非法拘禁或者以其他方法非法剥夺公民人身自由的行为；③以殴打、虐待等行为或者唆使、放纵他人以殴打、虐待等行为造成公民身体伤害或者死亡的；④违法使用武器、警械造成公民身体伤害与死亡的违法行为；⑤造成公民身体伤害与死亡的其他违法行为。

（2）侵犯财产权的赔偿范围是：①违法实施罚款、吊销许可证和执照、责令停产停业、没收财务等行政处罚行为；②违法对财产采取查封、扣押、冻结等行政强制措施的行为；③违法征收、征用财产的；④造成财产损害的其他违法行为。

### 469. 哪些情况下国家不承担赔偿责任？

根据《国家赔偿法》第5条规定，属于下列情形之一的，国家不承担赔偿责任。

（1）行政机关工作人员与行使行政职权无关的个人行为。国家对行政侵权行为承担责任源于这种行为是职务行为，与行政职权有关联。如果行政机关工作人员实施的行为纯属个人行为，国家就没有义务承担赔偿责任。

（2）因公民、法人和其他组织自己的行为致使损害发生的。如果损害的发生是由于受害人自己的行为引起的，与行政机关及其工作人员执行职务的行为没有因果关系，或者没有直接因果关系，尽管行政行为可能违法，但国家不承担赔偿责任。如果损害的发生是由行政机关及其工作人员行使职权的行为与受害人自己的行为共同造成的，国家不能完全免除行政赔偿责任，但可以视双方在损害发生过程中责任大小，酌情减轻国家赔偿责任。

（3）法律规定的其他情形。即《国家赔偿法》以及其他法律规定的不需要国家承担赔偿责任的其他情形。

### 470. 刑事赔偿的范围如何确定？

根据《国家赔偿法》第17条、第18条规定，刑事赔偿责任范围包括以下方面。

（1）行使侦查、检察、审判职权的机关以及看守所、监狱管理机关及其工作人员，在行使职权时，有下列侵犯人身权情形之一的，受害人有取得赔偿的权利：①违反《刑事诉讼法》的规定对公民采取拘留措施的，或者依照《刑事诉讼法》规定的条件和程序，对公民采取拘留措施，但是拘留时间超过时限，其后决定撤销案件、不起诉或者判决宣告无罪终止追究刑事责任的；②对公民采取逮捕措施后，决定撤销案件、不起诉或者判决宣告无罪终止追究刑事责任的；③依照审判监督程序再审改判无罪，原判刑罚已经执行的；④刑讯逼供或者以殴打、虐待等行为或者唆使、放纵他人以殴打、虐待等行为造成公民身体伤害或者死亡的；⑤违法使用武器、警械造成公民身体伤害或者死亡的。

（2）行使侦查、检察、审判职权的机关以及看守所、监狱管理机关及其工作人员，在行使职权时，有下列侵犯财产权情形之一的，受害人有取得赔偿的权利：①违法对财产采取查封、扣押、冻结、追缴等措施的；②依照审判监督程序再审改判无罪，原判罚金、没收财产已经执行的。

根据《国家赔偿法》第19条规定，属于下列情形之一的，国家不承担赔偿责任：①因公民自己故意作虚伪供述，或者伪造其他有罪证据被羁押或者被判处刑罚的；②依照《刑法》第17条、第18条规定不负刑事责任的人被羁押的；③依照《刑事诉讼法》的规定，不追究刑事责任的人被羁押的；④行使侦查、检察、审判职权的机关以及看守所、监狱管理机关的工作人员与行使职权无关的个人行为；⑤因公民自伤、自残等故意行为致使损害发生的；⑥法律规定的其他情形。

### 471. 国家赔偿的方式和计算标准如何？

根据《国家赔偿法》第32条规定，国家赔偿的方式以支付赔偿金为主，能够返还财产或恢复原状的，予以返还财产或恢复原状。

根据《国家赔偿法》第33条、第34条、第35条、第36条的规定，侵犯公民人身自由的，每日赔偿金按照国家上年度职工日平均工资计算。

侵犯公民生命健康权的，赔偿金按照下列规定计算。

（1）造成身体伤害的，应当支付医疗费、护理费，以及赔偿因误工减少的收入。减少的收入每日的赔偿金按照国家上年度职工日平均工资计算，最高额为国家上年度职工年平均工资的五倍。

（2）造成部分或者全部丧失劳动能力的，应当支付医疗费、护理费、残疾生活辅助具费、康复费等因残疾而增加的必要支出和继续治疗所必需的费用以及残疾赔偿金。残疾赔偿金根据丧失劳动能力的程度，按照国家规定的伤残等级确定，最高不超过国家上年度职工年平均工资的20倍。造成全部丧失劳动能力的，对其扶养的无劳动能力的人还应当支付生活费。

（3）造成死亡的，应当支付死亡赔偿金、丧葬费，总额为国家上年度职工年平均工资的20倍。对死者生前扶养的无劳动能力的人，还应当支付生活费。

前述第（2）项、第（3）项规定的生活费的发放标准，参照当地最低生活保障标准执行。被扶养的人是未成年人的，生活费给付至18周岁止；其他无劳动能力的人，生活费给付至死亡时止。

属于侵犯人身权的赔偿范围或者侵犯财产权的赔偿范围，致人精神损害的，应当在侵权行为影响的范围内，为受害人消除影响，恢复名誉，赔礼道歉；造成严重后果的，应当支付相应的精神损害抚慰金。

侵犯公民、法人和其他组织的财产权造成损害的，按照下列规定处理：

（1）处罚款、罚金、追缴、没收财产或者违法征收、征用财产的，返还财产；

（2）查封、扣押、冻结财产的，解除对财产的查封、扣押、冻结，造成财产损坏或者灭失的，依照下述的第（3）项、第（4）项的规定赔偿；

（3）应当返还的财产损坏的，能够恢复原状的恢复原状，不能恢复原状的，按照损害程度给付相应的赔偿金；

（4）应当返还的财产灭失的，给付相应的赔偿金；

（5）财产已经拍卖或者变卖的给付拍卖或者变卖所得的价款，变卖的价款明显低于财产价值的应当支付相应的赔偿金；

（6）吊销许可证和执照、责令停产停业的，赔偿停产停业期间必要的经常性费用开支；

（7）返还执行的罚款或者罚金、追缴或者没收的金钱，解除冻结的存款或者汇款的，应当支付银行同期存款利息；

（8）对财产权造成其他损害的，按照直接损失给予赔偿。

### 472. 行政机关的违法行为造成损害可以要求赔偿吗？

国家机关和国家工作人员的违法失职行为侵犯了公民、法人或者其他组织的合法权益，造成损害，国家应当承担赔偿责任。

我国《宪法》规定，由于国家机关和国家工作人员侵犯公民权利而受到损失的人，有依照法律取得赔偿的权利。《民法通则》也规定，国家机关或者国家机关工作人员在执行职务中，侵犯公民、法人的合法权益，造成损害的，应当承担民事责任。我国的《国家赔偿法》对国家机关及其工作人员侵犯公民、法人或者其他组织的合法权益造成损害的赔偿问题也作了专门规定。《行政诉讼法》第2条规定，公民、法人或者其他组织的合法权益受到行政机关或者行政机关工作人员作出的具体行政行为侵犯造成损害的，有权向法院提起诉讼，请求赔偿。

### 473. 对行政机关违法行为造成损害怎样要求赔偿？

公民、法人或者其他组织单独就损害赔偿提出请求，应当先向直接给自己合法权益造成损害的行政机关提出。该行政机关应认真听取请求人的要求，然后依据法律、法规的有关规定，结合损害的实际情况提出处理办法。如果请求人接受行政机关的赔偿处理办法，则不存在提起赔偿诉讼问题；如果请求人不同意行政机关的赔偿处理办法，可以向人民法院就赔偿问题提起诉讼。

### 474. 行政赔偿的主体有哪些？

行政机关或者行政机关工作人员作出的具体行政行为侵犯公民、法人或者其他组织的合法权益，造成损害的，由该行政机关或者该行政机关工作人员所在的行政机关负责赔偿。该规定包括的情况有两种：一种是行政机关作出具体行政行为侵犯了公民、法人或者其他组织的合法权益，造成损害的，由该行政机关负责赔偿；另一种是行政机关工作人员在执行职务中，如果对公民、法人或者其他组织的合法权益造成了损害，应当由该行政机关工作人员所属的行政机关负责赔偿。

### 475. 对赔偿诉讼可以调解吗？

根据《国家赔偿法》第 13 条等有关规定，赔偿诉讼可以协商调解，但调解必须在当事人自愿的前提下进行，人民法院无权强迫。如果法律、法规就赔偿数额的范围作出了明文规定，人民法院应当在规定的范围内进行调解；如果法律、法规没有明确规定赔偿数额的范围，调解不应当违背法律、法规规定的原则。

# 第八章 交通肇事

### 476. 目前适用于交通事故方面的法律主要有哪些？

目前有效的、正在适用的法律、法规和司法解释主要有以下一些，可以从网络上和书籍中查阅：《最高人民法院关于审理交通肇事刑事案件具体应用法律若干问题的解释》（2000 年 11 月 15 日公布）；《最高人民法院关于审理道路交通事故损害赔偿案件适用法律若干问题的解释》（2012 年 11 月 27 日公布）；《中华人民共和国侵权责任法》（2009 年 12 月 26 日公布）；《中华人民共和国道路交通安全法》（2011 年 4 月 22 日修订）；《中华人民共和国道路交通安全法实施条例》（2004 年 4 月 30 日公布，与 2011 年 4 月 22 日修订后的《中华人民共和国道路交通安全法》不一致的，以后者为准）；《道路交通事故处理程序规定》（2008 年 8 月 17 日发布）；《公安机关办理行政案件程序规定》（2012 年 12 月 19 日发布）；《道路交通安全违法行为处理程序规定》（2008 年 12 月 20 日发布）；《最高人民法院关于审理人身损害赔偿案件适用法律若干问题的解释》（2003 年 12 月 26 日发布）。

### 477. 道路交通事故由哪个机关负责处理？

公安部是国务院处理交通事故的主管机关，县以上地方各级公安机关是同级人民政府处理本行政区域内交通事故的主管机关。公安机关中的交通管理部门具体负责道路交通事故处理。除此之外，任何单位和个人都无权处理交通事故。

### 478. 对道路交通中发生的不属于交通事故的其他事故应如何处理？

在道路交通中发生的人身伤亡或者财产损失，经公安机关调查，不能确认是任何一方当事人的违章行为造成的，推定属于意外事件。对这一类事件中发生的损害，应当依照《民法通则》第 132 条规定来解决。

《民法通则》第 132 条规定：“当事人对造成损害都没有过错的，可以根据实际情况，由当事人分担民事责任。”如何分担，应当由当事人协商，当事人之间因损害赔偿发生纠纷，可以向人民法院提起民事诉讼，不属于公安交通管理机关的调解范围。但是，某一事件究竟是否属于交通事故，只有经公安机关确认后，由公安机关书面通知当事人。

### 479. 公安机关交通管理部门怎样处理交通事故？

公安机关交通管理部门处理交通事故的程序如下。

（1）受理报案。公安机关交通管理部门接到当事人或其他人的报案之后，按照管辖范围予以立案。

（2）现场处理。公安交通管理部门受理案件后，立即派员赶赴现场，抢救伤者和财产，勘查现场，收集证据。

（3）责任认定。在查清交通事故事实的基础上，公安交通管理部门根据事故当事人的违章行为与交通事故的因果关系、作用大小等，对当事人的交通事故责任作出认定。

（4）裁决处罚。公安交通管理部门应依据有关规定，对肇事责任人予以警告，罚款，吊扣、吊销驾驶证或拘留的处罚。

（5）损害赔偿调解。对交通事故造成的人员伤亡及经济损失的赔偿，按照有关规定和赔偿标准，根据事故责任划分相应的赔偿比例，由公安交通管理部门召集双方当事人进行调解。双方同意达成此协议，由事故调解人员制作并发给损害赔偿调解书。

（6）向法院起诉。如果双方当事人在法定期限内调解无效，公安交通管理部门终止调解，并发给调解终结书，由双方当事人向法院提起民事诉讼。

### 480. 交通事故可以私了吗？

根据《道路交通安全法》第 70 条规定，在道路上发生交通事故，未造成人身伤亡，当事人对事实及成因无争议的，在记录交通事故的时间、地点、对方当事人的姓名和联系方式、机动车牌号、驾驶证号、保险凭证号、碰撞部位并共同签名后，可以即行撤离现场，恢复交通，自行协商处理损害赔偿事宜；不即行撤离现场的，应当迅速报告执勤的交通警察或者公安机关交通管理部门。在道路上发生交通事故，仅造成轻微财产损失，并且基本事实清楚的，当事人应当先撤离现场再进行协商处理。

可见，交通事故的私了有两个条件：①没有造成人身伤亡；②当事人双方对事实和成因没有争议。这两个条件都具备就可以私了或者自行解决。这种事故处理没有行政干预，是非常快捷的。但要注意，完全没有责任一方要有取证意识，防止负责任的一方反悔。

### 481. 交通事故私了后又出现争议，能否再要求公安机关交通管理部门继续处理？

发生交通事故后，如果双方当事人同意就事故的责任及损害赔偿事宜自行协商解决的，表明当事人对事故损害事实及责任承担达成一致意见的意思表示真实。当事人自行解决交通事故协议书自双方填写后立即生效，且可以作为认定事故事实的证据，是向保险公司进行索赔或向人民法院提起民事诉讼的前提条件。

如果事后当事人就事故事实及责任承担出现争议而又到公安机关交通管理部门要求处理的，虽然可以处理，但只能依照当事人自行解决交通事故协议书中记载的事实来认定事故责任，并据此进行相应的损害赔偿调解。如果当事人仅就损害赔偿的数额及给付出现争议而要求交警队处理的，交警队不再处理，双方可通过向法院起诉来解决。

### 482. 当事人有酒后驾车等严重交通违法行为可否私了？

当事人的交通违法行为有法定的几种严重情形必须报警，由公安机关处理。这主要是为了打击严重的交通违法行为，防止当事人借交通事故私了之机逃脱法律的制裁。

根据《道路交通事故处理程序规定》第 8 条规定，有下列情形之一的，当事人应当保护现场并立即报警，而不能私了：①造成人员死亡、受伤的；②发生财产损失事故，当事人对事实或者成因有争议的，以及虽然对事实或者成因无争议，但协商损害赔偿未达成协议的；③机动车无号牌、无检验合格标志、无保险标志的；④载运爆炸物品、易燃易爆化学物品以及毒害性、放射性、腐蚀性、传染病病原体等危险物品车辆的；⑤碰撞建筑物、公共设施或者其他设施的；⑥驾驶人无有效机动车驾驶证的；⑦驾驶人有饮酒、服用国家管制的精神药品或者麻醉药品嫌疑的；⑧当事人不能自行移动车辆的。

发生财产损失事故，并具有上述第②项至第⑤项情形之一，车辆可以移动的，当事人可以在报警后，在确保安全的原则下，对现场拍照或者标划停车位置，将车辆移至不妨碍交通的地点等候处理。

### 483. 处理交通肇事事故可以扣留车辆吗？

可以。2008 年 12 月 20 日公安部发布的《道路交通安全违法行为处理程序规定》第 22 条、第 25 条对此有明确规定。因收集证据的需要，可以扣留事故车辆及机动车行驶证，但公安机关交通管理部门应当开具行政强制措施凭证，将车辆移至指定的地点并妥善保管。

公安机关交通管理部门不得扣留事故车辆所载货物。对所载货物在核实重量、体积及货物损失后，通知机动车驾驶人或者货物所有人自行处理。当事人不自行处理的，按照 2012 年 12 月 19 日《公安机关办理行政案件程序规定》关于涉案财产的处理规定处理。

## 484. 扣留车辆有期限规定吗？

根据 2008 年 12 月 20 日公安部发布的《道路交通安全违法行为处理程序规定》第 28 条规定，对扣留的车辆，当事人接受处理或者提供、补办的相关证明或者手续经核实后，公安机关交通管理部门应当依法及时退还。

公安机关交通管理部门核实的时间不得超过 10 日；需要延长的，经县级以上公安机关交通管理部门负责人批准，可以延长至 15 日。核实时间自车辆驾驶人或者所有人、管理人提供被扣留车辆合法来历证明，补办相应手续，或者接受处理之日起计算。

发生道理交通事故因收集证据需要扣留车辆的，扣留车辆时间依照《道路交通事故处理程序规定》有关规定执行。

## 485. 怎样认定交通事故？

根据公安部 2008 年 8 月 17 日发布的《道路交通事故处理程序规定》和有关规定，认定交通事故一定要按照“全面分析、综合评断”的方法进行。即在调查清楚交通事故发生的全部情况和各个相关因素后，根据“路权规定”和“安全规定”，认定当事人应当承担的事故责任的大小。

（1）研究因果关系，明确有无责任。①只有一方当事人的违章行为和交通事故的发生有因果关系，另一方当事人没有违章行为，或虽有违章行为但与交通事故的发生、损害后果没有因果关系，则应由有违章行为和交通事故发生有因果关系的一方当事人负事故的全部责任。②双方当事人都有交通违章行为，和交通事故之间都有因果关系，则双方都应该承担交通事故责任。如何进行具体定量，有待于下一步认定。

（2）分析路权，拿出责任大小的意向。①交通事故一方当事人的交通违章行为是违反通行权的行为，另一方当事人的违章不是违反通行权的行为，则由违反通行权的一方当事人负事故的主要以上责任，另一方负相应的责任。②双方当事人都有通行权的情况下，由违反先行权的一方负事故主要以上责任，另一方负相应的责任。③双方当事人都违反通行权规定，又都违反先行权规定，如没有其他违章行为存在，则双方应负事故的同等责任。④双方都违反路权规定（或都有违反路权规定以外的违章行为），则通过分析安全因素再认定事故责任的大小。

(3) 进一步分析因果关系，研究安全因素，最后认定责任。经过研究分析事故当事人违章行为和交通事故发生之间的关系后，就可以根据交通法规规定，依据确保安全的精神，对交通事故作出最后认定。一般情况下是：①违章行为是致使交通事故发生原因（而不是条件）时，应负事故主要以上责任，另一方当事人负相应的责任；②违章行为是造成交通事故主要原因的，应负事故主要以上责任，另一方当事人负相应的责任；③违章行为是产生交通事故的直接原因（而不是间接原因）时，应负事故主要以上责任，另一方负相应的责任；④违章行为是事故发生的必然原因的，应负事故主要以上责任，另一方当事人负相应的责任；⑤既无法区分直接原因、主要原因、必然原因，又无法区分原因和条件，还无法分清情节轻重时，则由当事人负交通事故的同等责任。

在认定交通事故责任时，不能一味强调以路权来定责，只有全面分析，才能准确、公平地确定责任。例如，超速行驶且刹车失灵的车辆将在机动车道内行走的行人从背后撞伤，行人虽然违反了路权原则，但不是事故发生的主要原因，而是事故发生的条件，这种情况下，机动车是负主要责任的。

### 486. 常见的几种交通事故责任是如何判定的？

交通事故认定对于当事人是否承担事故责任、在多大程度上承担事故责任具有重大意义，但由于发生交通事故的情况复杂多样，因此，对交通事故的判定必须视事故的具体情况而定。下面是几种常见事故的认定：

(1) 驾驶员违反交通规则或操作规程以致肇事的，由驾驶员负责；

(2) 学习驾驶员违反交通规则，有教练员在旁监护的情况下肇事的，由教练员负部分或全部责任；

(3) 驾驶员将车交给无驾驶证的人开车而肇事的，由驾驶员和开车人共同负责；

(4) 非驾驶员擅自开车而肇事的，由开车人负责；

(5) 怂恿、迫使驾驶员违章开车（驾驶员应提出申辩、表示异议并拒绝执行）以致肇事的，由怂恿、迫使人负责；

(6) 行人违反交通规则，驾驶员虽已采取措施，仍发生事故时，由引起肇事者负主要或全部责任；

(7) 由于道路条件不合要求，应设置警告或指示标志而未设置，致使驾驶员误行肇事的，由道路养护部门负责；

（8）铁路与公路平交路口，应设置标志而未设置，以致肇事的，由铁路部门负责；

（9）由于任意在街道、公路上堆放、碾晒、作业或放牧等肇事的，由当事人负全部责任；

（10）车辆装备不合格，保修不合技术要求，以致能检查而没检查的机件发生故障，以致肇事的，由有关人员或驾驶员负责；

（11）因交通指挥失误，以致肇事的，由指挥人员负责。

### 487. 交通事故的认定应在多长时间内作出？

所谓交通事故的认定，是指对交通事故当事人在事故中有无违章行为以及交通违章行为与交通事故损害后果之间的关系与作用大小，作出定性、定量认定的一种具体活动。

根据 2008 年 8 月 17 日公安部发布的《道路交通事故处理程序规定》第 47 条规定，公安机关交通管理部门应当自现场调查之日起 10 日内，制作道路交通事故认定书。交通肇事逃逸案件，在查获交通肇事车辆和驾驶人后 10 日内，制作道路交通事故认定书。对需要进行检验、鉴定的，应当在检验、鉴定结论确定之日起 5 日内制作道路交通事故认定书。

### 488. 当事人对交通事故的认定有异议怎么办？

根据 2008 年 8 月 17 日公安部发布的《道路交通事故处理程序规定》第 51 条、第 52 条、第 53 条等有关规定，当事人对道路交通事故认定有异议的，可以自道路交通事故认定书送达之日起 3 日内，向上一级公安机关交通管理部门提出书面复核申请，写明复核请求及其理由和主要证据。

上一级公安机关交通管理部门收到当事人书面复核申请后 5 日内，应当作出是否受理决定。有下列情形之一的，复核申请不予受理，并书面通知当事人。

（1）任何一方当事人向法院提起诉讼并经法院受理的；

（2）人民检察院对交通肇事犯罪嫌疑人批准逮捕的；

（3）适用简易程序处理的道路交通事故；

（4）车辆在道路以外通行时发生的事故。

公安机关交通管理部门受理复核申请的，应当书面通知各方当事人。上一级公安机关交通管理部门自受理复核申请之日起 30 日内，对下列内容进行审查，并作出复核结论：

（1）道路交通事故事实是否清楚，证据是否确实充分，适用法律是否正确；

（2）道路交通事故责任划分是否公正；

（3）道路交通事故调查及认定程序是否合法。

复核原则上采取书面审查的办法，但是，当事人提出要求或者公安机关交通管理部门认为有必要时，可以召集各方当事人到场，听取各方当事人的意见。在复核审查期间，任何一方当事人就该事故向人民法院提起诉讼并经法院受理的，公安机关交通管理部门应当终止复核。

上一级公安机关交通管理部门经审查认为，原道路交通事故认定事实不清、证据不确实充分、责任划分不公正或者调查及认定违反法定程序的，应当作出复核结论，责令原办案单位重新调查、认定。上一级公安机关交通管理部门经审查认为，原道路交通事故认定事实清楚、证据确实充分、适用法律正确、责任划分公正、调查程序合法的，应当作出维持原道路交通事故认定的复核结论。作出复核结论后，应当召集事故各方当事人，当场宣布复核结论。当事人没有到场的，应当采取其他法定形式将复核结论送达当事人。上一级公安机关交通管理部门复核以一次为限。

上一级公安机关交通管理部门作出责令重新认定的复核结论后，原办案单位应当在10日内重新调查，重新制作道路交通事故认定书，撤销原道路交通事故认定书。

重新调查需要检验、鉴定的，原办案单位应当在检验、鉴定结论确定之日起5日内，重新制作道路交通事故认定书，撤销原道路交通事故认定书。

重新制作道路交通事故认定书的，原办案单位应当送达各方当事人，并书面报上一级公安机关交通管理部门备案。

### 489. 对交通事故认定书能否提起行政诉讼？

2011年4月22日发布的《道路交通安全法》第73条第1款规定："公安机关交通管理部门应当根据交通事故现场勘验、检查、调查情况和有关的检验、鉴定结论，及时制作交通事故认定书，作为处理交通事故的证据。"这一规定从法律上界定了交通事故认定书的性质，它不是公安机关交通管理部门的具体行政行为，也不是行政确认，因此不属于行政诉讼的范围。

当事人对交通事故认定书有异议的，不能向人民法院提起行政诉讼，可以要求重新确认，或者向法院起诉后，指出这份交通事故认定书不正确，不能作为证据使用。

### 490. 非驾驶员或未成年人驾驶车辆发生交通事故，谁承担责任？

2011 年 4 月 22 日全国人民代表大会常务委员会发布的《道路交通安全法》第 19 条第 1 款规定："驾驶机动车，应当依法取得机动车驾驶证。"车辆所有人或者驾驶人在明知某人不具备驾驶资格的情况下，将车辆交与其驾驶，主观上有过错，客观上对交通事故的发生起到了间接的促成作用，因此，机动车所有人或驾驶人应当承担相应的责任。

未成年人在我国是不可能取得机动车机驾驶执照的，因而未成年人不具有驾驶机动车上路行驶的法律资格。如果未成年人的监护人知道其驾车上路行驶而不制止，或者为其驾驶机动车提供便利条件，则属于监护人未尽到监护责任，所以，监护人应当对未成年人的行为和所产生的后果负责。

### 491. 在交通事故中，当事人能否同时承担刑事责任和民事责任？

根据《刑事诉讼法》第 99 条和《最高人民法院关于适用〈中华人民共和国刑事诉讼法〉的解释》第 138 条的规定，被害人因人身权利受到犯罪侵犯或者财物被犯罪分子毁坏而遭受物质损失的，有权在刑事诉讼过程中提起附带民事诉讼；被害人死亡或者丧失行为能力的，其法定代理人、近亲属有权提起附带民事诉讼。

根据上述法律规定，由于交通事故会使人身权利受到伤害，因此，在交通事故的刑事案件中，可以附带民事诉讼，在追究行为人刑事责任的同时，被害人有权要求被告人承担民事赔偿责任。

### 492. 使用盗用车辆肇事，被盗车辆的主人是否要承担责任？

对这个问题，法律有明确规定。最高人民法院于 1999 年 6 月 25 日发布的法释（1999）13 号《关于被盗机动车辆肇事后由谁承担损害赔偿责任问题的批复》规定：使用盗用的机动车辆肇事，造成被损害人物质损失的，肇事人应当依法承担损害赔偿责任，被盗机动车辆所有人不承担赔偿责任。因为在车辆被盗后，车主即失去对其控制，所以只要车辆所有权人在车辆失窃前尽到管理义务，则不应对其在失窃后的交通肇事承担责任。

### 493. 司机肇事致人伤害，雇主应承担责任吗？

《侵权责任法》第 34 条、第 35 条分别规定："用人单位的工作人员因执行工作任务造成他人损害的，由用人单位承担侵权责任。劳务派遣期间，被派遣的工作人员因执行工作任务造成他人损害的，由接受劳务派遣的用工单位承担侵权责任；劳务派遣单位有过错的，承担相应的补充责任。”“个人之间形成劳务关系，提供劳务一方因劳务造成他人损害的，由接受劳务一方承担侵权责任。提供劳务一方因劳务自己受到损害的，根据双方各自的过错承担相应的责任。”

根据上述规定，损害事实不是雇主直接行为所致，也不是雇主授权受雇人所致，而是受雇人在执行职务行为时造成的，其责任由雇主承担，而非受雇人承担。

### 494. 交通肇事后，不及时救治致被害人死亡可否定为故意杀人罪？

作为肇事者，有必须将伤者送往医院立即进行抢救的不可推卸的义务。面对不能主宰自己健康和生命的危重伤者，以不作为的形式放弃对危重伤者救治的机会，使危重伤者失去身体健康或生还的可能，构成不作为的行为故意，其恶意是明显的。而交通肇事罪是过失犯罪，两罪按轻重程度比较，杀人罪重于交通肇事罪，刑罚轻重也明显不同，以重罪惩处犯罪行为人，更能充分体现罪刑法定原则和罪刑相适应原则，也更能有力打击犯罪，保障公民的人身权利和健康权利。

交通肇事后，不及时救治致被害人死亡，这种行为已经远远超出交通肇事罪的范畴，有明显的杀人故意，应按故意杀人罪量刑。

### 495. 机动车与行人、非机动车发生交通事故，赔偿责任如何认定？

根据《道路交通安全法》第76条规定：机动车发生交通事故造成人身伤亡、财产损失的，由保险公司在机动车第三者责任强制保险责任限额范围内予以赔偿；不足的部分，按照下列规定承担赔偿责任。

（1）机动车之间发生交通事故的，由有过错的一方承担赔偿责任；双方都有过错的，按照各自过错的比例分担责任。

（2）机动车与非机动车驾驶人、行人之间发生交通事故，非机动车驾驶人、行人没有过错的，由机动车一方承担赔偿责任；有证据证明非机动车驾驶人、行人有过错的，根据过错程度适当减轻机动车一方的赔偿责任；机动车一方没有过错的，承担不超过10%的赔偿责任。

交通事故的损失是由非机动车驾驶人、行人故意碰撞机动车造成的，机动车一方不承担赔偿责任。

### 496. 在交通事故中死亡的当事人是否还要承担事故责任？

当事人在交通事故中的责任是依据交通法规来认定的，如果死者生前确实因违章行为造成事故发生，就应认定其应该负的责任。当事人双方都应受交通法规的制约，不能因当事人死亡就可以享有不负事故责任的特权。认定事故责任应坚持“以责论处”的原则，如果对死者应负的责任不予认定，就会加重对方当事人的赔偿责任，损害对方当事人的合法权益。据此，在交通事故中死亡的当事人如果有责任，仍然需要承担。

**497. 无证驾车正常行驶，发生交通事故是否应承担事故责任？**

根据2008年8月17日公安部发布的《道路交通事故处理程序规定》第46条规定，公安机关交通管理部门应当根据当事人的行为对发生道路交通事故所起的作用以及过错的严重程度，确定当事人的责任。无证驾车如果对发生交通事故没有直接因果关系，仅仅因为无证驾车就让其承担责任没有法律依据。

(1) 因一方当事人的过错导致道路交通事故的，承担全部责任；

(2) 因两方或者两方以上当事人的过错发生道路交通事故的，根据其行为对事故发生的作用以及过错的严重程度，分别承担主要责任、同等责任和次要责任；

(3) 各方均无导致道路交通事故的过错，属于交通意外事故的，各方均无责任。

一方当事人故意造成道路交通事故的，他方无责任。

**498. 乘车人因交通事故受伤，可以向哪些人要求赔偿？**

乘车人因交通事故受伤，要求赔偿有两种途径。

(1)《合同法》第302条的规定：“承运人应当对运输过程中旅客的伤亡承担损害赔偿责任，但伤亡是旅客自身健康原因造成的或者承运人证明伤亡是旅客故意、重大过失造成的除外。”这一规定适用于按照规定免票、持优待票或者经承运人许可搭乘的无票旅客。承运人不论是否有过错，对运输过程中旅客的伤亡都要承担损害赔偿。因此，可以按自己与车方形成的合同关系，提起违约之诉，要求赔偿。

(2) 可以根据《民法通则》第119条关于“侵害公民身体造成伤害的，应当赔偿”的规定，选择向负事故全部责任的肇事司机索赔。

以上两种途径，可以选择任何一种要求赔偿，但不能同时提起这两种诉讼。

**499. 因道路原因出现的交通事故，谁承担责任？**

《民法通则》第125条规定，在公共场所、道旁或通道上挖坑、修缮安装地下设施等，没有设置明显标志和采取安全措施造成他人损害的，施工人应当承担民事责任。

据此，由于公路管理部门施工时未设立明显标志等原因以及在公路的建设、养护中存在问题以致发生交通事故，公路管理部门应当负事故的全部责任。

**500. 当事人在交通事故发生后逃逸应承担何种责任？**

《道路交通安全法实施条例》第92条第1款规定："发生交通事故后当事人逃逸的，逃逸的当事人承担全部责任。但是，有证据证明对方当事人也有过错的，可以减轻责任。"

2008年8月17日公安部发布的《道路交通事故处理程序规定》第46条规定："公安机关交通管理部门应当根据当事人的行为对发生道路交通事故所起的作用以及过错的严重程度，确定当事人的责任。①因一方当事人的过错导致道路交通事故的，承担全部责任；②因两方或者两方以上当事人的过错发生道路交通事故的，根据其行为对事故发生的作用以及过错的严重程度，分别承担主要责任、同等责任和次要责任；③各方均无导致道路交通事故的过错，各方均无责任。一方当事人故意造成道路交通事故的，他方无责任。"

根据上述规定，对于逃逸当事人的责任可以有以下几种认定结果。

（1）当事人逃逸，造成现场变动、证据灭失，使公安机关交通管理部门无法查证交通事故事实的，逃逸的当事人承担全部责任。

（2）当事人逃逸，但公安机关查清了事故事实，有证据证明对方当事人也有过错的，可以减轻责任。这实际上是与没有发生逃逸的事故一样，根据当事人的过错在导致交通事故中的作用确定各方的责任，作用大的，承担主要责任；作用相当的，承担同等责任；作用小的，承担次要责任。

（3）当事人逃逸，但公安机关查清了事故事实，各方均无导致交通事故的过错的，属于交通意外事故，各方均无责任。

（4）当事人逃逸，但公安机关查清了事故事实，是因一方当事人的过错或者一方当事人故意导致交通事故的，由一方承担全部责任。

**501. 为逃避受害人家属围攻而驶离现场的是否属于交通肇事逃逸行为？**

根据2008年8月17日公安部发布的《道路交通事故处理程序规定》第

85 条第（1）项规定，所谓交通肇事逃逸，是指发生道路交通事故后，道路交通事故当事人为逃避法律追究，驾驶车辆或者遗弃车辆逃离道路交通事故现场的行为。因此，交通肇事后逃逸主要表现在主观方面必须是基于逃避法律追究、逃避事故责任的目的。如果不是基于这个目的，而是因为害怕受害方或者围观群众因激愤对其进行殴打而逃离现场，并且在逃跑后能够报警，接受法律处理的，不能认为是肇事后逃逸。

**502. 交通肇事后将车辆留在现场，肇事人逃离的，是否属于逃逸行为？**

逃逸行为有两种：一是人和车在事故发生后均逃离事故现场；二是弃车逃逸，即当事人将车留在现场，人逃离事故现场。只要是为了“逃避法律追究”，则构成交通肇事逃逸行为，应承担交通肇事逃逸的法律责任。

**503. 肇事人不知道自己肇事而驶离现场，是否属于交通肇事逃逸？**

如果有证据证明，当事人确实不知道自己发生了交通事故，而驾车驶离现场的，因主观上缺乏故意，不是为了“逃避法律追究”，所以不构成交通肇事逃逸。

**504. 肇事后托人照顾伤者，自己离开现场是否属于交通肇事后逃逸？**

如果有证据证明，行为人肇事后托人照顾伤者，自己因为有其他原因离开肇事现场，甚至在自己处理完事情后，主动与受委托的人联系，并且到医院寻找伤者，还能主动向公安机关报案，这些都表明行为人没有逃避法律追究的目的，不能认定是肇事后逃逸。当然，在事故发生后，应该保护现场，抢救伤者，他如果违反了这方面的法定义务，应承担相应的法律责任。

**505. 交通事故赔偿项目主要有哪些？**

根据《民法通则》第 19 条和《最高人民法院关于审理人身损害赔偿案件适用法律若干问题的解释》第 17 条、第 18 条及《关于审理道路交通事故损害赔偿案件适用法律若干问题的解释》第 14 条、第 15 条等规定，赔偿的项目有以下四大类。

（1）要赔偿医疗支出的各项费用以及因误工减少的收入，包括：①医疗费；②误工费；③护理费；④交通费；⑤住宿费；⑥住院伙食补助费；⑦必要的营养费。

（2）因伤致残的，因其增加生活上需要所支出的必要费用以及因丧失劳动能力导致的收入损失，需要另外赔偿：①残疾赔偿金；②残疾辅助器具费；

③被扶养人生活费；④因康复护理继续治疗实际发生的必要的康复费、护理费、后续治疗费。

（3）当事人如果死亡，还需要赔偿：①丧葬费；②被抚养人生活费；③死亡赔偿金；④受害人亲属办理丧葬事宜所支出的交通费、住宿费和误工损失；⑤受害人或死者近亲属的精神损害抚慰金。

（4）因道路交通事故造成下列财产损失，侵权人应当赔偿：①维修被损坏车辆所支出的费用、车辆所载物品的损失、车辆施救费用；②因车辆灭失或者无法修复，为购买交通事故发生时与被损坏车辆价值相当的车辆重置费用；③依法从事货物运输、旅客运输等经营性活动的车辆，因无法从事相应经营活动所产生的合理停运损失；④非经营性车辆因无法继续使用，所产生的通常替代性交通工具的合理费用。

### 506. 交通事故损害赔偿金额有限额规定吗？

《最高人民法院关于审理人身损害赔偿案件适用法律若干问题的解释》对损害赔偿作了限额规定，第25条至29条规定如下。

残疾赔偿金根据受害人丧失劳动能力程度或者伤残等级，按照受诉法院所在地上一年度城镇居民人均可支配收入或者农村居民人均纯收入标准，自定残之日起按20年计算。但60周岁以上的，年龄每增加一岁减少一年；75周岁以上的，按5年计算。

残疾辅助器具费按照普通适用器具的合理费用标准计算。伤情有特殊需要的，可以参照辅助器具配制机构的意见确定相应的合理费用标准。辅助器具的更换周期和赔偿期限参照配制机构的意见确定。

丧葬费按照受诉法院所在地上一年度职工月平均工资标准，以6个月总额计算。

被扶养人生活费，根据扶养人丧失劳动能力程度，按照受诉法院所在地上一年度城镇居民人均消费性支出和农村居民人均年生活消费支出标准计算。被扶养人为未成年人的，计算至18周岁；被扶养人无劳动能力又无其他生活来源的，计算20年。但60周岁以上的，年龄每增加一岁减少一年；75周岁以上的，按5年计算。

死亡赔偿金按照受诉法院所在地上一年度城镇居民人均可支配收入或者农村居民人均纯收入标准，按20年计算。但60周岁以上的，年龄每增加一岁减少一年；75周岁以上的，按5年计算。

### 507. 交通事故逃逸案中伤者的抢救费应由谁来预付？

根据《道路交通安全法》第75条规定，发生事故后当事人逃逸的，医疗机构对交通事故中的受伤人员应当及时抢救，不得因抢救费用未及时支付而拖延救治。

肇事车辆参加机动车第三者责任强制保险的，由保险公司在责任限额范围内，支付抢救费用；抢救费用超过责任限额的，未参加机动车第三者责任强制保险的或者肇事后逃逸的，由道路交通事故社会救助基金先行垫付部分或者全部抢救费用，道路交通事故社会救助基金管理机构有权向交通事故责任人追偿。

交通事故逃逸的当事人承担全部责任，但是，有证据证明对方当事人也有过错的，可以减轻责任。当事人故意破坏、伪造现场、毁灭证据的，承担全部责任。

### 508. 道路交通事故财产损失赔偿的范围和方式有哪些？

道路交通事故的财产损失常见于车辆、物品、设施等。设施主要是道路、道路安全设施以及在道路上及其附近的其他设施，比如房屋、电力、水力、通信等设施，还有其他如树木花卉等。

根据《最高人民法院关于审理人身损害赔偿案件适用法律若干问题的解释》的规定，交通事故造成的财产损失只赔偿直接损失，其赔偿方法是修复或折价赔偿。这两者是选择性适用的，对于某一具体损失的后果来说，既可以适用修复，也可以适用折价赔偿。在实践和审判中，如果被损坏的财产能够修复，则优先适用修复，这样能够有利于保护被害人的利益。当然，在具体问题上，还得由公安交通管理部门或事故处理机构确定，必要时，可以商请相关部门进行鉴定。经双方协商的，也可以部分修复或部分折价。

对于因被害人能够采取措施但却没有采取必要措施致使扩大的财产损失，事故责任人即加害方可以主张对扩大损失不负赔偿责任。比如，因运输的货车翻车导致装运的新鲜货物散落，受害人能够将未散落的货物另发车运输，但其却采取不负责的态度，致使全部货物因天气原因而腐烂，那么就扩大损失部分加害人不应负责赔偿。在赔偿当中，也可以采取“以物赔物”的方式，但应限于同种类、同质量的实物。

### 509. 交通事故中的财产损失包括被损车辆的停运损失吗？

《民法通则》第117条第2款、第3款规定：“损坏国家的、集体的财产或者他人的财产的，应当恢复原状或者折价赔偿。”“受害人因此遭受重大损失的，侵害人应当赔偿损失。”

《最高人民法院关于交通事故中的财产损失是否包括被损车辆停运损失问题的批复》明确指出，在交通事故损害赔偿案件中，如果受害人以被损车辆正用于货物运输或者旅客运输经营活动，要求赔偿被损车辆修复期间停运损失的，交通事故责任者应当予以赔偿。

可见，只要被损车辆正处于运营状态，其提出的交通事故财产损害赔偿也应包括因被损车辆停运而产生的损失。

### 510. 交通事故纠纷能否协商和解？

可以协商和解，即在交通事故发生后，当事人双方在自愿与互谅互让的基础上，通过友好协商解决所发生的损害赔偿问题。与其他的解决交通事故纠纷的方式相比较，协商和解解决交通事故纠纷具有以下特征。

(1) 协商和解完全是在争议当事人之间自愿进行的，无须当事人以外的任何其他人参与，这也是协商和解与调解的不同之处。

(2) 协商和解是以当事人自愿达成协议的方式来解决所发生的损害赔偿争议。

(3) 协商和解所达成的协议不具有法律效力。当事人双方经过协商达成协议后，该协议只能靠当事人双方的自觉履行来实现，如果任何一方当事人反悔，则该协议对当事人不具有任何法律约束力。

当事人协商和解通常需经过以下几个阶段。

(1) 受害人提出索赔要求。交通事故发生后，如果因此而给受害人造成人身或者财产损失的，为了使受害人得到及时的经济赔偿以及精神的抚慰，受害人、其继承人或者代理人可以直接向侵权人提出索赔要求。但应注意两点。首先，提出索赔要求应当有相应的证明文件。其次，索赔要求应当在法律规定的期限内提出，不能超过期限。由于交通事故所造成的损害的种类不同，因此，不同的法律对索赔的法定期限也作出了不同规定。如《民法通则》中规定交通事故造成人身损害的，应当在事故发生后 1 年内提出索赔要求；造成财产损害的，可以在事故发生后 2 年内提出索赔要求。

(2) 双方当事人就损害赔偿进行协商和解。交通事故发生后，受害人或者其继承人、代理人向侵权人提出索赔要求后，双方当事人应当在平等自愿的基础上，就具体的责任归属以及赔偿数额等问题进行协商，尽可能地在互谅互让的情况下就争议问题达成协议，以便及时、友好地解决损害赔偿问题，使受害人得到合理的经济补偿以及精神抚慰。

(3) 协商和解结束。当事人双方经过协商和解后，可能会以两种方式之一结束协商和解。第一种是以协商达成和解协议而结束。即双方当事人经过协商，就赔偿责任以及具体赔偿数额的确定达成了协议，只要双方当事人自觉履行该协议内容，便可解决所发生的损害赔偿纠纷。第二种是以协商不成而结束。即经过协商后，由于双方当事人就赔偿责任以及具体赔偿数额的确定存在一定的分歧意见，无法达成协议。在实践中，既有未达成协议的，也有达成协议未履行的，甚至有履行后又反悔的，凡此种种都视为和解救济途径的结束。此时，受害人可以采取调解、诉讼等其他方式解决侵权损害赔偿纠纷。

**511. 交通事故损害赔偿争议是否必须先由公安机关调解，调解不成的才能起诉？**

公安机关交通管理部门对经过勘验、检查现场的交通事故应当自勘查现场之日起 10 日内，制作交通事故认定书。对需要进行检验、鉴定的，应当在检验、鉴定结果确定后 5 日内制作交通事故认定书。

有了交通事故认定书，分清责任，接下来就可能存在赔偿问题。当事人对交通事故损害赔偿有争议，各方当事人一致请求公安机关交通管理部门调解的，应当在收到交通事故认定书之日起 10 日内，提出书面调解申请。对交通事故致人死亡的，调解从办理丧葬事宜结束之日起开始；对交通事故致伤的，调解从治疗终结或者确定伤残之日起开始；对交通事故造成财产损失的，调解从确定损失之日起开始。

对交通事故损害赔偿的争议，当事人向人民法院提起民事诉讼的，公安机关交通管理部门不再受理调解申请。公安机关交通管理部门调解期间，当事人向人民法院提起民事诉讼的，调解终止。因此，申请公安机关交通管理部门调解并不是起诉的必经程序。

**512. 仲裁解决交通事故赔偿纠纷的程序是怎样的？**

仲裁解决交通事故赔偿纠纷的程序如下。

(1) 申请仲裁。即交通事故发生后，当事人就交通事故所造成的侵权损害赔偿纠纷，根据双方当事人自愿订立的仲裁协议，请求仲裁协议中约定的仲裁机构通过仲裁的方式来解决。

(2) 仲裁准备。仲裁委员会受理当事人仲裁申请后，需要做以下准备工作。①在仲裁规则规定的期限内，将仲裁规则和仲裁员名册送达申请人，并将仲裁申请书副本和仲裁规则、仲裁员名册送达被申请人。②仲裁委员会收到被申请人的答辩书后，应当在仲裁规则规定的期限内，将答辩书副本送达仲裁申请人；被申请人不提交答辩书的，不影响该争议案件的仲裁程序的进行。

（3）组成仲裁庭。仲裁庭是由当事人选定或者仲裁委员会主任指定的仲裁员组成，对仲裁案件依照仲裁程序进行审理并作出仲裁裁决的仲裁组织。仲裁庭可以由3名仲裁员或1名仲裁员组成。

（4）仲裁审理。仲裁庭依法组成后，依照法律规定的程序和方式，对当事人提请仲裁的交通事故损害赔偿纠纷进行实质性的全面审理，并作出仲裁裁决的活动。仲裁一般不公开进行。当事人协议公开的，可以公开进行，但是涉及国家秘密的除外。

（5）评议和作出仲裁裁决。仲裁庭在查明交通事故的原因、责任以及由此而造成的损失的基础上，对损害赔偿纠纷作出实体裁决。仲裁庭评议案件实行少数服从多数的原则，如果在评议案件过程中无法形成多数意见，则根据首席仲裁员的意见作出终局的仲裁裁决。此外，仲裁庭在对交通事故损害赔偿纠纷进行仲裁的过程中，如果其中一部分事实已经清楚，仲裁庭也可以就该清楚部分的事实先行裁决。仲裁庭作出裁决后，应当制作仲裁裁决书。

（6）仲裁裁决的执行。仲裁机构是民间争议解决机构，无权自行强制执行仲裁裁决。仲裁裁决作出后，如果义务人不履行仲裁裁决所确定的义务，权利人可申请有管辖权的人民法院强制执行。

### 513. 如何确定道路交通事故纠纷的诉讼时效？

关于道路交通事故纠纷的诉讼时效，适用《民法通则》中关于诉讼时效的规定。

（1）人身损害赔偿请求的诉讼时效。根据《民法通则》第136条的规定，身体受到伤害要求赔偿的，其诉讼时效为1年。如果当事人不需要进行伤残评定的，其请求赔偿的诉讼时效从受伤者医疗终结之日起开始；如果当事人需要进行伤残评定的，其请求赔偿的诉讼时效应当从受伤者定残之日起开始。

（2）财产损害赔偿请求的诉讼时效。根据《民法通则》第135条的规定，向法院请求保护民事权利的诉讼时效期间为2年，法律另有规定的除外。也就是说，从交通事故发生之日起2年内，受害人可以向人民法院提起保护其财产权利的请求，如果超过法律规定的时效期间，而无诉讼时效的中止、中断、延长事由的，受害人即丧失了获得人民法院保护的权利。

### 514. 哪些人可以作为原告提起诉讼要求赔偿?

下列人员有权提起附带民事诉讼，要求被告人赔偿。

(1) 因被告人的犯罪行为而遭受损失的一切人员，在国家追究肇事司机刑事责任的同时，可以提起附带民事诉讼，要求肇事司机进行经济赔偿。

(2) 如果受害人因交通事故死亡，可以由死者的法定继承人、生前抚养的人或者死者的其他近亲属作为原告向人民法院起诉。如果原告死亡，诉讼原告应当严格按照以下顺序来确定：①配偶、父母、子女；②祖父母、外祖父母、兄弟姐妹、孙子女、外孙子女；③其他亲属。

(3) 预支了赔偿金的保险公司。

(4) 财产遭受犯罪侵害的机关、团体、企业事业单位和非法人组织。

(5) 提起公诉的人民检察院。

### 515. 如何认定交通损害赔偿的被告人?

在实际中，一般以事故的责任人为诉讼的被告，来承担赔偿责任。但是，由于交通事故责任的确定可能会涉及各种因素，因此，在具体确定诉讼被告和赔偿责任人时，应当根据不同情况来确定。

根据《侵权责任法》第 49 条至第 53 条的规定以及《最高人民法院关于审理道路交通事故损害赔偿案件适用法律若干问题的解释》的规定，根据以下不同情况确定赔偿人。

(1) 因租赁、借用等情形机动车所有人与使用人不是同一人时，发生交通事故后，属于该机动车一方责任的，由保险公司在机动车强制保险责任限额范围内予以赔偿。不足部分，由机动车使用人承担赔偿责任；机动车所有人对损害的发生有过错的，承担相应的赔偿责任。

(2) 当事人之间已经以买卖等方式转让并交付机动车但未办理所有权转移登记，发生交通事故后，属于该机动车一方责任的，由保险公司在机动车强制保险责任限额范围内予以赔偿。不足部分，由受让人承担赔偿责任。

(3) 以买卖等方式转让拼装或者已达到报废标准的机动车，发生交通事故造成损害的，由转让人和受让人承担连带责任。

(4) 盗窃、抢劫或者抢夺的机动车发生交通事故造成损害的，由盗窃人、抢劫人或者抢夺人承担赔偿责任。保险公司在机动车强制保险责任限额范围内垫付抢救费用的，有权向交通事故责任人追偿。

(5) 机动车驾驶人发生交通事故后逃逸，该机动车参加强制保险的，由保险公司在机动车强制保险责任限额范围内予以赔偿；机动车不明或者该机动车未参加强制保险，需要支付被侵权人人身伤亡的抢救、丧葬等费用的，由道路交通事故社会救助基金垫付。道路交通事故社会救助基金垫付后，其管理机构有权向交通事故责任人追偿。

（6）机动车发生交通事故造成损害，机动车所有人或者管理人有下列情形之一，应当认定其对损害的发生有过错，并适用《侵权责任法》的规定，确定其相应的赔偿责任：①知道或者应当知道机动车存在缺陷，且该缺陷是交通事故发生原因之一的；②知道或者应当知道驾驶人无驾驶资格或者未取得相应驾驶资格的；③知道或者应当知道驾驶人因饮酒、服用国家管制的精神药品或者麻醉药品，或者患有妨碍安全驾驶机动车的疾病等依法不能驾驶机动车的；④其他应当认定机动车所有人或者管理人有过错的。

（7）未经允许，驾驶他人机动车发生交通事故造成损害，当事人依照《侵权责任法》第49条的规定请求由机动车驾驶人承担赔偿责任的，人民法院应予支持。机动车所有人或者管理人有过错的，承担相应的赔偿责任，但机动车被盗窃、抢劫、抢夺的除外。

（8）以挂靠形式，从事道路运输经营活动的机动车发生交通事故造成损害，属于该机动车一方责任，挂靠人和被挂靠人承担连带赔偿责任。

（9）被多次转让但未办理转移登记的机动车发生交通事故造成损害，属于该机动车一方责任，最后一次转让并交付的受让人承担赔偿责任。

（10）套牌机动车发生交通事故造成损害，属于该机动车一方责任，由套牌机动车的所有人或者管理人承担赔偿责任；被套牌机动车所有人或者管理人同意套牌的，应当与套牌机动车的所有人或者管理人承担连带责任。

（11）接受机动车驾驶培训的人员，在培训活动中，驾驶机动车发生交通事故造成损害，属于该机动车一方责任，驾驶培训单位承担赔偿责任。

（12）在机动车试乘过程中，发生交通事故造成试乘人损害，提供试乘服务者承担赔偿责任。试乘人有过错的，应当减轻提供试乘服务者的赔偿责任。

（13）因道路管理维护缺陷导致机动车发生交通事故造成损害，道路管理者承担相应赔偿责任，但道路管理者能够证明已按照法律、法规、规章、国家标准、行业标准或者地方标准尽到安全防护、警示等管理维护义务的除外。依法不得进入高速公路的车辆、行人，进入高速公路发生交通事故造成自身损害，管理人已经采取安全措施并尽到警示义务的，可以减轻或者不承担责任。

（14）因在道路上堆放、倾倒、遗撒物品等妨碍通行的行为，导致交通事故造成损害，行为人承担赔偿责任。道路管理者不能证明已按照法律、法规、规章、国家标准、行业标准或者地方标准尽到清理、防护、警示等义务的，应当承担相应的赔偿责任。

（15）未按照法律、法规、规章或者国家标准、行业标准、地方标准的强制性规定设计、施工，致使道路存在缺陷并造成交通事故，建设单位与施工单位承担相应赔偿责任的。

（16）机动车存在产品缺陷导致交通事故造成损害，生产者或者销售者依照《侵权责任法》第五章的规定承担赔偿责任。

（17）多辆机动车发生交通事故造成第三人损害，根据不同情况，依照《侵权责任法》第 10 条、第 11 条或者第 12 条的规定，确定侵权人承担连带责任或者按份责任。

## 516. 怎样才能构成交通肇事罪？

根据《刑法》第 133 条和《最高人民法院关于审理交通肇事刑事案件具体应用法律若干问题的解释》第 2 条的规定，交通肇事具有下列情形之一的，构成交通肇事罪，处 3 年以下有期徒刑或者拘役：

（1）死亡 1 人或者重伤 3 人以上，负事故全部或者主要责任的；

（2）死亡 3 人以上，负事故同等责任的；

（3）造成公共财产或者他人财产直接损失，负事故全部或者主要责任，无能力赔偿数额在 30 万元以上的。

交通肇事致 1 人以上重伤，负事故全部或者主要责任，并具有下列情形之一的，以交通肇事罪定罪处罚：

（1）酒后、吸食毒品后驾驶机动车辆的；

（2）无驾驶资格驾驶机动车辆的；

（3）明知是安全装置不全或者安全机件失灵的机动车辆而驾驶的；

（4）明知是无牌证或者已报废的机动车辆而驾驶的；

（5）严重超载驾驶的；

（6）为逃避法律追究逃离事故现场的。

以下是交通肇事罪的构成要件。

（1）犯罪主体主要是指从事交通运输的人员，如汽车驾驶员、火车司机、轮船船长和驾驶员以及飞机驾驶员等。但对于非交通运输人员，如果违反交通管理法规，符合交通肇事罪规定的，也依照此规定处理。

（2）犯罪客体侵犯的是社会公共安全。

（3）主观方面表现为当事人的过失。即当事人应当预见自己的行为可能发生重大交通事故，却因为疏忽大意而没有预见，或者已经预见而怀有侥幸心理，轻信能够避免发生重大交通事故，以致发生严重后果。如果当事人主观方面表现为故意，如为报复开车故意撞人等，则不属于交通肇事罪，而属于故意杀人等更严重的刑事犯罪。

(4) 客观方面表现为违反交通运输管理法规，发生重大事故，造成人员重伤、死亡或者使公私财产遭受重大损失。这里所说的交通运输管理法规是指有关交通管理方面的法律、法规以及国家主管部门维护、保障公共交通安全的有关规定等。

以上四个条件是构成交通肇事罪的必备条件，缺一不可，在判断某人是否构成交通肇事罪时，必须用以上四个条件认真衡量。

认定本罪要注意以下问题。

(1) 关于本罪的构成。

行为人在交通肇事后为逃避法律追究，将被害人带离事故现场后隐藏或者遗弃，致使被害人无法得到救助而死亡或者严重残疾的，应当分别依照刑法第232条、第234条第2款的规定，以故意杀人罪或者故意伤害罪定罪处罚。

单位主管人员、机动车辆所有人或者机动车辆承包人指使、强令他人违章驾驶造成重大交通事故，具有可以认定交通肇事罪处罚情节的，以交通肇事罪定罪处罚。

在实行公共交通管理的范围内发生重大交通事故的，按上述规定办理。

(2) 要划清罪与非罪的界限。

认定交通肇事罪时，应当把握住以下问题。

①行为人是否违反了交通运输管理规定。没有违反交通规章，造成严重后果的，属于意外事件，不构成犯罪。②是否造成了严重后果。即是否造成了重伤、死亡或者使公私财产遭受重大损失的后果。如果没有，则不构成犯罪。③违章行为与重大事故之间有无因果关系。例如，被害人突然违章在快车道上快跑、突然横穿马路等，或者因为不能抗拒的原因，例如由于地震等引起的，都不能以交通肇事罪来追究交通运输人员的刑事责任。

在实践中，交通肇事常常是因为交通运输人员和其他人（包括事故中死亡者）共同违反了交通管理法规而发生了重大事故，对此行为人仍然应当承担交通肇事的刑事责任。但可以根据其责任大小，适当从轻处罚。因为他毕竟是违反了交通运输管理法规，而不是毫无过错。

交通肇事没有构成犯罪的，由公安机关处理；构成犯罪的由公安机关根据肇事者的责任，在起诉意见书中阐述事实并可以提出赔偿意见，随同案件移送人民检察院。经检察院审查后，依法提起刑事附带民事诉讼。公民个人因为交通肇事罪遭受物质损失的，可以在刑事诉讼中提起附带民事诉讼要求赔偿。外国人、无国籍人发生的道路交通事故，没有构成交通肇事罪的，由公安机关处理；构成交通肇事罪的，依照我国法律追究刑事责任。享有外交特权和豁免权的外国人发生的交通肇事事故，通过外交途径解决。

（3）本罪与利用交通工具故意杀人罪和故意伤害罪不同。

本罪往往造成他人重伤或者死亡。但是，行为人对于这种结果的发生，只能表现为过失的心理态度。而故意杀人罪和故意伤害罪，则是故意致人死亡或者伤害。这是两者的根本区别。因此，如果行为人明知自己驾驶的交通工具可能致人重伤或者死亡，并且希望或者放任这种结果的发生，就应当以故意伤害罪或者故意杀人罪论处。

（4）对肇事司机见死不救的行为如何定性及处理。

交通肇事发生后，有的肇事司机驾车逃走。对这种情况如何来认定肇事司机的行为性质比较复杂，只有根据不同情况正确确定性质之后，才能依法处理。这大致可分以下情形。①司机肇事后，没有意识到车辆肇事，仍然继续行车，被害人没能及时得到抢救而死亡，肇事司机只负交通肇事罪的刑事责任。②司机肇事后，看到被害人有一息尚存，为了毁灭证据而驾车再次轧过被害人，致人重伤或者死亡，这就在犯了交通肇事罪之后，又犯了故意伤害罪或者故意杀人罪，与交通肇事罪实行数罪并罚。③司机肇事后，见被害人伤势较重，没有采取抢救措施，丢下不管而驾车逃走，应当区别情况而定。第一种情况，如果在闹市区或者经常有人路过的地区，司机丢下伤员逃走的，司机对受伤者可能因为没有人抢救而死亡的后果抱有疏忽大意或者过于自信态度，如果造成死亡，按照交通肇事罪从重处罚。第二种情况，如果肇事司机把受害者拉到深山老林或者偏僻处，丢下受害者逃走，受害者因为没有人抢救而死亡，司机则构成了故意杀人罪，与交通肇事罪数罪并罚；如果受伤人虽然没有人抢救，但没有死亡，对司机以交通肇事罪从重处罚。

### 517. 对交通肇事罪如何处罚？

根据《刑法》第133条和2000年11月15日最高人民法院《关于审理交通肇事刑事案件具体应用法律若干问题的解释》第2条、第4条规定，交通肇事具有下列情形之一的，处3年以下有期徒刑或者拘役：①死亡1人或者重伤3人以上，负事故全部或者主要责任的；②死亡3人以上，负事故同等责任的；③造成公共财产或者他人财产直接损失，负事故全部或者主要责任，无能力赔偿数额在30万元以上的。

交通运输肇事后逃逸，或者有其他特别恶劣情节的，处3年以上7年以下有期徒刑。交通肇事具有下列情形之一的，属于“有其他特别恶劣情节”，处3年以上7年以下有期徒刑：①死亡2人以上或者重伤5人以上，负事故全部或者主要责任的；②死亡6人以上，负事故同等责任的；③造成公共财产或者他人财产直接损失，负事故全部或者主要责任，无能力赔偿数额在60万元以上的。

因逃逸致人死亡的，处7年以上有期徒刑。这里的“因逃逸致人死亡”，是指行为人在交通肇事后为逃避法律追究而逃跑，致使被害人因得不到救助而死亡的情形。

根据2013年12月23日最高人民法院发布的《关于常见犯罪的量刑指导意见》和《最高人民法院关于审理交通肇事刑事案件具体应用法律若干问题的解释》的规定，构成交通肇事罪的，可以根据下列不同情形在相应的幅度内确定量刑起点：一是致人重伤、死亡或者使公私财产遭受重大损失的，可以在2年以下有期徒刑、拘役幅度内确定量刑起点；二是交通肇事后逃逸或者有其他特别恶劣情节的，可以在3年至5年有期徒刑幅度内确定量刑起点；三是因逃逸致1人死亡的，可以在7年至10年有期徒刑幅度内确定量刑起点。另外，在量刑起点的基础上，可以根据事故责任、致人重伤或死亡的人数或者财产损失的数额以及逃逸等其他影响犯罪构成的犯罪事实增加刑罚量，确定基准刑。

根据《刑法》第36条第1款的规定，由于犯罪分子的犯罪行为使被害人遭受了经济损失，对犯罪分子除了依法给予刑事处罚外，应当根据情况判处赔偿经济损失。

### 518. 交通肇事赔偿项目主要有哪些？

根据《民法通则》第19条和《最高人民法院关于审理人身损害赔偿案件适用法律若干问题的解释》第17条、第18条及《关于审理道路交通事故损害赔偿案件适用法律若干问题的解释》第14条、第15条等规定，赔偿的项目有以下四大类。

（1）要赔偿医疗支出的各项费用以及因误工减少的收入，包括：①医疗费；②误工费；③护理费；④交通费；⑤住宿费；⑥住院伙食补助费；⑦必要的营养费。

（2）因伤致残的，因其增加生活上需要所支出的必要费用以及因丧失劳动能力导致的收入损失，需要另外赔偿：①残疾赔偿金；②残疾辅助器具费；③被扶养人生活费；④因康复护理继续治疗实际发生的必要的康复费、护理费、后继治疗费。

（3）当事人如果死亡，还需要赔偿：①丧葬费；②被抚养人生活费；

③死亡赔偿金；④受害人亲戚办理丧葬事宜所支出的交通费、住宿费和误工损失；⑤受害人或死者近亲属的精神损害抚慰金。

（4）因道路交通事故造成下列财产损失，侵权人应当赔偿：①维修被损坏车辆所支出的费用、车辆所载物品的损失、车辆施救费用；②因车辆灭失或者无法修复，为购买交通事故发生时与被损坏车辆价值相当的车辆重置费用；③依法从事货物运输、旅客运输等经营性活动的车辆，因无法从事相应经营活动所产生的合理停运损失；④非经营性车辆因无法继续使用，所产生的通常替代性交通工具的合理费用。

## 519. 怎样认定危险驾驶罪？

危险驾驶罪，是指在道路上驾驶机动车追逐竞驶，情节恶劣的，或者在道路上醉酒驾驶机动车的行为。

危险驾驶罪构成要件是：①侵犯的客体是交通运输安全和公共安全；②在客观方面，表现为在道路上驾驶机动车追逐竞驶，情节恶劣的，或者在道路上醉酒驾驶机动车的行为；③犯罪主体是一般主体；④在主观方面，对所造成的后果是过失（但追逐竞驶、醉酒驾驶是故意）。

认定本罪要注意以下问题。

（1）根据《刑法》第133条之一的规定，本罪发生地是“在道路上”。所谓道路，就是供不特定人、车等使用的可通行路段，包括街道、公路、高速路等，也包括高校的校内道路和城市公路相连接校园内路段，还包括许多单位道路、社区道路、“限行”道路、景区道路、农村道路等。但是，如果是在院落里、操场上、铁路等非道路上，在建筑工地上，或者是在空中驾驶飞行器、在水上驾驶船只，即使出现了严重的危害后果，也不能以本罪惩处。

（2）关于“醉酒驾驶”的判定。判定驾驶者是不是醉酒，要依赖驾驶者血液中的酒精含量而定，要通过检验计算判断。醉酒驾驶不以情节论，无论何种情节均需承担责任。同时构成其他犯罪的，依照处罚较重的规定定罪处罚。根据2013年12月18日《最高人民法院、最高人民检察院、公安部关于办理醉酒驾驶机动车刑事案件适用法律若干问题的意见》第1条规定，在道路上驾驶机动车，血液酒精含量达到80毫克/100毫升以上的，属于醉酒驾驶机动车，依照《刑法》第133条之一第1款的规定，以危险驾驶罪定罪处罚。

（3）关于本罪中的“追逐竞驶”，应该有一个以上的追逐竞驶对象，驾驶者意图使自己的车辆超过其他车辆或者行人，而采用违反相关交通管理法规的方法驾驶，而且情节恶劣的即可构成“追逐竞驶”。“追逐竞驶”不等于“超速行驶”，不能把高速行驶认定成本罪。在道路上驾驶机动车追逐竞驶，必须是情节恶劣的才构成本罪。

(4) 本罪与交通肇事罪的区别有三点。一是在客观方面不同。交通肇事罪表现为违反交通管理法规，因而发生重大事故，致人重伤、死亡或者使公私财产遭受重大损失的行为。构成该罪在客观方面必须具备两个条件：首先行为人必须是在从事交通运输活动中违反了交通管理法规，其次是发生了重大事故，造成了重伤、死亡或者使公私财产遭受重大损失的结果。而本罪没有这些要求。二是在交通肇事罪中所使用的交通工具，不仅仅限于汽车，还包括自行车、手推车、三轮车、兽力车、牲畜等交通运输工具，因为使用这些车辆、牲畜也必须遵守交通规则。使用这些交通工具发生了严重事故，造成人员伤亡，使公私财产遭受重大损失的，也应当以交通肇事罪处理。而本罪所使用的交通工具仅限于机动车。三是刑罚不同。本罪的刑罚相对较轻。

(5) 本罪往往造成他人重伤或者死亡。行为人如果利用追逐竞驶或者醉酒驾驶机动车的方法，故意杀人或者故意伤害他人，则构成故意杀人罪或者故意伤害罪，应当以故意杀人罪或者故意伤害罪论处。犯本罪同时构成其他犯罪的，依照处罚较重的规定定罪处罚。

### 520. 对危险驾驶罪如何处罚?

《刑法》第133条之一规定：“在道路上驾驶机动车追逐竞驶，情节恶劣的，或者在道路上醉酒驾驶机动车的，处拘役，并处罚金。”“有前款行为，同时构成其他犯罪的，依照处罚较重的规定定罪处罚。”

根据《最高人民法院、最高人民检察院、公安部关于办理醉酒驾驶机动车刑事案件适用法律若干问题的意见》第2条规定，醉酒驾驶机动车，具有下列情形之一的，依照《刑法》第133条之一第1款的规定，从重处罚：①造成交通事故且负事故全部或者主要责任，或者造成交通事故后逃逸，尚未构成其他犯罪的；②血液酒精含量达到200毫克/100毫升以上的；③在高速公路、城市快速路上驾驶的；④驾驶载有乘客的营运机动车的；⑤有严重超员、超载或者超速驾驶，无驾驶资格驾驶机动车，使用伪造或者变造的机动车牌证等严重违反道路交通安全法的行为的；⑥逃避公安机关依法检查，或者拒绝、阻碍公安机关依法检查尚未构成其他犯罪的；⑦曾因酒后驾驶机动车受过行政处罚或者刑事追究的；⑧其他可以从重处罚的情形。

根据该意见第4条规定，对醉酒驾驶机动车的被告人判处罚金，应当根据被告人的醉酒程度、是否造成实际损害、认罪悔罪态度等情况，确定与主刑相适应的罚金数额。

### 521. 什么是交通事故处理中的行政诉讼？提起行政诉讼的条件是什么？

所谓行政诉讼，即行政机关在行使职权过程中，与相对一方产生争议而发生的诉讼，是民告官的诉讼。在交通事故处理中，具体表现为公安机关与当事人之间就公安机关在行使暂扣交通事故车辆、嫌疑车辆、车辆牌照和当事人的驾驶证，以及对交通事故责任者实施吊扣、吊销驾驶证和拘留等行政职权时产生的争议。

行政诉讼包括以下内容。

（1）行政诉讼的原告、被告与其他诉讼不同。在行政诉讼中，原告、被告具有恒定性。行政诉讼的原告，总是行政管理行为中的被管理方，并应当具备以下条件：一是必须是公民、法人或其他组织；二是必须进入行政法律关系；三是必须是行政机关的具体行政行为侵犯其合法权益的管理相对人。就交通事故处理而言，行政诉讼原告是认为公安机关对其采取的行政强制措施、行政处罚侵犯了自己合法权益的交通事故当事人及事故车辆的所有人。行政诉讼的被告一方，总是行使职权的国家行政机关。这有两种情况。一是当事人依法直接向法院起诉的，作出具体行政行为的行政机关为被告。二是具体行政行为经复议机关复议，复议机关决定维持的，作出原具体行政行为的行政机关为被告；复议机关改变原具体行政行为的，复议机关为被告。就交通事故处理而言，其行政诉讼被告是作出交通事故行政处罚或复议决定的公安机关。

（2）行政诉讼的客体是被行政管理相对方认为侵犯其合法权益的具体行政行为。在交通事故处理的行政诉讼中，其客体是指交通事故当事人、车辆所有人，认为公安机关所作出的侵害其合法权益的行政强制措施、行政处罚。

根据《行政诉讼法》第 41 条和其他有关规定，提起行政诉讼必须符合下列条件。

（1）原告必须是认为具体行政行为侵犯了自己的合法权益的公民、法人或者其他组织。与本案无直接利害关系的人，不能提起行政诉讼。

（2）有明确的被告。被告只能是行政机关，这里应该是作出具体行政行为的公安交通管理部门。

（3）有具体的诉讼请求和事实根据。即原告的诉讼请求应当具体指出行政机关处理决定存在的问题。如案情不实、证据不足、违反法律规定、程序不合法、处罚不当等。原告指出这些问题后，必须明确提出赔偿损失、撤销或变更原裁决的诉讼请求，还应当提出事实和法律依据来证明自己的主张正确。

（4）属于人民法院管辖范围。

（5）要在法定期限内提起诉讼。对于直接向人民法院起诉的，当事人应当在知道行政机关作出具体行政行为之日起 3 个月内提出。对于需要先经行政机关复议的，当事人对复议决定不服时，可在收到复议决定书之日起 15 日内向人民法院起诉。交通事故处理中的行政诉讼，应当属于后者。

# 第九章 医疗纠纷

## 522. 处理医疗事故主要依靠哪些法律?

目前，处理医疗事故主要依靠以下一些法律：

(1) 2002 年 4 月 4 日国务院发布的《医疗事故处理条例》；

(2) 2003 年 12 月 26 日最高人民法院发布的《关于审理人身损害赔偿案件适用法律若干问题的解释》；

(3) 2002 年 7 月 19 日卫生部发布的《医疗事故分级标准（试行）》；

(4) 2001 年 12 月 21 日发布的《最高人民法院关于民事诉讼证据的若干规定》；

(5) 1989 年 10 月 10 日发布的《最高人民法院关于对医疗事故争议案件人民法院应否受理的复函》；

(6) 2001 年 11 月 16 日最高人民法院发布的《人民法院司法鉴定工作暂行规定》；

(7) 2002 年 7 月 19 日卫生部发布的《医疗事故技术鉴定暂行办法》；

(8) 1994 年 2 月 26 日国务院发布的《医疗机构管理条例》；

(9) 1994 年 8 月 29 日卫生部发布的《医疗机构管理条例实施细则》(2008 年修订)；

(10) 2009 年 8 月 27 日修订的《民法通则》。

## 523. 什么是医疗事故？构成医疗事故需要哪些条件?

医疗事故，是指医疗机构及其医务人员在医疗活动中，违反医疗卫生管理法律、行政法规、部门规章和诊疗护理规范、常规，过失造成患者人身损害的事故。

根据 2002 年 4 月 4 日《医疗事故处理条例》第 4 条规定，根据对患者人身造成的损害程度，医疗事故分为以下四级。

一级医疗事故：造成患者死亡、重度残疾的；

二级医疗事故：造成患者中度残疾、器官组织损伤导致严重功能障碍的；

三级医疗事故：造成患者轻度残疾、器官组织损伤导致一般功能障碍的；

四级医疗事故：造成患者明显人身损害的其他后果的。

具体分级标准由国务院卫生行政部门制定。

构成医疗事故需要四个条件。

（1）构成医疗事故的主体是医疗机构及其医务人员。这里说的“医疗机构”是指取得医疗机构执业许可证的机构。“医务人员”是指依法取得执业资格的医疗专业技术人员，如医师和护士等，这些人员必须在医疗机构执业。

（2）要求医疗行为违反相关规定。这里的相关规定，指法律、法规、规章、规范等，既包括医疗卫生管理法律、行政法规、部门规章和诊疗护理规范、常规，也包括医疗机构和医务人员在自己的有关业务活动中应当掌握的相应规定。

（3）主观上属于过失，客观上造成了患者人身损害的后果。这里的“过失”，是指医务人员的过失行为，医务人员在主观上没有伤害患者的主观故意。此外，还要给患者造成人身损害的后果，这是判断是否是医疗事故非常重要的一点。

（4）过失行为和损害后果之间存在因果关系。这个条件与前三个条件一样，也是判定是否是医疗事故的一个重要方面。如果存在过失行为，但是并没有给患者造成损害后果，则不应该被视为医疗事故；同样，如果只存在损害后果，但是医疗机构和医务人员并没有过失行为，也不能判定为医疗事故。这两种情况都属于没有因果关系，不能认定为医疗事故。

**524. 哪些情形不属于医疗事故？不是医疗事故可以获得赔偿吗？**

《侵权责任法》第60条和《医疗事故处理条例》第33条规定了六种不属于医疗事故的情况，医疗机构不承担赔偿责任。对这六种情况，患者应当有所了解。对于属于医疗事故的，要充分利用法律武器保护自己；对于不属于医疗事故的，除法律规定应给予赔偿的外，患方就不要再无理纠缠。

下面是六种不属于医疗事故的情况。

（1）在紧急情况下，为抢救垂危患者生命而采取的紧急措施造成不良后果的。即在紧急情况下为抢救病人的生命，医护人员按照医疗操作规范采取紧急救治措施，已经尽到了合理诊疗义务。

（2）在医疗活动中，由于患者病情异常或者患者体质特殊而发生医疗意外的。这里所称的医疗意外，是指由于病情或病员体质特殊而发生难以预料和防范的不良后果的。医疗意外的发生是难以预料的，是医护人员本身和现代医学科学技术所不能预见、防范和避免的，医护人员主观上不存在过失，医护人员根据当时的情况，无法预见可能会产生病员死亡、残疾或功能障碍的不良后果。因此，这种情况不属于医疗事故。

（3）在现有的医学科学技术条件下，发生无法预料或者不能防范的不良后果，限于当时的医疗水平难以诊疗的。这种情况比较容易理解，因为技术条件和科学认识的局限性而导致的问题不在医疗事故之列。

（4）无过错输血感染造成不良后果的。医护人员在给病人提供血源时，应当按照供血的有关规定进行查验和操作。如果按规定查验和操作但病人仍然出现不良后果的，不属于医疗事故。

（5）因患方原因延误诊疗，或者不配合医疗机构进行符合诊疗规范的诊疗，导致不良后果的。实践中，许多病人因为对医疗行为不理解，不按医嘱服药或私自服药。还有的个别患者出于某种动机和目的，不真实反映病状，不接受医护人员的合理治疗措施，过早地增加活动，术后过早进餐，私自外出等。这些都是患者自身的原因。由于这些原因而导致不良后果的，医护人员不承担责任，因而也不能认定为医疗事故。当然，医疗机构及其医务人员也有过错的，应该承担相应的赔偿责任。

（6）因不可抗力造成不良后果的。不可抗力，是指发生了为人力所不能预料和阻止的意外情况。这种情况下出现的不良后果，不能按医疗事故处理。比如说，在治疗的过程中突然地震，导致手术没有成功，这种情况不能算是医疗事故。

此外，在医疗实践中，经患者同意，对患者实行试验性诊疗发生不良后果的也不属于医疗事故。在许多科研、教学医院，经常有经过国家有关部门批准用于临床试验的药物、试剂、治疗仪器等在病人身上试用，但试用必须按试验的有关规定进行，必须说明使用的目的及可能会产生的不良后果或副作用，必须征得患者本人同意并签订协议书。患者签字同意进行试验诊疗，发生不良后果的，医护人员不承担医疗事故责任。

《医疗事故处理条例》第49条第2款规定："不属于医疗事故的，医疗机构不承担赔偿责任。"因此，如果构成医疗事故的，可以依照《医疗事故处理条例》获得赔偿，而对于不属于医疗事故的，可以向人民法院起诉。法院在审理过程中，如果认为属于《民法通则》规定的应该给予赔偿的，会依据《民法通则》的规定判决赔偿。如果不属于《民法通则》规定的应该赔偿的，法院则会判决不给予赔偿。

### 525. 误诊应承担责任吗？

所谓误诊，即错误的诊断，可表现为诊断错误、延误诊断、漏诊、病因判断错误、疾病性质判断错误等。

误诊是一种医疗过失，后果可轻可重，轻者延误治疗，重者导致病人残疾或死亡。值得注意的是，诊断错误并不一定都是误诊。由于各种疾病均具有复杂的发展过程，在典型的病状和体征还没有表现出来的时候，再高明的医生也难以确诊，只有疾病充分发展后，各种支持诊断的依据才逐渐明朗化，此时确立的正确诊断，并不能说明先前的诊断不明或诊断错误是误诊。

判断误诊应从两个角度考虑：一是医生在诊断过程中不负责任，如不认真采集病史，不全面进行查体等；二是医生不钻研业务，技术水平低，对应该而且可以认识的疾病没有认识。

误诊包括未能诊断、错诊及漏诊。疾病本身的变化有突变性和多变性，能否早期诊断与病情临床表现是否充分、人们对该病的认识程度及病人的配合程度等密切相关。患者常常认为诊断错误，就是医疗过失，这种认识不对。在医疗纠纷案件中，临床诊断的误诊者并不少见，但误诊并不一定都是医疗事故。许多疾病的早期症状不明显、个别复杂少见的疾病难以迅速明确诊断，这些都可能发生误诊。

根据《医疗事故处理条例》第49条第2款规定，“不属于医疗事故的，医疗机构不承担赔偿责任。”因此，不属于医疗事故的误诊，不承担赔偿责任。但是，符合《民法通则》关于赔偿责任规定的除外。

### 526. 如何避免医疗纠纷？

医患双方都应该努力避免产生医疗纠纷。患者避免产生医疗纠纷要注意以下几点。

（1）要到正规医院看病，不能图方便或者省钱而到没有执业许可证的地方看病。

（2）看病要用自己的真名，否则，不仅易起纠纷，而且有纠纷也不好处理。

（3）出现问题后，要冷静处理，不要盲目打医疗官司。一般来说，在所有的医疗纠纷当中，真正属于医疗事故的很少，到法院打官司胜诉的概率也不像患者想象的那么大。发生医疗纠纷之后，不要盲目去鉴定，要多看看相关书籍，多咨询一下有关方面的专家。不要随便找个人问一问，就草率做决定，也不要轻信某个医生的话，因为医学专业分得很细，隔行如隔山。同时，还要了解一下有关政策法规，打官司不能靠侥幸胜诉。

为了避免发生医患纠纷，医生应该医德高尚、技术精湛。医生在诊疗过程中，应该注意以下三方面。

(1) 要尊重患者的权利，尤其是知情权和隐私权。要对病人耐心细致地告知有关疾病的一切情况，使病人做到心中有数。同时，病人也会因医生的良好态度而对医生产生信任心理，这样就为避免发生纠纷开了一个好头。在看病过程中，简明、全面地询问病史，根据患者的病情和经济条件，选择适当的检查、治疗方案，适当地开药，不多开药，不多开不必要的检查项目。

(2) 对脾气暴躁，容易引发纠纷的人群要尤其注意。这些人主要有酒后患者、保外就医的患者、有打架斗殴前科的人以及有潜在生命危险的人。此外，还要注意家属中有从医人员的患者。这些患者由于其家属熟悉医疗行业之中的各类问题，容易引起纠纷。

(3) 还要注意一些容易误诊的疾病，包括心肌梗塞或心率失常、脑出血、硬脑膜外血肿、刀刺损伤、高危妊娠等。在接诊处理过程中，如果存在不当或不正确的行为，应及时向患者解释及道歉，以得到患者及家属的谅解。这样，可以减少或避免发生医患纠纷。

### 527. 医疗纠纷有几种解决方法?

如果怀疑医务人员在对患者诊疗、护理过程中可能存在问题时，要保存好手头的病历资料（如门诊病历、各科检验报告、处方、患者曾服用的药物等)，并向医院提出查处要求。如果患者已死亡，死因明确的，应配合医院在患者死后 48 小时以内进行尸检。作为患者一方还应当立即向有关人员和单位反映情况，并注意对有关证据、材料的收集、保存，为将来能澄清事实、明确责任、顺利地解决纠纷做准备。

在证据材料中，最关键的是病历，因为病历是证明有无医疗过失的关键依据。如果有条件，可以将病历进行复印，或者要求医疗单位尽快对病人的病历材料进行封存。如果是因输液、输血、注射、服药等引起不良后果的，可以要求对相关实物进行核对并封存，以备进一步核查。

在医疗事故处理过程中，患者一方要尽量克制，切忌情绪冲动、鲁莽行事，因为这样的举动会妨碍纠纷及时地处理，或者使自己输理，授人以柄，到头来对患者一方不利。

发生医疗纠纷，有三种解决方法可以选择，即协商调解、医疗事故技术鉴定、诉讼。这三种方法，无论选择哪一种，都有各自的优缺点。

(1) 调解协商。即医患双方对可能已经发生的损害事实进行商议，并在有关中间机构的主持下，根据损害事实和有关的规定，对赔偿金额和其他事宜达成一致。这样解决问题的优点就是简便易行，缺点是往往赔偿金额偏低。如果用调解协商的方法来解决，应当制作协议书。协议书应当载明双方当事人的基本情况和医疗事故的原因、双方当事人共同认定的医疗事故等级以及协商确定的赔偿数额等，并由双方当事人在协议书上签名。协商的内容应当包括是否属于医疗事故、民事责任承担的方式和赔偿的具体数额及与此有关的其他事项，如尸体的处理以及达成协议后将对双方权利义务产生的影响等。双方协商解决应当遵循自愿、平等、公平、合法的原则。作为患者，打医疗官司一般没有经验可言，而医院却是轻车熟路，经验丰富。尤其对于赔偿数额，医院有自己的赔偿底线，患者很可能签了协议书后，到头来却发现赔偿额太少。这时再想去提起诉讼，却发现调解协议具有一定法律效力，轻易不允许反悔。因此，作为患者在签订协议之前，最好充分了解相关的常识、法律法规，避免使自己的合法权益遭受损失。

（2）医疗事故技术鉴定。即在医疗事故鉴定委员会的主持下，由相关的专家对医疗损害的事实作出鉴定，明确具体责任并对赔偿等作出结论。用这种方法解决纠纷，其优点是专业性较强，证据力比较强。缺点是很难被认定为医疗事故。如果不被认定为医疗事故，患者提起诉讼时，医院就一定会把鉴定结论作为证据出示，这对患者很不利。所以，患者及家属要有充分的心理准备，在申请医疗事故技术鉴定时要慎重。申请鉴定前可以多想一想，如果鉴定出来了不是医疗事故怎么办，下一步如何解决。

（3）诉讼即到法院打官司。打官司的过程比较复杂，专业性也很强，患者如果选用这种方法解决纠纷，最好能聘请一个既懂医又懂法的律师出庭，才能最大程度地维护自己的合法权益。另外，需要说明一点，诉讼的时间通常较长，要做好“打持久战”的准备。同时要注意，胜诉、败诉都是很有可能的。

### 528. 为什么说患者掌握自己的病历对打医疗官司非常重要？

在医患纠纷中，通常患方总是处于弱势的地位，不少患者及其家属因为对如何处理纠纷不知所措，往往丧失了有利条件，自己的合法权益也得不到保护。其实，发生医患纠纷后，最重要的环节就是要全面掌握病历及相关资料。

作为患者及其家属，首先要尽可能及时全面地掌握病历。由于病历资料是对疾病的发生、发展情况以及医务人员对患者的疾病诊断、检查和治疗情况的客观记录，是看病过程中各项活动的综合记载，所以，病历资料在打官司过程中是个重要证据，是法院审查、判案的重要参考资料之一。在医患之间发生争议时，病历资料对于认定医疗机构是否存在医疗过失起着其他证据难以替代的证明作用。

《医疗事故处理条例》规定，患者有复制病历的权利，医方有配合的义务，这样规定有利于患者保护自己的合法权益。但是，这种权利的行使是有一定限制的。对有些病历材料，病人则无法复印和复制。因此，医患发生纠纷时，除了行使复印或复制病历资料这一权利外，还应主动要求将主观性病历资料一并进行封存。

### 529. 医疗事故技术鉴定应由谁委托？

对此问题，《人民法院司法鉴定工作暂行规定》第 4 条规定："凡需要进行司法鉴定的案件，应当由人民法院司法鉴定机构鉴定，或者由人民法院司法鉴定机构对外统一委托鉴定。"因此，如委托医学会组织专家鉴定，应由人民法院司法鉴定机构对外委托，而不是由人民法院的审判业务庭或其他部门对外委托。

### 530. 医疗事故由谁负责鉴定？鉴定费由谁负担？

根据《医疗事故处理条例》第 24 条规定，医疗事故技术鉴定由负责组织医疗事故技术鉴定工作的医学会组织专家鉴定组进行。专家鉴定组成员由医患双方在鉴定专家库中以随机抽取的方式产生。这种随机抽取的方式与过去指定专家的方式相比较，避免了在安排鉴定专家时的人为干扰，体现了专家鉴定工作在程序上的公正性、客观性，有利于提高医患双方对鉴定工作的信任度，有利于医疗事故争议的处理。

根据《医疗事故处理条例》第 34 条的规定，医疗事故技术鉴定，可以收取鉴定费用。经鉴定，属于医疗事故的，鉴定费用由医疗机构支付；不属于医疗事故的，鉴定费用由提出医疗事故处理申请的一方支付。鉴定费用标准由省、自治区、直辖市人民政府价格主管部门会同同级财政部门、卫生行政部门规定。

### 531. 哪些情况下医学会不受理医疗事故鉴定申请？

《医疗事故技术鉴定暂行办法》第 13 条规定，有下列情形之一的，医学会不予受理医疗事故技术鉴定申请。

（1）当事人一方直接向医学会提出鉴定申请的；

（2）医疗事故争议涉及多个医疗机构，其中一所医疗机构所在地的医学会已经受理的；

（3）医疗事故争议已经人民法院调解达成协议或判决的；

（4）当事人已向人民法院提起民事诉讼的（司法机关委托的除外）；

（5）非法行医造成患者身体健康损害的；

（6）卫生部规定的其他情形。

### 532. 鉴定时需要提交哪些材料？

根据2002年4月4日国务院发布的《医疗事故处理条例》第28条、第29条规定，负责组织医疗事故技术鉴定工作的医学会应当自受理医疗事故技术鉴定之日起5日内，通知医疗事故争议双方当事人提交进行医疗事故技术鉴定所需的材料。当事人应当自收到医学会的通知之日起10日内，提交有关医疗事故技术鉴定的材料、书面陈述及答辩。医疗机构提交的有关医疗事故技术鉴定的材料应当包括下列内容：

（1）住院患者的病程记录、死亡病例讨论记录、疑难病例讨论记录、会诊意见、上级医师查房记录等病历资料原件；

（2）住院患者的住院志、体温单、医嘱单、化验单（检验报告）、医学影像检查资料、特殊检查同意书、手术同意书、手术及麻醉记录单、病理资料、护理记录等病历资料原件；

（3）抢救急危患者，在规定时间内补记的病历资料原件；

（4）封存保留的输液、注射用物品和血液、药物等实物，或者依法具有检验资格的检验机构对这些物品、实物作出的检验报告；

（5）与医疗事故技术鉴定有关的其他材料。

在医疗机构建有病历档案的门诊、急诊患者，其病历资料由医疗机构提供；没有在医疗机构建立病历档案的，由患者提供。医疗机构无正当理由未如实提供相关材料，导致医疗事故技术鉴定不能进行的，应当承担责任。

负责组织医疗事故技术鉴定工作的医学会，应当自接到当事人提交的有关医疗事故技术鉴定的材料、书面陈述及答辩之日起45日内，组织鉴定并出具医疗事故技术鉴定书。

### 533. 对首次医疗事故技术鉴定结论不服怎么办？

根据2002年7月19日卫生部发布的《医疗事故技术鉴定暂行办法》第40条的规定，任何一方当事人对首次医疗事故技术鉴定结论不服的，可以自收到首次医疗事故技术鉴定书之日起15日内，向原受理医疗事故争议处理申请的卫生行政部门提出再次鉴定的申请，或由双方当事人共同委托省、自治区、直辖市医学会组织再次鉴定。

### 534. 对医疗事故争议的查处申请，卫生行政部门如何处理？

根据 2002 年 4 月 4 日国务院发布的《医疗事故处理条例》第 38 条、第 39 条、第 40 条的规定，发生医疗事故争议，当事人申请卫生行政部门处理的，由医疗机构所在地的县级人民政府卫生行政部门受理。医疗机构所在地是直辖市的，由医疗机构所在地的区、县人民政府卫生行政部门受理。

有下列情形之一的，县级人民政府卫生行政部门应当自接到医疗机构的报告或者当事人提出医疗事故争议处理申请之日起 7 日内，移送上一级人民政府卫生行政部门处理：①患者死亡；②可能为二级以上的医疗事故；③国务院卫生行政部门和省、自治区、直辖市人民政府卫生行政部门规定的其他情形。

卫生行政部门应当自收到医疗事故争议处理申请之日起 10 日内进行审查，作出是否受理的决定。对符合规定，予以受理，需要进行医疗事故技术鉴定的，应当自作出受理决定之日起 5 日内，将有关材料交由负责医疗事故技术鉴定工作的医学会组织鉴定并书面通知申请人；对不符合规定，不予受理的，应当书面通知申请人并说明理由。

当事人对首次医疗事故技术鉴定结论有异议，申请再次鉴定的，卫生行政部门应当自收到申请之日起 7 日内，交由省、自治区、直辖市地方医学会组织再次鉴定。

当事人既向卫生行政部门提出医疗事故争议处理申请，又向人民法院提起诉讼的，卫生行政部门不予受理；卫生行政部门已经受理的，应当终止处理。

### 535. 什么是医疗事故赔偿行政调解？

医疗事故赔偿行政调解，是指医疗事故争议发生后，在卫生行政部门的主持下，根据自愿、合法的原则，促使医疗机构和患者友好协商、互谅互让而达成对医疗事故赔偿的和解协议，从而解决争议的一种诉讼外活动。

这种调解方式，卫生行政部门只有在双方当事人共同提出申请的情况下才进行。而且，这种调解不同于人民法院主持下的审判调解，这种协议没有法律强制力，如果当事人不履行协议，卫生行政部门无权强制当事人履行，当事人也不能就该协议向人民法院申请强制执行。如果一方当事人反悔，双方仍可再向人民法院起诉。

行政调解应当在已经确定为医疗事故后进行，如果医患双方当事人对是否为医疗事故还有争议，就不能向卫生行政部门申请调解，卫生行政部门也不能对此进行调解。

根据《医疗事故处理条例》第37条规定，当事人自知道或者应当知道其身体健康受到损害之日起1年内，可以向卫生行政部门提出医疗事故争议处理申请。发生医疗事故争议，当事人申请卫生行政部门处理的，应当提出书面申请。申请书应当载明申请人的基本情况、有关事实、具体请求及理由等。

### 536. 在卫生行政部门对医疗事故处理期间，可以向法院起诉吗？

医疗事故争议发生后，当事人可以根据自己的意愿，选择行政处理程序，也可以直接提起民事诉讼，由法院处理。但是，不能同时选择两种途径解决，不能由两个部门同时处理。当事人如果选择了行政程序，仍可继续选择诉讼程序。但已经进入诉讼程序了，则不能进行行政处理。诉讼程序，是解决医疗事故争议的最终途径，是民事救济的最终手段。对于人民法院发生法律效力的判决，当事人都必须履行。

### 537. 提起医疗纠纷民事诉讼应具备哪些条件？

向法院起诉，要符合法院受理案件的条件。《民事诉讼法》第119条规定，向法院起诉必须符合下面几个条件：

（1）原告是与案件有直接利害关系的公民、法人和其他组织；

（2）有明确的被告；

（3）有具体的诉讼请求、事实和理由；

（4）案件属于人民法院受理民事案件的范围和受诉人民法院管辖。

以上四个条件必须同时具备，缺少任何一个人民法院都不能受理。

### 538. 对医疗纠纷，患者应该向哪个法院提起诉讼？

向法院起诉面临两个选择：一个是向哪一级法院起诉，另一个是向哪个地方的法院起诉。

（1）级别选择。

《民事诉讼法》第17条、第18条、第19条分别规定：基层法院管辖第一审民事案件，但本法另有规定的除外；中级法院管辖重大的涉外案件、在本辖区内有重大影响的案件、最高人民法院确定由中级人民法院管辖的案件；高级人民法院管辖在本辖区内有重大影响的案件。

从上述规定可以看出，医疗纠纷案件一般情况下应当由基层人民法院管辖，但如果在诉讼当事人中有外国人或香港、澳门、台湾同胞且案件重大的，应向中级人民法院起诉；如果案件影响重大，也可向高级人民法院起诉。因此，只有赔偿数额巨大（每个省都按诉讼标的对基层法院、中级法院、高级法院的管辖进行了划分），或者在当地的影响范围特别广时，才可向高级人民法院起诉。

（2）地域选择。

《民事诉讼法》第 28 条规定："因侵权行为提起的诉讼，由侵权行为地或被告住所地人民法院管辖。"

侵权行为地，是指构成侵权行为的法律事实所在地，包括侵权行为发生地和侵权结果发生地。侵权行为发生地即实施侵权行为的地点，侵权结果发生地是指损害后果出现的地点。一般情况，二者是同一的。有时则不一致，这时就有两个法院或两个以上的法院有管辖权，原告可以自主选择其中一个法院进行起诉，但不能同时向两个法院起诉。

被告住所地，是指公民的户籍所在地，户籍所在地与经常居住地不一致的把经常居住地作为住所地。在医疗纠纷案件中，被告主要是医疗机构，被告住所地就是指医疗机构的主要办事机构所在地或主要营业地。被告如果是没有主要办事机构的合伙、合伙型联营体，则由注册地法院管辖。如果没有注册地，几个被告又不在同一辖区的，被告住所地的法院都有管辖权。如果两个有管辖权的法院对同一案件都进行了受理，那么由最先立案的人民法院审理。

### 539. 医疗纠纷的诉讼时效是怎样规定的？

诉讼时效由《民法通则》规定。《民法通则》第 135 条规定了普通诉讼时效："向人民法院请求保护民事权利的诉讼时效期间为 2 年，法律另有规定的除外。"

《民法通则》第 136 条规定了特别诉讼时效："下列诉讼时效期间为 1 年：①身体受到伤害要求赔偿的；②出售质量不合格的商品未声明的；③延付或者拒付租金的；④寄存财物被丢失或者损毁的。"

可见，医疗民事纠纷案件属于"身体受到伤害要求赔偿的"，适用《民法通则》第 136 条关于特别诉讼时效的规定，诉讼时效是 1 年。

### 540. 患方在提起诉讼前应做哪些准备工作？

患方在提起诉讼前应做好以下准备工作。

（1）确定是否要委托律师。如果委托律师代理进行诉讼活动，则需要到律师事务所签署聘请律师协议和授权委托书，并缴纳律师费。

(2) 按以下顺序及时向法院提供证据材料，若聘请律师，则可以先向律师提供，由律师进行分类整理，选择提交。①患方的身份及亲属关系证明，包括患者身份证复印件，如患者死亡或不具有完全民事行为能力，则还需法定继承人或法定代理人（如配偶、父母、子女、兄弟姐妹等）的身份证及户口簿复印件。②病历资料复印件，包括患者门诊病历、住院志（入院记录）、体温单、医嘱单、化验单（检验报告）、医学影像检查资料、特殊检查同意书、手术同意书、手术及麻醉记录单、病理资料、护理记录、出院（死亡）小结等。③患者或家属的误工证明，如工资单或单位出具的工资证明；无工作单位的，由居委会或村委会出具无业证明。④相关费用单据和清单，包括相关的医疗费单据、护理费单据、营养费单据、交通费单据；如患者伤残，需提供残疾等级证明和残疾用具费单据；如患者死亡，需提供丧葬费单据，伤残和死亡都应提供患者实际抚养的、无其他生活来源者的户籍证明及无业证明。⑤其他资料，如有关专家的意见、证人证言、鉴定结论、医学文献资料等。提交的证据必须说明证据来源；书证须提交原件，提交原件确有困难的，可以提交复制品、照片、副本或节录本。为了防止提交后丢失，应该向法院索要提交证据的收据。

### 541. 谁有权提起医疗纠纷民事诉讼？

根据《民事诉讼法》第119条第（一）项的规定，有权提起医疗纠纷民事诉讼的是医疗关系中的医患双方，即患者、患者家属和医疗机构及其医务人员。

从患者角度讲，有权提起医疗纠纷民事诉讼的是患者本人，患者死亡的，是其配偶、父母、子女；从医院角度讲，应以医疗机构为当事人，医疗机构可以提起民事诉讼。

### 542. 诉讼费由谁承担？

诉讼费由起诉方按规定预交，一般由有过错的当事人承担。所谓有过错的当事人，是指在诉讼结束后，判决认定的违反民事法律规定的当事人，即败诉的当事人。但有时当事人并不是全败或全胜，双方互有胜负，这就需要双方按过错程度分担诉讼费。如果原告撤诉或被法院驳回起诉了，诉讼费由原告承担。如果双方经调解和解了，诉讼费一般由双方协议，或由一方承担，或由双方共同承担。

### 543. 医疗纠纷案件的证据如何向法院提交？

按照《民事诉讼法》的相关规定，向人民法院提交证据时，书证应当提交原件，物证应当提交原物。提交原件或原物确有困难的，如有的原物巨大、笨重或者不能移动等，可以提交复制品、照片、副本、节录本。提交外文书证，必须附有中文译本。提交的视听资料必须真实。

### 544. 医疗纠纷案件的举证规则有哪些？

根据《最高人民法院关于民事诉讼证据的若干规定》，医疗纠纷诉讼案件实行“举证责任倒置”原则，即医疗纠纷诉讼由医疗方承担主要举证责任，由医疗方承担“医疗行为与损害结果之间不存在因果关系及不存在医疗过错”的举证责任。但这并不意味着患方不需要承担举证责任，患者方也要承担一定的举证责任，即要出具证据以证明“患者与医疗机构之间存在医疗关系，存在损害结果”。

在这里提醒读者的是，举证是有期限的。按照《最高人民法院关于民事诉讼证据的若干规定》，举证期限有三种。一是举证期限可以由当事人协商一致，可长可短，但需要人民法院认可。二是由法院指定举证期限，指定的期限不得少于30日，自当事人收到案件受理通知书和应诉通知书的次日起计算。三是适用简易程序审理的案件不受上述规定限制。当事人在举证时限内，不能向法院提交证据，将视为放弃举证权利，就要承担诉讼风险。

### 545. 医疗事故中患方应注意收集哪些证据材料？

《最高人民法院关于民事诉讼证据的若干规定》虽然规定了医疗方承担主要举证责任，但患方并不是无举证义务。因此，要注意收集以下证据，以便在日后的诉讼中处于主动地位。

（1）尽早复制客观性病历材料，封存主观性病历材料。按照《医疗事故处理条例》规定，患者有权复印客观性病历资料，包括入院记录、手术记录、化验单等。但诸如病程记录、会诊单、疑难病例讨论、上级医生查房记录等主观性病历资料，在未打官司之前，患者是不能复印的。这时，患者应该耐心与医院沟通，医患双方可共同复印主观性病历资料，并共同封存。病历是病情发展的真实记录，是确认医疗单位诊疗措施是否正确、有无医疗过错的重要依据，是非常重要的书证。医疗事故发生后，患方可以要求复印、复制客观性病历材料，对主观性病历材料要求进行封存，这样可尽量保证医疗单位不篡改病历，使病历起到反映医疗真实过程的作用。

（2）及时要求进行尸检，以查明患者死因。尸检可以为医疗事故技术鉴定和司法裁决提供证据。尽早尸检对查明死因和医务人员的医疗行为有无过失具有重要意义。

（3）注意收集证人证言。发生医疗事故争议后，医疗单位往往提出患方的叙述不真实，与病历记载不一致。因此，患者方应当注意收集在场了解情况的人的姓名、工作单位或住址，可以当时取证，也可以过后取证。

（4）注意其他证据的收集。患方可要求封存与医疗事故争议有关实物，如药品、器具等，以便过后检验。

### 546. 法院对医疗事故纠纷案件怎样调解？

法院调解，是指在民事诉讼中，双方当事人在法院审判人员的主持和协调下，就案件争议的问题进行协商，从而解决纠纷所进行的活动。

根据《民事诉讼法》第9条规定："人民法院审理民事案件，应当根据自愿和合法的原则进行调解；调解不成的，应当及时判决。"因此，法院在进行调解时，要遵循两条原则。一是当事人自愿原则。当事人如果不同意调解，法院不能强迫双方调解。同时，在调解过程中，法院也不能强迫当事人对不能达成共识的事项进行认可。二是合法原则。调解活动在程序上要合法，调解协议的内容也不能违反国家法律规定。

对调解不能达成协议的，法院应当继续审理。对达成协议的，应当让双方当事人在调解协议上签字，并根据情况决定是否制作调解书。

双方当事人达成调解协议，在不需要制作调解书的情况下，双方当事人、书记员、审判人员签名或者盖章之后，调解即具有法律效力。而需要制作调解书的，自双方当事人签收之后才发生法律效力，在调解书送达之前，任何一方或者双方反悔而拒不签收的，则调解不成立，法院应当对案件继续审理。调解书生效后，产生与生效判决相同的法律效力。

提醒读者的是，对于调解书不得上诉。

### 547. 医疗纠纷败诉有哪些原因？

当事人打官司都认为自己有理，但却糊里糊涂打输了官司，或是未取得理想的结果，这一般是因为他的一些诉讼行为不符合法律规定造成的，下面向读者介绍几种情形。

（1）起诉不符合条件。当事人起诉不符合法律规定条件的，人民法院不会受理，即使受理也会驳回起诉。当事人起诉不符合管辖规定的，案件将会被移送到有权管辖的人民法院审理。

（2）诉讼请求不适当。当事人提出的诉讼请求应明确、具体、完整，对未提出的诉讼请求人民法院不会审理。当事人提出的诉讼请求要适当，不要随意扩大诉讼请求范围；无根据的诉讼请求，除得不到法院支持以外，当事人还要负担相应的诉讼费用。

（3）逾期改变诉讼请求。当事人增加、变更诉讼请求或者提出反诉，超过人民法院许可或者指定期限的，可能不被审理。

（4）超过诉讼时效。当事人请求法院保护民事权利的期间一般为 1 年（医疗纠纷诉讼适用特殊的诉讼时效）。原告向法院起诉后，被告提出原告的起诉已超过法律保护期间的，如果属实，其诉讼请求不会得到法院的支持。

（5）授权不明。当事人委托诉讼代理人代为承认、放弃、变更诉讼请求，进行和解，提起反诉或者上诉等事项的，应在授权委托书中特别注明。没有在授权委托书中明确、具体记明特别授权事项的，诉讼代理人就上述特别授权事项发表的意见不具有法律效力。

（6）不按时交纳诉讼费用。当事人起诉或者上诉，不按时预交诉讼费用，或者提出缓交、减交、免交诉讼费用申请未获批准仍不交纳诉讼费用的，法院将会裁定按自动撤回起诉、上诉处理。当事人提出反诉，不按规定预交相应的案件受理费的，人民法院将不会审理。

（7）申请财产保全不符合规定。当事人申请财产保全，应当按规定交纳保全费用而没有交纳的，人民法院不会对申请保全的财产采取保全措施。当事人提出财产保全申请，未按法院要求提供相应财产担保的，法院将依法驳回其申请。申请人申请财产保全有错误的，将要赔偿被申请人因财产保全所受到的损失。

（8）不提供或者不充分提供证据。除法律和司法解释规定不需要提供证据证明外，当事人提出诉讼请求或者反驳对方的诉讼请求，应提供证据证明。不能提供相应的证据或者提供的证据证明不了有关事实的，可能面临不利的裁判后果。

（9）超过举证时限提供证据。当事人向法院提交的证据，应当在当事人协商一致并经法院认可或者法院指定的期限内完成。超过上述期限，法院可能视其放弃了举证权利，但属于法律和司法解释规定的新的证据除外。

（10）不提供原始证据。当事人向法院提供证据，应当提供原件或者原物，特殊情况下也可以提供经法院核对无异的复制件或者复制品。提供的证据不符合上述条件的，可能影响证据的证明力，甚至可能不被采信。

（11）证人不出庭作证。除属于法律和司法解释规定的证人确有困难不能出庭的特殊情况外，当事人提供证人证言的，证人应当出庭作证并接受质询。

如果证人不出庭作证，可能影响该证人证言的证据效力，甚至不被采信。

(12) 不按规定申请评估、鉴定。当事人申请评估、鉴定，未在法院指定期限内提出，或者不预交评估、鉴定费用，或者不提供相关材料，致使争议的事实无法通过评估、鉴定结论予以认定的，可能对申请人产生不利的裁判后果。

(13) 不按时出庭或者中途退出法庭。原告经传票传唤，无正当理由拒不到庭，或者未经法庭许可中途退出法庭的，法院将按自动撤回起诉处理；被告反诉的，人民法院将对反诉的内容缺席审判。被告经传票传唤，无正当理由拒不到庭，或者未经法庭许可中途退出法庭的，人民法院将缺席判决。

(14) 不准确提供送达地址。适用简易程序审理的案件，人民法院按照当事人自己提供的送达地址送达诉讼文书时，因当事人提供的地址不准确，或者送达地址变更未及时告知法院，致使法院无法送达，造成诉讼文书被退回的，诉讼文书也视为送达。

(15) 超过期限申请强制执行。《民事诉讼法》第239条规定，向法院申请强制执行的期限是2年，期限自生效法律文书确定的履行义务期限届满之日起算。超过上述期限申请的，人民法院不予受理。

(16) 无财产或者无足够财产可供执行。被执行人没有财产或者没有足够财产履行生效法律文书确定义务的，人民法院可能对未履行的部分裁定中止执行，申请执行人的财产权益将可能暂时无法实现或者不能完全实现。

(17) 不履行生效法律文书确定义务。被执行人未按生效法律文书指定期间履行给付金钱义务的，将要支付迟延履行期间的双倍债务利息。被执行人未按生效法律文书指定期间履行其他义务的，将要支付迟延履行金。

### 548. “见死不救”是否构成医疗事故?

构成。实践中常会有这样的情形：有些医疗机构担心患者无力支付医疗费用，拒绝或者拖延对危急患者进行治疗，由于未及时救治，造成患者死亡或残疾。医疗机构虽然不是福利机构，但对危急患者不及时救治，患者将遭受重大人身损害，医疗机构必须承担对此类患者的救治责任。这是法律保障人权的强制性规定。医疗机构无正当理由拒绝收治危急患者，即构成过失。

2002年4月4日国务院发布的《医疗事故处理条例》第33条第（五）项规定，“因患方原因延误诊疗导致不良后果的”不属于医疗事故；由此也可以看出，因医方原因延误诊疗或者不诊疗导致不良后果的，则应该属于医疗事故。

### 549. 法院处理医疗纠纷适用《最高人民法院关于审理人身损害赔偿案件适用法律若干问题的解释》还是适用《医疗事故处理条例》?

《最高人民法院关于审理人身损害赔偿案件适用法律若干问题的解释》公布后，就其对医疗纠纷如何适用，在司法界引起了广泛争议。最高人民法院对该问题以答记者问的形式做了说明，提出了处理医疗纠纷案件适用法律的“二元化”的观点，即：首先，被鉴定为医疗事故的，按照《医疗事故处理条例》来赔偿；其次，经过鉴定不属于医疗事故，但有医疗过错的，按照《解释》来赔偿。

鉴于《解释》对赔偿的标准作了一些调整，赔偿的数额比《医疗事故处理条例》规定的赔偿数额高，所以，因医疗事故受到损害的患者，可能会以一般的医疗纠纷向法院起诉。在这种情况下，如果医疗机构提出不构成一般医疗纠纷的抗辩，并且经鉴定能够证明受害人的损害确实是医疗事故造成的，那么，人民法院应当按照《医疗事故处理条例》的规定确定赔偿的数额，而不能按照《解释》的规定确定赔偿数额。

### 550. 双方协商解决医疗事故纠纷的，赔偿数额怎样计算?

根据 2002 年 4 月 4 日国务院发布的《医疗事故处理条例》第 49 条至第 52 条的规定，医疗事故赔偿，应当考虑下列因素，确定具体赔偿数额：

(1) 医疗事故等级；

(2) 医疗过失行为在医疗事故损害后果中的责任程度；

(3) 医疗事故损害后果与患者原有疾病状况之间的关系。

不属于医疗事故的，医疗机构不承担赔偿责任。

医疗事故赔偿项目包括以下各项：①医疗费；②误工费；③住院伙食补助费；④陪护费；⑤残疾生活补助费；⑥残疾用具费；⑦丧葬费；⑧被扶养人生活费；⑨交通费；⑩住宿费；⑪精神损害抚慰金；⑫参加医疗事故处理的患者近亲属不超过 2 人所需的交通费、误工费、住宿费；⑬医疗事故造成患者死亡的，参加丧葬活动的患者的配偶和直系亲属不超过 2 人所需的交通费、误工费、住宿费。

医疗事故赔偿费用实行一次性结算，由承担医疗事故责任的医疗机构支付。当然，医患双方选择协商解决，可以在赔偿数额计算上灵活一些，如在考虑患者或者医疗机构的实际情况时，赔偿的数额可能相对高一些或低一些。总之，具体情况具体分析。

**551. 按照《最高人民法院关于审理人身损害赔偿案件适用法律若干问题的解释》，赔偿范围如何确定？**

《最高人民法院关于审理人身损害赔偿案件适用法律若干问题的解释》确定了以下的赔偿范围，这与《医疗事故处理条例》中规定的赔偿范围大致相同，但又不完全相同。

《最高人民法院关于审理人身损害赔偿案件适用法律若干问题的解释》第17条、第18条规定，受害人遭受人身损害，因就医治疗支出的各项费用以及因误工减少的收入，包括医疗费、误工费、护理费、交通费、住宿费、住院伙食补助费、必要的营养费，赔偿义务人应当予以赔偿。受害人因伤致残的，其因增加生活上需要所支出的必要费用以及因丧失劳动能力导致的收入损失，包括残疾赔偿金、残疾辅助器具费、被扶养人生活费，以及因康复护理、继续治疗实际发生的必要的康复费、护理费、后续治疗费，赔偿义务人也应当予以赔偿。受害人死亡的，赔偿义务人除应当根据抢救治疗情况赔偿相关费用外，还应当赔偿丧葬费、被扶养人生活费、死亡补偿费以及受害人亲属办理丧葬事宜支出的交通费、住宿费和误工损失等其他合理费用。受害人或者死者近亲属遭受精神损害，赔偿权利人可以向人民法院请求赔偿精神损害抚慰金。具体来说，分以下一些赔偿项目。

（1）医疗费：按照医疗事故对患者造成的人身损害进行治疗所发生的医疗费用计算，凭据支付，但不包括原发病医疗费用。结案后确实需要继续治疗的，按照基本医疗费用支付。

（2）误工费：患者有固定收入的，按照本人因误工减少的固定收入计算，对收入高于医疗事故发生地上一年度职工年平均工资3倍以上的，按照3倍计算；无固定收入的，按照医疗事故发生地上一年度职工年平均工资计算。

（3）住院伙食补助费：按照医疗事故发生地国家机关一般工作人员的出差伙食补助标准计算。受害人确有必要到外地治疗，因客观原因不能住院，受害人本人及其陪护人员实际发生的住宿费和伙食费，其合理部分应予赔偿。

（4）陪护费：护理人员有收入的，按误工损失计算，包括工资和奖金；护理人员无工作的或者雇用护工的，参照当地护工从事同等级别护理的劳务报酬标准计算；护理期限的计算按照受害人经过治疗以后能否恢复生活自理能力为标准。

（5）残疾赔偿金：根据受害人丧失劳动能力程度或者伤残等级，按照受诉法院所在地上一年度城镇居民人均可支配收入或者农村居民人均纯收入标准，自定残之日起按20年计算。但60周岁以上的，年龄每增加1岁减少1

年；75 周岁以上的，按 5 年计算。受害人因伤致残但实际收入没有减少，或者伤残等级轻但造成职业妨害，严重影响其劳动就业的，可以对残疾赔偿金作相应调整。

（6）残疾辅助用具费：因残疾需要配置补偿功能器具的，凭医疗机构证明，按照普及型适用型器具的合理费用计算。伤情有特殊需要的，可以参照辅助器具配制机构的意见确定相应的合理费用标准。辅助器具的更换周期和赔偿期限参照配制机构的意见确定。如果超过确定的护理期限、辅助器具费给付年限或者残疾赔偿金给付年限，赔偿权利人确需继续配制辅助器具的，人民法院应当判令义务人继续给付相关费用 5 至 10 年。

（7）丧葬费：按照受诉法院所在地上一年职工月平均工资标准，以 6 个月总额计算。

（8）被扶养人生活费：被抚养人生活费的计算，是根据抚养人因人身损害造成死亡或者伤残等丧失劳动能力的程度，再结合政府统计部门公布的受诉法院所在地上一年度城镇居民人均消费性支出和农村居民人均年生活消费支出标准计算；被抚养人系未成年人的，计算至 18 岁；被抚养人无劳动能力又无其他生活来源的，计算 20 年，但 60 周岁以上的，年龄每增加 1 岁减少 1 年，75 周岁以上的，按 5 年计算。

（9）交通费：按照患者及陪护人员因就医实际发生的交通费用计算，凭据支付。计算费用的人数不超过 2 人。

（10）住宿费：受害人确有必要到外地就医，因客观原因不能住院，受害人本人及其陪护人员实际发生的住宿费，其合理部分凭据赔偿。

（11）营养费：确定营养费根据受害人伤残情况参照医疗机构的意见确定。

（12）死亡赔偿金：死亡赔偿金是指患者在因医疗事故而导致死亡的情况下，医疗机构应该一次支付给患者家属的赔偿金，其性质属于财产损失赔偿，而非精神损害抚慰金。死亡赔偿金按照受诉法院所在地上一年度城镇居民人均可支配收入或者农村居民人均纯收入标准，按 20 年计算。但 60 周岁以上的，年龄每增加 1 岁减少 1 年；75 周岁以上的，按 5 年计算。

（13）精神损害抚慰金：是指患者及其近亲属因发生医疗事故而遭受的身体上或精神上的痛苦加以抚慰而支付的赔偿金。目前，精神损害的赔偿还没有统一标准。

### 552. 退休医生在家行医是否属于非法行医？

执业医生退休后，如果没办理审批手续，未取得医疗机构执业许可证就给患者治疗谋取利益，这是不允许的，其行为属于非法行医。医生退休后，如果有继续行医的想法，应该鼓励，但必须具备相关条件，如医疗设施、场所等，并要按规定办理相关的审批手续。

### 553. 非法行医造成患者损害是否属于医疗事故?

《医疗事故处理条例》明确了这个问题：非法行医造成患者人身损害，不属于医疗事故；触犯刑律的，应当依法追究刑事责任；有关赔偿问题，受害人直接向人民法院起诉，通过民事诉讼或者刑事附带民事诉讼解决。

### 554. 非法行医要承担什么责任?

非法行医要根据不同情况，承担以下责任。

(1) 行政责任。《医疗机构管理条例》第24条规定："任何单位或个人，未取得医疗机构执业许可证，不得开展诊疗活动。"第44条还规定："违反本条例第24条规定，未取得医疗机构执业许可证擅自执业的，由县级以上人民政府卫生行政部门责令其停止执业活动，没收非法所得和药品、器械，并可以根据情节处以1万元以下的罚款。"

(2) 民事责任。非法行医给他人造成侵害的，根据《民法通则》和《最高人民法院关于审理人身损害赔偿案件适用法律若干问题的解释》等规定，要承担赔偿责任。赔偿的主要项目有：医疗费、交通和住宿费、误工费、陪护费、住院伙食补助费、营养费、丧葬费、死亡赔偿金、残疾赔偿金、残疾辅助用具费、扶养人的生活费、精神损害抚慰金。此外，非法行医损害赔偿案件，除必须承担财产赔偿责任外，还应给予必要的民事制裁措施。其法律依据是《民法通则》第134条的规定："人民法院审理民事案件，可以予以训诫、责令具结悔过、收缴进行非法活动的财物和非法所得，并可以依照法律规定处以罚款、拘留。"

(3) 刑事责任。有的非法行医者，不是靠诊疗营利，而是打着诊疗的旗号，或直接骗取钱财，或兜售伪劣"药品"，或在病人身上实施明知有毒或有害的措施，此时已不属于单纯的非法行医，应按故意犯罪追究相应的刑事责任，根据非法行医给病人造成的损害程度，根据侵害的不同客体和不同的客观表现，认定不同的犯罪。

《刑法》第336条规定了非法行医罪："未取得医生执业资格的人非法行医，情节严重的，处3年以下有期徒刑、拘役或者管制，并处或者单处罚金；严重损害就诊人身体健康的，处3年以上10年以下有期徒刑，并处罚金；造成就诊人死亡的，处10年以上有期徒刑，并处罚金。""未取得医生执业资格的人擅自为他人进行节育手术，假节育手术，终止妊娠手术或者摘取宫内节育器，情节严重的，处3年以下有期徒刑、拘役或者管制，并处或者单处罚金；严重损害就诊人身体健康的，处3年以上10年以下有期徒刑，并处罚金；造成就诊人死亡的，处10年以上有期徒刑，并处罚金。”

### 555. 怎样认定医疗事故罪？

医疗事故罪，是指医务人员由于严重不负责任，造成就诊人死亡或者严重损害就诊人身体健康的行为。

医疗事故罪构成要件如下。

（1）侵犯的客体是病人的身体健康权利和医疗单位的正常活动。

（2）在客观方面，表现为严重不负责任，造成病人死亡或者严重伤害病人身体健康的行为。

（3）犯罪主体是特殊主体，即医务人员，具体可以分四类：一是医疗防疫人员，二是药剂人员，三是护理人员，四是其他技术人员。

（4）主观方面是过失。具体表现为行为人应当预见到其严重不负责任的行为会造成就诊人死亡或者严重损害就诊人的身体健康，因疏忽大意没有预见，或者虽然已经预见，但轻信可以避免，从而导致病人死亡或者身体严重受损这一危害结果的发生。

认定本罪要注意以下问题。

（1）根据《医疗事故处理条例》第33条规定，在医疗护理工作中，有下列情形之一的，不属于医疗事故：①在紧急情况下，为抢救垂危患者生命而采取紧急医学措施造成不良后果的；②在医疗活动中，由于患者病情异常或者患者体质特殊而发生医疗意外的；③在现有医学科学技术条件下，发生无法预料或者不能防范的不良后果的；④无过错输血感染造成不良后果的；⑤由于患方原因，延误诊疗导致不良后果的；⑥因不可抗力造成不良后果的。

构成医疗事故罪必须是属于严重医疗事故，即一、二级医疗事故。2002年4月4日国务院发布的《医疗事故处理条例》第4条规定，根据患者直接造成损害程度，医疗事故分为以下四级。一级医疗事故，是指造成患者死亡、重度残疾的。二级医疗事故，是指造成患者中度残疾、器官组织损伤导致严重功能障碍的。三级医疗事故，是指造成患者轻度残疾、器官组织损伤导致一般功能障碍的。四级医疗事故，是指造成患者明显人身损害的其他后果的。

根据2008年6月25日《最高人民检察院、公安部关于公安机关管辖的刑事案件立案追诉标准的规定（一）》第56条的规定，医务人员由于严重不负责任，造成就诊人死亡或者严重损害就诊人身体健康的，应予立案追诉。

具有下列情形之一的，属于本条规定的“严重不负责任”：①擅离职守的；②无正当理由拒绝对危急就诊人实行必要的医疗救治的；③未经批准擅自开展试验性医疗的；④严重违反查对、复核制度的；⑤使用未经批准使用的药品、消毒药剂、医疗器械的；⑥严重违反国家法律法规及有明确规定的诊疗技术规范、常规的；⑦其他严重不负责任的情形。本条的“严重损害就诊人身体健康”，是指造成就诊人严重残疾、重伤、感染艾滋病、病毒性肝炎等难以治愈的疾病或者其他严重损害就诊人身体健康的后果。

(2) 要划清医疗事故与医疗意外的界限。医疗意外，是指由于病情或者病人体质特殊，发生了难以预料和防范的不良后果。二者区别在于主观上有无过失。如果造成病员死亡、残疾或者功能障碍，是由于医务人员责任心不强、疏忽大意等原因所致，则属于医疗事故。假如发生病员死亡、残疾或者功能障碍等不良后果，是因医务人员难以预料或者难以防范的因素所引起的，那么，就不属于医疗事故。

(3) 本罪与玩忽职守罪的区别主要有两点。①犯罪的主体不同。本罪的主体仅限于医务人员，而后者的主体则是国家机关工作人员。②造成危害后果的性质不完全相同。本罪造成的是人的死亡或者身体健康受到重大损害，而后者造成的后果除了人的死亡、重伤以外，还包括财产的重大损失。

### 556. 对医疗事故罪如何处罚?

《刑法》第335条规定，犯医疗事故罪的，处三年以下有期徒刑或者拘役。

### 557. 非法行医罪与医疗事故罪有何区别?

二者有以下区别。

(1) 非法行医罪只能发生在非法行医过程中，而医疗事故罪发生在合法的医疗过程中。

(2) 非法行医罪侵犯了医疗管理秩序和病员的身体健康与生命安全，医疗事故罪只侵犯了病人的健康和生命的权利与医疗单位正常的管理活动。

(3) 非法行医罪表现为违反国家有关医疗管理法律、法规的规定，情节严重的行为，但没有“严重后果”的要求。在客观方面表现形式只能是积极的作为。医疗事故罪在客观方面表现为，医务人员在合法的诊疗护理工作过程中，违反规章制度，严重不负责任，造成就诊人死亡或者严重损害就诊人身体健康的行为，要求“造成严重后果”；客观表现既可以是积极的作为，也可以是消极的不法行为。

（4）犯罪主体不同。非法行医罪的主体是未取得医生执业资格的人员；医疗事故罪的主体必须是执行职务的医务人员，包括各级各类医疗单位，还包括有合法执照个体开业的医务人员。

（5）主观方面不同。非法行医罪主观方面出自故意，即明知非法行医是违反国家有关法律、法规，仍然为之；医疗事故罪主观方面是过失，既可以表现为疏忽大意过失，也可以表现为过于自信过失。此外，处罚的严厉程度也不同。前罪法定最高刑可以判处10年以上的有期徒刑，并处罚金；后罪法定最高刑为3年，并未规定处罚金刑。

## 558. 患方提出终止治疗，院方是否承担责任？

患方在治疗过程中，单方提出停止治疗，强行出院，其原因可能很多，如可能是因为经济原因，或者是认为该医院治疗水平不行准备转院等。不管什么原因，因为患方停止治疗而给自己造成了损害，医院方自然不应承担任何责任。《医疗事故处理条例》第33条规定，因患方原因延误诊疗导致不良后果的不属于医疗事故。据此，患方如果提出终止治疗，这是他的权利，由此引发不良后果，院方当然不承担责任。

## 559. 医疗药品、器材不合格导致患者的身体损害应由谁承担责任？

医患双方建立了治疗与接受治疗的合同关系，医方作为医疗服务的提供方，有义务、有责任保证自己所使用的药品、血液及制品、医疗器械、医疗仪器设备完好无损，如果因药品或器械产品质量问题导致患者身体损害的，患者可以追究医院的违约责任。当然，医院方在承担责任后，可以依法向提供医疗药品或器械的厂家或供货商追偿，也就是说，可以到法院起诉厂家或供货商。

# 第十章　劳动争议

### 560. 目前，打劳动争议官司主要适用哪些法律、法规？

目前，打劳动争议官司主要适用以下一些法律、法规：

2010 年 12 月 20 日修订的《工伤保险条例》；

2012 年 12 月 28 日修订的《中华人民共和国劳动合同法》；

2008 年 9 月 18 日颁布的《中华人民共和国劳动合同法实施条例》；

2009 年 8 月 27 日修订的《中华人民共和国劳动法》；

1999 年 3 月 15 日颁布的《中华人民共和国合同法》；

2007 年 12 月 29 日颁布的《中华人民共和国劳动争议调解仲裁法》；

2012 年 8 月 31 日修正的《中华人民共和国民事诉讼法》。

### 561. 什么是劳动争议？劳动争议有哪些类型？

劳动争议，也称劳动纠纷，是劳动关系双方在执行劳动法律、法规或履行劳动合同中，因发生利益分歧而产生的争执。劳动争议有以下特征：

（1）劳动争议的主体是特定的，即一方是劳动者，另外一方是与该劳动者存在劳动关系的用人单位；

（2）劳动争议的内容，必须是劳动关系双方在执行劳动法律、法规或履行劳动合同中产生的权利义务纠纷。

根据《劳动法》规定，以下争议属于劳动争议：

（1）因企业开除、除名、辞退职工和职工辞职、自动离职发生的争议；

（2）因执行国家有关工资、保险、福利、培训、劳动保护的规定发生的争议；

（3）因履行劳动合同发生的争议；

（4）法律、法规规定应当依法处理的其他劳动争议。

这里的“工资”，是指按照国家统计局规定应统计在职工工资总额中的各种劳动报酬，包括标准工资、有规定标准的各种奖金、津贴和补贴。“保险”

是指社会保险，包括工伤保险、医疗保险、生育保险、失业保险、养老保险和病假待遇、死亡丧葬抚恤等社会保险待遇。“福利”是指用人单位用于补助职工及其家属和举办集体福利事业的费用，包括集体福利费、职工上下班交通补助费、探亲路费、取暖补贴、生活困难补助费等。“培训”是指职工在职期间（含转岗）的职业技术培训，包括在各类专业学校（职业技术学校、职工学校、技工学校、高等院校等）和各种职业技术训练班、进修班的培训及与其相关的培训合同、培训费用等。“劳动保护”是指为保障劳动者在劳动过程中获得适宜的劳动条件而采取的各项保护措施，包括工作时间和休息时间、休假制度的规定，各项保障劳动安全与卫生的措施，女职工的劳动保护规定，未成年人的劳动保护规定等。

“因履行劳动合同发生的争议”，包括因执行、变更、解除、终止劳动合同发生的争议。

**562. 如何预防劳动争议？**

预防劳动争议，劳动纠纷就会避免，或者大大减少。对预防劳动争议应当有以下正确认识。

（1）在用人单位与打工者建立劳动关系的时候，首先就要想到预防发生劳动争议。因此，要签订内容完备的劳动合同，以便于督促双方执行劳动合同，如果发生了劳动争议，也便于处理。实践证明，产生劳动争议，多数都是因为不签劳动合同，或者是劳动合同内容不全面、不完善所致。

（2）要把劳动争议消灭在萌芽中。预防劳动争议与劳动争议处理相比，是一种更积极、更主动的措施，是一项解决纠纷的前期工作，是避免和减少劳动纠纷的第一道防线。积极预防劳动争议，可以使劳动争议初露端倪时即被重视或合理解决，避免矛盾激化，使劳动关系主体的利益得到最大限度的维护。

（3）预防劳动争议涉及许多部门和个人，涉及劳动关系双方当事人以及与劳动关系当事人有密切关系的有关部门和机构。因此，预防劳动纠纷不是单靠某一部门或个人就能完成的，而是需要诸多部门和个人的共同努力、协作和配合，是一项复杂的工作。

（4）预防劳动争议要依法进行。劳动关系当事人之间的纠纷主要是由于双方不懂劳动法律、法规或故意违反劳动法律、法规而产生的，因此，它需要由掌握劳动法律、法规和劳动政策的人员，针对当事人的行为进行宣传、教育，使他们了解到哪些行为是违法的，哪些权益是应当得到维护的，从根本上预防和解决劳动纠纷。

预防劳动争议可采取以下措施。

(1) 有关部门应通过各种形式，如广播、电视、报刊、报告、讲座等，在用人单位和劳动者中以及社会上大力开展劳动法律、法规和政策宣传，使人们知道学法、知法、守法的必要性，了解自己的劳动权利与义务，掌握维护劳动权益的方法。这是有效地预防劳动纠纷的根本之举。

(2) 对劳动法律、法规执行情况进行监督检查。各级劳动行政部门、各级工会组织、用人单位主管部门和其他负有监督检查权的机关应该负起责任。劳动行政主管部门负责制定劳动法规和政策，通过组织当地工会和主管部门对用人单位进行联合的定期或不定期检查，或单独对用人单位进行抽查，对检查中发现的违法行为和措施及时令其改正。工会组织主要是通过组织职工进行企业民主管理，对企业有关工资奖励、加班加点、劳动保护措施、安全卫生、劳动纪律、劳动待遇等问题进行监督检查，提出意见和建议。用人单位的主管部门是用人单位的直接领导机关，它通过对下属用人单位的各项劳动规章和制度进行经常化、制度化的检查，对违反劳动法的行为及时予以制止和纠正。

(3) 实行劳动合同鉴证。由劳动合同当事人向当地劳动争议仲裁机关提出申请，并提供劳动合同的正副本，合同双方当事人身份证明、法定代表人或委托代理人的资格证明等有关证明材料。仲裁机关对意思表示真实、内容和形式合法的劳动合同予以证明。

(4) 加强用人单位的民主管理。工会作为职工代表大会的工作机构，有权代表职工参加企业召开的有关职工切身利益的会议，并对违反劳动法的行为提出意见和建议，要求加以纠正。

(5) 加强劳动立法，使用人单位和劳动者做到有法可依，权益能够得到切实保障。

### 563. 为什么应当合法打工？

在外打工，很重要一条就是遵纪守法，一旦被他人侵犯了合法权益，就要拿起法律武器维护自己的权益。如果不能合法打工，不仅不能受到法律保护，而且心存不良的人也会因为你违法打工而寻机侵犯你，因为侵犯了你，你没有办法寻求法律帮助。

我国《劳动法》规定，在我国境内的企业、个体经营组织等用人单位和劳动者之间形成劳动关系，都必须订立劳动合同，以便明确双方在劳工期间各自的权利和义务。在劳动中，打工者和用工者很容易产生纠纷，不合法打工必定吃亏上当。

在打工中，也可能有一些非常简单的、时间很简短的劳动。但为了防止出现纠纷，不好处理，也还是应该签订合同，包括口头合同和书面合同。按照国家法律规定办事，就会受到法律保护。当然，对许多复杂问题，法律不可能规定得十分具体。在实践中的做法是：有国家法律规定的，按照国家法律规定办；法律没有明确规定的，按照地方法规或者政策处理；如果找不到法规和政策的规定，就要按照情理来处理。实践早已说明，打工者如果不守法，不合法打工，很容易出现许多麻烦。

### 564. 怎样防止在劳动领域中被骗?

怎样防止被骗，这是劳动者尤其外出打工人员应当注意的问题，因为一旦被骗，就会使事业受损、经济利益受损，还会增添许多麻烦。

从目前看，表现在劳动领域里的诈骗现象有以下几方面，我们应当充分注意。

一是利用虚假广告进行诈骗。有些城市，墙壁上、电线杆子上到处都贴有虚假广告，还有一些广告单随便乱撒，甚至还有的通过新闻媒介来发布虚假广告。人们应当对这些广告认真分析，如果认为有必要，应当进行核查。不能轻易听信虚假广告的宣传而上当。

二是有人利用签订合同进行诈骗。他们在合同中规定出许多苛刻条件，使你无法做到，而且明确规定如果违反合同就要承担某些责任。当你提出合同中不能有这些规定时，他们就用种种语言进行劝说，在你丧失警惕的时候签订合同，随后就以你不履行合同为由，拒付劳动报酬，甚至把你告上法庭，让你承担赔偿责任。

三是夸大自己的履行合同能力。这些人最初签订合同时，并非不想履行合同，而是有一点履行合同能力，他们希望签订合同，于是就夸大自己的履行合同能力。当你丧失警惕，跟他们签订了合同以后，他们虽然也尽了极大努力，但终因客观上的种种原因，再加上他们实际上没有履行合同的能力，使签订完的合同不能履行。在你遭到损失以后，把对方告到法庭，他们承认自己有责任，但没有能力赔偿你的经济损失，从而使你事业受损。

四是有些人结伙诈骗，就是人们所说的有一些“托儿”在帮助，他们各有分工，共同努力，使你受骗。

五是诈骗者抓住人们愿意贪便宜的心理，编造种种理由使你上当。比如用丰厚的报酬、工资作引诱等。

### 565. 打工者与用人单位为什么要签劳动合同？

2012 年 12 月 28 日修订的《劳动合同法》第 10 条规定：“建立劳动关系，应当订立书面劳动合同。已建立劳动关系，未同时订立书面劳动合同的，应当自用工之日起一个月内订立书面劳动合同。用人单位与劳动者在用工前订立劳动合同的，劳动关系自用工之日起建立。”

我国《劳动法》第 16 条明确规定：“劳动合同是劳动者与用人单位确立劳动关系、明确双方权利和义务的协议。建立劳动关系应当订立劳动合同。”

签订劳动合同以明确双方在劳动期间各自的权利和义务，对双方都有好处。因此，除了集体合同以外，打工者一般都要与用人单位或者雇主以个人的名义签订一份劳动合同。

有一些来自农村的农民进城打工，由于文化水平比较低，法律知识少，常常为找工作而花费不少时间和精力，一旦找到工作，便不注意与雇主签订劳动合同，认为只要有工作干，能挣着钱就行。甚至在雇主不愿意签订劳动合同的情况下，不敢提出这个问题，结果在劳动之后，开始领报酬时，有许多雇主找各种借口克扣、拖欠打工者的报酬，还有的随意增加劳动时间和劳动强度。

为了使自己的权益不受侵犯，为了使双方结成的劳动关系得到法律保护，打工者和用人单位要签订合同，来明确双方的权利和义务，并且约束双方来严格履行合同，这对双方都有利。有时人们嫌签订合同麻烦，结果往往引出了更大的麻烦，这些教训是应当引起注意的。

### 566. 劳动者与用人单位怎样签合同？

签合同要掌握原则与合同的主要内容。根据我国《劳动法》等法律规定，劳动者与用人单位签订劳动合同有以下一些原则，双方应当遵守。

一是平等自愿的原则。也就是说，劳动者与用人单位的法律地位完全平等，合同是在双方自愿的基础上签订的，任何一方不得将自己的意志强加给对方。

二是协商一致的原则。即双方经过协商一致，对合同的内容都愿意接受，在这个基础上才签订劳动合同。

三是所签订的合同不得违反法律、法规。合同规定的所有内容，都必须符合法律规定，违法的合同无效，将不受法律保护。

我国《劳动法》第 19 条的规定：“劳动合同应当以书面形式订立，并具备以下条款：①劳动合同期限；②工作内容；③劳动保护和劳动条件；④劳动报酬；⑤劳动纪律；⑥劳动合同终止的条件；⑦违反劳动合同的责任。”除了这些必备条款外，当事人可以协商约定其他内容。合同签订完以后，由双方签字盖章。

劳动者与用人单位签订劳动合同时，应注意以下事项。

（1）签约单位要合法。在签订劳动合同时，应仔细核实用人单位是否经过工商部门登记以及注册的有效期限。否则，所签订的劳动合同是一份无效合同。劳动合同应依法订立，只有主体合法、内容合法、形式合法、程序合法的劳动合同才能产生法律效力。

（2）合同双方要平等。劳动者与用人单位之间的法律地位是平等的。只有做到地位平等，才能使所订立的劳动合同具有公正性。

（3）合同要书面形式。劳动合同都有一定的期限，而且劳动关系非常复杂，涉及诸多内容。采取书面形式使权利义务明确具体，有利于合同的履行。一旦发生争议，也有据可查，便于争议的解决。

（4）合同要详细具体。劳动合同要准确、清楚、明白易懂，否则就可能在合同执行过程中产生误解或曲解，从而带来不必要的争议，也为合同争议的处理带来困难。

## 567. 劳动合同应该具备哪些内容？

根据《劳动合同法》第 17 条、第 18 条和第 19 条的规定，劳动合同应当具备以下内容：

（1）用人单位的名称、住所和法定代表人或者主要负责人；

（2）劳动者的姓名、住址和居民身份证或者其他有效身份证件号码；

（3）劳动合同期限；

（4）工作内容和工作地点；

（5）工作时间和休息休假；

（6）劳动报酬；

（7）社会保险；

（8）劳动保护、劳动条件和职业危害防护；

（9）法律、法规规定应当纳入劳动合同的其他事项。

劳动合同除上述规定的必备条款外，用人单位与劳动者可以约定试用期、培训、保守秘密、补充保险和福利待遇等其他事项。

劳动合同对劳动报酬和劳动条件等标准约定不明确，引发争议的，用人单位与劳动者可以重新协商；协商不成的，适用集体合同规定；没有集体合同或者集体合同未规定劳动报酬的，实行同工同酬；没有集体合同或者集体合同未规定劳动条件等标准的，适用国家有关规定。

劳动合同期限三个月以上不满一年的，试用期不得超过一个月；劳动合同期限一年以上不满三年的，试用期不得超过二个月；三年以上固定期限和无固定期限的劳动合同，试用期不得超过六个月。同一用人单位与同一劳动者只能约定一次试用期。以完成一定工作任务为期限的劳动合同或者劳动合同期限不满三个月的，不得约定试用期。试用期包含在劳动合同期限内。劳动合同仅约定试用期的，试用期不成立，该期限为劳动合同期限。

### 568. 无效劳动合同有哪些？无效劳动合同的双方承担什么后果？

无效劳动合同，是指所订立的劳动合同不符合法定条件，不能发生当事人预期的法律后果的劳动合同。无效劳动合同包括全部无效劳动合同和部分无效劳动合同。劳动合同被确认全部无效的，它所确立的劳动关系应予以消灭。劳动合同被确认部分无效的，如果不影响其余部分的效力，其余部分仍然有效，它所确立的劳动关系可以依法存续。

根据《劳动合同法》第 26 条、第 27 条和第 28 条的规定，下列劳动合同无效或者部分无效：

（1）以欺诈、胁迫的手段或者乘人之危，使对方在违背真实意思的情况下订立或者变更劳动合同的；

（2）用人单位免除自己的法定责任、排除劳动者权利的；

（3）违反法律、行政法规强制性规定的。

对劳动合同的无效或者部分无效有争议的，由劳动争议仲裁机构或者人民法院确认。劳动合同部分无效，不影响其他部分效力的，其他部分仍然有效。劳动合同被确认无效，劳动者已付出劳动的，用人单位应当向劳动者支付劳动报酬。劳动报酬的数额，参照本单位相同或者相近岗位劳动者的劳动报酬确定。

劳动合同经法定机关依法确认无效的，其法律后果是：该合同自订立时起就没有法律约束力。

无效劳动合同自订立时起就不能作为确定当事人劳动权利和劳动义务关系的依据，无效合同和无效条款引起的事实劳动关系应予终止，当事人可依据有关法律、法规重新确立劳动关系，或者依法重新商定合同条款。劳动者如果未获得或者未全部获得劳动法规、劳动政策、集体合同、内部劳动规则所规定标准的物质待遇，用人单位应按照该标准予以补偿。

劳动合同被确认无效，还会导致特殊的法律后果。

（1）双方当事人终止劳动权利义务关系，互相返还对方的财物。用人单位向劳动者收取的保证金或扣押的证件等物品，应当返还给劳动者；劳动者使用的用人单位的劳动保护用品，应当返还给用人单位。

（2）劳动合同全部无效而用人单位对此有过错的，如果双方都具有主体资格，劳动者要求重新订立劳动合同的，在终止事实劳动关系的同时，用人单位应与劳动者依法订立劳动合同。

（3）劳动合同被确认无效后，给一方当事人造成实际损失的，由有过错的一方负责赔偿，双方都有责任的，各自承当相应的责任。用人单位使用童工，会导致对童工安置、治疗和赔偿的责任，以及承受行政处罚甚至刑事处罚的责任。

（4）如果劳动合同双方当事人故意订立了损害国家利益和社会公共利益的劳动合同，如走私，制造、贩卖毒品等，有关部门有权将非法物品收缴国库，触犯其他法律的，要依法处罚。

### 569. 什么是劳动合同的解除？在什么情况下，用人单位或者雇主可以解除劳动合同？

劳动合同的解除，是指劳动合同订立后，尚未全部履行前，由于某种原因导致劳动合同一方或双方当事人提前解除劳动关系的法律行为。

劳动合同的解除具有如下特点。

（1）解除劳动合同是在劳动合同依法订立后而尚未履行完毕之前。

（2）解除的应是合法有效的劳动合同。无效劳动合同从订立时起就没有法律效力，也就不存在解除问题。

（3）解除劳动合同是基于双方当事人的意思表示。除法定解除外，双方当事人就解除劳动合同协商一致，是解除劳动合同的唯一条件。

（4）解除劳动合同是提前终止双方当事人的劳动权利义务关系。双方当事人之间的权利义务关系在解除合同时即告终止，不再继续。

（5）解除劳动合同包括法定解除和协商解除两种。法定解除，是指出现国家法律、法规或合同规定的可以解除劳动合同的情况时，不需双方当事人一致同意，合同效力可以自然或单方提前终止。协商解除，是指劳动合同订立后，双方当事人因某种原因，在完全自愿的基础上协商一致，合意解除劳动合同，提前终止劳动合同的效力。

依法解除劳动合同，对维护劳动者自由择业权和用人单位的用人自主权，促进劳动者之间、用人单位之间在平等条件下的自由竞争具有积极意义。

一般人认为，用人单位或者雇主有权随时解除劳动合同。其实，这种认为是错误的，是不符合国家法律规定的。

劳动合同的解除，既可以由双方当事人协商，也可以由一方当事人提出。由一方当事人提出解除劳动合同的，必须符合法律、法规规定的条件。

根据《劳动法》第25条、第26条、第27条和《劳动合同法》第39条、第40条的规定，用人单位可以解除劳动合同的情况有以下几种：

（1）在试用期间被证明不符合录用条件的；

（2）严重违反用人单位的规章制度的；

（3）严重失职，营私舞弊，给用人单位造成重大损害的；

（4）劳动者同时与其他用人单位建立劳动关系，对完成本单位的工作任务造成严重影响，或者经用人单位提出，拒不改正的；

（5）因劳动合同无效的；

（6）被依法追究刑事责任的。

上述解除劳动合同的情况，用人单位可以不支付劳动者经济补偿金。

（7）用人单位濒临破产进行法定整顿期间，或者生产经营状况发生严重困难，确需裁减人员的，应当提前30日向工会或者全体职工说明情况，听取工会或者职工的意见，经向劳动行政部门报告后，可以裁减人员。在这种情况下裁减人员，在六个月内录用人员时，应当优先录用被裁减的人员。

（8）有下列情形之一的，用人单位提前30日以书面形式通知劳动者本人或者额外支付劳动者一个月工资后，可以解除劳动合同。①劳动者患病或者非因工负伤，医疗期满后，不能从事原工作也不能从事由用人单位另行安排的工作的。这里所说的医疗期，是指劳动者根据其工龄等条件，依法可以享受的停工医疗并发给病假工资的期间，而不是劳动者伤病治愈所需的实际期间。如果劳动者医疗期满后，缺乏或丧失劳动能力，无法继续履行劳动合同，用人单位可以解除劳动合同。②劳动者不能胜任工作，经过培训或者调整工作岗位，仍不能胜任工作的。不能胜任工作是指不能按要求完成劳动合同中约定的劳动任务。③劳动合同订立时所依据的客观情况发生重大变化，致使原劳动合同无法履行。这里所说的客观情况，是指发生不可抗力或出现导致劳动合同全部或部分无法履行的情况。

### 570. 解除劳动合同需要对劳动者进行经济补偿吗？

《劳动合同法》第46条、第47条和第48条规定，有下列情形之一的，用人单位应当对劳动者进行经济补偿。

（1）依照《劳动合同法》第38条规定，劳动者提出解除劳动合同的七种情况：①未按照劳动合同约定提供劳动保护或者劳动条件的；②未及时足额支付劳动报酬的；③未依法为劳动者缴纳社会保险费的；④用人单位的规章制度违反法律、法规的规定，损害劳动者权益的；⑤因《劳动合同法》第 26 条第 1 款规定的情形致使劳动合同无效的；⑥法律、行政法规规定劳动者可以解除劳动合同的其他情形；⑦用人单位以暴力、威胁或者非法限制人身自由的手段强迫劳动者劳动的，或者用人单位违章指挥、强令冒险作业危及劳动者人身安全的。

（2）用人单位依照《劳动合同法》第 36 条规定，向劳动者提出解除劳动合同，并与劳动者协商一致解除劳动合同的。

（3）用人单位依照《劳动合同法》第 40 条规定解除劳动合同的三种情况：①劳动者患病或者非因工负伤，在规定的医疗期满后不能从事原工作，也不能从事由用人单位另行安排的工作的；②劳动者不能胜任工作，经过培训或者调整工作岗位，仍不能胜任工作的；③劳动合同订立时所依据的客观情况发生重大变化，致使劳动合同无法履行，经用人单位与劳动者协商，未能就变更劳动合同内容达成协议的。

（4）用人单位依照《劳动合同法》第 41 条第 1 款规定解除劳动合同的四种情况：①依照企业破产法规定进行重整的；②生产经营发生严重困难的；③企业转产、重大技术革新或者经营方式调整，经变更劳动合同后，仍需裁减人员的；④其他因劳动合同订立时所依据的客观经济情况发生重大变化，致使劳动合同无法履行的。

（5）除用人单位维持或者提高劳动合同约定条件续订劳动合同，劳动者不同意续订的情形外，依照《劳动合同法》第 44 条第（1）项规定，劳动合同期满，终止固定期限劳动合同的。

（6）依照《劳动合同法》第 44 条第（4）项、第（5）项规定，终止劳动合同的，即：用人单位被依法宣告破产的；用人单位被吊销营业执照、责令关闭、撤销或者用人单位决定提前解散的。

（7）法律、行政法规规定的其他情形。

经济补偿按劳动者在本单位工作的年限，每满一年支付一个月工资的标准向劳动者支付。六个月以上不满一年的，按一年计算；不满六个月的，向劳动者支付半个月工资的经济补偿。

劳动者月工资高于用人单位所在直辖市、设区的市级人民政府公布的本地区上年度职工月平均工资三倍的，向其支付经济补偿的标准按职工月平均工资三倍的数额支付，向其支付经济补偿的年限最高不超过 12 年。

这里所称月工资，是指劳动者在劳动合同解除或者终止前，12 个月的平均工资。

用人单位违反《劳动合同法》规定，解除或者终止劳动合同，劳动者要求继续履行劳动合同的，用人单位应当继续履行；劳动者不要求继续履行劳动合同或者劳动合同已经不能继续履行的，用人单位应当依照《劳动合同法》第 87 条规定支付赔偿金。

### 571. 劳动者在哪些情况下可以主动解除劳动合同?

根据《劳动合同法》第 38 条规定，用人单位有下列情形之一的，劳动者可以解除劳动合同：

（1）未按照劳动合同约定提供劳动保护或者劳动条件的；

（2）未及时足额支付劳动报酬的；

（3）未依法为劳动者缴纳社会保险费的；

（4）用人单位的规章制度违反法律、法规的规定，损害劳动者权益的；

（5）因劳动合同无效的；

（6）用人单位以暴力、威胁或者非法限制人身自由的手段强迫劳动者劳动的，或者用人单位违章指挥、强令冒险作业危及劳动者人身安全的，劳动者可以立即解除劳动合同，不需事先告知用人单位；

（7）法律、行政法规规定劳动者可以解除劳动合同的其他情形。

### 572. 在什么情况下，用人单位或者雇主不可以解除合同?

根据《劳动法》第 29 条规定，对以下情况，用人单位或者雇主不能解除劳动合同：

（1）患职业病或者因工负伤并且被确认丧失或者部分丧失劳动能力的；

（2）患病或者负伤，在规定的医疗期限内的；

（3）女职工在孕期、产期、哺乳期内的；

（4）法律、行政法规规定的其他情形。

根据《劳动合同法》第 42 条规定，劳动者有下列情形之一的，用人单位不得依照《劳动合同法》第 40 条、第 41 条的规定解除劳动合同：

（1）从事接触职业病危害作业的劳动者未进行离岗前职业健康检查，或者疑似职业病病人在诊断或者医学观察期间的；

（2）在本单位患职业病或者因工负伤并被确认丧失或者部分丧失劳动能力的；

（3）患病或者非因工负伤，在规定的医疗期内的；

（4）女职工在孕期、产期、哺乳期的；

（5）在本单位连续工作满 15 年，且距法定退休年龄不足 5 年的；

（6）法律、行政法规规定的其他情形。

## 573. 劳动者违反《劳动法》要承担哪些法律责任？

根据《劳动法》第 102 条及有关规定，劳动者违反《劳动法》规定的条件要承担的法律责任如下。

（1）解除劳动合同。

（2）对于违反劳动合同的规定，给用人单位造成经济损失的，应当依法承担赔偿责任。如：劳动者在尚未解除劳动合同的情况下，又与其他用人单位订立劳动合同的，应当对原用人单位所受的经济损失负赔偿责任；劳动者违法解除劳动合同或者违反劳动合同中约定的保密事项时，应当对用人单位遭受的损失负赔偿责任；劳动者接受用人单位出资培训后，未按约定在该用人单位工作，或者在该用人单位工作未满约定期限的，在一定条件下，应当向该用人单位赔偿培训费用。

## 574. 在劳动争议诉讼中劳动者举不出证据怎么办？

民事诉讼举证的重要原则“谁主张，谁举证”，在劳动争议案件中是不适用的。根据《最高人民法院关于民事诉讼证据的若干规定》第 6 条规定，在劳动争议纠纷案件中，因用人单位作出的开除、除名、辞退、解除劳动合同、减少劳动报酬、计算劳动者工作年限等决定而发生劳动争议的，用人单位负举证责任。这一规定说明，符合这一范围的劳动争议，劳动者如果举不出证据，也不必然败诉。

在劳动争议诉讼中，举证往往成为劳动者最大的困难。为了保护劳动者的合法权益，法律规定明确了举证责任倒置原则，出现以下几种情况时，由用人单位负举证责任：

（1）因用人单位作出开除、除名、辞退、解除劳动合同、减少劳动报酬、计算劳动者工作年限等决定发生争议的，由用人单位负举证责任；

（2）因用人单位未按照劳动合同的约定支付劳动报酬或提供劳动条件，劳动者提出解除劳动合同而发生争议的；

（3）因用人单位未依法缴纳社会保险费引起争议的；

（4）因用人单位存在其他违法情形导致劳动者提出解除劳动合同而发生劳动争议的。

由此可以这样理解：如果用人单位没有按时足额发放工资，或者用人单位没有依法为劳动者缴纳社会保险费，劳动者提起仲裁时，用人单位都要负举证责任。

但是，需要指出的是，在此类案件中，作为原告的劳动者，必须对案件涉及的基本事实提供证据加以证明。也就是说，原告的起诉要符合《民事诉讼法》的有关规定。否则，法院可以不予立案。

举证责任倒置原则在某些地方的劳动仲裁规则中也有类似的规定。

### 575. 在劳动争议诉讼中劳动者有些证据拿不到怎么办?

收集证据有困难的，可以请法院帮忙。《民事诉讼法》第64条和《最高人民法院关于民事诉讼证据的若干规定》第15条、第16条规定，只要符合下列条件，法院帮助调查收集证据。

(1) 涉及可能有损国家利益、社会公共利益或者他人合法权益的事实。

(2) 涉及依职权追加当事人、中止诉讼、终结诉讼、回避等与实体争议无关的程序事项。

(3) 除上述两种情形之外，人民法院调查收集证据，应当依当事人的申请进行。符合下列条件之一的，当事人及其诉讼代理人可以申请人民法院调查收集证据：一是申请调查收集的证据属于国家有关部门保存并须人民法院依职权调取的档案材料；二是涉及国家秘密、商业秘密、个人隐私的材料；三是当事人及其诉讼代理人确因客观原因不能自行收集的其他材料。

当事人及其诉讼代理人申请人民法院调查收集证据，应当提交书面申请。申请书应当载明被调查人的姓名或者单位名称、住所地等基本情况，所要调查收集的证据的内容，需要由人民法院调查收集证据的原因及其要证明的事实。

### 576. 用人单位不与劳动者签订劳动合同承担哪些法律责任?

《劳动法》第97条和第98条有如下规定。

(1) 由于用人单位的原因订立的无效合同对劳动者造成损害的，应当承担赔偿责任。

(2) 用人单位违反《劳动法》规定的条件，故意拖延不订立劳动合同的，由劳动行政部门责令改正。对劳动者造成损害的，应当承担赔偿责任。

2008年9月18日国务院颁布的《劳动合同法实施条例》第5条、第6条和第7条分别规定："自用工之日起一个月内，经用人单位书面通知后，劳动者不与用人单位订立书面劳动合同的，用人单位应当书面通知劳动者终止劳动关系，无需向劳动者支付经济补偿，但是应当依法向劳动者支付其实际工作时间的劳动报酬。""用人单位自用工之日起超过一个月不满一年未与劳动者订立书面劳动合同的，应当依照劳动合同法第82条的规定向劳动者每月支付两倍的工资，并与劳动者补订书面劳动合同；劳动者不与用人单位订立书面劳动合同的，用人单位应当书面通知劳动者终止劳动关系，并依照劳动合同法第 47 条的规定支付经济补偿。前款规定的用人单位向劳动者每月支付两倍工资的起算时间为用工之日起满一个月的次日，截止时间为补订书面劳动合同的前一日。”“用人单位自用工之日起满一年未与劳动者订立书面劳动合同的，自用工之日起满一个月的次日至满一年的前一日应当依照劳动合同法第 82 条的规定，向劳动者每月支付两倍的工资，并视为自用工之日起满一年的当日已经与劳动者订立无固定期限劳动合同，应当立即与劳动者补订书面劳动合同。”

### 577. 用人单位应当为劳动者办理社会保险吗？

《劳动法》第 72 条、第 73 条和第 100 条分别规定：“用人单位和劳动者必须依法参加社会保险，缴纳社会保险费”。“劳动者在下列情形下，依法享受社会保险待遇：①退休；②患病、负伤；③因工伤残或者患职业病；④失业；⑤生育。劳动者死亡后，其遗属依法享受遗属津贴。”“用人单位无故不缴纳社会保险费的，由劳动行政部门责令其限期缴纳，逾期不缴的，可以加收滞纳金。”

由此可以看出，用人单位应当为劳动者办理社会保险。当然，对于短时间的临时打工，例如只有几小时、几天的劳动，可以根据具体情况来处理。

### 578. 用人单位不支付劳动报酬行吗？

《劳动法》第 91 条规定，“用人单位有下列侵害劳动者合法权益情形之一的，由劳动行政部门责令支付劳动者的工资报酬、经济补偿，并可以责令支付赔偿金：①克扣或者无故拖欠劳动者工资的；②拒不支付劳动者延长工作时间工资报酬的；③低于当地最低工资标准支付劳动者工资的；④解除劳动合同后，未依照《劳动法》规定给予劳动者经济补偿的。”

由此可见，用人单位无故不支付劳动报酬，这是法律所不允许的。根据劳动部发布的《违反〈劳动法〉有关劳动合同规定的赔偿办法》等法律规定，用人单位有侵害劳动者合法权益情形之一的，必须按照有关法律规定，支付劳动者的工资报酬、经济补偿，并支付赔偿金。

### 579. 向当地法院申请支付令就能要回劳动报酬吗？

2012 年 12 月 28 日修订的《劳动合同法》第 30 条规定：“用人单位应当按照劳动合同约定和国家规定，向劳动者及时足额支付劳动报酬。用人单位拖欠或者未足额支付劳动报酬的，劳动者可以依法向当地人民法院申请支付令，人民法院应当依法发出支付令。”

当然，不是所有的劳动报酬都能通过向法院申请支付令要回的。《民事诉讼法》第214条规定，债权人请求债务人给付金钱、有价证券，符合下列条件的，才可以直接向有管辖权的基层人民法院申请支付令，让债务人支付：

（1）债权人与债务人没有其他债务纠纷，债务关系明确的；

（2）支付令能够送达债务人的。

申请支付令应当按以下程序进行。

（1）债权人向有管辖权的基层人民法院提出申请。申请书应当写明请求给付金钱或者有价证券的数量和所依据的事实、证据。

（2）人民法院自收到债权人申请后的5日内，通知债权人是否受理。

（3）人民法院受理的，经审查债权债务关系明确、合法的，应当在受理之日起15日内向债务人发出支付令；如果申请不成立，则裁定驳回申请。

（4）债务人自收到支付令之日起15日内清偿债务，或者向人民法院提出书面异议。如果债务人在此期间既未履行债务也未提出异议，债权人可以向人民法院申请执行。债务人提出异议的，人民法院应当裁定终结督促程序，支付令自行失效，债权人可以向人民法院提起诉讼。

### 580. 哪些情况属于工伤？工伤享受什么待遇？

根据《工伤保险条例》第14条和第15条的规定，职工有下列情形之一的，应当认定为工伤：

（1）在工作时间和工作场所内，因工作原因受到事故伤害的；

（2）工作时间前后在工作场所内，从事与工作有关的预备性或者收尾性工作受到事故伤害的；

（3）在工作时间和工作场所内，因履行工作职责受到暴力等意外伤害的；

（4）患职业病的；

（5）因工外出期间，由于工作原因受到伤害或者发生事故下落不明的；

（6）在上下班途中，受到非本人主要责任的交通事故或者城市轨道交通、客运轮渡、火车事故伤害的；

（7）法律、行政法规规定应当认定为工伤的其他情形。

职工有下列情形之一的，视同工伤：

（1）在工作时间和工作岗位，突发疾病死亡或者在48小时之内经抢救无效死亡的；

（2）在抢险救灾等维护国家利益、公共利益活动中受到伤害的；

（3）职工原在军队服役，因战、因公负伤致残，已取得革命伤残军人证，到用人单位后旧伤复发的。

职工有上述第（1）项、第（2）项情形的，按照有关规定享受工伤保险待遇；职工有上述第（3）项情形的，按有关规定享受除一次性伤残补助金以外的工伤保险待遇。

根据《工伤保险条例》的规定，职工因工作遭受事故伤害或者患职业病进行治疗，享受工伤医疗待遇。工伤职工因日常生活或者就业需要，经劳动能力鉴定委员会确认，可以安装假肢、矫形器、假眼、假牙和配置轮椅等辅助器具，所需费用按照国家规定的标准从工伤保险基金支付。

职工因工作遭受事故伤害或者患职业病需要暂停工作接受工伤医疗的，在停工留薪期内，原工资福利待遇不变，由所在单位按月支付。停工留薪期一般不超过 12 个月。伤情严重或者情况特殊，经设区的市级劳动能力鉴定委员会确认，可以适当延长，但延长不得超过 12 个月。工伤职工评定伤残等级后，停发原待遇，按照《工伤保险条例》的有关规定享受伤残待遇。工伤职工在停工留薪期满后仍需治疗的，继续享受工伤医疗待遇。生活不能自理的工伤职工，在停工留薪期需要护理的，由所在单位负责。

工伤职工已经评定伤残等级并经劳动能力鉴定委员会确认需要生活护理的，从工伤保险基金按月支付生活护理费。

生活护理费按照生活完全不能自理、生活大部分不能自理或者生活部分不能自理三个不同等级支付，其标准分别为统筹地区上年度职工月平均工资的 50％、40％或者 30％。

职工因工致残被鉴定为一级至四级伤残的，保留劳动关系，退出工作岗位，享受以下待遇。

（1）从工伤保险基金按伤残等级支付一次性伤残补助金，标准为：一级伤残为 27 个月的本人工资，二级伤残为 25 个月的本人工资，三级伤残为 23 个月的本人工资，四级伤残为 21 个月的本人工资。

（2）从工伤保险基金按月支付伤残津贴，标准为：一级伤残为本人工资的 90％，二级伤残为本人工资的 85％，三级伤残为本人工资的 80％，四级伤残为本人工资的 75％。伤残津贴实际金额低于当地最低工资标准的，由工伤保险基金补足差额。

（3）工伤职工达到退休年龄并办理退休手续后，停发伤残津贴，按照国家有关规定享受基本养老保险待遇。基本养老保险待遇低于伤残津贴的，由工伤保险基金补足差额。

职工因工致残被鉴定为一级至四级伤残的，由用人单位和职工个人以伤残津贴为基数，缴纳基本医疗保险费。

职工因工致残被鉴定为五级、六级伤残的，享受以下待遇。

（1）从工伤保险基金按伤残等级支付一次性伤残补助金，标准为：五级伤残为18个月的本人工资，六级伤残为16个月的本人工资。

（2）保留与用人单位的劳动关系，由用人单位安排适当工作。难以安排工作的，由用人单位按月发给伤残津贴，标准为：五级伤残为本人工资的70%，六级伤残为本人工资的60%，并由用人单位按照规定为其缴纳应缴纳的各项社会保险费。伤残津贴实际金额低于当地最低工资标准的，由用人单位补足差额。

经工伤职工本人提出，该职工可以与用人单位解除或者终止劳动关系，由工伤保险基金支付一次性工伤医疗补助金，由用人单位支付一次性伤残就业补助金。

职工因工致残被鉴定为七级至十级伤残的，享受以下待遇。

（1）从工伤保险基金按伤残等级支付一次性伤残补助金，标准为：七级伤残为13个月的本人工资，八级伤残为11个月的本人工资，九级伤残为9个月的本人工资，十级伤残为7个月的本人工资。

（2）劳动、聘用合同期满终止，或者职工本人提出解除劳动、聘用合同的，由工伤保险基金支付一次性工伤医疗补助金，由用人单位支付一次性伤残就业补助金。

工伤职工工伤复发，确认需要治疗的，享受《工伤保险条例》规定的工伤待遇。

工伤职工有下列情形之一的，停止享受工伤保险待遇：①丧失享受待遇条件的；②拒不接受劳动能力鉴定的；③拒绝治疗的。

**581. 职工因工死亡的其近亲属享受哪些待遇？**

根据《工伤保险条例》第39条和第41条的规定，职工因工死亡，其近亲属按照下列规定从工伤保险基金领取丧葬补助金、供养亲属抚恤金和一次性工亡补助金。

（1）丧葬补助金为6个月的统筹地区上年度职工月平均工资。

（2）供养亲属抚恤金按照职工本人工资的一定比例发给由因工死亡职工生前提供主要生活来源、无劳动能力的亲属。标准为：配偶每月40%，其他亲属每人每月30%，孤寡老人或者孤儿每人每月在上述标准的基础上增加10%。核定的各供养亲属的抚恤金之和不应高于因工死亡职工生前的工资。供养亲属的具体范围由国务院社会保险行政部门规定。

（3）一次性工亡补助金标准为上一年度全国城镇居民人均可支配收入的

20倍。

伤残职工在停工留薪期内，因工伤导致死亡的，其近亲属享受职工因公死亡的待遇。

一级至四级伤残职工在停工留薪期满后死亡的，其近亲属可以享受上述的第（1）项、第（2）项规定的待遇。

职工因工外出期间发生事故或者在抢险救灾中下落不明的，从事故发生当月起3个月内照发工资，从第4个月起停发工资，由工伤保险基金向其供养亲属按月支付供养亲属抚恤金。生活有困难的，可以预支一次性工亡补助金的50%。职工被人民法院宣告死亡的，按照职工因工死亡的规定处理。

## 582. 在上班途中受伤都是工伤吗？

根据《工伤保险条例》第14条第（6）项的规定，“在上下班途中，受到非本人主要责任的交通事故或者城市轨道交通、客运轮渡、火车事故伤害的”属于工伤。如果遭受的交通事故是本人负主要责任的，则不属于工伤。

## 583. 申请认定工伤的程序是怎样的？

根据2010年12月20日修订的《工伤保险条例》第17条、第18条、第19条和第20条的规定，职工发生事故伤害或者按照职业病防治法规定被诊断、鉴定为职业病，所在单位应当自事故伤害发生之日或者被诊断、鉴定为职业病之日起30日内，向统筹地区社会保险行政部门提出工伤认定申请。遇有特殊情况，经报社会保险行政部门同意，申请时限可以适当延长。

用人单位未按规定提出工伤认定申请的，工伤职工或者其近亲属、工会组织在事故伤害发生之日，或者被诊断、鉴定为职业病之日起1年内，可以直接向用人单位所在地统筹地区社会保险行政部门提出工伤认定申请。

按照上述规定应当由省级社会保险行政部门进行工伤认定的事项，根据属地原则，由用人单位所在地的设区的市级社会保险行政部门办理。

用人单位未在规定的时限内提交工伤认定申请，在此期间，发生符合工伤待遇等有关费用由该用人单位负担。

提出工伤认定申请应当提交下列材料：

（1）工伤认定申请表；

（2）与用人单位存在劳动关系（包括事实劳动关系）的证明材料；

（3）医疗诊断证明或者职业病诊断证明书（或者职业病诊断鉴定书）。

工伤认定申请表应当包括事故发生的时间、地点、原因以及职工伤害程度等基本情况。工伤认定申请人提供材料不完整的，社会保险行政部门应当一次性书面告知工伤认定申请人需要补正的全部材料。申请人按照书面告知要求补正材料后，社会保险行政部门应当受理。

社会保险行政部门受理工伤认定申请后，根据审核需要可以对事故伤害进行调查核实，用人单位、职工、工会组织、医疗机构以及有关部门应当予以协助。职业病诊断和诊断争议的鉴定，依照职业病防治法的有关规定执行。对依法取得职业病诊断证明书或者职业病诊断鉴定书的，社会保险行政部门不再进行调查核实。

职工或者其近亲属认为是工伤，用人单位不认为是工伤的，由用人单位承担举证责任。

社会保险行政部门应当自受理工伤认定申请之日起60日内，作出工伤认定的决定，并书面通知申请工伤认定的职工或者其近亲属和该职工所在单位。

社会保险行政部门对受理的事实清楚、权利义务明确的工伤认定申请，应当在15日内作出工伤认定的决定。

作出工伤认定决定，需要以司法机关或者有关行政主管部门的结论为依据的，在司法机关或者有关行政主管部门尚未作出结论期间，作出工伤认定决定的时限中止。

社会保险行政部门工作人员与工伤认定申请人有利害关系的，应当回避。

**584. 发生工伤事故后，用人单位如何确定？**

发生工伤事故由用人单位负责处理。但是，在许多时候会发生如何认定用人单位的问题。

（1）用人单位发生分立、合并、转让的，承继单位应当承担原用人单位的工伤保险责任；原用人单位已经参加工伤保险的，承继单位应当到当地经办机构办理工伤保险变更登记。

（2）用人单位实行承包经营的，工伤保险责任由职工劳动关系所在单位承担。

（3）职工被借调期间，受到工伤事故伤害的，由原用人单位承担工伤保险责任，但原用人单位与借调单位可以约定补偿办法。

（4）企业破产的，在破产清算时，优先拨付依法应由单位支付的工伤保险待遇费用。

（5）职工被派遣出境工作的，在这种情况发生的工伤事故，依据前往国家或者地区的法律应当参加当地工伤保险的，参加当地工伤保险，其国内工伤保险关系中止；不能参加当地工伤保险的，其国内工伤保险关系不中止。

## 585. 有哪些途径解决劳动争议？如何妥善处理劳动争议？

根据 2007 年 12 月 29 日颁布的《劳动争议调解仲裁法》第 4 条、第 5 条和第 6 条的规定，解决劳动争议有以下四种途径。

（1）与用人单位协商解决。这是最基本的做法，一般劳动争议如果能够协商解决最好，协商解决不成再想其他途径。就业者可以直接跟用人单位负责人说明情况，提出合理的解决要求。

（2）向劳动争议调解委员会申请调解。劳动争议调解委员会一般设在企业工会委员会。申请调解，应该从就业者知道或者应当知道自己的权益被侵害之日起 30 天内，以口头或书面形式提出申请，并填写《劳动争议调解申请书》。经调解后达成协议的，要制作调解协议书，要求争议双方自觉履行该协议。

（3）向劳动争议仲裁委员会申请仲裁。仲裁委员会的办事机构一般设在县、市、区的劳动局。仲裁委员会对劳动争议先进行调解，调解达成协议的，制作调解书。调解书送到当事人手中之后，就开始具有法律效力。对裁决没有意见的，双方必须履行。

（4）可以向法院起诉。这有两种情况：一是就业者如果对仲裁裁决不服，可以从收到仲裁裁决之日起 15 日内向法院提起诉讼；二是如果用人单位在收到仲裁裁决之日起 15 日内未向法院提起诉讼，并且逾期不履行仲裁裁决，劳动者可以向法院申请强制执行。

根据《劳动法》第 77 条和第 78 条的规定，用人单位与劳动者发生劳动争议，当事人可以依法申请调解、仲裁、提起诉讼，也可以协商解决。调解原则适用于仲裁和诉讼程序。解决劳动争议，应当根据合法、公正、及时处理的原则，依法维护劳动争议当事人的合法权益。

劳动争议发生后，当事人应当协商解决；不愿协商或者协商不成的，可以向本企业劳动争议调解委员会申请调解。

企业可以设立劳动争议调解委员会，调解委员会由下列人员组成：职工代表、企业代表、企业工会代表。调解委员会主任由企业工会代表担任。调解委员会的办事机构设在企业工会委员会。没有成立工会组织的企业，调解委员会的设立及其组成由职工代表与企业代表协商决定。调解委员会调解劳动争议，应当自当事人申请调解之日起 30 日内结束；到期未结束的，视为调解不成。

调解委员会调解劳动争议应当遵循当事人双方自愿原则，经调解达成协议的，制作调解协议书，双方当事人应当自觉履行；调解不成的，当事人在规定的期限内，可以向劳动争议仲裁委员会申请仲裁。

需要注意的是，发生劳动争议，当事人对自己提出的主张，有责任提供证据。与争议事项有关的证据属于用人单位掌握管理的，用人单位应当提供；用人单位不提供的，应当承担不利后果。

### 586. 因开除职工发生的劳动争议应如何处理？

开除是对劳动者的最高行政处分。劳动争议处理机构在处理这类纠纷时，应做好以下工作。

（1）审查开除处分是否符合适用条件。2012 年 12 月 28 日修订的《劳动合同法》第 39 条规定，劳动者有下列情形之一的，用人单位可以解除劳动合同：①在试用期间被证明不符合录用条件的；②严重违反用人单位的规章制度的；③严重失职，营私舞弊，给用人单位造成重大损害的；④劳动者同时与其他用人单位建立劳动关系，对完成本单位的工作任务造成严重影响，或者经用人单位提出，拒不改正的；⑤因劳动合同无效的；⑥被依法追究刑事责任的。

（2）审查开除处分是否符合法定程序。企业对职工作出开除处理，应当遵循以下程序：企业对职工所犯错误的事实应调查取证，结论材料应与职工本人见面，并允许其申辩；发现错误，及时予以纠正，厂长（经理）依据职工的错误事实提出开除处理的意见，职工代表大会或职工大会讨论决定；将开除处分决定报告企业的主管部门和企业所在地劳动或人事部门备案；将开除处分决定书面通知被处分者本人，并记入本人档案。

（3）依法进行调解或作出裁决。劳动争议处理机构对合理合法的要求，应予以支持，对不合理以及违法的请求，应当予以驳回。对责任方给对方造成损失的，应当裁定进行补偿。

### 587. 因解除劳动合同而发生劳动合同争议如何处理？

劳动争议处理机关在处理此类纠纷时，应认真分析以下情况。

（1）解除劳动合同是否是合法有效，适用法律是否得当，认定事实是否有偏差，是否有根据。

（2）将劳动合同的解除与行政处分区分开。有些行政处分可以解除劳动合同，有些行政处分则不能解除劳动合同。过失违纪一般不应解除劳动合同，违纪事实未查清的，不能适用解除劳动合同的规定，初次轻微违纪未进行教育的，也不适用解除劳动合同规定。

（3）把握违约与解除劳动合同的界限。解除劳动合同是因为用人单位或劳动者违约在先引起的，违约在先是解除劳动合同的法定条件。当事人一方违约在先，另一方据此解除劳动合同是合法的。如果一方故意制造违约条件，并据此解除劳动合同则是非法的。

### 588. 因工伤待遇发生的争议如何处理？

根据2010年12月20日修订的《工伤保险条例》第55条和第57条的规定，有下列情形之一的，有关单位或者个人可以依法申请行政复议，也可以依法向人民法院提起行政诉讼：

（1）申请工伤认定的职工或者其近亲属、该职工所在单位对工伤认定申请不予受理的决定不服的；

（2）申请工伤认定的职工或者其近亲属、该职工所在单位对工伤认定结论不服的；

（3）用人单位对经办机构确定的单位缴费费率不服的；

（4）签订服务协议的医疗机构、辅助器具配置机构认为经办机构未履行有关协议或者规定的；

（5）工伤职工或者其近亲属对经办机构核定的工伤保险待遇有异议的。

社会保险行政部门工作人员有下列情形之一的，依法给予处分；情节严重，构成犯罪的，依法追究刑事责任：①无正当理由不受理工伤认定申请，或者弄虚作假将不符合工伤条件的人员认定为工伤职工的；②未妥善保管申请工伤认定的证据材料，致使有关证据灭失的；③收受当事人财物的。

### 589. 处理劳动争议的机构有哪些？

根据《劳动法》第77条规定，用人单位与劳动者发生劳动争议，可以协商解决，协商解决不了，处理劳动争议的机构有三种：一是企业劳动争议调解委员会，二是劳动争议仲裁委员会，三是法院。

（1）劳动争议调解委员会。

劳动争议调解委员会是用人单位根据《劳动法》第80条的规定，在本单位内部设立的机构，是专门处理与本单位劳动者之间的劳动争议的群众性组织。劳动争议调解委员会由下列人员组成：职工代表（由职工代表大会或职工大会推举产生）；用人单位代表（由厂长或经理指定）；用人单位工会代表（由用人单位工会委员会指定）。调解委员会的办事机构设在企业工会委员会。没有成立工会组织的企业，调解委员会的设立及其组成由企业代表与职工代表协商决定。

（2）劳动争议仲裁委员会。

劳动争议仲裁委员会，是处理劳动争议的专门机构。县、市、市辖区人民政府设立仲裁委员会，负责处理本辖区内发生的劳动争议。设区的市、市辖区仲裁委员会受理劳动争议案件的范围由省、自治人民政府规定。各级仲裁委员会由劳动行政主管部门的代表、工会的代表、政府指定的经济综合管理部门的代表组成，主任由劳动行政主管部门的负责人担任，其办事机构设在同级的劳动行政主管部门。

（3）人民法院。

人民法院是国家审判机关，也担负着处理劳动争议的任务。劳动争议当事人对仲裁委员会的裁决不服、进行起诉的案件，人民法院民事审判庭负责受理。

**590. 什么是劳动仲裁？怎样申请劳动仲裁？**

劳动仲裁，也叫劳动争议仲裁，是指劳动争议的双方，根据级别管辖和地域管辖的规定，向相应的仲裁委员会提出申请，要求对双方之间产生的劳动争议进行的裁决。

所谓级别管辖，是指不同级别的劳动争议仲裁委员会受理案件的分工。目前，县、市、直辖市普遍设立了劳动争议仲裁委员会。部分省、自治区也相应地设立了劳动争议仲裁委员会。

所谓地域管辖，是指不同地区同级劳动争议仲裁委员会在受理案件方面的分工。如果发生争议的用人单位与劳动者不在同一个仲裁委员会管辖区域的，由劳动者工资关系所在地，即向职工发放工资的单位所在地的仲裁委员会处理。

根据2007年12月29日颁布的《劳动争议调解仲裁法》第27条至第30条规定，劳动争议申请仲裁的时效期间为一年。仲裁时效期间，从当事人知道或者应当知道其权利被侵害之日起计算。这里的仲裁时效，因当事人一方向对方当事人主张权利，或者向有关部门请求权利救济，或者对方当事人同意履行义务而中断，但必须有证据。从中断时起，仲裁时效期间重新计算。

因不可抗力或者有其他正当理由，当事人不能在仲裁时效期间申请仲裁的，仲裁时效中止。从中止时效的原因消除之日起，仲裁时效期间继续计算。

在劳动关系存续期间，因拖欠劳动报酬发生争议的，劳动者申请仲裁不受此限；但是，劳动关系终止的，应当自劳动关系终止之日起一年内提出。

申请人申请仲裁应当提交书面仲裁申请，并按照被申请人人数提交副本。仲裁申请书应当载明下列事项：

（1）劳动者的姓名、性别、年龄、职业、工作单位和住所，用人单位的名称、住所和法定代表人或者主要负责人的姓名、职务；

（2）仲裁请求和所根据的事实、理由；

（3）证据和证据来源、证人姓名和住所。

劳动争议仲裁委员会收到仲裁申请之日起5日内，认为符合受理条件的，应当受理，并通知申请人；认为不符合受理条件的，应当书面通知申请人不予受理，并说明理由。对劳动争议仲裁委员会不予受理或者逾期未作出决定的，申请人可以就该劳动争议事项向人民法院提起诉讼。

劳动争议仲裁委员会受理仲裁申请后，应当在5日内将仲裁申请书副本送达被申请人。被申请人收到仲裁申请书副本后，应当在10日内向劳动争议仲裁委员会提交答辩书。劳动争议仲裁委员会收到答辩书后，应当在5日内将答辩书副本送达申请人。被申请人未提交答辩书的，不影响仲裁程序的进行。

### 591. 哪些情况可以向劳动仲裁机构申请仲裁？

根据2007年12月29日颁布的《劳动争议调解仲裁法》第2条规定，用人单位与劳动者发生的下列劳动争议可以向劳动仲裁机构申请仲裁：

（1）因确认劳动关系发生的争议；

（2）因订立、履行、变更、解除和终止劳动合同发生的争议；

（3）因除名、辞退和辞职、离职发生的争议；

（4）因工作时间、休息休假、社会保险、福利、培训以及劳动保护发生的争议；

（5）因劳动报酬、工伤医疗费、经济补偿或者赔偿金等发生的争议；

（6）法律、法规规定的其他劳动争议。

### 592. 申请劳动争议仲裁应注意哪些事项？

申请劳动争议仲裁应注意以下问题。

（1）要注意时效问题。根据2009年8月27日修订的《劳动法》第82条的规定，当事人应在劳动争议发生之日起60日内提出仲裁申请，否则将会丧失申请仲裁的权利。2007年12月29日颁布的《劳动争议调解仲裁法》第27条规定，劳动争议申请仲裁的时效期间为一年。仲裁时效期间从当事人知道或者应当知道其权利被侵害之日起计算。按照“后法优于先法”的原则，劳动争议申请仲裁的时效期间为一年。

（2）申请的形式要采取书面形式，按规定式样提交申诉书，并且要按照被诉人数提交副本。

(3) 根据2007年12月29日颁布的《劳动争议调解仲裁法》第21条的规定，要向有管辖权的仲裁委员会申请仲裁，不能自己选择仲裁委员会。第21条规定，劳动争议仲裁委员会负责管辖本区域内发生的劳动争议。劳动争议由劳动合同履行地或者用人单位所在地的劳动争议仲裁委员会管辖。双方当事人分别向劳动合同履行地和用人单位所在地的劳动争议仲裁委员会申请仲裁的，由劳动合同履行地的劳动争议仲裁委员会管辖。

(4) 申请仲裁，应当按规定交纳仲裁费。仲裁费包括案件受理费和处理费。交纳仲裁费确有困难的，可以向仲裁委员会申请减、免、缓交。

### 593. 劳动争议仲裁程序是怎样的?

根据2007年12月29日颁布的《劳动争议调解仲裁法》的规定，劳动争议仲裁程序如下。

(1) 当事人根据《劳动争议调解仲裁法》第27条的规定，在劳动争议发生之日起1年内提出仲裁申请。

(2) 当事人申请仲裁后，可以自行和解。达成和解协议的，可以请求仲裁庭根据和解协议作出裁决书，也可以撤回仲裁申请。当事人达成和解协议，撤回仲裁申请后反悔的，可以根据仲裁协议申请仲裁。

(3) 劳动争议仲裁委员会裁决劳动争议案件实行仲裁庭制。仲裁庭由三名仲裁员组成，设首席仲裁员。简单劳动争议案件可以由一名仲裁员独任仲裁。劳动争议仲裁委员会应当在受理仲裁申请之日起5日内，将仲裁庭的组成情况书面通知当事人。

(4) 仲裁员有下列情形之一，应当回避，当事人也有权以口头或者书面方式提出回避申请：一是是本案当事人或者当事人、代理人的近亲属的；二是与本案有利害关系的；三是与本案当事人、代理人有其他关系，可能影响公正裁决的；四是私自会见当事人、代理人，或者接受当事人、代理人的请客送礼的。劳动争议仲裁委员会对回避申请应当及时作出决定，并以口头或者书面方式通知当事人。

(5) 仲裁庭在开庭5日前，将开庭日期、地点书面通知双方当事人。当事人有正当理由的，可以在开庭三日前请求延期开庭。是否延期，由劳动争议仲裁委员会决定。申请人收到书面通知，无正当理由拒不到庭或者未经仲裁庭同意中途退庭的，可以视为撤回仲裁申请。被申请人收到书面通知，无正当理由拒不到庭或者未经仲裁庭同意中途退庭的，可以缺席裁决。

(6) 仲裁庭对专门性问题认为需要鉴定的，可以交由当事人约定的鉴定机构鉴定；当事人没有约定或者无法达成约定的，由仲裁庭指定的鉴定机构鉴定。根据当事人的请求或者仲裁庭的要求，鉴定机构应当派鉴定人参加开庭。当事人经仲裁庭许可，可以向鉴定人提问。

（7）当事人在仲裁过程中，有权进行质证和辩论。质证和辩论终结时，首席仲裁员或者独任仲裁员应当征询当事人的最后意见。当事人提供的证据经查证属实的，仲裁庭应当将其作为认定事实的根据。劳动者无法提供由用人单位掌握管理的与仲裁请求有关的证据，仲裁庭可以要求用人单位在指定期限内提供。用人单位在指定期限内不提供的，应当承担不利后果。

（8）仲裁庭将开庭情况记入笔录。当事人和其他仲裁参加人认为对自己陈述的记录有遗漏或者差错的，有权申请补正。如果不予补正，应当记录该申请。笔录由仲裁员、记录人员、当事人和其他仲裁参加人签名或者盖章。

（9）仲裁庭在作出裁决前，应当先行调解。调解达成协议的，仲裁庭应当制作调解书。调解书应当写明仲裁请求和当事人协议的结果。调解书由仲裁员签名，加盖劳动争议仲裁委员会印章，送达双方当事人。调解书经双方当事人签收后，发生法律效力。调解不成或者调解书送达前，一方当事人反悔的，仲裁庭应当及时作出裁决。

（10）仲裁庭裁决劳动争议案件，应当自劳动争议仲裁委员会受理仲裁申请之日起，45 日内结束。案情复杂需要延期的，经劳动争议仲裁委员会主任批准，可以延期并书面通知当事人，但是延长期限不得超过 15 日。逾期未作出仲裁裁决的，当事人可以就该劳动争议事项向人民法院提起诉讼。仲裁庭裁决劳动争议案件时，其中一部分事实已经清楚，可以就该部分先行裁决。

（11）仲裁庭对追索劳动报酬、工伤医疗费、经济补偿或者赔偿金的案件，根据当事人的申请，可以裁决先予执行，移送人民法院执行。仲裁庭裁决先予执行的，应当符合下列条件：一是当事人之间权利义务关系明确；二是不先予执行将严重影响申请人的生活。劳动者申请先予执行的，可以不提供担保。

（12）裁决是按照多数仲裁员的意见作出的，少数仲裁员的不同意见应当记入笔录。仲裁庭不能形成多数意见时，裁决应当按照首席仲裁员的意见作出。

（13）裁决书应当载明仲裁请求、争议事实、裁决理由、裁决结果和裁决日期。裁决书由仲裁员签名，加盖劳动争议仲裁委员会印章。对裁决持不同意见的仲裁员，可以签名，也可以不签名。

（14）下列劳动争议，除法律另有规定的外，仲裁裁决为终局裁决，裁决书自作出之日起发生法律效力：①追索劳动报酬、工伤医疗费、经济补偿或者赔偿金，不超过当地月最低工资标准12个月金额的争议；②因执行国家的劳动标准在工作时间、休息休假、社会保险等方面发生的争议。

劳动者对上述仲裁裁决不服的，可以自收到仲裁裁决书之日起15日内，向人民法院提起诉讼。用人单位有证据证明上述的仲裁裁决有下列情形之一，可以自收到仲裁裁决书之日起，30日内向劳动争议仲裁委员会所在地的中级人民法院申请撤销裁决：①适用法律、法规确有错误的；②劳动争议仲裁委员会无管辖权的；③违反法定程序的；④裁决所根据的证据是伪造的；⑤对方当事人隐瞒了足以影响公正裁决的证据的；⑥仲裁员在仲裁该案时有索贿受贿、徇私舞弊、枉法裁决行为的。

人民法院经组成合议庭审查核实裁决有上述情形之一的，应当裁定撤销。

仲裁裁决被人民法院裁定撤销的，当事人可以自收到裁定书之日起15日内，就该劳动争议事项向人民法院提起诉讼。

(15) 当事人对终局裁决以外的其他劳动争议案件的仲裁裁决不服的，可以自收到仲裁裁决书之日起15日内，向人民法院提起诉讼；期满不起诉的，裁决书发生法律效力。

(16) 当事人对发生法律效力的调解书、裁决书，应当依照规定的期限履行。一方当事人逾期不履行的，另一方当事人可以依照《民事诉讼法》的有关规定，向人民法院申请执行。受理申请的人民法院应当依法执行。

### 594. 申请劳动争议仲裁要交多少仲裁费?

2007年12月29日颁布的《劳动争议调解仲裁法》第53条规定："劳动争议仲裁不收费。劳动争议仲裁委员会的经费由财政予以保障。"

### 595. 如何书写劳动争议仲裁申诉书?

根据2007年12月29日颁布的《劳动争议调解仲裁法》第28条规定，申请仲裁应当提交书面仲裁申请，并按照被申请人人数提交副本。

仲裁申请书应当载明下列事项。

(1) 劳动者的姓名、性别、年龄、职业、工作单位和住所，用人单位的名称、住所和法定代表人或者主要负责人的姓名、职务；如果为了方便联系，也可以写联系电话。

(2) 仲裁请求和所根据的事实、理由。

(3) 证据和证据来源、证人姓名和住所。

尾部要写明申请的时间。书写仲裁申请确有困难的，可以口头申请，由劳动争议仲裁委员会记入笔录，并告知对方当事人。

劳动争议仲裁委员会收到仲裁申请之日起 5 日内，认为符合受理条件的，应当受理，并通知申请人；认为不符合受理条件的，应当书面通知申请人不予受理，并说明理由。对劳动争议仲裁委员会不予受理或者逾期未作出决定的，申请人可以就该劳动争议事项向人民法院提起诉讼。

### 596. 如何书写劳动争议仲裁答辩书？

根据 2007 年 12 月 29 日颁布的《劳动争议调解仲裁法》第 30 条的规定，劳动争议仲裁委员会受理仲裁申请后，应当在 5 日内将仲裁申请书副本送达被申请人。

被申请人收到仲裁申请书副本后，应当在 10 日内向劳动争议仲裁委员会提交答辩书。劳动争议仲裁委员会收到答辩书后，应当在 5 日内将答辩书副本送达申请人。被申请人未提交答辩书的，不影响仲裁程序的进行。

答辩应采用书面形式，其具体内容应该与仲裁申请书的内容相对应，应当载明下列事项。

(1) 被申请人，即答辩人的姓名、性别、年龄、职业、工作单位和住所，用人单位的名称、住所和法定代表人或者主要负责人的姓名、职务；如果为了方便联系，也可以写联系电话。

(2) 答辩所根据的事实、理由、意见。

(3) 证据和证据来源、证人姓名和住所。

尾部要写明答辩的时间。

### 597. 劳动争议的诉讼程序法律是如何规定的？

当事人对仲裁裁决不服，自收到裁决书之日起 15 日内，可以向人民法院起诉；期满不起诉的，裁决书即发生法律效力。未经仲裁的劳动争议，法院将拒绝受理。

劳动争议案件由人民法院民事审判庭审理。依据《民事诉讼法》的规定，人民法院适用普通程序审理的民事案件，应当在立案之日起 6 个月内审结。有特殊情况需要延长的，由本院院长批准，可以延长一个月；还需要延长的，报请上级人民法院批准。

依据《民事诉讼法》的规定，当事人若不服地方人民法院第一审判决的，有权在判决书送达之日起 15 日内，向上一级人民法院提起上诉。当事人不服地方人民法院第一审裁定的，有权在裁定书送达之日起 10 日内向上一级人民法院提起上诉。

## 598. 提起劳动争议诉讼应具备哪些条件？

劳动争议当事人对劳动争议仲裁委员会的裁决不服，可以向人民法院提起劳动争议诉讼，要求人民法院按照司法程序处理争议，维护自己的合法权益。根据法律规定，当事人提起劳动争议诉讼应当具备以下条件。

（1）起诉人必须是劳动争议的一方当事人，即用人单位或劳动者。起诉是与劳动争议有直接利害关系的劳动争议当事人的权利，因此，相互形成劳动法律关系的企业、国家机关、事业单位、社会团体和劳动者，都可以作为起诉人提起劳动纠纷诉讼。当事人因故不能起诉的，可以委托代理人代为起诉。其他人员则无权起诉。

（2）必须有明确的被告。劳动争议一方当事人向人民法院提起诉讼，必须明确被诉人即对方当事人。如果原告不知道是谁侵犯了自己的合法权益，则会出现无人应诉的情况，也无法进行诉讼，人民法院也无从审理。在明确劳动争议诉讼被告的同时，应当指出，原告不得将劳动争议仲裁委员会和劳动行政部门作为劳动争议诉讼案件的被告或第三人。这主要是由于它们不具有劳动争议诉讼法律关系的主体资格。

（3）必须有具体的诉讼请求和事实根据。具体的诉讼请求，是指原告向人民法院提起诉讼所要求解决问题。它包括以下三种：一是给付的请求，即请求人民法院认定原告的请求权，责令对方履行义务，如给付工资、劳动保险、奖金等；二是确认的请求，即请求人民法院确认原告与被告之间存在或不存在某种实体法律关系，如确认劳动合同关系有效或无效，确认职工与企业存在的劳动关系，企业不得开除、除名、辞退等；三是变更的请求，即请求人民法院改变或消灭当事人之间原有的劳动法律关系，如改变劳动合同的内容，解除劳动合同或劳动关系等。当事人提出的诉讼请求要有事实根据，包括劳动争议的证据事实。当事人对自己提出的主张，有责任提供证据。

（4）必须经劳动争议仲裁机关仲裁。当事人一方或双方不能就劳动争议直接向人民法院提起诉讼，只有先向劳动争议仲裁机关申请仲裁后，不服仲裁裁决的才有权起诉。如果当事人就劳动争议问题在仲裁机关的主持下，达成调解协议并已发生法律效力，当事人也无权向人民法院提起诉讼。

（5）必须在法律规定的时效期限内提起诉讼。根据 2007 年 12 月 29 日颁布的《劳动争议调解仲裁法》第 47 条、第 48 条的规定，劳动者对下列仲裁裁决不服的，可以自收到仲裁裁决书之日起 15 日内向人民法院提起诉讼：①追索劳动报酬、工伤医疗费、经济补偿或者赔偿金，不超过当地月最低工资标准 12 个月金额的争议；②因执行国家的劳动标准在工作时间、休息休假、社会保险等方面发生的争议。超过诉讼时效期限的，法院一般不予受理。凡是同时具备上述条件的当事人都可以向人民法院提起劳动争议诉讼，人民法院应当受理。当事人起诉应当向人民法院提交起诉状。

### 599. 劳动仲裁与诉讼的关系怎样？

很多劳动者都会犯一个错误，即他们都认为法院才是司法程序，劳动仲裁只是政府部门做调解工作的程序。所以不少劳动者在仲裁时，准备不充分、对有关法律不懂也上阵，最后弄得起诉到法院才发现丧失了解决自己问题的机会。

《劳动法》第 79 条规定：劳动争议发生后，“当事人一方也可以直接向劳动争议仲裁委员会申请仲裁。对仲裁裁决不服的，可以向人民法院提起诉讼”。换句话说，劳动争议仲裁是去法院诉讼劳动争议案件的必经途径，没有经过劳动仲裁，不得直接去法院起诉。

正因为这样，在劳动争议仲裁程序结束后，仲裁双方任何一方向法院起诉的，就必须在原仲裁范围内起诉。具体表现为：仲裁申请人（地位类似于法院诉讼中的原告）没有在申请仲裁时提出的请求，在法院也不得提出；仲裁被申请人（地位类似于法院诉讼中的被告）如不服仲裁裁决，向法院起诉的，也只能对不服部分起诉，不能添加自己在仲裁时未提出的请求。如果双方需要提出其他请求，必须再另外向劳动争议仲裁委员会申请仲裁，另案审理。

### 600. 对发生法律效力的仲裁裁决，单位拒绝执行怎么办？

根据《民事诉讼法》第 237 条的规定，对依法设立的仲裁机构的裁决，一方当事人不履行的，对方当事人可以向有管辖权的人民法院申请执行。受申请的人民法院应当执行。

被申请人提出证据证明仲裁裁决有下列情形之一的，经人民法院组成合议庭审查核实，裁定不予执行：

（1）当事人在合同中没有订有仲裁条款或者事后没有达成书面仲裁协议的；

（2）裁决的事项不属于仲裁协议的范围或者仲裁机构无权仲裁的；

（3）仲裁庭的组成或者仲裁的程序违反法定程序的；

（4）裁决所根据的证据是伪造的；

（5）对方当事人向仲裁机构隐瞒了足以影响公正裁决的证据的；

（6）仲裁员在仲裁该案时有贪污受贿，徇私舞弊，枉法裁决行为的；

（7）人民法院认定执行该裁决违背社会公共利益的。

仲裁裁决被人民法院裁定不予执行的，当事人可以根据双方达成的书面仲裁协议重新申请仲裁，也可以向人民法院起诉。